北大清华学经济

刘 伟 魏 杰/主编

THE
ECONOMICS
TEXTBOOKS
OF
PEKING
UNIVERSITY
AND
TSINGHUA
UNIVERSITY

国际贸易

INTERNATIONAL TRADE

【第三版】

王俊宜 李　权/著

中国发展出版社
DEVELOPMENT

图书在版编目（CIP）数据

国际贸易／王俊宜，李权著．—3版．—北京：中国发展出版社，2011.5（2014.8重印）
（北大清华学经济丛书/刘伟，魏杰主编）
ISBN 978-7-80234-671-0

Ⅰ.①国…　Ⅱ.①王…②李…　Ⅲ.①国际贸易
Ⅳ.①F74

中国版本图书馆CIP数据核字（2011）第081149号

书　　　名： 国际贸易
著作责任者： 王俊宜　李　权
出 版 发 行： 中国发展出版社
（北京市西城区百万庄大街16号8层　100037）
标 准 书 号： ISBN 978-7-80234-671-0
经　销　者： 各地新华书店
印　刷　者： 三河市东方印刷有限公司
开　　　本： 670mm×990mm　1/16
印　　　张： 23.5
字　　　数： 395千字
版　　　次： 2011年5月第3版
印　　　次： 2014年8月第6次印刷
印　　　数： 23001—27000册
定　　　价： 40.00元

联 系 电 话： （010）68990630　68990692
购 书 热 线： （010）68990682　68990686
网 络 订 购： http：//zgfzcbs.tmall.com//
网 购 电 话： （010）88333349　68990639
本 社 网 址： http：//www.develpress.com.cn
电 子 邮 件： bianjibu16@vip.sohu.com

前　言

我们现在所处的时代，是一个迅速发展变化的时代。从世界经济看，经济全球化正在加速蔓延，新的世界格局正在形成；从国内经济看，我国经历了20多年的改革与发展，经济体制和经济生活也发生了巨大变化；从经济科学本身的发展看，经济学的新思想、新理论和新的分支，不断丰富人们对现实生活的认识和理解。但是，所有这些发展和变化，还难以及时地反映在我们的教材中，我们的教学工作也不能完全适应这种发展和变化。不论是大学，还是社会，都希望经济学教材能够贴近现实，并反映经济发展的未来。可以说，时代呼唤着更新、更好的经济学教材。为了满足教学工作和广大读者的需要，我们编写了这套丛书。由于作者是以北京大学和清华大学第一线授课的教师为主，所以，这套丛书包含了在“北大清华学经济”的立意。

我们在编写这套丛书时，注意把握好以下几点：一是要反映经济科学的新发展。不仅在结构上安排了环境经济学、网络经济学、知识经济学等新的分支，而且在内容上要反映经济学发展最新成果。二是内容表述既要完整、系统和科学，又要深入浅出，通俗易懂，尽可能用通俗的语言，表达深邃的理论。三是处理好编和著的关系。这套丛书不仅吸收了国内外经济研究和教学的最新成就，也就是“编”，而且结合了作者的教研实践和教研成果，结合了作者对现实经济生活的理解，这也就是“著”。没有广泛取材的“编”，就难以拓宽读者的视野，把握本领域的脉络；没有在教研基础上的“著”，教材就会失去灵魂，就会脱离实际。四是注意“冷”和“热”的结合。我们要求，尽可能在讨论“冷”的基础理论问题时，折射出现实生活的逻辑和哲理；在讨论“热”的现实问题时，给人以理论上的满足感。

在“北大清华学经济”这套丛书即将出版之际，我们感谢诸多作者给予的积极合作，以及中国发展出版社的大力支持和配合。

刘伟 魏杰

目　录

第一篇　国际贸易理论

第二篇 国际贸易政策

第三篇 国际贸易实务

第四篇 区域性的贸易组织和世界贸易组织

第一篇 >>

国际贸易理论

第1章 比较优势理论

本章概要

本章的中心问题是，在国际贸易中，为什么贸易的双方都能获利？不只是出口者获利，而且进口者也能获利，利从何来？古典经济学家用简单的数字，非常透彻地说明，在贸易中出口者和进口者双方都能获利，并说明了贸易获利的源泉。古典经济学家为国际贸易理论奠定了坚实的基础。然而，古典经济学家的分析存在着局限性：首先，在分析方法上，他们只是从供应的方面分析贸易获利，而没有从需求方面，以及将供应和需求结合起来分析贸易获利。现代国际经济学家弥补了古典经济学的不足，将供应和需求结合起来分析贸易获利。其次，古典经济学家只是笼统地分析贸易获利，没有分析贸易对收入分配和就业的影响。现代国际经济学家们进一步分析了贸易对国内不同集团的收入产生不同的影响，以及贸易对就业的影响。最后，古典经济学家只是从劳动生产率的方面分析一个国家的比较优势，事实上决定一个国家比较优势的因素，除劳动生产率以外，还有其他因素。

学习目标

1. 掌握一些最基本的概念，如绝对优势、比较优势、机会成本、生产可能性曲线、无差别曲线、生产者剩余、消费者剩余、贸易条件等，并利用这些概念分析贸易获利。

2. 在国际贸易中，贸易双方获利的源泉何在？

3. 古典经济学家主张自由贸易的理论根据是什么？

4. 贸易对国内的分配和就业产生什么样的影响？

5. 为什么经过贸易以后，进行贸易的两个国家都能达到更高的无差别曲线？

在私人家庭的经营中是精明的事情，在一个大国的管理中就不可能是愚蠢的行为。如果外国能够提供比我们自己制造还要便宜的商品，我们最好就用我们自己较有优势的产业生产出来的产品的一部分向他们购买。

——亚当·斯密

假设有两个人既能制鞋也能制帽，其中一人在两个行当上比另一人都强，制帽时他超过另一个人的1/5，即20%，制鞋时他超过1/3，即33%。较强的人专门制鞋，而较弱的人专门制帽，对双方不是都有利吗？

——大卫·李嘉图

第1节　绝对优势理论

世界上所有的理论都是回答人们在实践中所遇到的问题，以指导实践。随着人们实践的发展，又会不断地出现新的问题，对这些新的问题需要做出新的回答，从而促使理论不断地发展。国际贸易理论也不例外，概括地说，它是回答以下几个问题的：首先，世界各国许许多多的商人为什么要进行对外贸易？其目的何在？当然对于贸易的目的会有各种不同的回答，但是贸易的直接目的是为了获利。亚当·斯密指出，贵族及乡绅与商人一样，都凭经验知道外贸可以富国，但他们都不太了解外贸如何富国。

商人完全知道外贸如何使自己致富。第二，那么，在贸易中，是一方获利还是双方获利？也就是说，是一方以牺牲另一方的利益而获利，还是贸易的双方都能获利？显然，双方都能获利，否则未能获利或受损害的一方，就不会参加贸易。第三，众所周知，政治经济学的基本原理是，在流通领域中实行等价交换原则，那么在贸易中双方都能获利，利又从何而来？国际贸易理论将集中回答的问题是，贸易的双方都能获利，获利的源泉何在。

在分析方法上，国际经济学家们使用的是 2×2 的模式，即假定世界上只有两个国家、两种产品。这是因为世界上的国家很多，都参加贸易，将所有国家的贸易都纳入研究的范围，那么会非常繁杂。然而，每一次贸易都是在两个国家之间进行，一个国家出口，一个国家进口。同时，世界上参加贸易的商品千千万万，将所有的商品都列于研究的行列，也是非常繁杂的。然而，两个国家间进行贸易，都会出口一种商品，进口一种商品，参加贸易的是两种商品。因此，只需要根据两个国家、两种商品之间的贸易，就可以说明在贸易中，双方获利的源泉。

§1　绝对优势

1776 年，英国古典经济学家亚当·斯密出版了著名的《国富论》，全称：《国民财富的性质和原因的研究》（An Inquiry into the Nature and Causes of the Wealth of Nations）。在该书中，他提出了绝对优势理论。这一理论首先阐明的是各国为什么需要从事对外贸易。

“一国比另一国占有优势，无论是固有的，还是后来获得的，都无关重要。只要甲国有此优势，乙国无此优势，乙国向甲国购买，总是比自己制造有利。”① 这一段话的意思是：每一个国家生产本国具有绝对优势的产品，然后用这种产品去换取外国具有绝对优势的产品，双方从中都能获利。

什么是优势？在竞争中处于优势，是指生产者的成本相对比较低。生产同一种产品，如果一个生产者的成本比其他生产者的成本都低。那么在市场上，他可以以较低的价格出售产品击败竞争对手，在竞争中，他就处于有利地位，处于优势。一个生产者又如何能够使得自己的生产成本低于其他同类产品的生产者？最为重要的是，在生产中所消耗的资源少于其他

① 亚当·斯密：《国富论》，华夏出版社 2005 年版。

同类产品的生产者。

所谓绝对优势，就是指一个国家生产1单位某种产品，所使用的资源少于另一个国家同类产品的生产。

假定，世界上就只有葡萄牙和英国两个国家，生产布和葡萄酒两种产品，投入的资源为劳动。生产1单位布，葡萄牙需要投入6小时的劳动，而英国只需要投入4小时，在布的生产上英国所使用的资源少于葡萄牙，具有绝对优势。生产1单位酒，葡萄牙需要投入的劳动仅为2小时，而英国则需要12个小时，葡萄牙所使用的资源少于英国，在酒的生产上葡萄牙具有绝对优势。

	布（1单位）	酒（1单位）
葡萄牙	6小时	2小时
英　国	4小时	12小时
	2单位	2单位

§2　绝对优势理论的主要内容

绝对优势理论包括三点主要内容：第一，在没有贸易的条件下，葡萄牙和英国都需要生产两种产品，以满足国内消费者的需要，假定各生产1单位的布和1单位的酒。然而在贸易的条件下，可以进行国际专业化分工，两个国家都将本国的资源，转移至本国具有绝对优势的部门。葡萄牙将生产布的6小时转移至生产酒，可以多生产3个单位的酒；英国将生产酒的12小时转移至生产布，可以多生产3个单位的布。最终，葡萄牙生产了4个单位的酒，英国生产了4个单位的布。由此可见，国际专业化分工的结果，提高了劳动生产率，增加了产量，降低了成本，增加了世界财富。两个国家之所以都能增加财富，是因为两个国家都发挥了自己的长项，避免了自己的短项，用中国一句成语来概括，即“扬长避短”的结果。

	布（1单位）	酒（1单位）
葡萄牙	6小时	2小时
英　国	4小时	12小时
	4单位	4单位

第二，双方进行贸易，在贸易中都能获利。葡萄牙和英国都可以用本

国劳动生产率较高、成本较低，也就是具有绝对优势的产品去换取本国劳动生产率较低、成本较高、处于劣势的产品。在贸易中双方都能获利。获利的源泉来自两个方面：其一，由于国际专业化分工，双方都发挥了本国的绝对优势，提高了劳动生产率、增加产量，降低成本的结果；其二，由于国内价格和国际价格之间存在着差额，从差额中获利。同一产品国内和国际价格之间，之所以存在着差额，是因为两个国家同一产品的生产成本不同，成本不同是贸易的基础，是获利的源泉。注意，劳动价值理论指出，商品的价值是由社会必要劳动时间决定的。

	布（1 单位）	酒（1 单位）
葡萄牙	6 小时	2 小时
英　国	4 小时	12 小时

两种商品的国内价格：

葡萄牙	1C = 3W	1W = 0.33C
英　国	1C = 0.33W	1W = 3C

注：英语中的布是 Cloth，因此用 C 代表布；英语中的酒是 Wine，因此用 W 代表酒。

在葡萄牙 1 单位的酒，只能换到 0.33 单位的布，即 1W = 0.33C。而在英国 1 单位的酒可以换到 3 单位的布，即 1W = 3C。葡萄牙将 1 单位的酒出口到英国可以换回 3 单位的布。

在英国 1 单位的布，只能换到 0.33 单位的酒，即 1C = 0.33W。而在葡萄牙 1 单位的布，可以换到 3 单位的酒，即 1C = 3W，英国将 1 单位的布，出口到葡萄牙，可以换回 3 个单位的酒。

在贸易中如果出现这种情况，那么两个国家的商人们都会到葡萄牙去买酒卖布；也都会到英国去买布卖酒。其结果，葡萄牙布的价格会下降，酒的价格会上升；英国酒的价格会下降，布的价格会上升，最终会形成国际价格。假定，在国际市场上，由于布和酒的供应和需求决定两者的比价为 1 单位布等于 1 单位酒，即 1C = 1W。

两种商品的国际价格：

$$1C = 1W$$

按照国际价格销售，葡萄牙出口酒，葡萄牙国内价格 1W = 0.33C，而在国际市场上 1W = 1C。葡萄牙出口酒在国际市场上，可以比在国内市场上多获得 0.67 的布。英国出口布，在英国 1C = 0.33W，而在国际市场上 1C = 1W，英国出口布在国际市场上，可以比在国内多获得 0.67 的酒。

葡萄牙进口布，在葡萄牙3W = 1C，在国际市场上1W = 1C，葡萄牙进口1单位的布，不需要用3单位的酒，只需要用1单位的酒，少拿出两个单位的酒（2W）。英国进口酒，在英国3C = 1W，在国际市场上1C = 1W，英国进口1单位的酒，不需要用3单位的布，只需要用1单位的布，少拿出两个单位的布（2C）。正如斯密所说："向外国购买这种商品所花费的要比在国内制造还要便宜"，必然从中获利。

总之，在国际贸易中，两个国家无论是出口者还是进口者，都可以从国内价格和国际价格之间的差额中获利。值得注意的是，国内价格和国际价格存在着差额的原因，在于生产同一种产品，两个国家的成本不同。可见，成本不同是贸易的基础，是贸易获利的源泉。

第三，亚当·斯密主张自由贸易，反对国家干预。他的理论根据是，如何使得资源能最有效地配置和最有效地使用。他认为，在自由贸易的条件下，各国都能发挥本国的绝对优势，将资源转移到本国的绝对优势部门，最有效地使用资源。他说："仅以谋取利润为唯一目的而投资于产业的人，总会努力使他所投资的产业的产品具有最大价值，换言之，能交换最大数量的货币和其他商品。"而实施贸易保护主义政策，实质上是保护本国没有竞争能力的产业，其结果使得本国的资源从效率高的部门转移至效率低的部门，从而造成资源的不合理配置和使用。亚当·斯密还指出：政府"管制的结果，是国家的劳动由较有利的用途转移到较不利的用途上。其年产品的交换价值，不但没有顺应立法者的意愿增加起来，而且一定会减少下去。"他还说："管制的直接结果就是减少社会的收入。凡是减少社会收入的措施，一定不会迅速地增加社会资本；要是任由资本和劳动寻求自然用途，社会的资本自会迅速地增加。"①

§3 绝对优势理论的局限性

亚当·斯密的绝对优势理论存在着明显的局限性。世界上有192个独立的国家，其中有发达国家也有发展中国家，有的发展中国家可以说什么绝对优势都没有，生产的产品所消耗的资源比其他国家都多，这些国家要不要参加国际贸易？如果说它们应该参加，那么，它们没有绝对优势，在贸易中能否获利？当然，在贸易中能够获利，否则也就不会参加。这些国家获利的源泉又何在？亚当·斯密既没有提出，也没有回答这些问题，即

① 亚当·斯密：《国富论》，华夏出版社2005年版。

如果一个国家没有绝对优势产业，那么这个国家是否愿意参加与其他国家的贸易呢？如果参加对外贸易是否能获利呢？如果能获利，那么利又从何而来？

第 2 节　比较优势理论

另一位英国古典经济学家大卫·李嘉图在 1817 年，出版了《政治经济学和赋税原理》（On The Principles of Political Economy and Taxation）一书。他不仅发展了亚当·斯密的劳动价值理论，而且发展了斯密的贸易理论，弥补了绝对优势理论的不足，提出了比较优势理论。他认为，在国与国之间的贸易中，绝对优势并非贸易的必要条件。李嘉图说：“英国的情况可能是生产布匹需要 100 人一年的劳动，如果要酿制葡萄酒则可能需要 120 人劳动同样长的时间，因此英国看到了进口葡萄酒的利益并通过出口布匹来购买葡萄酒。葡萄牙生产葡萄酒可能仅需要 80 人一年的劳动，而生产布匹则需要 90 人一年的劳动。因此，出口葡萄酒换取布匹对它来说是有利可图的。即使葡萄牙进口的商品所需要的劳动少于英国，这种交易也可能发生。虽然它能用 90 人的劳动生产布匹，但它仍会从需要 100 人的劳动生产布匹的国家进口布匹。因为它宁愿把资本投在葡萄酒的生产上并以此从英国换取更多的布，也不愿意挪用种植葡萄的一部分资本去生产布匹。”① 在这一例子中，葡萄牙生产葡萄酒和布，所需要的劳动都比英国少，在两种产品的生产上都具有绝对优势；而英国在两种产品的生产上都处于劣势。它们仍然可以进行贸易，在贸易中都可以获利。

一个国家或者个人，在两种产品的生产上都具有绝对优势，但是生产这两种产品的劳动生产率是不同的，相对而言，生产某种产品所具有的优势更胜一筹，在两优之中可以找到一个最优的产品，即劳动生产率更高的产品，这一产品就是本国的比较优势。而另一个国家或者个人，在两种产品的生产上都处于劣势，然而，这两种产品的劳动生产率也是不相同的，因此，在两劣之中，也可以找到次劣的产品，相比较而言，劳动生产率相对较高的一种，是本国的比较优势。较强的国家专门生产最优的产品；较差的国家专门生产次劣的产品，也能获得扬长避短的效果，提高劳动生产

① 大卫·李嘉图：《政治经济学及赋税原理》，华夏出版社 2005 年版。

率，增加产量，降低成本。

§1 比较优势

在国际经济学的各种版本中，对于什么是“比较优势”，有各种不同的解释，但没有一个明确的定义。假定葡萄牙和英国两个国家，生产两种产品，即布和酒，投入的资源为劳动。生产1单位布，葡萄牙需要投入4小时的劳动，而英国需要投入6小时，在布的生产上，葡萄牙具有绝对优势。生产1单位的酒，葡萄牙需要2小时，而英国需要12小时，在生产酒的方面，葡萄牙也具有绝对优势。也就是说，在两种产品的生产上，葡萄牙都具有绝对优势，而英国都处于劣势。但是，葡萄牙在两优之中可以找到最优，是其比较优势；英国在两劣之中，也可以找到次劣，是其比较优势。

	布（1单位）	酒（1单位）
葡萄牙	4小时	2小时
英　国	6小时	12小时
	2单位	2单位

首先，从葡萄牙方面来看，生产1单位布，需要4小时，而英国生产1单位布，需要6小时，它们之间的比率是6/4 =1.5。也就是说，在生产布的方面，葡萄牙的劳动生产率是英国的1.5倍。生产1单位酒，葡萄牙需要2小时，而英国需要12小时，它们之间的比率是12/2 =6。也就是说，在生产酒的方面，葡萄牙的劳动生产率是英国的6倍。1.5和6是两个国家、两种产品劳动生产率的比率。6 >1.5，也就是说，生产布和酒这两种产品，葡萄牙和英国劳动生产率的比率，酒比布的比率要高一些，可见，葡萄牙在生产酒的方面具有比较优势。

其次，从英国方面来看，生产1单位布，需要6小时，而葡萄牙只需要4小时，它们劳动生产率的比率是4/6，也就是2/3。这就是说，英国生产布的劳动生产率只有葡萄牙的2/3。在生产酒的方面，英国生产1单位酒，需要12小时，而葡萄牙只需要2小时，其劳动生产率的比率是2/12，也就是1/6，英国生产酒的劳动生产率是葡萄牙的1/6。2/3和1/6，是两个国家、两种产品劳动生产率的比率。2/3 >1/6，也就是说，在生产布和酒这两种产品，英国和葡萄牙劳动生产率的比率，布比酒的比率要高一些，可见，英国在生产布的方面具有比较优势。

所谓比较优势，就是两个国家生产两种产品，劳动生产率的比率相对高的一种是本国的比较优势。

§2 比较优势理论的核心内容

比较优势理论的核心包括三个方面。

第一，在贸易的条件下，两个国家可以进行国际专业化分工。发挥本国的比较优势，将资源转移至本国具有比较优势的部门，从而提高劳动生产率，增加产量，降低成本。从上例来看，在贸易前，葡萄牙和英国各生产1单位的布和1单位的酒。进行国际专业化分工，葡萄牙将生产布的4小时转移至生产酒，多生产了2个单位的酒；英国将生产酒的12个小时转移至生产布，多生产了2个单位的布。最终，英国生产了3个单位的布，葡萄牙生产了3个单位的酒，两个国家在生产中都发挥了本国的比较优势，提高了劳动生产率，增加了产量，降低了成本，从而也增加了世界财富。

	布（1单位）	酒（1单位）
葡萄牙	4小时	2小时
英　国	6小时	12小时
	3单位	3单位

第二，贸易的双方将出口本国拥有比较优势的产品，进口本国处于相对劣势的产品。葡萄牙出口酒，进口布；英国出口布，进口酒，在贸易中双方都能获利。获利的源泉在于：其一，两个国家进行国际专业化分工，发挥本国的比较优势，提高了劳动生产率，增加了产量，降低了成本。其二，国内价格和国际价格之间存在着差额，从差额中可以获利。

两种商品的国内价格：

葡萄牙	1C = 2W	1W = 0.5C
英　国	1C = 0.5W	1W = 2C

注：英语中的布是Cloth，因此用C代表布；英语中的酒是Wine，因此用W代表酒。

在葡萄牙1单位的酒，只能换到0.5单位的布，1W = 0.5C；而在英国1单位的酒，可以换到2单位的布，即1W = 2C。葡萄牙将1单位的酒出口到英国，可以换回2单位的布。

在英国1单位的布，只能换到0.5单位的酒，1C = 0.5W；而在葡萄牙1单位的布，可以换到2单位的酒，1C = 2W，英国出口布到葡萄牙，可以换回2个单位的酒。

假定国际市场上，由于供应和需要决定1单位的布等于1单位的酒，1C = 1W。

两种商品的国际价格：

$$1C = 1W$$

首先，在葡萄牙1W = 0.5C，而在国际市场上1W = 1C。葡萄牙出口酒，在国际市场上，可以比在国内市场上多获得0.5单位的布。英国出口布，在英国1C = 0.5W，而在国际市场上1C = 1W，英国出口布在国际市场上，可以比在国内多获得0.5单位的酒。

其次，在葡萄牙2W = 1C，在国际市场上1W = 1C，葡萄牙进口1单位的布，不需要用2单位的酒，只需要用1单位的酒，少拿出1个单位的酒（1W）。在英国2C = 1W，在国际市场上1C = 1W，英国进口1单位的酒，不需要用2单位的布，只需要用1单位的布，少拿出1个单位的布（1C）。

总之，在国际贸易中，两个国家无论是出口者还是进口者，都可以从国内价格和国际价格之间的差额中获利。值得注意的是，国内价格和国际价格存在着差额的原因，在于生产同一种产品，两个国家的成本不同。可见，成本不同是贸易的基础，是贸易获利的源泉。

第三，李嘉图也主张自由贸易，反对政府干预。他认为，自由贸易可以使得资源能合理配置，更加有效地使用。李嘉图说："在商业完全自由的体制下，各国都必然地将其资本和劳动用于对本国最有利的方面。这种对个体利益的追求很好地同整体的普遍利益联系在一起。它能够最有效并最经济地分配劳动。""通过禁止外国竞争，在国内市场上提高商品价格，这种制度对农业阶级的害处与对社会任何其他阶级的害处是一样的。迫使资本流入本不会流进的渠道，减少了商品的总量。"①

§3 对比较优势理论的评价

大卫·李嘉图的比较优势理论，提出了国际贸易理论的科学内核，为国际贸易理论奠定了基石，可以说，现代国际贸易理论都是建立在比较优势理论的基础上，并在它的基础上发展起来的。

然而，李嘉图的比较优势理论也存在着一定的局限性。

第一，李嘉图认为，在贸易的条件下，两个国家可以实行完全的专业

---

① 大卫·李嘉图：《政治经济学和赋税原理》，华夏出版社2005年版。

化分工，一个国家完全生产布，另一个国家完全生产酒。然而，在现实世界，实现完全专业化生产是需要条件的，只有在机会成本不变或机会成本递减的条件下才能实现。所谓机会成本不变，也就是不断地多生产1单位某种产品，所放弃另一种产品的数量不变。例如，葡萄牙多生产1单位的酒，需要放弃1单位布的生产，再多生产1单位酒还是放弃1单位布的生产，成本不变。然而，机会成本不变只是一种理论的抽象，在现实世界中，机会成本常常发生变化，会出现机会成本递增或机会成本递减。之所以出现机会成本递增或递减，其原因将在下一节中分析。国际分工，实施专业化生产，资源从一个部门转移到另一个部门，其目的是为了发挥优势，降低成本，一旦在转移的过程中成本上升，这种转移成为不合算时，转移也就会停止。在机会成本递增的条件下，完全的专业化生产是不可能实现的。

第二，李嘉图只是从供应的方面分析贸易能使双方获利。葡萄牙生产酒，供应酒；英国生产布，供应布。然而，在市场经济中，供应和需求如同剪刀的两半，一方不能离开另一方而存在。在分析贸易获利中，需要将供应和需求结合起来。

第三，在李嘉图的比较优势理论中，分析贸易使双方都能获利是将一个国家作为一个整体来观察的，但是他没有进一步分析贸易对于一个国家的收入分配和就业所产生的重大影响。在现实的贸易中，有的集团会获利，有的集团的利益是会受到损害的。例如进口贸易，使得国内与进口产品竞争的行业会受损害，就业也会受到影响。出口贸易会增加一个国家的就业，然而，进口贸易常常会增加一个国家的失业，这就是一些国家实施贸易保护主义政策的政治根源和社会基础。

第四，李嘉图假定在生产中投入的生产要素只有劳动，因此决定一个国家的比较优势也就只是劳动生产率。而同一种产品的生产，劳动生产率之所以存在着差异，其原因在于技术的不同。事实上，决定一个国家比较优势的还有其他因素。在这一方面受到理论的限制，李嘉图没有进一步分析。现代西方经济学家用现代经济学的方法分析国际贸易，弥补了李嘉图理论的不足，使得国际贸易在理论和分析的方法上都有了进一步的发展。

第3节　一般均衡中的贸易获利

所谓一般均衡，是指一个国家或一个社会两种商品的总供应和总需求如何达到均衡，从中分析贸易获利。西方经济学家运用现代经济学的概念和方法，依据比较优势理论，不仅从生产、供应的方面，而且从消费和需求的方面进行了较全面的分析和论述，说明贸易能增加社会福利。

§1　机会成本和贸易获利

在20世纪30年代，经济学家哈伯勒（Gottfried Haberler）提出了机会成本这一概念，用这一概念分析比较优势和贸易获利。

第一，什么是机会成本？

在资源一定的条件下，多生产一单位某种产品，就必须放弃一定数量的另一种产品的生产，所放弃的另一种产品的数量，就是这一产品的机会成本。

例如，A国和B国都生产大豆和玉米两种产品。在资源一定的条件下，假定A国多生产1单位的大豆，需要放弃2单位的玉米的生产，那么，该国1单位大豆的机会成本就是2单位的玉米，大豆（Soybean）用S代表，玉米（Corn）用C代表，即1S=2C。而B国多生产1单位的大豆，需要放弃3单位的玉米的生产，那么，B国1单位大豆的机会成本就是3单位的玉米，即1S=3C。A国的大豆的机会成本是：1S=2C，B国的大豆的机会成本是：1S=3C。从两个国家的大豆的机会成本中，可以看出A国在生产大豆方面具有比较优势，B国在生产玉米方面具有比较优势。为什么说A国在生产大豆方面具有比较优势，而B国在生产玉米方面具有比较优势？只要把一端用货币替换，那么全都明白是什么意思了。先将C改变为人民币元。A国1S=2元，B国1S=3元，A国大豆的成本比B国低，所以具有比较优势。相反，将S改成人民币元。A国1元=2C，B国1元=3C，B国的玉米成本比A国低，所以具有比较优势。

第二，机会成本具有三种形式。

一是机会成本不变。机会成本不变是指在资源一定的条件下，多生产1额外单位的某种产品所放弃的另一种产品的数量始终不变。例如，A国不断地多生产 1 额外单位的大豆，始终放弃 2 单位的玉米。B 国多生产 1 单位的大豆，始终放弃 3 单位的玉米。在机会成本不变的条件下，各国可以进行完全的专业化生产（见图 1.1）。

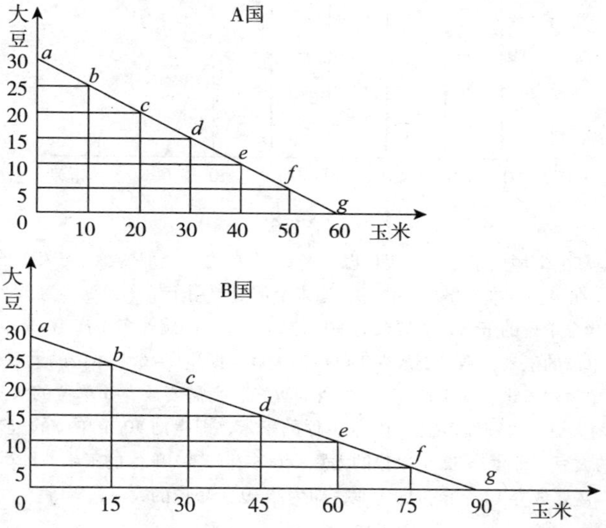

图 1.1

如果 A 国的资源全部用于生产大豆，可以生产 30 个单位；全部资源用于生产玉米，可以生产 60 个单位。A 国大豆的机会成本为：1S = 2C。在机会成本不变的条件下，多生产 10 单位的玉米，需要放弃 5 单位的大豆，再多生产 10 单位的玉米，仍然需要放弃 5 单位的大豆。总之，每多增加生产 10 单位的玉米，所放弃大豆的数量始终是 5 个单位。如果 B 国的资源全部用于生产大豆，可以生产 30 个单位；全部资源用于生产玉米，可以生产 90 个单位，B 国的大豆的机会成本是：1S = 3C。在机会成本不变的条件下，每多生产 15 个单位的玉米，需要放弃的都是 5 个单位的大豆。

二是机会成本递增。机会成本递增是指在资源一定的条件下，多生产 1 额外单位的某种产品所放弃的另一种产品的数量递增。例如，某国生产大豆和玉米，在资源一定的条件下，多生产 10 单位的玉米，需要放弃 1 单位的大豆的生产；再多生产 10 单位的玉米，需要放弃 3 单位大豆的生产；再多生产 10 单位的玉米，需要放弃 5 单位大豆的生产；再多生产 10 单位玉米，需要放弃 9 个单位的大豆；再多生产 10 单位的玉米，需要放弃 13 单位的大豆等等（见图 1.2）。

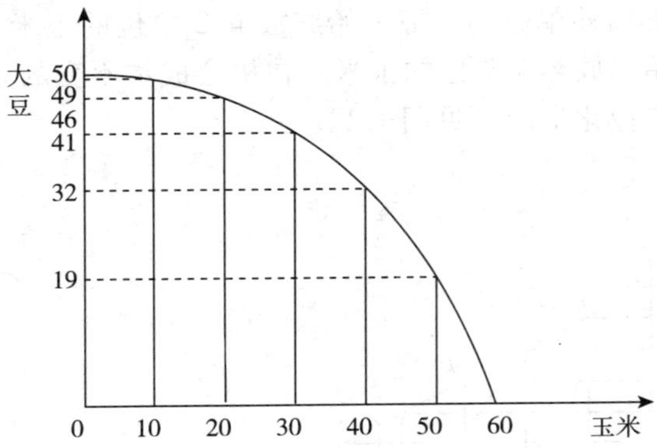

图 1.2

该国全部的资源用于生产大豆可以生产 50 个单位，全部资源用于生产玉米可生产 60 个单位。在机会成本递增的条件下，原来全部资源用于生产大豆，为 50 个单位；为了多生产 10 个单位的玉米，需要放弃 1 单位的大豆；再额外多生产 10 个单位的玉米，即生产 20 单位的玉米，则需要放弃 3 单位的大豆，即生产 46 个单位的大豆；再额外多生产 10 个单位的玉米，即生产 30 个单位的玉米，则需要放弃 5 单位的大豆，即生产 41 个单位的大豆；再额外多生产 10 个单位的玉米，即生产 40 个单位的玉米，需要放弃 9 单位的大豆，即生产 32 个单位的大豆；再多生产 10 单位的玉米，即生产 50 个单位的玉米，需要放弃 13 个单位的大豆，即生产 19 个单位的大豆，等等。

在现实世界里，机会成本递增是比较普遍的现象。那么，为什么会出现机会成本递增呢？出现这种现象的原因在于两个方面：一方面是因为每一种产品生产中所使用的要素具有特殊性。生产某种产品所适用的某种特殊要素，在另一种产品的生产中使用相对较少，或者完全不使用。例如，制鞋工人的技术在转移生产面包时就完全无用。有的土地适应于生产水稻，但不宜于种花生。因此，从一种产品的生产转移至另一种产品的生产时，常常引起对于某种特殊生产要素的需求的减少或者对于另一种生产要素的增加而引起成本的上升；另一方面是因为在每一种产品的生产中，所需要投入的要素比例不同，因此被放弃的另一种产品的生产所释放出的生产要素的数量，不能完全符合增加的产品在生产上的需求。随着一种产品生产的增加，对某种要素的需求量会增加，这种要素的价格也会随之上升，从而引起机会成本递增。例如，放弃纺织品的生产所释放出的土地十分有限，而增加大豆的生产所需要的土地很多。随着这种生产上的转移对于土地的需求愈来愈多，土地的价格也会愈来愈高，必然引起大豆机会成本的上升。

在机会成本递增的条件下，国家之间的专业化分工是有限度的，不可能实行完全的专业化分工。因为放弃一种产品的生产，将资源转移到本国的优势部门，当这种转移达到一定程度，机会成本升高使得这种转移成为不合算时，资源的转移也将停止。

三是机会成本递减。所谓机会成本递减是指在资源一定的条件下，多生产1额外单位的某一产品所放弃的另一种产品的数量不变，而获得的这一种产品的数量在增加。

例如生产大豆和玉米，在资源一定的条件下，多生产1单位的玉米，需要放弃一定数量的大豆生产；放弃1单位大豆的生产，获得玉米的数量在增加。放弃1个单位大豆的生产，获得2单位玉米；再放弃1单位大豆的生产，获得3单位的玉米；再放弃1单位大豆生产，获得6单位的玉米，从而出现机会成本递减。在现实世界中，之所以出现这种情况，是随着某一产品生产规模的扩大，产生规模经济效益。随着某种产品生产规模的扩大，单位产品的成本下降，收益递增（见图1.3）。当然，规模经济是会受到限制的，有关这一方面的问题将在第3章中详细地论述。

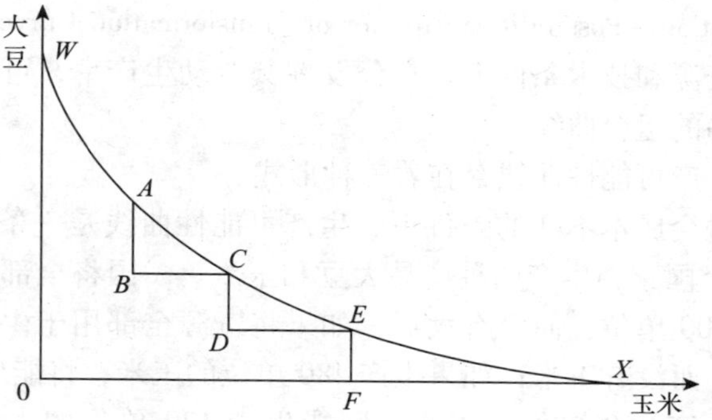

图1.3

该国全部的资源用于生产大豆可以生产0*W*，全部资源用于生产玉米可以生产0*X*。假定，生产点在*A*点，为了多生产一些玉米，将生产点移至*C*点，需要放弃*AB*的大豆，而增加了*CB*的玉米；为了再多生产一些玉米，将生产点移至*E*点，需要放弃*CD*的大豆；最终完全专业化生产玉米，将生产点移至*X*点，需要放弃*EF*的大豆。从图形中可以看出，假定$AB=CD=EF$，然而$XF>DE>BC$。可见，所放弃的大豆的数量相同，所获得的玉米的数量在增加。

第三，机会成本与贸易获利。

假定A国的大豆的机会成本为1单位大豆可以交换到2单位的玉米，即1S=2C；B国的大豆的机会成本为1单位大豆可以交换到3单位玉米，即 1S = 3C。

A 国：1S = 2C

B 国：1S = 3C

那么，A 国在生产大豆的方面具有比较优势；而 B 国在生产玉米的方面具有比较优势。因此 A 国将大豆出口到 B 国，每 1 单位的大豆在 B 国可以比在国内多得到 1 单位的玉米；而 B 国 1 单位的玉米在国内只换到 1/3 单位的大豆，然而，到 A 国去可以换到 1/2 单位的大豆。因此 B 国将玉米出口到 A 国，每 1 单位的玉米可以多获得 1/6 单位的大豆，即 1/2 - 1/3 = 1/6。两个国家都以本国机会成本低的产品去换取本国机会成本高的产品，在贸易中双方都能获利。可见，机会成本不同是贸易的基础，是贸易获利的源泉。比较优势学说又称之为比较成本学说。

§2　生产可能性曲线

首先，什么是生产可能性曲线？

生产可能性曲线（Production Possibilities Curves），或者称之为生产边界线（Production - Possibilities Frontier or Transformation Curves），即一个国家在一定的资源和技术条件下，充分发挥其劳动生产率，可以生产最大产量的两种产品的组合曲线。

第二，生产可能性曲线存在着三种形式。

一是在机会成本不变的条件下，生产可能性曲线是一条直线。假定 A 国和 B 国两个国家，生产两种产品大豆和玉米。A 国将全部资源用于生产玉米能生产 600 单位，而没有大豆；如果将资源全部用于生产大豆则能生产 300 单位，而没有玉米；如果生产 480 单位的玉米，将能生产 60 单位的大豆；如果生产 360 单位的玉米，则能生产 120 单位的大豆；如果生产 240 单位的玉米，则能生产 180 单位的大豆。两种产品的比率是 300 : 600。这条生产可能性曲线有着一定的斜率，即 1 : 2（见图 1.4）。假定 B 国将全部资源用于生产玉米为 450 单位，而没有大豆；如果将全部资源用于生产大豆可以生产 150 单位，而没有玉米；如果生产 360 单位的玉米，则能生产 30 单位的大豆；如果生产 270 单位的玉米，则能生产 60 单位的大豆；如果生产 180 单位的玉米，则能生产 90 单位的大豆；如果生产 90 单位的玉米，则能生产 120 单位的大豆。两种产品的比率是 120 : 360，这条生产可能性曲线的斜率是 1 : 3（见图 1.5）。

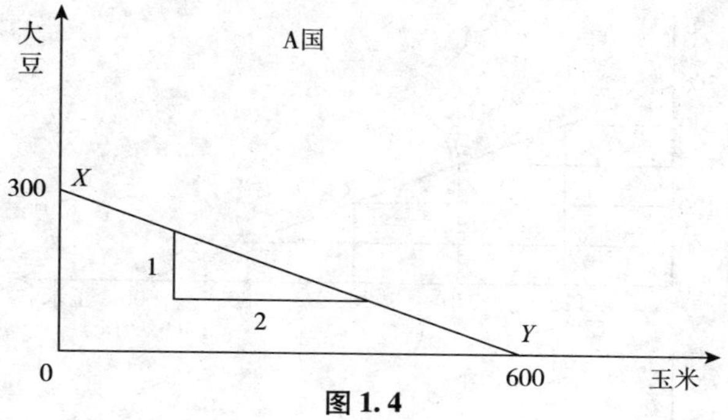

图 1.4

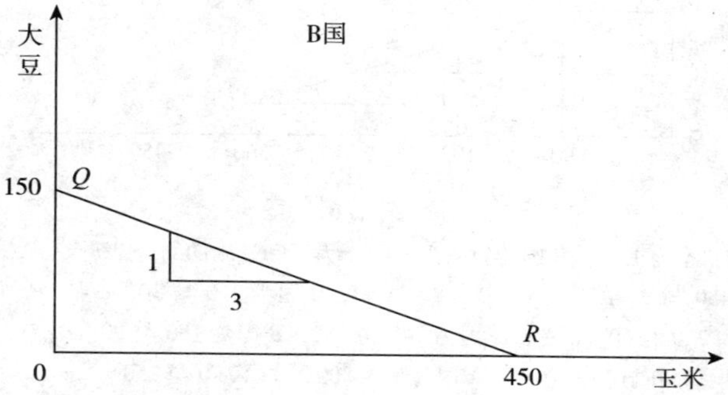

图 1.5

A 国和 B 国生产两种产品，即大豆和玉米产量上的组合，见表 1.1。

表 1.1　　A 国和 B 国生产两种产品产量的组合

	A 国		B 国	
	大豆（S）	玉米（C）	大豆（S）	玉米（C）
a	600	0	450	0
b	480	60	360	30
c	360	120	270	60
d	240	180	180	90
e	120	240	90	120
f	0	300	0	150

将 A 国和 B 国生产可能性曲线加以比较（见图 1.6）。

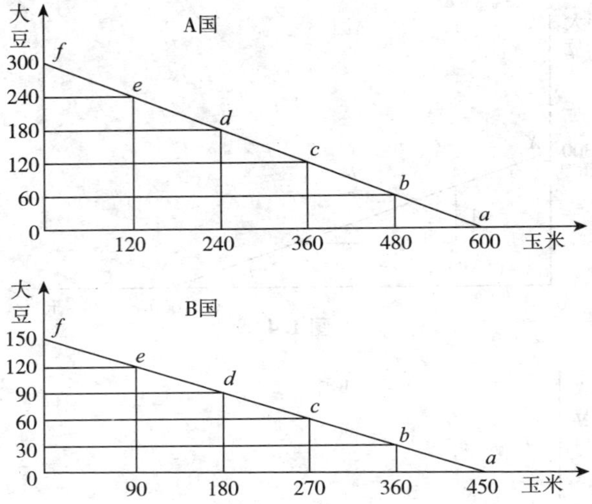

图 1.6

A 国的斜率为 1∶2；B 国的斜率为 1∶3。大豆和玉米的结合：*a* 点：A 国为 600 与 0，B 国为 450 与 0。*b* 点：A 国为 480 与 60，B 国为 360 与 30。*c* 点：A 国为 360 与 120，B 国为 270 与 60。*d* 点：A 国为 240 与 180，B 国为 180 与 90。*e* 点：A 国为 120 与 240，B 国为 90 与 120。*f* 点：A 国为 0 与 300，B 国为 0 与 150。

二是在机会成本递增的条件下，生产可能性曲线是一条向外凸出的曲线。它表现为边际报酬递减，边际成本递增（见图 1.7）。

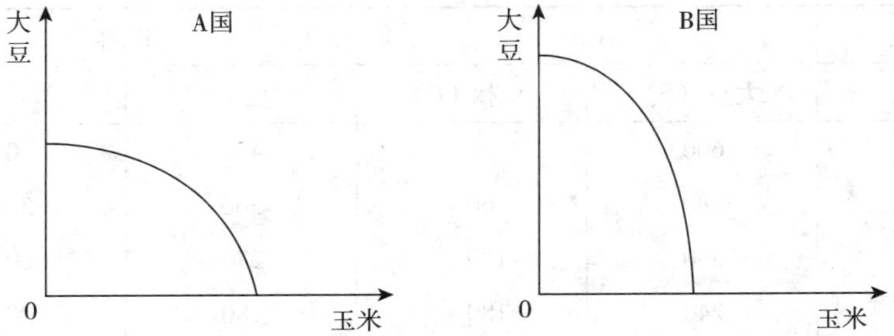

图 1.7

从 A 国和 B 国的生产可能性曲线的形状来判断，A 国在生产玉米方面具有比较优势；而 B 国在生产大豆方面具有比较优势。

三是在机会成本递减的条件下，生产可能性曲线是一条向里凹进去的曲线，它代表边际报酬递增，成本递减（见图 1.8）。

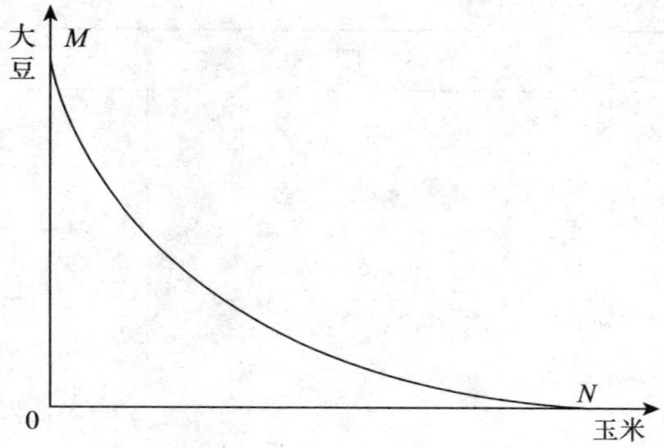

图 1.8

MN 生产可能性曲线是一条向里凹进去的曲线，它代表边际报酬递增，成本递减。

§3　无差别曲线

第一，无差别曲线（Indifference Curves）是用来表示消费者的消费偏好和消费水平的。

什么是无差别曲线？无差别曲线是在同一条曲线上有着无数的不同点，这些点代表两种商品的不同数量的组合，然而，这种不同数量的组合对于消费者个人所提供的效用和满足是相同的无差别的。

值得注意的是，消费者个人的满足水平由个人无差别曲线表示，个人的无差别曲线总和形成社会无差别曲线。社会无差别曲线表示一个社会对于两种产品总的消费水平和消费偏好。然而，在使用社会无差别曲线时要注意，个人和个人之间的消费偏好是千差万别的，如此参差不齐的个人无差别曲线总和起来，很难形成一条明晰的社会无差别曲线。同时，在贸易中，整个社会获利，无差别曲线会达到一个更高的水平，但是就个人来说，在贸易中有的人获利，有的人受到损失，但是在社会无差别曲线中无法反映这些现象和问题。

第二，无差别曲线图解。

假定消费者消费的是衣服和食品两种商品。在同一条无差别曲线上，两种产品有着许多不同数量的结合点，如 a，b，c，d，e，f。它们对于消费者的满足和效用是相同的无差别的（见表 1.2 和图 1.9）。

表 1.2

	衣　服	食　品
a	60	10
b	36	20
c	26	30
d	20	40
e	16	50
f	14	60

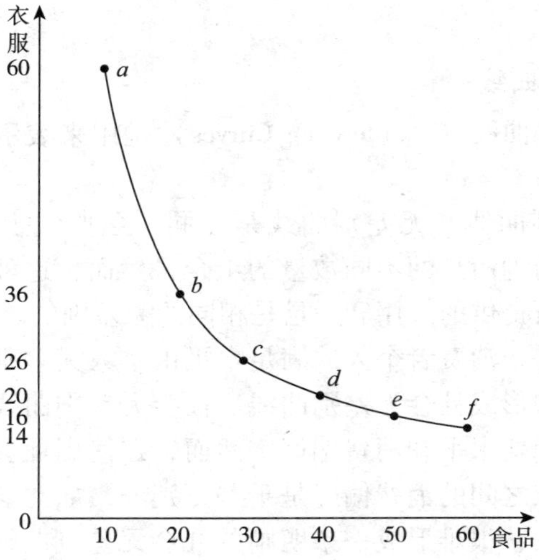

图 1.9

在 *a* 点上，衣服为 60 个单位，食品为 10 个单位；在 *b* 点上，衣服为 36 个单位，食品为 20 个单位；在 *c* 点上，衣服为 26 个单位，食品为 30 个单位；在 *d* 点上，衣服为 20 个单位，食品为 40 个单位；在 *e* 点上，衣服为 16 个单位，食品为 50 个单位；在 *f* 点上，衣服为 14 个单位，食品为 60 个单位。

第三，无差别曲线具有以下四个特征。

其一，无差别曲线是一条向右下方倾斜并凸向原点的曲线。它说明增加一种商品的消费，就得放弃一定数量另一种商品的消费。然而，随着获得某 1 额外单位商品消费的增加，所愿意放弃的另一种商品的数量愈来愈少。从 1.9 图中可以看到，为了多获得 10 单位的食品，最初愿意放弃 24 个单位的衣服；再多获得 10 单位的食品，愿意放弃 10 单位的衣服；再获得 10 单位的食品，所愿意放弃的衣服为 6 单位；再获得 10 单位的食品，所愿意放弃的衣服为 4 单位；最后，再获得 10 单位的食品，所愿意放弃的衣服为 2 单位。这样一条向右下方倾斜并凸向原点的曲线的形状说明边际效用替代率递减。

其二，在同一平面图上，有无数条无差别曲线，它们之间从不相交。这几条无差别曲线表示不同的消费水平。图 1.10（a）中，有三条无差别曲线，即 I_1、I_2、I_3。其中离 0 点最近的这一条无差别曲线，即 I_1 表示消费水平最低；离 0 点最远的一条无差别曲线，即 I_3 表示消费水平最高；中间的一条无差别曲线，即 I_2 表示消费水平居中。

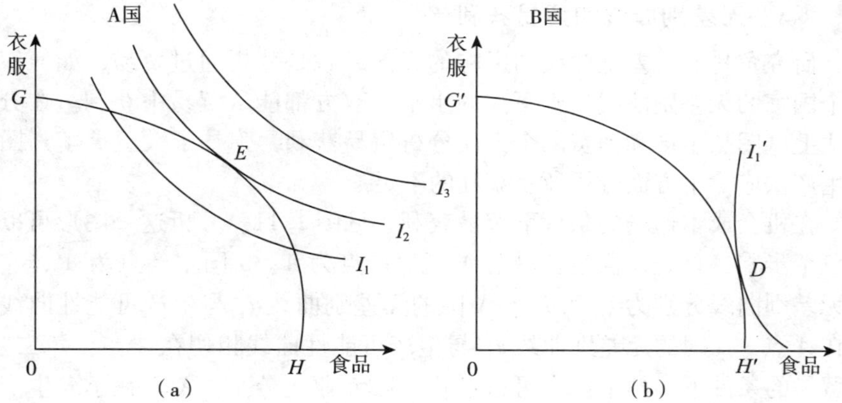

图 1.10

在（a）图中，同一平面图上有无差别曲线 I_1、I_2 和 I_3。无差别曲线 I_1 离 0 点最近，表明其代表的消费水平最低；无差别曲线 I_3 离 0 点最远，它代表最高的消费水平。在没有贸易的条件下，A 国的无差别曲线 I_2 只能与生产可能性曲线 GH 相切。它是这个国家的生产水平所能提供的最高消费水平，切点为 E，表明其总供应和总需求相均衡在这一点上。在（b）图中，B 国的生产可能性曲线与 A 国相同，但是无差别曲线则与 A 国不同。无差别曲线 I_1'是该国可以达到的消费水平。切点为 D，表明其总供应和总需求相均衡在这一点上。A 国的生产可能性曲线和无差别曲线切点为 E，B 国的切点 D，所表明的是两个国家的消费水平相同，但是两个国家的消费偏好不同，B 国更加喜爱食品一些。

其三，在没有贸易的条件下，一个社会的无差别曲线只能与生产可能性曲线相切。图 1.10（a）中，GH 是一条机会成本递增的生产可能性曲线。在没有贸易的条件下，A 国所能达到的无差别曲线只能是 I_2。无差别

曲线 I_3 是该国无法达到的水平，因为A国的生产供应达不到这一水平。无差别曲线 I_1 则是低于该国可能供应的消费水平。

其四，图1.10中的A国和B国，假定两个国家有着相同的生产可能性曲线，A国为 GH，B国为 $G'H'$，但是两国有着不同的无差别曲线。A国无差别曲线 I_2、B国无差别曲线 I_1' 都和本国的生产可能性曲线相切。A国无差别曲线 I_2 和生产可能性曲线相切在 E 点；B国的社会无差别曲线 I_1' 与生产可能性曲线相切于 D 点。它们表示A国的总供应和总需求均衡在 E 点，B国的总供应和总需求均衡在 D 点。两个国家所不同的在于其社会消费偏好不同。A国对于两种商品的偏好较均衡，而B国偏好于食品。

§4　无差别曲线和贸易获利

研究贸易对无差别曲线的影响的目的，就是分析通过贸易，如何使得两个国家的无差别曲线达到更高的水平，双方都能从贸易中获利。在分析方法上试图从生产和消费两个方面分析贸易获利，弥补了大卫·李嘉图只从生产供应一个方面分析贸易获利的不足。

在机会成本递增的条件下贸易获利，见图1.11。分析这一图形可以分成三个步骤：首先，假定贸易前A国生产点为 A，B国生产点为 A'，它们的无差别曲线分别为 I_1 和 I_1'，A国的无差别曲线 I_1 与生产可能性曲线相切在 A 点。B国的无差别曲线 I_1' 与生产可能性曲线相切在 A' 点。第二步，在贸易的条件下，两个国家可以进行国际专业化分工。A国在小麦生产方面具有比较优势，可以多生产一些小麦，将部分资源从生产布的部门转移到生产小麦，生产点为 B。B国在布的生产上具有比较优势，将部分资源从生产小麦的部门转移到生产布，生产点为 B'。第三步，两国进行贸易，在贸易中由于供应和需求建立起统一的世界价格，EF 斜线和 $E'F'$ 斜线是国际价格线，又称为贸易线。它们是平行的，斜率相同，表明两种商品布和小麦的价格比价相同。A国将 CB 的小麦出口到B国，并从B国进口 CD 的布。B国将 $C'B'$ 的布出口到A国，并从A国进口 $C'D'$ 的小麦。贸易后A国的消费点达到 D 点；B国的消费点达到 D' 点。它们的无差别曲线分别达到 I_2 和 I_2' 的水平。A国的无差别曲线 I_2 与贸易线相切在 D 点，B国的无差别曲线 I_2' 与贸易曲线相切在 D' 点。贸易后，双方的无差别曲线都达到一个较高的水平，即双方在贸易中都能获利。

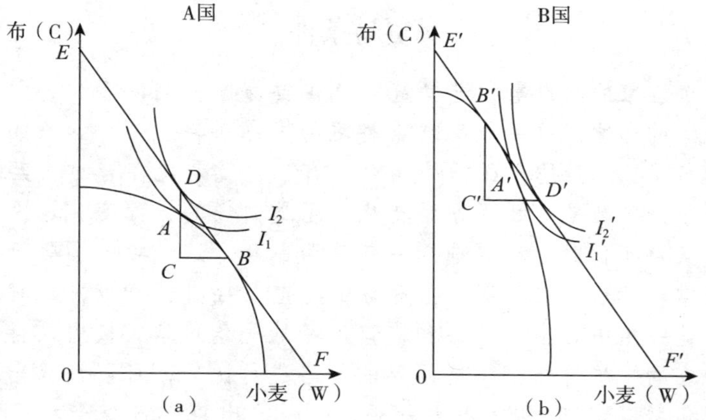

图 1.11

A 国在小麦的生产上具有比较优势，B 国在布的生产上具有比较优势。注意图中的贸易三角形 *BCD* 和 *B′C′D′*，A 国出口 *CB* 的小麦，进口 *CD* 的布，B 国出口 *C′B′*的布，进口 *C′D′*的小麦，*CB* = *C′D′*，*CD* = *C′B′*。*EF* 和 *E′F′* 为世界价格线，它们是平行的，即两个图中小麦和布的比价是相同的。经过贸易以后，A 国的消费点达到 *D* 点，B 国的消费点达到 *D′*点。A 国的无差别曲线达到 I_2，B 国则达到 I_2'，双方都增加了福利。

§5　贸易使得双方能达到更高水平的无差别曲线的原因

贸易使得两个国家的无差别曲线达到一个更高水平的原因，主要在于两个方面。一是国内价格和国际价格之间存在着差别。出口市场上的价格高于国内价格，而进口价格低于国内市场上的价格。A 国出口小麦到 B 国所换回的布，比在国内所能交换到布的数量多一些，而 B 国出口布到 A 国所能换回的小麦，比在国内所能交换到的数量多一些，从而使得两国都能达到更高的无差别曲线。二是是在贸易的条件下，A 国和 B 国能进行专业化生产，如上例，A 国在生产小麦上具有比较优势，生产点由 *A* 转移至 *B* 点，将本国的一部分资源，由生产布转移到本国的比较优势部门，即小麦生产。而 B 国在生产布上具有比较优势，生产点从 *A′*转移至 *B′*，将本国一部分资源，由生产小麦转移至生产布。两个国家都发挥了本国的比较优势，提高了劳动生产率，增加了产量。

专栏1.1 贸易条件

一个国家的出口量和进口量以及在贸易中获利的多少，受到国际价格比率的影响，这一比率通常称之为贸易条件。一个国家的贸易条件是改善了，还是恶化了，是相对而言。也就是现在与过去某一个时期相比较，判断是向好的方面转化，还是向坏的方面变化。因此在分析贸易条件变化时，需要选择一年作为基年，这一年的国际价格比率比较正常。然后，按照商品在贸易中的重要性进行加权，计算出这个国家在这一年中的出口产品和进口产品的平均价格。按照同样的方法计算现在的平均价格，将这两年的价格进行比较，可以计算出贸易条件的变化。假定以1980年为基年，A国的出口和进口平均价格均为100，2010年，该国出口价格指数为126，进口价格指数为168，那么，该国新的贸易条件是：

$$\text{贸易条件}=\frac{\text{出口商品价格}}{\text{进口商品价格}}\times 100=\frac{126}{168}\times 100=75$$

从上述计算中可以看到，2010年和1980年相比，A国的出口商品的价格只上升了26%，然而，进口价格上升了68%，2010年和1980年相比，贸易条件恶化了25%。第二次世界大战以后，初级产品出口国的贸易条件普遍恶化。当然，在计算贸易条件时应注意以下几个方面。

其一，进出口商品的平均价格指数常常无法反映商品质量的变化，特别是制成品质量变化比较大。例如，20世纪50年代和60年代的小轿车与21世纪的小轿车在质量上的变化相当地大。当然，初级产品的质量也会有所变化，但是这种变化相对地比较小和比较缓慢。

其二，贸易条件的恶化表明，2010年和1980年的出口量相同，但是所换回的进口商品的数量减少了。如果在此期间该国出口的数量增加了，其贸易收入还是会增加的。假定A国的贸易条件从100降至75，但是，其出口量从100上升至160，也就是说，该国在2010年进口的商品不仅没有减少，还比1980年增加了20%。

其三，贸易条件的变化还会受到国内劳动生产率的变化的影响。如果A国的进口产品价格不变，由于国内劳动生产率的提高，出口产品的成本下降，贸易条件的指数也会发生变化。劳动生产率的提高，成本的下降，也会导致产品价格的下降。例如半导体芯片，1964 年每一个为 30 美元，而到 1974 年仅为 50 美分。在这一方面，发达国家的制成品的变化比较大。往往在讨论发展中国家的贸易条件恶化时，一些经济学家仅仅强调产品的质量发生了很大的变化。他们认为，不能简单地拿今天的价格和 20 世纪 50 年代或 70 年代的价格进行比较，然而，他们常常忽视了劳动生产率的变化对于价格的影响的方面。

第 4 节　局部均衡中的贸易获利

所谓局部均衡，是分析和研究一种商品在单独的一个市场中的供应和需求的均衡，从而形成均衡价格，从中分析贸易获利。在研究局部均衡中贸易获利时，经济学家使用了消费者剩余和生产者剩余等概念，利用这些概念不只是分析在贸易中双方获利，而且分析了贸易对生产者、消费者和整个社会的影响，即贸易对分配和就业的影响。从分析中可以看到在出口和进口贸易中，不是所有的集团都获利。在出口贸易中生产者获利，就业增加，然而，国内的消费者受到损害。在进口贸易中消费者获利，而与进口竞争的同类商品的生产者受到损害，就业下降。但是，无论出口或进口贸易，对整个社会来说是获利的。

§1　消费者剩余和生产者剩余

什么是消费者剩余和生产者剩余?

消费者剩余是指消费者在购买商品时，实际支付的价格和愿意支付的价格之间的差额。例如，一位消费者决定购买一台半导体，在一般的情况下，市场价格为 120 元。然而，当这位消费者在购买商品时，发现商店为了促销，半导体在降价，一台半导体由 120 元下降至 90 元。可见，消费者增加了 30 元的剩余。从图 1.12（a）分析，消费者剩余的面积是需求线以下、价格线以上的部分。生产者剩余，实际上是指生产者的利润，其面积为供应线以上、价格线以下的部分，见图 1.12（b）。

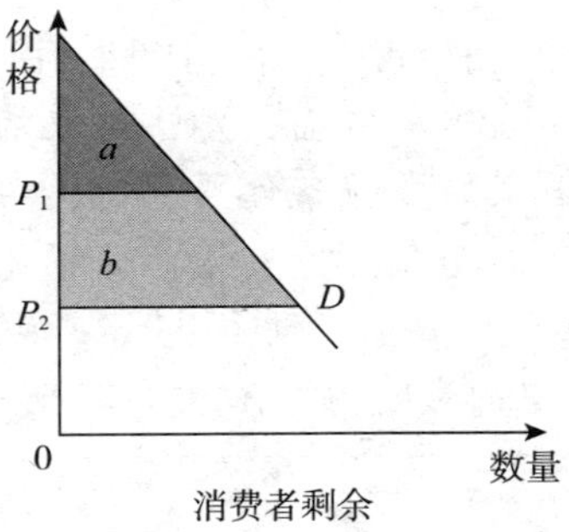

图 1.12（a）

消费者剩余的面积，是需求线以下、价格线以上的部分。图中价格为 P_1 时，消费者剩余的面积是 a 的部分；价格为 P_2 时，消费者剩余为 $a+b$ 的部分。价格由 P_1 下降到 P_2，消费者剩余增加了 b 的部分。可见，价格愈低消费者剩余就愈多。

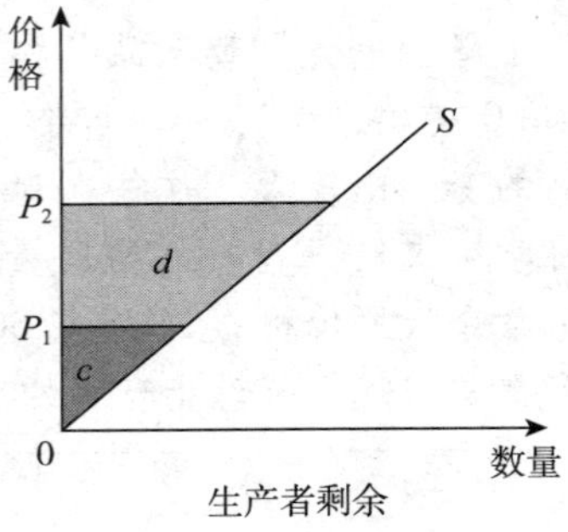

图 1.12（b）

生产者剩余的面积，是供应线以上、价格线以下的部分。图中价格为 P_1 时，生产者剩余的面积是 c 的部分；价格为 P_2 时，生产者剩余为 $c+d$ 的部分。价格从 P_1 上升至 P_2，生产者剩余增加了 d 的部分。可见，价格愈高生产者剩余就愈多。

§2 局部均衡中出口贸易获利

假定 A 国生产照相机，在没有贸易的条件下，国内市场上每一台照相机的价格为 2000 元，供应量为 60 万台，需求量也为 60 万台，供应和需求达到均衡。然而，在国际市场上每一台照相机的价格为 2500 元。正是因为国际市场上照相机的价格比国内市场上的价格高，A 国出口照相机。假定国际市场上对于照相机的需求弹性较大，随着出口的增加，国内价格也相应地上升至 2500 元。国内生产和供应量增加至 80 万台，而需求减少至 40 万台，出口量为 40 万台。

A 国出口照相机的结果。

对消费者的影响：因为价格上升，消费者的需求量由 60 万台下降至 40 万台，同时每一台照相机多支付了 500 元，从而消费者剩余减少了 $a+b$ 的部分。a 的部分为 500×40 万 $=2$ 亿元，b 的部分为 $1/2\times500\times20$ 万 $=5000$ 万，$a+b=2.5$ 亿元，消费者损失了 2.5 亿元。

对生产者的影响：由于照相机的价格上升，生产者的供应量由 60 万台上升至 80 万台，供应量增加；销售额由原来的 2000×60 万 $=12$ 亿，上升至 2500×80 万 $=20$ 亿；生产量的增加必然导致就业的增加；每一台照相机的价格上涨了 500 元，同时销售量增加了 20 万台，从而生产者剩余增加，这一部分为 $a+b+c+d$ 的部分。a 的部分为 2 亿元，b 的部分为 5000 万元，c 的部分为 $1/2\times500\times20$ 万 $=5000$ 万，d 的部分为 $1/2\times500\times20$ 万 $=5000$ 万，因此 $a+b+c+d=3.5$ 亿元，生产者增加收入 3.5 亿元。

对社会的净影响：消费者损失的 $a+b=2.5$ 亿元，生产者所增加了 $a+b+c+d=3.5$ 亿元。消费者损失的 $a+b$ 部分与生产者增加的 $a+b$ 部分相抵消，社会的净福利增加了 $c+d=1$ 亿元（见图 1.13）。

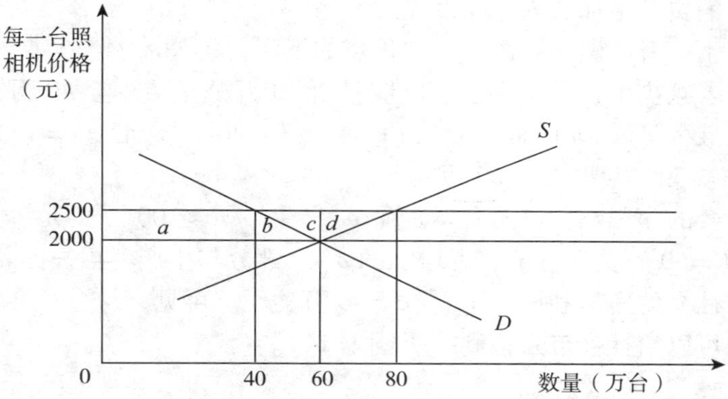

图 1.13

在没有贸易的条件下，在国内市场上，每一台照相机的价格为 2000 元，国内供应量为 60 万台，需求量也为 60 万台，达到均衡。然而国际市场上，每一台照相机的价格为 2500 元，高于国内。因此，该国出口照相机。假定国际市场上对于照相机的需求弹性比较大，随着出口的增加，国内照相机的价格也随之上升至 2500 元。由于价格的上升，国内消费者的需求从 60 万台下降至 40 万台；而生产者的生产增加，由 60 万台增加至 80 万台，出口量为 40 万台。消费者剩余减少了 $a+b$ 的面积，为 2.5 亿元；生产者剩余增加了 $a+b+c+d$ 的面积，为 3.5 亿元。消费者损失的 $a+b$ 和生产者获得的 $a+b$ 相互抵消了，社会的净福利增加了 $c+d$ 的面积，为 1 亿元。可见，从全社会来看，出口贸易可以给社会带来福利。

§3　局部均衡中进口贸易获利

假定在没有贸易的条件下，B 国国内市场上每公斤大米的价格为 2 美元，供应量为 80 万公斤，需求量也为 80 万公斤，达到均衡。然而，国际市场上每公斤大米的价格为 1 美元。大米的国际市场上的价格低于国内价格，因此 B 国进口大米。国际市场上每公斤大米的价格比国内价格低 1 美元，大米的进口引起国内价格相应地下降至 1 美元。因此，国内生产和供应量从80万公斤减少至40万公斤。与此同时，国内的需求量从80万公斤上升至120万公斤，进口量为80万公斤。

B国进口大米的结果。

对消费者的影响：由于进口价格下降，每公斤大米消费者少支付1美元，消费量增加了，从80万公斤上升至120万公斤，因此，消费者剩余增加了 $a+b+c+d$ 的面积，$a=1\times40$ 万 $=40$ 万美元，$b=c=1/2\times1\times40$ 万 $=20$ 万美元，$d=1/2\times1\times40$ 万 $=20$ 万美元，$a+b+c+d$ 的面积共为100万美元，消费者增加收入100万美元。

对于生产者的影响：由于国内价格的下降，每公斤大米少收入1美元，同时生产者减少了大米的供应，供应量由80万公斤减少至40万公斤，生产者剩余减少了 $a+b$ 的面积，$a=1\times40$ 万 $=40$ 万美元，$b=1/2\times1\times40$ 万 $=20$ 万美元，共损失了60万美元。

对社会的净影响：消费者增加了 $a+b+c+d=100$ 万美元，生产者损失了 $a+b=60$ 万美元。消费者增加的 $a+b$ 部分与生产者损失的 $a+b$ 部分相抵消，社会的净福利增加了 $c+d=40$ 万美元。可见，从全社会来看，进口贸易也可以给社会带来福利（见图1.14）。

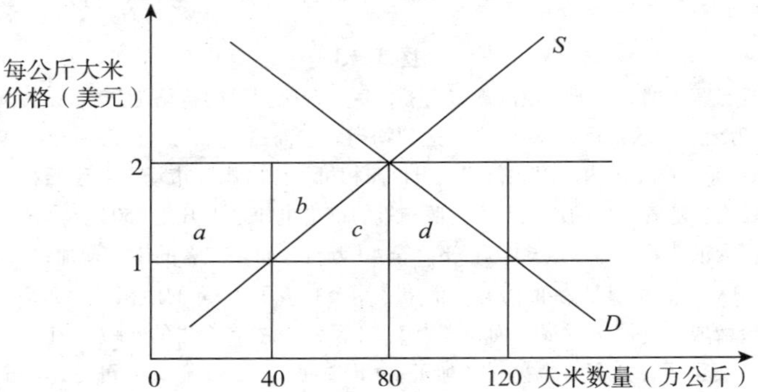

图1.14

在没有贸易的条件下，B国国内市场上大米的价格每公斤为2美元，国内供应量为80万公斤，需求量为80万公斤，达到均衡。在国际市场上，每公斤大米的价格为1美元，每一公斤大米国际市场上的价格比国内市场上的价格低1美元，B国进口大米。随着大米的进口，国内市场上大米的价格也下降至1美元。由于价格的下降，国内的消费者的需求由80万公斤上升至120万公斤，国内生产者的供应量则由80万公斤下降至40万公斤。大米进口的结果是：消费者剩余增加了 $a+b+c+d$ 的面积，为100万美元；生产者剩余损失了 $a+b$ 的面积，为60万美元。消费者增加的福利 $a+b$ 的部分和生产者损失 $a+b$ 相互抵消，社会的净福利为 $c+d$，为40万美元。

第5节 贸易对于经济增长的动态影响

§1 贸易对于经济增长的动态影响的各种观点

许多经济学家认为，比较优势学说是一种静态的分析，缺乏对于发展过程变化的本质分析，忽视了贸易的动态影响。然而，在亚当·斯密和大卫·李嘉图等古典经济学家们看来，贸易带来社会的进步和发展是自然的事，就如同人们需要呼吸空气一样自然。经济学家约翰·米尔（John Mill）认为，贸易对于经济的影响除静态的增加福利之外，还应该强调它的动态的影响。而古典经济学派之所以没有进行这种分析，是因为他们认为一个国家依据其比较优势进行贸易和促进经济发展是没有矛盾的，是一致的。他们仅仅到此而已。米尔认为，从动态的观点来看，各国根据比较优势发展国际贸易，其结果是更加有效地使用世界的生产力。他指出，市场的每一次扩大，都会推动生产过程的改进。一个国家为比自己国内市场更大的市场提供产品，可以引起在更大的范围内的劳动分工，更有效地利用机器，可以更好地发明创造和改进生产过程。对外贸易的发展可以克服一个国家市场较小、不经济的缺点。他将贸易对于经济发展的动态影响概括为以下三个方面。其一，扩大了市场范围，引起了更大范围的劳动分工，提高了劳动生产率；其二，引进了外国的技术，提高了劳动生产率，增加了资本的积累；其三，灌输了新的思想和新的消费偏好，促进经济“知识率”的提高。总之，国际贸易改变现存的生产能力，提高生产发展的能力。较大数量的贸易给予生产和发展以较大的推动潜力。另一位经济学家W·马克斯·科尔登（W. Max Corden）在他的《贸易对于增长率的影响》（The Effects of Trade on The Rate of Growth）一书中，从需求—动力和供应—动力两个方面分析贸易对于经济增长的影响。他认为，一个国家开展对世界的贸易有五方面的不同影响。第一，最直接的影响是实际收入的增长。第二，产生资本积累的影响。它是实际收入增长的部分用于投资的结果。而这一部分投资，或者是在今天或者是在将来会转化为实际的收入。第三，可能带来替代的影响。如果投资于消费产品，导致消费产品增长率提高，其相对价格下降。增加国内生产，替代消费品的进口。第四，收入分配的影响。贸易将使得收入分配转向出口产品，使得出口产品密集使用的生产要素收入增加。它将对储蓄的倾向产生全面的影响。第五，对于生产要素的影响。出口增长，出口产品投入的生产要素供应的增长较快，出口增长率将增长得更快。总之，经济学家们认为，贸易对于经济增长的动态影响如同增长的传动机一样。

§2 有的国家出口增长没有带动经济增长的原因

有的经济学家认为，尽管从长期来看，贸易的增长起着传导作用，带动经济的增长，许多国家的实践也证明了这一点。然而，世界上还有许多国家出口的增长没有带动其经济的发展和增长。为什么这些国家贸易的增长不能带动其他部门和引起国内经济更加广泛的发展呢？如何使得贸易的扩展成为国内经济发展的动力呢？

第一种观点认为，国际的市场力量不利于一些国家，使得这些国家的贸易条件恶化，出口产品的价格相对进口产品的价格下降。因此，出口增加，收入没有相应地增加。

第二种观点认为，一些发展中国家的出口部门往往是一个“飞地”(Enclave)，即在一个国家境内的外国领地，和其他的经济部门相分离，没有内在的联系，因此出口的发展不可能带动其他部门的发展。这些国家需要建立一个综合的经济体系，出口部门的增长能推动其他部门的发展，而其他部门也能做出相应的反应。

第三种观点认为，不同的出口商品，将产生不同的“知识率”和连锁反应。如果出口部门的生产技术与其他部门相同，其扩大只是一种简单的扩大，而没有改变生产能力，那么它的带动作用也就比较微小。例如，一些国家扩大粮食出口，而粮食的生产采用简单的生产方法，和过去农业生产上所使用的传统的方法没有什么不同，很显然它的出口扩大对于经济发展的刺激是有限的。如果出口部门使用的是新的技术，要求与更加熟练的劳动力的结合，它将对于经济的增长有着重要的意义。出口部门的技术将会扩散开来，传送新的技术到其他单位。因为它要求与其相关联的部门的技术做出相应的发展，增加对其投入的供应。这种影响将在一个相关联的整体经济中起着连锁的反应。

综上所述，从动态的角度来看，贸易与经济增长存在着密切的联系。有的经济学家曾经将贸易比喻为经济增长的发动机。当然它是有条件的，对于这一点我们在这里不作评述。可以说，贸易对于经济增长有着重要的影响。

§3 贸易对于经济增长率的动态影响

出口贸易能够促进经济的增长，它表现在以下几个方面：首先，出口贸易日益扩大，也就是出口商品的市场日益扩大，市场的扩大反过来会促进生产规模的扩大，从而带来规模经济的效益（这一点在以后的章节里将会进一步详细阐述）。第二，出口的扩大不仅会促使出口产业的发展，而且会带动与出口产业相关联的一些产业的发展。例如，汽车出口的增长会带动与汽车相关联的钢铁业、橡胶业、玻璃业、塑料业等产业的发展。第三，出口贸易的发展会带动基础设施和公用事业的发展，随着出口的扩大，交通运输业、通讯事业、供电、供水、金融、保险，以及各种个人服务行业都会相应地增长。第四，出口贸易的增长不仅能够扩大就业，增加收入，拉动内需；还会增加资金的积累，促进投资的增长，从而带动整个经济的增长。第五，出口贸易的发展增加外汇收入，为进口贸易的发展奠定基础。

进口贸易对于国内经济的增长也有重要的影响，它表现在：首先，进口新的产品，可以起国际示范作用，带动消费者的消费偏好向这些新产品转移，国内对于这些新产品的需求日益增长，成为推动新产品在国内生产的巨大动力。例如，电视机、音响、微波炉等新产品的进口，起着消费示范作用。一些进口国的消费者对于这些新产品的需求日益增长，为国内生产这些新产品提供了重要的条件。第二，进口新的技术、新的机器设备，它本身就是进口新的生产能力，推动国内生产技术的改造，促使国内生产力达到一个新的、较高的水平，极大地促进经济的增长。第三，进口国内短线产品和稀缺物资，在保证生产的正常发展、调整生产结构、促使经济均衡发展方面起着重要的作用，同时在稳定物价和人民生活方面也起着极为重要的作用。

进出口贸易的发展还可以带来国际竞争的效益。进出口贸易的发展，将国内企业推向国际竞争之中，使得国内企业在国际竞争中求生存，求发展，必须不断改进技术，改善企业管理，降低成本，提高产品质量，开发新的产品。竞争效益成为经济增长的重要动力。

本章总结

本章着重阐述古典经济学家的比较优势理论。比较优势理论的核心在于说明贸易双方获利的源泉。也就是说，在贸易的条件下，两国可以进行国际专业化分工，发挥本国的比较优势，将资源转移到本国的比较优势部门，提高劳动生产率，降低成本，出口本国具有比较优势的产品。在贸易中，出口国获利，进口国也能获利。双方获利的根本原因在于同一种产品两个国家的成本不同。大卫·李嘉图的比较优势理论在四个方面存在着不足。现代国际经济学家利用现代经济学的分析方法，对这四个方面进行了补充。

思考题

1. 绝对优势理论

美国和英国生产两种产品，小麦和布，美国在生产小麦方面具有绝对优势，英国在生产布的方面具有绝对优势。

	美 国	英 国
小麦	2 小时	2.5 小时
布	4 小时	1.0 小时

如果没有贸易，两种商品的价格由每一个国家的国内条件所决定。在美国 1 单位的布等于 2 单位的小麦，1C = 2W；在英国 1 单位的小麦等于 2.5 单位的布，1W = 2.5C。两种产品的价格：

	美 国	英 国
小麦的价格	0.5C	2.5C
布的价格	2.0W	0.4W

在美国 1W = 0.5C，1C = 2W；在英国 1W = 2.5C，1C = 0.4W。两国在贸易中如何获利？获利的源泉何在？如果你是从事对外贸易的商人，如何从两国的贸易中获利？

2. 比较优势理论

假定葡萄牙和英国生产两种产品：布和酒。葡萄牙生产 1 桶酒，需要 3 天，生产 1 匹布，需要 10 天。而英国生产 1 桶酒，需要 2 天，生产 1 匹布，只需要 4 天。

	葡萄牙	英 国
酒（1 桶）	3 天	2 天
布（1 匹）	10 天	4 天

假定有一家公司垄断了伦敦和里斯本之间的贸易，在上述情况下，如何为垄断企业创造巨大的获利的机会?

如果某公司对于伦敦和里斯本之间的贸易不能实行垄断，情况将会发生什么样的变化?

3. 根据下图分析，局部均衡中贸易获利。首先，分析该图是出口图还是进口图，为什么? 第二，分析贸易对生产者、消费者以及社会的净影响。第三，*a*、*b*、*c*、*d* 的面积各为多少元?

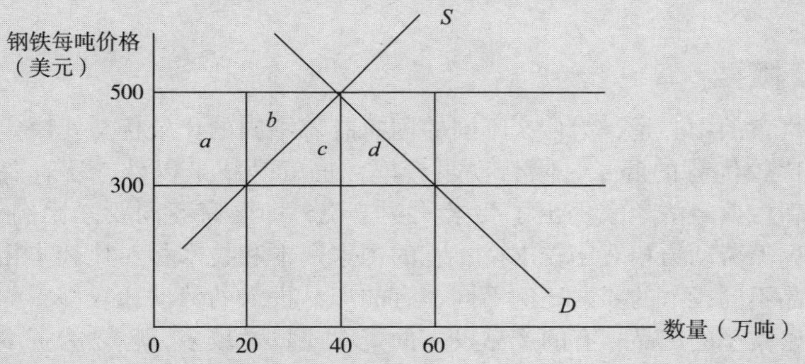

4. 下图是进口图还是出口图，为什么? 根据下图分析贸易对生产者、消费者和社会的净影响。*a*、*b*、*c*、*d* 的面积各为多少元?

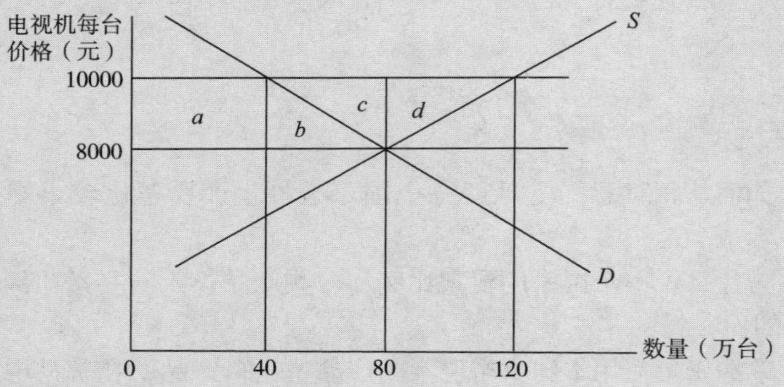

第2章
要素比例理论

本章概要

本章的中心是，为什么不同的国家有着不同的比较优势？决定一个国家比较优势的源泉，除劳动生产率，也就是技术以外，还有要素比例。新古典经济学家提出了要素比例学说，即国家不同要素比例不同，有的国家劳动力相对比较丰裕，有的国家资本和技术相对比较丰裕；同时产品不同投入的要素比例不同，有的产品投入的劳动比较多，称之为劳动密集型的产品；有的产品投入的资本或技术较多，称之为资本密集型或技术密集型的产品。劳动相对比较丰裕的国家，其比较优势必然是劳动密集型的产品。要素比例不仅决定一个国家的比较优势，还决定一个国家的贸易结构。值得注意的是，一个国家或产品的要素比例是会发生变化的。

学习目标

1. 如何从相对意义上理解一个国家某种生产要素比较丰裕或比较稀缺。

2. 为什么说一个国家的要素比例和一些产品投入的要素比例是会发生变化的？

3. 掌握密集使用本国丰裕要素的产品是出口产品，在贸易中这种丰裕的要素获利；相反，密集使用本国较为稀缺的要素产品是与进口竞争的产品，在贸易中这种稀缺的要素受到损失。

4. 要素比例学说的局限性表现在哪些方面。

如果一个国家的劳动力相对于其他要素的比例比其他国家更高，我们称其为劳动力丰裕型的国家；如果一种产品的人工成本在其总成本中所占比例高于其他产品，我们称它为劳动密集型产品。

——伯蒂尔·俄林

瑞典经济学家埃里·赫克歇尔（Eli Heckscher）于 1919 年发表了题为“对外贸易对收入分配的影响”的文章，其中提出了要素比例理论（The Theory of Factor Proportions）。赫克歇尔的学生伯蒂尔·俄林（Bertil Ohlin），在 1933 年，出版了《区域贸易和国际贸易》一书。在这一著作中，俄林进一步发展了要素比例理论，因此这一理论常常被称之为赫克歇尔—俄林理论，或简写成 H—O 理论。现代经济学家在分析要素比例理论时认为，这一理论发展了亚当·斯密和大卫·李嘉图古典贸易理论，弥补了古典贸易理论的不足。这一发展可以从两个方面来看：有的经济学家认为，李嘉图在分析比较优势理论时，依据的是劳动价值理论，在生产中所投入的要素仅仅是劳动。因此，生产同一产品两个国家的成本不同，其决定因素就是劳动生产率。因此，劳动生产率决定一个国家的比较优势。保罗·R. 克鲁格曼（Paul R. Krugman）在他的《国际经济学》（International Economics）一书中说，“如果真是如同李嘉图所说，劳动是生产中的唯一因素，那么国家之间比较优势的不同就仅仅取决于劳动生产率。但是在现实世界里，劳动生产率的差异只能部分地解释贸易发生的原因，除此之外，贸易的发生也反映了国家间资源的差异。加拿大的木材出口到美国的原因，并不是因为加拿大木材业的劳动生产率比美国的高，而是加拿大人口稀少，人均木材的占有量比美国多。”因此一个现实主义的观点应该承认，决定贸易的因素不只是劳动，还有其他的生产要素，如土地、资本和矿产资源等。有的经济学家认为，李嘉图的比较优势理论只是解释了贸易的原因在于两个国家同一产品的生产成本存在着差异，在贸易中双方都能获利；但是没有说明为什么一个国家在 A 商品的生产上具有比较优势，而另一国家在生产 B 商品上具有比较优势。也就是在李嘉图分析的过程中，没有说明为什么葡萄牙在酒的生产上、英国在布的生产上具有比较优势。而赫克歇尔—俄林的要素比例理论正是回答了这一问题。他们认为，要素比例理论是在李嘉图的比较优势理论的基础上，进一步揭示比较优势的源泉。威尔逊·B. 布朗（Wilson B. Brown）和简·S. 霍根多伦（Jane S. Hogendorn）认为，李嘉图的比较优势学说只是解释了贸易为什么能够获利，而没有解释为什么不同的国家的生产可能性曲线不同，为什么一个国家在这一商品上有比较优势而不是在另一个商品上。

赫克歇尔—俄林的要素比例理论明确地提出在生产中投入的要素不只是劳动，还有资本、土地、技术等其他资源。因此一个国家生产某种商品是否具有比较优势，要将这些生产要素结合起来考察。也就是说，一个国家的比较优势是由该国的要素禀赋所决定的。

第 1 节　要素比例理论的主要内容

要素比例理论的主要内容有以下三个方面：其一，不同的国家要素禀赋不同；其二，不同产品投入的要素比例不同；其三，一个国家出口的是本国要素比较丰裕、在生产中密集使用这种要素的产品，而进口的是本国要素比较稀缺、在生产中密集使用这种生产要素的产品。

§1　不同国家要素禀赋不同

不同国家的要素禀赋不同。所谓要素禀赋不同是指有的国家某种生产要素比较丰裕，而另一种生产要素则相对比较稀缺；而另一些国家则相反。例如，中国、印度、巴基斯坦等国家劳动力较为丰裕，美国、日本、欧洲一些发达国家资本、技术比较丰裕，俄罗斯、澳大利亚、加拿大等国家土地较为丰裕。当然，所谓某种生产要素丰裕或某种生产要素稀缺，都是相对的，是比较而言的。

确定一个国家某种要素较为丰裕、某种要素较为稀缺，即要素禀赋的丰裕程度，有以下两种计算方法。

第一，假定英国拥有2000万英亩的土地和2000万劳动力，美国拥有2亿英亩的土地和8000万劳动力。从绝对的意义上来看，美国的土地和劳动力都比英国多，可以说美国在土地和劳动力方面都是丰裕的国家。但是从相对的意义上来看，英国的土地/劳动力的比率为：2000万/2000万 = 1∶1，而美国的土地/劳动力的比率为2亿/8000万 = 2.5∶1，从这一数字的比率来看，相比较而言，英国在劳动力方面比较丰裕，土地相对比较稀缺；而美国在土地方面比较丰裕，劳动力比较稀缺。根据以下的实际数字可以看到，在人口和土地两个方面，中国比美国、巴西和澳大利亚都多，但是从土地/人口的比率上，中国则要小得多，因此相对而言美国、巴西、澳大利亚是土地丰裕的国家，而中国是人口丰裕的国家（表2.1）。

表2.1　部分国家的土地面积和人口

国　家	土地（万平方公里）	人口（亿）
俄罗斯	1707.5	1.4178
加拿大	997.06	0.3317
美国	962.9	3.147
中国	960	13.39
巴西	854.74	1.94
澳大利亚	769.2	0.2095
印度	328.7	12.15

资料来源：《The World 2005》，日本贸易振兴会议厅，2005年6月14日，联合国《2010年世界人口状况报告》。

假定生产中投入两种要素，即资本和劳动，如何确定哪一个国家是资本较为丰裕的国家，哪一个是劳动较为丰裕的国家？首先，可以用A国的总资本/总劳动力（TK/TL）和B国的总资本/总劳动力（TK/TL）比率进行比较。哪一个国家的比率大就是资本较为丰裕的国家，相反则是劳动较为丰裕的国家。如果用要素价格来计算，那么就用A国的PK/PL和B国的PK/PL的比率来比较。资本的价格通常用利率（r），劳动力的价格用劳动小时的工资率（w）来表示，$PK/PL = r/w$。值得注意的是，孤立地分析r和w的绝对量，无法衡量谁是资本丰裕的国家，谁是劳动丰裕的国家，必须看它们之间的比率。

第二，用几何图形来分析。假定两个国家，A国和B国，分别生产两种产品，在生产中投入两种生产要素，即资本和劳动力。A国和B国在生产上都会受到本国要素供应的影响，由于不同国家要素禀赋不同，两国有着不同的生产可能性曲线。图 2. 1 说明，要素比例决定一个国家的生产可能性曲线。假定一个国家的资本供应是无限的，那么这个国家生产的产量就取决于劳动的供应，其生产受到劳动的限制。如果该国将所有的劳动用于生产钢铁，其产量为 250 万吨，如果将所有的劳动力用于生产小麦，其产量为 480 万吨，其产量被限制在 *CD* 线上。如果该国生产两种产品，那么在 *CD* 线上的任何一点都将其劳动力划分开来，是生产不同数量的两种产品的组合。假定一个国家劳动力的供应是无限的，那么这个国家生产的产量取决于资本的供应，受到本国资本的限制。如果该国将所有的资本用于生产小麦，产量为 240 万吨，如果将所有的资本用于生产钢铁，其产量为 500 万吨，其产量被限制在 *EF* 线上。如果该国生产两种产品，那么在 *EF* 线上的任何一点都将其资本划分开来，是其生产不同数量的两种产品的组合。当一个国家的劳动和资本供应都是有限的，劳动和资本供应的有限性限制了该国的生产。在图 2. 1 中，生产可能性曲线（又称为转换曲线）为 *CGF*，该国生产的小麦和钢铁的产量被限制在这一条曲线上。假定该国生产 190 万吨小麦，生产 80 万吨钢铁，生产点在 G_1 点上。在这一点上该国充分利用了其劳动力，然而有相当一部分资本被闲置而浪费。如果其生产点在 G_2 点上，那么该国充分地利用了其资本，然而相当一部分劳动力失业。只有在 *CD* 和 *EF* 两条线的交点 *G*，生产 150 万吨小麦和 180 万吨钢铁，才能使得该国的劳动和资本都充分地得到利用（见图 2. 1）。

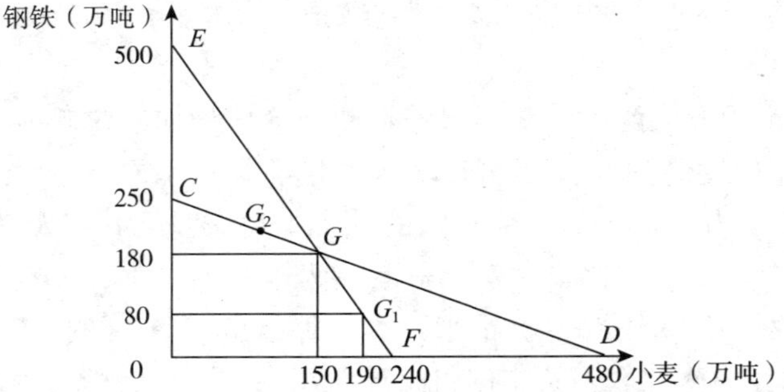

图 2. 1　要素禀赋决定下的产量

假定在生产中需要投入的是资本和劳动两种要素。当一个国家劳动和资本两种要素的供应都有限时，其生产被限制在 *CGF* 的曲线上。如果生产点在 G_1 点上，那么该国的劳动力得到充分的利用，而相当一部分资本被闲置。如果生产点在 G_2 点上，那么该国的资本得到充分的利用，而一部分劳动力失业。只有在 *CD* 线和 *EF* 线的交点 *G* 点上，该国的劳动和资本都得到了充分的利用，结果是生产 150 万吨小麦和 180 万吨钢铁。

§2 产品不同投入的要素比例不同

不同的产品所投入的要素比例不同。假定在生产中投入两种要素，即资本和劳动，有的产品资本要素投入的比例比劳动多，有的产品劳动要素投入的比例比资本多。要素投入的比例不同决定着产品的不同特征，是不同的要素密集型的产品。这就是说，有的产品要求投入的劳动较多，称之为劳动密集型产品（labor intensive）；有的产品要求投入的资本较多，称之为资本密集型产品（capital intensive）；也有的产品则要求投入的技术较多，称之为技术密集型产品（technology intensive）。

要素密集和比较优势一样是一个相对的概念。确定一种产品是劳动密集型的、资本密集型的还是技术密集型的产品，有以下两种方法。

第一种方法是，假定生产两种产品——布和钢铁，投入的生产要素为资本和劳动力。生产1单位布，需要投入2单位资本和6单位劳动，而生产1单位钢铁，需要投入4单位资本和8单位劳动。

	资　本	劳　动
布（1单位）	2	6
钢铁（1单位）	4	8

尽管生产1单位钢铁比生产1单位布，所需要投入的资本和劳动都要多，但是相对而言，也就是从投入的要素比例来看，布的资本/劳动（K/L）比率为2/6 = 1/3，而钢铁的资本/劳动（K/L）比率为4/8 = 1/2。这就意味着，生产1单位的布，每1单位资本需要配备3个劳动力；而生产1单位钢铁，每1单位资本需要配备2个劳动力。可见，布是劳动密集型产品。相反，生产1单位布的劳动/资本（L/K）的比率为：6/2 = 1/0.3，而生产1单位钢铁的劳动/资本（L/K）的比率为：8/4 = 1/0.5，也就是说，生产1单位布，1个劳动力需要配备0.3单位的资本，而生产1单位钢铁1个劳动力需要配备0.5单位资本。因此，钢铁是资本密集型产品。

布和钢铁相对而言，布是劳动密集型的产品，因为生产1单位布，每1单位资本所要求配备的劳动比生产钢铁要多，即劳动与资本的比率（labor – capital ratio）较高。而钢铁是资本密集型的产品也是相对布而言，生产1单位的钢铁，每1个劳动所使用的资本比生产1单位布中每1个劳动所使用的资本要多，即资本与劳动的比率（capital – labor ratio）较高。

第二种方法是，几何图形的分析方法。在现实世界里，有许多产品既可以用资本密集的方法生产，也可以用劳动密集的方法生产。例如，在一些发达国家，在农业生产中投入大量的资金购买机器设备，农产品是一种资本/劳动比率较高的资本密集型产品。而在一些发展中国家，农产品基本上是密集使用劳动生产的产物，劳动/资本的比率较高。可见，同一产品在 A 国可能用劳动密集的方法生产，在 B 国可能用资本密集的方法生产。例如，小麦在美国是资本密集型产品，而在中国是劳动密集型产品。

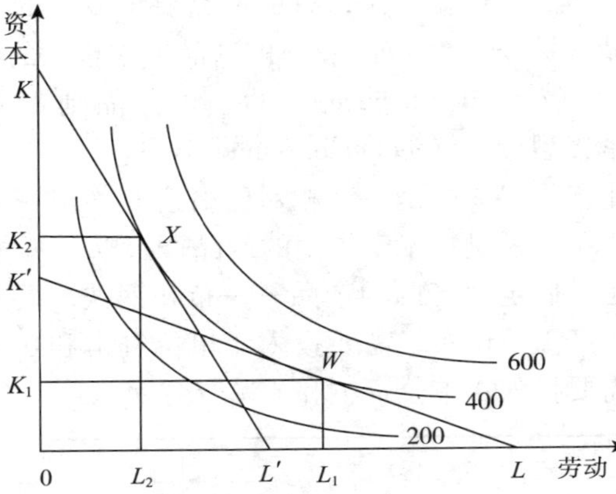

图 2.2　要素比例不同的产品

200、400 和 600 为三条等产量曲线，LK' 为 A 国的价格线，KL' 为 B 国的价格线，W 点为 A 国的最佳结合点，X 点为 B 国的最佳结合点，两国的生产量都达到 400。同类产品在 A 国的生产中所投入的劳动/资本的比率相对较高，是劳动密集型的产品；而在 B 国生产中所投入的资本/劳动的比率相对较高，是资本密集型的产品。

图 2.2 说明，要素投入的比例不同，决定一个产品的要素密集型的不同。分析该图需要注意三点，即等产量曲线、价格线和最佳结合点。首先，图中有三条等产量曲线，即 200、400、600。所谓等产量曲线，是在同一条曲线上，不同的点表示资本和劳动的不同数量的结合，但是这些点所代表的生产的产品数量是相同的。等产量曲线是一条向右下方倾斜并凸向原点的曲线，表示要素替代的有限性，即一种要素不断增加所替代的另一种要素递减。第二，在图中有两条价格线 KL' 和 LK'，说明如果 A 国将所有的货币用于购买劳动力，所能购买到的劳动力为 $0L$；如果将所有的货币用于购买资本，所能购买到的资本为 $0K'$，价格线 LK' 斜率为 A 国的劳动与资本的比价。而 B 国如果将所有的货币用于购买劳动力，所能购买到的劳动力为 $0L'$，如果将所有的货币用于购买资本，所能购买到的资本为 $0K$，价格线 KL' 斜率为 B 国的劳动与资本的比价。第三，A 国和 B 国均受其资源的限制，A 国的资本和劳动的最佳结合点为 W 点，使用 $0L_1$ 的劳动和 $0K_1$ 的资本，其产量能够达到等产量曲线 400，而其产品中投入的劳动比投

入的资本的比例相对较多，因此是一种劳动密集型的产品。B 国的劳动和资本的最佳结合点为 X 点，使用 $0L_2$ 的劳动和 $0K_2$ 的资本，其产量也能达到 400 等产量曲线，在生产中投入的资本比投入的劳动的比例相对比较多，相对而言，B 国的产品是资本密集型的。

§3　要素比例和国际贸易

赫克歇尔—俄林的要素比例理论解释了国际贸易的原因。首先，一个国家的要素比例决定了该国的比较优势。例如，一个国家劳动力比较丰裕，劳动力的供应量比较充足，劳动价格相对比较便宜，因此在生产中密集使用劳动所生产的产品，成本相对较低，从而决定该国的劳动密集型产品具有比较优势。相反，一个国家资本比较丰裕，资本密集型产品具有比较优势。第二，要素比例理论说明，一个国家的要素比例决定该国的贸易结构，也就是决定一个国家的出口和进口产品。一个国家出口的是本国生产要素相对比较丰裕、在生产中密集使用这一生产要素的产品；而进口的是本国要素相对稀缺，在生产中密集使用这一生产要素的产品。例如，一些发达国家资本和技术比较丰裕，因此出口的是在生产中密集使用资本和技术的产品，也就是资本密集和技术密集型产品；而这些国家劳动相对比较稀缺，因此进口的是在生产中密集使用劳动的产品，即劳动密集型产品。正是由于国家之间这种要素禀赋不同，以及在生产中产品投入的要素比例不同，导致各个国家生产同一种产品的成本的不同，有着不同的比较优势，出口和进口不同的产品，从而在贸易中都可以获利。

由于两个国家的要素比例不同，在贸易中都能获利（见图 2.3）。假定 A 国的生产可能性曲线（或生产边界线）为 LEK，B 国的生产可能性曲线（或生产边界线）为 $L'E'K'$。两国的要素禀赋不同，A 国的劳动力相对比较丰裕，B 国的资本相对比较丰裕。对于这一图形，可以分成三步进行分析。首先，假定贸易前 A 国的生产点在 E 点，B 国的生产点在 D 点，A 国和 B 国有着相同的无差别曲线 I_1。在没有贸易的条件下，A 国无差别曲线 I_1 与生产可能性曲线相切于 E 点，生产点在 E 点；B 国无差别曲线 I_1 与生产可能性曲线相切于 D 点，生产点为 D 点。第二，两国进行贸易，可以进行国际专业化分工，发挥各国的比较优势。A 国的劳动力相对比较丰裕，生产小麦的成本相对较低，在小麦生产上具有比较优势。B 国的资本相对比较丰裕，生产钢铁的成本相对较低，在生产钢铁上具有比较优势。B 国将生产转移至 E' 点，充分使用其资本的资源。第三，A 国出口 EC 的小麦，

进口 CF 的钢铁，其无差别曲线达到 I_2，与国际价格线 EF 相切于 F 点。B 国出口 $C'E'$的钢铁，进口 $C'F'$的小麦，其无差别曲线达到 I_3，与国际价格 $E'F'$线相切在 F'点。可见，资本相对比较丰裕的国家生产和出口资本密集型产品，劳动相对比较丰裕的国家生产和出口劳动密集型的产品，在贸易中双方都能获利，都能达到一个较高水平的无差别曲线。

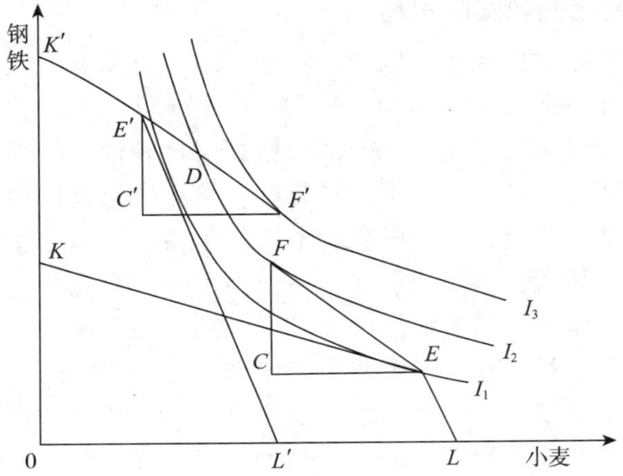

图 2. 3　要素比例和国际贸易

LEK 为 A 国的生产可能性曲线，$L'E'K'$为 B 国的生产可能性曲线。假定贸易以前，A 国的生产点为 E 点，B 国的生产点为 D 点，两国的无差别曲线均为 I_1，世界市场上小麦和钢铁的比价为 FE 或 $F'E'$。两国进行贸易，B 国生产钢铁方面具有比较优势，将生产点转移至 E'点。FCE 和 $F'C'E'$为贸易三角形。A 国出口 CE 的小麦，B 国进口 $C'F'$的小麦；A 国进口 CF 的钢铁，B 国出口 $C'E'$的钢铁。经过贸易以后，A 国的无差别曲线达到 I_2，B 国的无差别曲线达到 I_3，在贸易中都增加了利润。

第 2 节　收入分配和要素价格均衡化

§1　机会成本递增的原因

在第 1 章中，我们分析了机会成本有三种形式，即机会成本不变、机会成本递增和机会成本递减。在谈到机会成本递增时，没有深入分析其原因，这是因为只有运用要素比例理论，才能深入地分析资源在转移中出现机会成本递增的原因。在国际贸易的条件下，两个国家可以进行专业化分工，发挥本国的比较优势，将资源转移到本国的比较优势部门。然而在现实世界，这种转移常常引起机会成本递增。原因是，首先，生产不同的产品，投入的要素不同。生产钢铁、布、小麦、鞋等，要求不同的生产技术。假定贸易前一个国家既生产钢铁也生产布，进行贸易后，由于该国资本比较丰裕，钢铁生产具有比较优势，它可以专业化生产钢铁，将资源从生产布的部门转移至生产钢铁的部门。原来在生产布的部门的工人，生产布的技术比较熟练，效率较高，但将他们转移至生产钢铁的部门，所发生的情况可想而知。其次，不同的生产要素适用于不同产品的生产。例如，一些山坡草地只适用于放牧，而将其用于小麦生产，产量将会很少。第三，两种不同的产品，即使投入的要素都相同，两种要素结合的比例也会不同。例如生产布和小麦都需要土地和劳动，然而布和小麦所需要的土地/劳动的比例不同。减少布的生产，所释放出的土地/劳动的比例不会适应小麦生产的需要，因为释放出的土地太少，而释放出的劳动力又太多。这种转移的结果是，随着小麦生产的增加，必然引起土地价格的上升，不可避免地出现机会成本上升。

§2　贸易对收入分配的影响

要素比例和收入分配有着重要的关系。假定两个国家 A 国和 B 国，生产两种产品布和小麦，投入两种生产要素土地和劳动。A 国在小麦的生产上具有比较优势，而 B 国在布的生产上具有比较优势。在贸易的条件下，A 国出口小麦。随着小麦出口的增长，小麦价格上升，从而刺激小麦生产的扩大。为了增加小麦的生产，生产者将会租种更多的土地，雇佣更多的劳动，为此 A 国需要将生产布的生产要素转移至生产小麦。但是，布是劳动密集型的产品，减少布的生产，所释放出的土地相对较少，而释放出的劳动力相对较多，其结果必然引起土地租金相对工资的比率上升。此外在贸易条件下，A 国也要进口布。随着布的进口的扩大，国内与进口竞争的部门，即生产布的部门，也必然将资源由生产布的部门转移至生产小麦，其结果也必然引起土地租金相对劳动工资上升。因此，无论 A 国是出口小麦还是进口布，都会引起土地租金/劳动工资比率的上升，从而土地要素收入相对增加，而劳动工资收入相对下降。

B 国出口布，随着布的出口的增长，布的价格上升，刺激布的生产的扩大，布的生产者将会雇用更多的劳动力扩大布的生产。为此 B 国要将生产小麦的生产要素转移至生产布，但是小麦是土地密集型的产品，减少小麦的生产所释放出的劳动相对较少，而释放出的土地相对较多，其结果必然引起劳动工资相对土地租金的比率上升。另外，B 国要进口小麦，随着小麦进口的扩大，国内和进口竞争的部门，即小麦生产部门，必然将资源由生产小麦的部门转移至生产布的部门，其结果必然引起工资相对土地租金的比率上升。因此，无论 B 国是出口布，或是进口小麦，都会引起劳动工资/土地租金比率上升，从而劳动工资收入相对增加，而土地要素收入相对下降。可见，进口和出口都会引起要素价格的上升和下降，从而对收入分配产生重要影响。

总之，无论是 A 国还是 B 国，密集使用本国丰裕要素的产品是出口产品，在贸易中这种丰裕的要素获利；相反，密集使用本国较为稀缺的要素产品是与进口竞争的产品，在贸易中这种稀缺的要素受到损失。在贸易中，A 国土地要素获利，劳动要素受到损失；而 B 国劳动要素获利，而土地要素受到损失。

§3　要素价格均衡化

赫克歇尔—俄林的要素比例理论（H—O 理论）一方面分析了贸易的出发点，同时又分析了贸易的结果。

首先，国家不同要素禀赋不同，在生产同一产品中投入的要素比例不同。正是由于两个国家、两种要素的丰裕或者稀缺的程度不同，决定了要素的价格不同，同一种产品在两个国家的生产成本必然存在着差异，而同一产品的成本不同是贸易的基础，是获利的源泉。要素比例理论说明了贸易的目的和获利的原因，指出了要素价格不同是贸易的出发点。

第二，值得重视的是，要素比例理论中还有一个重要内容，就是分析了贸易的结果。该理论认为，贸易的结果使得各国的要素价格均衡化。之所以出现要素价格均衡化，道理十分简单。假定 A 国的劳动力较为丰裕，劳动力的供应量较多，劳动力的价格相对比较便宜，生产和出口劳动密集型产品。然而随着出口的扩大，在生产中对于劳动力的需求日益增加，劳动工资必然出现上升的趋势。同时，B 国的劳动力相对比较稀缺，劳动力的价格相对比较昂贵，进口劳动密集型产品。随着进口的扩大，在生产中对于劳动力的需求日益减少，劳动工资必然出现下降的趋势。而 A 国的资本相对较为稀缺，资本的供应量相对较少，资本的价格比较昂贵，进口资本密集型的产品。随着进口的增加，对于本国资本的需求相对减少，资本的价格必然出现下降的趋势。相反，B 国是资本相对比较丰裕的国家，生产和出口资本密集型的产品。随着出口的扩大，对资本的需求日益增加，资本的价格趋于上升。总之，随着贸易的发展，两个国家的要素价格向着相反的方向运动，逐渐趋向均衡。图2.4中，P_1P_1 为A国的价格线，P_2P_2 为B国的价格线。A国的生产点为 a 点，B国的生产点为 b 点。由于A国出口劳动密集型的产品，对于劳动力的需求日益增加。B国出口资本密集型产品，对于资本的需求日益增加。两个国家劳动和资本的比价向相反的方向变动，从而趋向一致，形成 P_3P_3 价格线。最终，A国的生产点移至 a' 点，B国的生产点移至 b' 点。

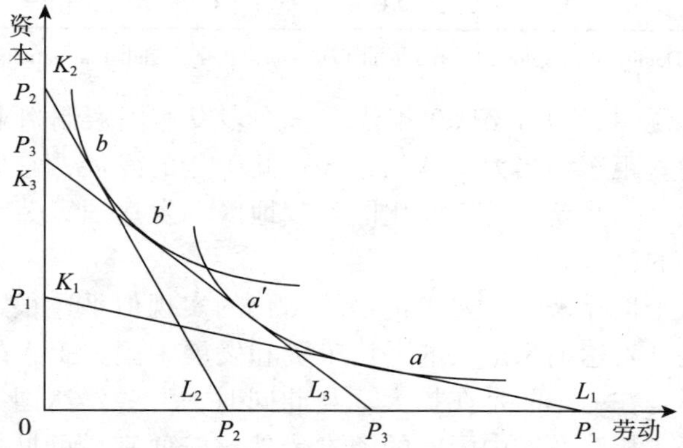

图2.4　要素价格均衡

在图中有两条价格线，即 P_1P_1 和 P_2P_2。P_1P_1 价格线的斜率，为A国劳动和资本的比价，P_2P_2 价格线的斜率为B国的资本和劳动的比价。A国的最佳结合点为 a 点，B国的最佳结合点为 b 点。相对B国，A国的劳动较便宜，因为 $0L_1$ 比 $0L_2$ 相对较长；相对A国，B国的资本较便宜，因为 $0K_2$ 比 $0K_1$ 相对较长。在贸易的条件下，假定A国出口劳动密集型的产品——布，B国出口资本密集型的产品——钢铁。随着出口的扩大，每个国家除满足国内消费的需要外，还要为出口而生产，会增加对本国丰裕要素的需求，从而使A国劳动力的价格、B国资本的价格趋于上升。与此同时，由于A国进口钢铁，减少了对于资本的需求，资本价格趋于下降；而B国进口布，减少了对于劳动的需求，因此工资趋于下降，资本的价格趋于上升。在贸易不断发展的过程中，这一相对价格变化的过程将持续到使得两个国家两种要素的价格趋同，达到均衡价格线 P_3P_3。L_3K_3 的斜率是两个国家劳动和资本相同的比率。这时A国的最佳结合点为 a' 点，B国的最佳结合点为 b' 点。

在现实世界里，国际贸易在不断发展和扩大，要素价格均衡化的实现出现两种情况。一种情况是在部分国家和地区出现这一趋势。例如，战后一些发达国家的劳动工资出现了均衡化的趋势（见表2.2）。值得注意的是，和美国制造业平均工资进行比较，需要将各国货币转化成美元，因此这种比较受美元汇率的影响，它只能是一个趋势。

表 2.2　部分发达国家制造业平均每小时工资为美国工资的百分数

	1959 年	1970 年	1983 年	1996 年	2004 年
美　国	100	100	100	100	100
日　本	11	24	51	106	94.6
意大利	23	42	62	103	/
法　国	27	41	62	98	81.2
英　国	29	35	53	95	81.7
德　国	29	56	84	131	133.9
加拿大	42	57	75	102	86.1
平均数	27	43	63	106	95.5

资料来源：Dominick Salvatore. International Economics. Prentic Hall International，Inc. P130.

以上数字说明，20 世纪 50 年代末，许多发达国家制造业平均每小时工资离美国的差距还相当大，然而，经过几十年的发展，它们之间趋于均衡。此外，战后一些新兴的工业化国家或地区和发达国家劳动工资的差距也出现了缩小的趋势。

然而，从全世界来看，要素价格均衡化的实现似乎还很遥远。随着国际贸易的发展，发达国家工人的平均工资和发展中国家工人的平均工资之间的差距，不是在缩小而是在扩大。与此同时，一些发达国家的资本，即机器设备等等，相对发展中国家的资本依然比较便宜。可见，现实世界国际贸易发展的结果与赫克歇尔—俄林要素价格均衡化理论不完全一致。许多经济学家对于这一理论和实际不相符合的原因提出了各自的见解。比较多的人认为，要素比例理论包含了许多假设条件，其中一个是自由贸易。因此实现要素价格均衡化是有条件的，条件就是完全的自由贸易，即贸易既不受政府政策的干扰，也不受自然条件的影响，贸易不受任何阻碍。然而在现实世界里，自由贸易受到许多因素的阻碍和影响，因此要素价格均衡化难以实现。其主要原因是：首先，贸易受到运输费用的影响，许多商品——特别是服务行业的贸易受到阻碍，各个国家参加贸易的只是部分产业或部分产业中的部分产品。第二，世界上大多数国家或多或少地实行贸易保护主义政策，因此即使一些产业的贸易受到运输费用的影响不大，也往往受到一些国家贸易政策的阻碍。许多产业的产品能够参加贸易，但受到政府政策的影响而被排斥在贸易之外。第三，依据要素价格均衡化的理论，随着贸易的发展，一些资本相对比较丰裕的国家，由于进口劳动密集型产品，对于劳动力的需求相对减少，劳动工资会下降。然而在现实世界里，这些国家随着经济和贸易的发展，人们的收入在增加。这是因为随着经济和贸易的发展，服务业愈来愈发达。服务业的发展又吸收劳动力。与制造业相比较，服务业的劳动生产率和自动化程度的提高，相对较为缓慢，因此吸收的劳动力较多，对劳动力的需求又有着上升的趋势。于是在这些资本较为丰裕的国家里，劳动工资又有着上升的趋势。

第3节　要素比例变化的理论

§1　国家的要素比例变化的理论

英国伦敦城市大学（City University，London）高级讲师里比兹恩斯基（T. M. Rybczynski）提出要素比例变化的理论。因此，要素比例变化理论又被称之为里比兹恩斯基理论。该理论认为，一个国家的比较优势不是固定不变的。随着要素比例的变化，该国的比较优势也会随之发生变化。一国的比较优势发生变化，该国的贸易结构，即出口和进口产品的结构也会随着变化。

第一，世界各国生产要素的供应都处在发展变化之中。

首先，各国劳动力的供应处在变化之中。一个国家劳动力的供应受以下三个方面的影响。其一，随其每年人口的变化而变化。有的国家的人口在增长，有的国家的人口在下降。例如，俄罗斯的人口在下降，1998 年为 1. 4654 亿；1999 年为 1. 4556 亿；2000 年为 1. 4549 亿；2001 年为 1. 4440 亿；2002 年为 1. 4430 亿；2003 年为 1. 4325 亿；2005 年为 1. 4280 亿；2007 年为 1. 4224 亿；2008 年为 1. 4178 亿。有的国家人口的增长则十分迅速。例如，印度的人口上升迅速，1999 年为 9. 86 亿；2000 年为 10. 27 亿；2002 年为 10. 55 亿；2003 年为 10. 73 亿；2005 年为 10. 86 亿；2007 年为 11. 19 亿；2010 年为 12. 15 亿。联合国发表《2010 年世界人口状况报告》，报告显示，目前全世界人口 69. 09 亿，到 2050 年世界人口将增加至 91. 5 亿。其中非洲将从 10. 33 亿增加至 19. 85 亿；亚洲将从 41. 67 亿增至 52. 32 亿；欧洲从 7. 33 亿减至 6. 91 亿。目前中国人口 13. 54 亿，印度 12. 15 亿。其他过亿的国家有：美国、印尼、巴西、巴基斯坦、孟加拉、尼日利亚、俄罗斯、日本、墨西哥。到 2050 年印度人口将至 16. 14 亿，中国增至 14. 17 亿。其二，依赖于其人口结构的变化，即人口中老年人和年轻人的比例、男性和女性的比例。目前，一些国家人口老龄化的发展十分迅速，老龄人在人口中的比例日益上升。例如，65 岁以上的人口占总人口的比重，2000 年日本为 17. 2%，2010 年为 22. 5%。其三，依赖于劳动力受教育程度的变化而变化。由于教育的发展，各国劳动人员中，构成不同技术工人和各种技术人员的比例在变化。上述因素都随着时间的变动和社会经济的发展而变化。

其次，各国资本的供应也处在变化之中。一个国家资本供应的变化受以下几个方面的影响。其一，依赖于 GDP 的增长速度。有的国家 GDP 增长率较高；有的国家增长率则较低；有的国家甚至出现负增长。其二，依赖于各国储蓄和消费比例的变化，从而决定一个国家资本积累的速度。其三，依赖于国际资本的流动。每年国际资本的流动都处在变化之中，因此，各国资本的供应量都处在变化之中。

再次，一个国家土地的供应也在变化之中。土地的供应依赖于其水利灌溉的发展；依赖于其城市发展对于土地占用的变化；依赖于其垦荒的发展变化等。

最后，一个国家技术的供应也处在变化之中。技术的供应依赖于其教育的发展变化；依赖于其对于技术的投入；依赖于技术的开发和利用；依赖于其对于国外技术的引进、消化和吸收等。

总之，世界各国的要素禀赋都处在变化之中，只是变化的方向和速度有所不同。有的国家的人口在增长，有的国家的人口在下降，有的国家的人口增长率在上升，有的国家的人口增长率在下降，因此劳动的供应量的增长方向和速度不同；有的国家有的年份 GDP 是正增长，有的年份是负增长，资本积累的方向和速度也会有所不同。

第二，一个国家是否可以从劳动相对丰裕的国家，变成资本较为丰裕的国家，或变成技术较为丰裕的国家。

变化是可能的，但是是有条件的。从劳动相对丰裕的国家变成资本相对丰裕的国家的条件是，资本积累的速度要大大快于人口的增长速度，从而使得 TK/TL（总资本/总劳动力）的比率相对其他国家 TK/TL 的比率较高。也就是这个国家平均每一个劳动者所占有的资本的比率比其他国家的高。可以说，该国从劳动相对富裕的国家变成了资本相对富裕的国家。

第三，一个国家要素比例变化的结果是：首先，随着要素比例的变化，比较优势也会随着发生变化。如果一个国家从原来劳动较为丰裕的国家，变成资本较为丰裕的国家，那么，这个国家的比较优势也会从劳动密集型的产品转向资本密集型的产品。其次，随着要素比例的变化、比较优势的变化，该国贸易结构也会随着发生变化。如果一个国家的比较优势从劳动密集型的产品转向资本密集型的产品，那么它将会从出口劳动密集型产品、进口资本密集型产品，转向出口资本密集型产品、进口劳动密集型产品。

专栏2.1 日本和中国出口结构的变化

例如，1955年日本出口产品中，纺织服装占出口总额的37.3%，机器设备占出口总额的12.4%；而1994年日本纺织品出口占其出口总额的2.1%，机器设备出口占其出口总额的76%。这一出口结构的变化，说明在这几十年中日本的比较优势发生了变化，进一步说明日本的要素比例发生了巨大的变化。日本出口构成的变化（见图2.5）。

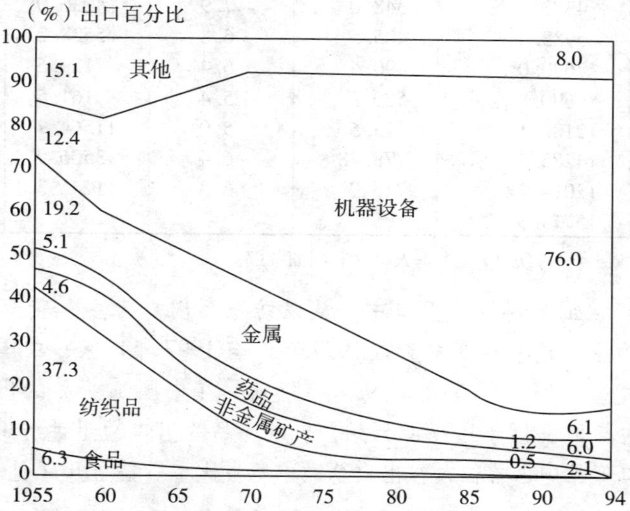

图2.5 从1955年至1994年日本出口构成的变化

资料来源：日本社会和经济研究所：《1996年日本国际比较》，第44页。

自1980年以来，我国的出口产品结构发生了两方面的明显变化。其一，从以初级产品出口为主，转变为以工业品出口为主。1953年我国出口总额为10.22亿美元，其中初级产品出口为8.11亿美元，占出口总额的79.3%，工业品出口为2.11亿美元，占出口总额的20.7%；1980年，我国出口总额为181.2亿美元，其中初级产品出口额为91.1亿美元，占出口总额的50.3%；工业制品出口额为90.1亿美元，占出口总额的49.7%。然而，2005年，我国出口总额为7620.0亿美元，其中初级产品出口额为490.4亿美元，占出口总额的6.4%；工业制品出口额为7129.6亿美元，占出口总额的93.6%（见表2.3）。

表 2.3　从 1980 年至 2010 年中国出口产品构成的变化

年　份	出口总额（亿美元）	初级产品		工业制品	
		金额（亿美元）	占总额的%	金额（亿美元）	占总额的%
1953	10.22	8.1	79.3	2.1	20.7
1980	181.2	91.1	50.3	90.1	49.7
1990	620.9	158.9	25.6	462.0	74.4
2001	2661.0	263.5	9.9	2398.0	90.1
2002	3255.7	284.8	8.7	2970.8	91.2
2003	4383.7	348.0	7.9	4036.0	92.1
2004	5933.6	405.5	6.8	5528.2	93.2
2005	7620.0	490.4	6.4	7129.6	93.6
2006	9690.8	529.3	5.4	9161.5	94.5
2007	12180.1	615.5	5.0	11564.7	95.0
2008	14285.5	778.48	6.4	13506.9	93.6
2009	12016.7	756.9	6.3	11246.3	93.6
2010	15779.3				

资料来源：《商务统计》，中华人民共和国商务部。

其二，在工业制品的出口中，从以纺织品出口为主，转变为以机电产品出口为主。这一转变发生在 1997 年。自 1997 年以来，中国工业品的出口结构发生了明显的变化。1997 年以前，在中国工业品的出口中，纺织服装占主导地位。自 1997 年开始，机电产品的出口额超过纺织服装出口额，在出口产品中占首位，在出口总额中所占比重日益上升（见表 2.4）。

表 2.4　中国纺织服装和机电产品出口额　单位：亿美元

年　份	纺织服装出口额	机电产品出口额
1997	455.92	593.2
1998	428.65	665.4
1999	423.75	769.6
2000	520	1053.1
2001	534	1187.9
2002	617.7	1570.8
2003	788.5	2274.6
2004	950.9	3234.0
2005	1150.1	4267.5
2006	1439.9	5494.3
2007	1711.6	7011.7
2008	1851.6	8229.3
2009	1670.2	7131.1
2010	2065.3	9334.3

资料来源：《商务统计》，中华人民共和国商务部。

现代西方经济学家用几何图形，说明要素比例的变化引起比较优势的变化。假定A国的劳动限制线为*EF*，资本限制线为*CD*，其生产可能性曲线为*CGF*。生产点为*G*，生产的小麦为200万吨，生产的钢铁为160万吨。随着该国经济和贸易的发展，资本增长比较迅速，劳动人口增长相对比较缓慢。假定劳动力的供应不变，而随着资本供应量增加，*CD*线向外移动至*C′D′*。生产可能性曲线为由原来的*CGF*变为*C′G′F*，在充分利用劳动和资本的条件下，生产点为*G′*，生产的小麦为150万吨，生产的钢铁为310万吨。可见，随着要素比例的变化，该国生产的小麦和钢铁的数量发生了变化。在这样的条件下，其出口结构也会从出口劳动密集型的小麦，转变为出口资本密集型的钢铁（见图2.6）。

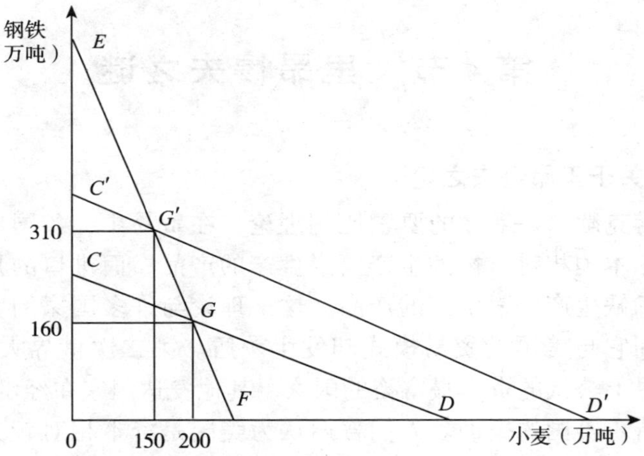

图2.6 要素比例变化对生产和贸易的影响

§2 产品投入的要素比例变化的理论

部分产品投入的要素比例可能发生变化。从现实世界来看，相对而言，一部分产品从一开始出现就是技术密集型的产品，例如计算机软件、航天器等；有的则是资本密集型的产品，例如汽车、飞机等；有的则是劳动密集型产品，例如各种手工制品。然而，还有一部分产品在生产发展的过程中，投入的要素比例是可以变化的，例如农产品、纺织品等。在竞争中，企业家所考虑的一个重要的问题是如何降低成本。降低成本的方法很多，其中之一是在生产中如何利用便宜的生产要素替代昂贵的生产要素。在发达国家，劳动力较为昂贵。因此，企业家经常考虑的是如何利用机器替代人工劳动，或是如何发展自动化的设备替代劳动。在实现机械化和自动化的技术改造过程中，一些产品必然会从劳动密集型转变为资本密集型。也有一些产品，将从资本密集型转变成技术密集型。

可见，产品投入的要素比例变化的条件是：机械化、自动化以及进行各种技术改造。

产品投入要素比例变化的结果，也必然引起一个国家比较优势的变化。例如，纺织品原来就是一种劳动密集型产品，一些发展中国家具有比较优势。然而近十多年来，出现了一些高档的纺织面料，属于资本密集型产品，一些发达国家在生产上具有比较优势。比较优势的变化必然引起贸易结构的变化。

第4节　里昂惕夫之谜

§1　关于里昂惕夫之谜

根据赫克歇尔—俄林的要素比例理论，在贸易中，各国出口的商品是密集使用本国相对丰裕的生产要素生产的产品，而进口的是密集使用本国相对稀缺生产要素生产的产品。这一理论与许多国家的贸易模式相吻合，然而它与美国的贸易模式却发生矛盾。第二次世界大战结束后，美国是世界上公认的资本最富裕的国家，其他发达国家在经济恢复时期，几乎都期待着美国的援助。人们普遍认为美国是资本相对较为丰裕、劳动力相对较为稀缺的国家。因此，美国出口的产品，理所当然的是资本密集型产品，而进口的则是劳动密集型的产品。为证明这一点，美国经济学家华西里·里昂惕夫（Wassily Leontief），运用他的投入—产出的计算方法，对于1947年美国的出口行业和与进口竞争的行业的资本存量与工人的数量的比值进行了计算。出口（export 用 X 代表）产品的资本/劳动的比率（Kx/Lx），与进口（import 用 M 代表）竞争的产品的资本/劳动的比率（Km/Lm），分别计算的结果是：一年中出口产品每一个劳动力所使用的资本为14010美元（资本/劳动的比率为14：1），而与进口产品竞争的行业的产品每一个劳动力一年中所使用的资本为18180美元（资本/劳动的比率为18：1），（Kx/Lx）/（Km/Lm）=14/18=0.77。如果美国是一个资本十分丰裕的国家，出口的产品是资本密集型的，那么上述比率应该远远大于1。里昂惕夫本人和其他一些经济学家，对于美国的出口产品和与进口竞争的产品的资本/劳动比率，用同样的方法进行了多次的计算，并用多种方法进行验证，其结果与第一次的结果相同。他们对 1951 年和 1962 年美国出口产品和与进口竞争的产品的资本/劳动的比率进行计算的结果如下（表 2.5）。

表 2.5　　1951 年和 1962 年美国进出口产品资本和劳动的比率

年　份		资本（1000 美元）	劳动（一年的工人）	每一个工人所使用的资本（美元）
1951 年	出口	2257	174	12970
	进口	2303	168	13710
1962 年	出口	1876	131	14320
	进口	2132	119	17920

资料来源：彼得·B. 肯恩：《国际经济》1994 年版，第 79 页（Peter B Kenen：The International Economy，P79）。

根据上述数字，1951 年出口产品和与进口产品的资本/劳动的比率，即（Kx/Lx）/（Km/Lm）=12970/13710=0.94，1962 年的比率为 14320/17920=0.79，两年的资本/劳动的比率都小于 1。这一结果引起了经济学家的关注，人们将这一问题称之为“里昂惕夫之谜”，并对这一现象提出了各种解释。

§2　对于里昂惕夫之谜的各种解释

经济学家对于里昂惕夫之谜，提出了种种解释。第一种解释是：美国确实是资本比较丰裕的国家，然而在 50 年代至 70 年代，相对进口，美国没有出口更多的资本密集型的产品。这是因为相对而言，资本并不是美国最丰裕的资源，美国最丰裕的资源是土地和科技——专业劳动者。与赫克歇尔—俄林的模式相一致，美国出口的是密集使用其最丰裕的要素即土地和科技——专业劳动相结合的产品，即农产品。第二种解释是，有的经济学家认为，在里昂惕夫的计算中只使用了资本和劳动两种生产要素，然而事实上，那一个时期美国的进口产品中有相当多的是自然资源即各种矿物原料，如铝矾土、铜、铁、铅、镁、铀、锌，特别是石油，而开采这些矿物资源需要大量的机器设备，投入较多的资本，因此表现为资本密集型的；而出口中，这些矿物资源只有其进口量的一半。因此在计算中如果加上自然资源，那么其结果会和赫克歇尔—俄林的模式相一致。第三种解释是，有的经济学家提出了要素反向论。他们认为，在赫克歇尔—俄林的模式中，一种商品如钢铁相对布而言是资本密集型的。虽然在一个工资/土地租金比率（wage/rentratio，w/r）比较低的国家，钢铁相对布是资本密集型的产品，但是在工资/土地租金的比率比较高的国家将会是劳动密集型的产品。确实这种要素密集反向，在现实世界里是存在的。在计算中，里昂惕夫对于进口产品的资本和劳动的比率，不是根据出口国实际的资本和劳动的数据，而是用美国与进口竞争的产品的资本和劳动的数据来替代。因此使用这种方法计算的结果，在美国这些产品可能是资本密集型的，然而在外国可能是劳动密集型的。例如，将美国和一些亚洲国家的农业生产进行比较，美国在农业生产中使用大功率的机械设备，投入大量的资本，其农业产品相对而言可以说是资本密集型的。然而亚洲许多国家的农业生产基本上是手工劳动，其产品可以说是劳动密集型的。因此，同是农产品存在着要素密集反向。可见，美国进口的产品，用美国与进口竞争产品的数据计算的结果是资本密集型的，如果使用出口国的实际数据计算，相对而言可能是劳动密集型的产品。第四种解释是，有的经济学家认为，出现这种“里昂惕夫之谜”，可能是美国政府干预的结果。美国的关税对于进口劳动密集型产品，特别是大量使用非熟练劳动力生产的产品的税率较高，阻碍了这些产品的进口，因此进口的产品大多是资本较为密集型的。但是有的经济学家对此提出不同的看法，他们进行了计算，计算的结果是，如果将所有的关税和非关税壁垒都消除，资本密集型的产品的进口仅仅下降5%，因此这种观点不足以解释“里昂惕夫之谜”。第五种解释是，有的经济学家提出了人力资本的观点。他们认为，当时美国的教育程度在世界上是最高的，美国的劳动者接受了较高水平的教育。而教育本身是一种投资，即节省当前的消费，提高未来的劳动生产率。一些非熟练的劳动者转变为熟练的劳动者，需要投入大量的经费进行培训。这些经费可以用于购买机器设备，或者新的技术增加生产，但是将其用于培训劳动者，提高他们的技术水平和熟练程度和素质。可见这些科技专业劳动者本身是一种资本的积累，他们更加类似资本，是一种人力资本。因此美国的出口行业比与进口竞争的行业使用的熟练劳动力更多，因此出口产品是人力资本的产品，而不是单纯劳动密集型的产品。里昂惕夫本人也持这种观点。他认为，美国的工人比外国工人的劳动生产率更高。美国工人一年劳动的产量是外国工人一年劳动产量的3倍。因此美国工人所使用的资本应乘以3，每个工人使用了较多的资本。然而，有的经济学家很难接受里昂惕夫的这一观点。因为美国劳动生产率较高，不只是劳动者的原因，企业家和企业的组织管理水平较高，以及较好的生产条件，技术设备比较先进等等，都起着重要的作用。总之，尽管经济学家们对于这一现象提出了各种解释，但是始终不能将“里昂惕夫之谜”解释得比较透彻。

第5节 要素比例理论的局限性

根据赫克歇尔—俄林的要素比例理论，首先，国际贸易主要应发生在要素密集程度不同的国家之间。因为国家之间要素丰裕和稀缺的程度差别愈大，各种产品的机会成本的差距也就愈大，双方在贸易中也就愈能获利。第二次世界大战以前，国际贸易的相当大的部分发生在宗主国和殖民地之间，宗主国出口工业制成品，进口各种初级产品；殖民地则出口各种初级产品，进口工业制成品。这一贸易格局与赫克歇尔—俄林的模式相一致。然而第二次世界大战以后，国际贸易相当大的部分发生在发达国家之间，发达国家之间的贸易额，在世界贸易总额中占70%左右。而发达国家和发展中国家之间的贸易额，在世界贸易总额中所占比重在20世纪50年代为21%，90年代下降至19%。一些发达国家的最大的贸易伙伴国，基本上都是发达国家。例如，2006年，美国最大的贸易伙伴是加拿大；日本最大的贸易伙伴是美国；德国最大的三个贸易伙伴是法国、美国和英国；法国最大的两个贸易伙伴是德国和意大利；英国最大的三个贸易伙伴是美国、德国和法国等。然而，最近几年来，由于中国对外贸易的迅速发展，中国已经成为一些发达国家的最大贸易伙伴国。除中国外，它们的主要贸易伙伴还是发达国家。出现这种现象用赫克歇尔—俄林的理论是难以解释的，因为发达国家之间的要素比例愈来愈趋于相同，它们生产的产品类型基本上是资本密集型和技术密集型。那么，它们在贸易中如何能够获利呢？第二，一般说来，同一部门的产品所投入的要素比例基本相同，根据要素比例理论，它们的机会成本相近。第二次世界大战以后，出现了大量同一产品的国际贸易，即一个国家出口汽车同时又进口汽车，出口照相机又进口照相机。同一种产品投入的要素比例相同，在贸易中又如何能够获利呢？这些现象都难以用赫克歇尔—俄林的要素比例理论说明。

本章总结

要素比例理论发展了亚当·斯密和大卫·李嘉图古典贸易理论，弥补了古典贸易理论的不足。李嘉图在分析比较优势理论时，依据的是劳动价值理论。因此，他们假定在生产中所投入的要素仅仅是劳动。然而，要素比例理论认为，在生产中投入的生产要素，除劳动以外，还有资本、技术、土地等，因此，决定一个国家的比较优势的不只是劳动生产率，还有一个国家的资源。依据要素比例理论，可以清晰地说明，为什么一些发达国家出口的是资本和技术密集型的产品，相当多的发展中国家出口的是劳动密集型的产品。

思考题

1. 要素比例学说的主要内容是什么？
2. 为什么说要素比例是会发生变化的？变化的条件和结果是什么？
3. 从理论上分析要素价格均衡化的原因何在？
4. 为什么说全世界要素价格均衡化的实现还很遥远？
5. 赫克歇尔—俄林要素比例理论的局限性反映在哪些方面？

第3章 现代国际贸易理论

本章概要

根据上一章要素比例理论，国际贸易应发生在要素比例不同的国家之间，发生在不同的产品之间。然而，第二次世界大战以后，国际贸易出现了新的现象，如国际贸易的大部分发生在发达国家之间。发达国家的要素比例大致相同，它们之间的贸易如何能获利？发达国家和发展中国家之间，要素比例不同，它们之间的贸易额，在世界贸易总额中所占的比例，应该呈现出上升的趋势，然而，在现实世界，它们之间的贸易额在世界贸易总额中所占比重，呈现出下降之势。此外，战后出现了同一产品的国际贸易。同一产品投入的要素比例基本相似，为什么会出现这种类型的贸易？现代国际经济学家针对这些现象从理论上进行了回答，从而产生了现代国际贸易理论。

学习目标

1. 掌握产业内贸易指数的含义、计算公式、最大值和最小值。
2. 从理论上明确第二次世界大战后，产业内贸易迅速发展的原因。
3. 从规模经济理论分析贸易获利。
4. 为什么绝大部分新产品的贸易发生在发达国家之间？

当现实发生变化，理论也会随之变化。

——彼得·林德特

无论是自然界，还是人类社会，随着时代的发展，必然会出现许许多多新现象和新的问题，要求人们在理论上做出新的回答，从而促使自然科学和社会科学的不断创新和发展。第二次世界大战以后，要素禀赋相同的发达国家之间的贸易，在世界贸易总额中所占比重愈来愈大，与此同时，要素禀赋不同的发达国家和发展中国家之间的贸易额，在世界贸易总额中所占比重相对下降。此外，在国际贸易中出现了产业内贸易，即在生产中投入要素比例相同的同一种产品之间的国际贸易。出现这些现象的原因，难以用赫克歇尔—俄林的要素比例理论来说明。现代国际经济学家们围绕上述现象和问题提出了种种解释，从而形成了现代国际贸易理论。

第1节　产业内贸易理论

§1　产业内贸易和产业内贸易指数

所谓产业内贸易，即一个国家在一定时期内（一般为1年）既出口又进口同一种产品，同时同一种产品的中间产品（如零部件和元件）大量参加贸易。例如，日本出口丰田汽车到德国，同时又进口德国的奔驰汽车；瑞士出口劳力士手表到日本，而又从日本进口精工手表；美国出口汽车的零部件到英国，又从英国进口汽车的零部件；韩国出口计算机中的各种零部件到日本，同时又从日本进口半导体芯片及计算机的其他零部件等。

产业内贸易指数：表示产业内贸易在贸易中所占比重，表示产业内贸易的发展程度。

其次，产业内贸易指数的计算：

$$IIT = 1 - \frac{|X - M|}{X + M}$$

X 为出口（Export），M 为进口（Import）。

例如，2010 年中国液晶显示板出口额为 264.6 亿美元，进口为 467.8 亿美元，产业内贸易指数为：

$$1 - \frac{|264.6 - 467.8|}{264.6 + 467.8} = 1 - \frac{203.2}{732.4} = 1 - 0.28 = 0.72$$

产业内贸易指数最高为 1，最低为 0，不会出现负数。

如果同一产业的产品的出口和进口相等，即 X = M，假定，如美国出口汽车为 1000 亿美元，进口汽车也为 1000 亿美元，那么其产业内贸易指数为：

$$1 - \frac{|1000 - 1000|}{1000 + 1000} = 1 - \frac{0}{2000} = 1 - 0 = 1$$

这就意味着，美国汽车业的产业内贸易为 100%。

如果，$X = 0$

假定，美国鞋类没有出口，进口为 400 亿美元，其产业内贸易指数为：

$$1 - \frac{|0 - 400|}{0 + 400} = 1 - \frac{400}{400} = 1 - 1 = 0$$

如果，$M = 0$

假定，美国没有飞机的进口，出口为 8000 亿美元，其产业内贸易指数为：

$$1 - \frac{|8000 - 0|}{8000 + 0} = 1 - \frac{8000}{8000} = 1 - 1 = 0$$

可见，当某种商品的出口额和进口额相等时，产业内贸易指数为 1；当某种商品的出口额为 0，或者进口额为 0，那么产业内贸易指数为 0。产业内贸易指数不可能出现负数。

1989 年，美国发电机产业内贸易的指数最高达到 0.99，而鞋类产品只有大量的进口，而没有出口，因此其指数为 0。1993 年，美国无机化学产业内贸易指数达到 0.99，而鞋类的产业内贸易指数仍然为 0，见表 3.1。

表 3.1　　1993 年和 1989 年美国产业内贸易指数

	1993	1989
无机化学	0.99	0.88
发电设备	0.97	0.99
电器设备	0.96	0.89
有机化学	0.91	0.81
医疗和医药产品	0.86	0.73
办公设备	0.81	0.98
电子通信设备	0.69	0.53
道路机械	0.65	0.53
钢铁	0.43	0.48
服装和衣饰	0.27	0.15
鞋	0.00	0.00

资料来源：Paul R. Krugman & Maurice Obstfeld. "International Economics". Addison Wesley Publishing Company, fifth edition 139.

§2　产业内贸易发展概况

第二次世界大战以后，产业内贸易发展十分迅速，总的发展概况可以归纳为以下三点。

第一，一般说来，随着经济和贸易的发展，大多数国家产业内贸易的指数在上升。根据对 10 个发达国家的统计，产业内贸易指数，1959 年为 0.36，1967 年为 0.48，1985 年为 0.60。从表 3.2 中可以看到，8 个发达国家产业内贸易平均指数，1970 年为 56.8%，1987 年上升至 65.3%；8 个发展中国家产业内贸易平均指数，1970 年为 22.3%，1987 年上升至 44.3%（见表 3.2）。

第二，一般说来，发达国家产业内贸易指数较高。1985 年，英国的产业内贸易指数为 0.81，法国为 0.80。近年来，一些发达国家产业内贸易指数发展得相当高，例如，2003 年，荷兰机电产品出口额为 614.11 亿美元，进口为 599.37 亿美元，产业内贸易指数为 0.99；2003 年，比利时机电产品出口为 301.49 亿美元，进口为 330.59 亿美元，产业内贸易指数为 0.95；2003 年，奥地利机电产品出口为 328.83 亿美元，进口为 313.13 亿美元，产业内贸易指数为 0.98。

表 3.2 部分国家产业内贸易指数

发达国家	1970	1987	发展中国家	1970	1987
美　国	55.1	61.0	印　度	22.3	37.0
日　本	32.8	28.0	巴　西	19.1	45.5
德　国	59.7	66.4	墨西哥	29.7	54.6
法　国	78.1	83.8	土耳其	16.5	36.3
英　国	64.3	80.0	泰　国	5.2	30.2
意大利	61.0	63.9	韩　国	19.4	42.2
加拿大	62.4	71.6	阿根廷	22.1	36.4
西班牙	41.2	67.4	新加坡	44.2	71.8
平　均	56.8	65.3	平　均	22.3	44.3

资料来源：Dominick Salvatore. International Economics，P164。

第三，相对而言，发展中国家产业内贸易指数低于发达国家，有的发展中国家产业内贸易指数非常低，不到0.1。例如，1985年，斯里兰卡的产业内贸易指数为0.04，尼日利亚和菲律宾为0.02。

§3　第二次世界大战以后产业内贸易迅速发展的原因

为什么会出现产业内贸易呢？西方经济学家解释出现产业内贸易的原因为以下几个方面：其一，由于许多产品虽然同类，但是有着不同的特性，即同类不同质。例如，服装有丝绸的，有亚麻的，有纯棉的等。因此在国际贸易中，有的国家出口丝绸服装，而又进口亚麻服装。又如，家具有木制的，有钢木结合制成的。此外，家具有东方式的，也有西方式的。往往一些西方家庭喜欢用进口的东方式家具，而东方人又喜欢用进口的西式家具。此外，尽管都是小轿车，但是有的国家，例如美国生产的汽车相当多的是豪华型的小轿车；有的国家，如日本生产的汽车相当多是小型的节油车。尽管都是小轿车，但是有着不同的特性，存在着差异，从而决定了美国、日本、法国、德国等国既出口汽车，同时又进口汽车。第二次世界大战以后，随着经济、贸易的发展，随着人们收入水平的上升，需求也变得个性化，喜欢购买具有特色的商品，因此，产业内贸易也就愈来愈发展。其二，出现产业内贸易的原因还在于南半球和北半球存在着季节的差异。例如，北半球是冬季，而南半球是夏季。由于南半球和北半球季节上的差别，在北半球的国家处在冬季之时，南半球的国家处在夏季，南半球的国家出口水果、蔬菜、花卉到北半球的国家；而另一个时期，则是北半球的国家出口水果、蔬菜、花卉到南半球的国家。其三，出现产业内贸易的原因还在于一些国家国土面积比较辽阔，国内贸易的运输费用常常比国际贸易的运费要高，因此，通过国际贸易可以节约运输费用和时间。例如，加拿大和美国从西部到东部的边界线都很长。如果加拿大西部的阿尔培塔省需要化肥，而东部的魁北克省供应化肥。从降低成本的观点看，加拿大不需要从相距2500英里的魁北克运输化肥到阿尔培塔，可以从美国的蒙大拿州进口化肥，既节省运费，比较经济，又节省了运输的时间。又如，美国的西部和南部生产石油，而东部需要石油，由于海上的运费远远低于陆路运输，因此，美国的东北部所需要的石油大量从海外进口。

以上的解释说明了产业内贸易出现的部分原因，但是这些解释还没有说透为什么第二次世界大战以后产业内贸易迅速发展？为什么随着经济和贸易的发展产业内贸易所占比重日益增加？为什么经济发达国家产业内贸易指数比较高，而经济不发达的国家产业内贸易的指数比较低？

战后产业内贸易迅速发展的重要原因还在于以下方面。

①国际分工深入到制造业内部，出现“水平分工”的结果。纵观近现代经济发展史，随着生产力的发展，国际分工经历了三个阶段。第一阶段，国际分工出现在第一次产业革命以后，其特征为工农业之间的分工。18世纪最后30年，纺织机和蒸汽机的出现，标志着第一次工业革命开始。正如马克思所说：一旦与大工业相适应的一般生产条件形成起来，这种生产方式就获得一种弹力，一种突然地跳跃式的扩张能力。英国是第一次产业革命的中心，在产业革命中，英国纺织业的巨大发展出现了两方面的需求：第一，生产中所投入的原材料急剧增加。例如，产业革命前，1751年至1760年，英国平均每年消耗的棉花为1300吨；产业革命后，1835年至1844年，平均每年消耗的棉花为19.16万吨。在这几十年里，英国棉花的消耗量增长了146倍。因此，英国国内生产的棉花已不能满足机器大生产的需要。第二，产品对市场的需求急剧扩张。大机器生产极大地提高了劳动生产率，英国机器纺纱的效率为手工纺纱的250倍，产量的急剧增加，是国内市场所无法容纳的。在这一时期，英国一方面用其价廉、质量较高的机器产品占领市场；另一方面利用鸦片和武力在世界各地进行殖民扩张，甚至动用大炮轰开一些落后国家的大门，迫使这些国家签订各种不平等条约，开放市场，将这些国家变成英国的殖民地或者是半殖民地。于是，英国利用宗主国地位实行单方面的自由贸易，将大量的洋货输往殖民地国家和半殖民地国家，冲击这些国家的市场，使得落后国家的手工业破产倒闭，从而将这些国家变成其原料产地和商品销售市场。于是，世界上

出现了第一次国际分工，英国成为世界工厂，成为世界各国工业品的主要供应者。19 世纪上半期，英国有一半以上的工业产品是在国际市场上销售的。1853 年，世界市场上棉布的 45% 是由英国供应的。与此同时，世界上其他大多数国家成为世界的农村，成为英国的原料供应地，商品的市场。

国际分工的第二个阶段出现在 19 世纪后半期，这一时期的国际分工的特征是工业内部的垂直分工。19 世纪中叶，炼钢技术出现了三次技术革新高潮，即贝塞玛的转炉炼钢法、托马斯的脱磷炼钢法和马丁—西门子的平炉炼钢法。三次钢铁技术的革新促使炼钢生产技术发生质的飞跃，使得钢铁生产在产量和质量上突飞猛进。1870 年，世界的生铁产量为 1203 万吨，1913 年达到 7915 万吨。1870 年，世界钢产量只有 52 万吨，而 1913 年达到 7635 万吨。钢铁生产的巨大发展，带动了铁路、造船、机器制造等产业的发展。与此同时，电力的发明和应用、化学工业的发展都促使重工业发展到一个新的阶段。随着重工业的巨大发展，生产上对于矿物原料的需求日益扩大。然而，一些发达国家重工业有了巨大的发展，而矿物原料却储藏在非洲、拉丁美洲等落后国家。为了抢夺原料产地，19 世纪最后 30 年，出现了帝国主义列强争夺殖民地的高潮。1884 年 11 月，在柏林，英、法、德、葡、美、俄等 15 个帝国主义国家举行的分赃会议，争吵了 104 天，在地图上将非洲瓜分完毕。这一时期，宗主国将资本输出到殖民地或半殖民地国家开矿山，修铁路，建工厂，生产各种矿物原料，对矿物原料进行提炼并加工成机器产品。于是国际分工进入第二阶段，其特征是工业内部的垂直分工。所谓垂直分工，即工业内部在生产上相互连接的、不同部门间的国际分工，例如采掘业、冶炼业和机器制造业之间的国际分工。殖民地和半殖民地国家发展采矿业，并将大量的矿石输往宗主国；而宗主国发展冶炼业和机器制造业，并将机器设备出口到殖民地和半殖民地国家。

国际分工的第三阶段，出现在第二次世界大战以后。这一时期国际分工的特征是制造业内部的“水平分工”，即制造业内部同一产品不同型号、零部件、生产工艺过程的国际分工。例如，汽车制造业内部的国际分工，或是飞机制造业内部的分工。战后，电子技术、宇宙航空技术、新型材料技术、激光技术和生物工程技术等的发展，特别是电子技术推动了制造业的巨大发展，使得制造业发展到一个新的水平。其一，无论是制造业的产品，还是制造业的生产过程，都日益自动化。产品的结构愈来愈复杂，往往一种产品由千千万万的零部件组成，例如波音 747 由 450 多万个零部件组成，一辆小轿车也由 2 万多个零部件组成。其二，产品的性能和质量的要求愈来愈高，特别是对零部件质量的要求十分严格。只要一个小小的零部件出现问题，自动化的产品就无法正常地运作。其三，现代化的生产是大批量的生产。例如，美国和日本的小轿车最高产量一年可达到800万~900万辆，有的年份甚至超过1000万辆；美国的波音飞机一年的订货达到160至200架。其四，产品更新换代十分迅速，要求成本迅速下降。因此，制造业的产品往往是一个国家的几家或几十家工厂难以完成的。在制造业的生产中，出现了新的需求，要求同一部门、同一产品在生产上进行国际分工。这种分工表现在三个方面：也就是同一产品不同型号的国际分工，同是小轿车，但各自有着不同的特点，存在着差异。同一产品的零部件出现国际分工；同一产品的工艺生产过程也出现国际分工。同一产品的国际分工，极大地促进了生产力的发展。因为它可以发挥各国的专业优势，即专业设备的优势、专业人才的优势、专业技术的优势、专业管理的优势，从而大大提高劳动生产率和产品的质量，降低单位产品的成本，同时又提高了产品的创新能力。可见，制造业内部同一部门的国际分工的出现，是生产力发展的结果，它反过来又极大地促进了生产力的发展。

由于制造业的国际分工的发展，促进了产业内贸易的发展，也就是促进了同一产业不同型号产品之间的国际贸易，如美国出口小轿车又进口小轿车；促进了同一产品的零部件的国际贸易，如韩国出口计算机的零部件又进口计算机的零部件；促进了同一产品不同生产过程的半成品之间的国际贸易，如德国将化工产品的某一合成的半成品出口，又进口同一产品的另一半成品。随着经济和贸易的发展，制造业内部的国际分工愈来愈深入，产业内贸易也就愈来愈发达。发达的国家制造业比较发达，因此，参加制造业同一产品生产的水平分工的程度也就愈深，产业内贸易的指数也就较高，产业内贸易也就比较发达。相反，一些经济上不发达的国家，或是没有本国的制造业，或是制造业刚刚建立和发展，相对比较落后，很少参加制造业内部分工，或是根本没有条件参加，产业内贸易的指数也就比较低，产业内贸易不太发达。

②制造业内部同一产品生产过程的不同阶段，投入的要素比例不同，从而促进了产业内贸易的发展。在制造业产品的生产过程中，一般存在着三个阶段：初级产品生产阶段，即原材料的生产阶段；中间产品生产阶段，即零部件和元件的生产阶段；最终产品生产阶段，即装配阶段。不同的生产阶段所需要投入的要素比例不同。相对而言，有的原材料的生产投入的劳动较多，也有的要求投入的资本较多。而零部件和元件的生产要求

投入的资本和技术的比例相对较高。在产品的组装阶段，要求投入的劳动力相对比较多。为了降低产品的成本，出现了同一产品的不同生产阶段在发达国家和发展中国家之间的国际分工。发达国家生产零部件或元件，发展中国家进行组装。这一现象出现在第二次世界大战以后，这是因为：其一，战后科学技术的蓬勃发展，促使产品更新换代十分迅速，导致一些国家的产业结构不断升级，占主导地位的产业由劳动密集型发展到资本密集型或技术密集型。与此同时，这些国家的劳动工资上升较快，于是它们将劳动密集型的产业转移到一些发展中国家。其二，战后大批的殖民地国家在取得政治上的独立以后，努力发展民族经济，积极地接受发达国家的产业转移，促使这些国家制造业有了一定的发展。在这样的条件下，出现了同一产品生产过程中的不同阶段在发达国家和发展中国家之间的国际分工。例如，汽车、计算机的零部件和元件对生产技术要求比较高，在一些发达国家生产。然而，这些产品的组装要求投入的劳动比较多，因此在发展中国家装配。例如，日本生产一些电子和电气产品的零部件和元件，然后将这些半成品出口到东南亚国家，在这些国家进行组装，再销售到世界各地。又如，美国生产汽车零部件，并将这些零部件出口至墨西哥进行组装，然后返销至美国或其他国家。再如美国的棒球生产，在国内生产棒球核，因为棒球核的生产技术要求很高，然后将棒球核出口至海地，由海地的劳动者在棒球核的表面包上皮子，进行手工缝制，制成成品以后，再出口到美国。美国销售的棒球的95%是这样生产的。可见，同一产品的生产过程中的不同阶段在发达国家和发展中国家间的分工，促进了产业内贸易的发展。战后，在发展中国家中，一些新兴工业化国家或地区，产业内贸易指数的增长比较迅速。

③战后跨国公司的广泛发展，推动了产业内贸易的发展。第二次世界大战以后，跨国公司的巨大发展，促进了产业内贸易的发展。一般来说，跨国公司在本国设立总公司，通过直接投资，在世界各地设立子公司或分支机构，将同一产品的生产过程分离开来，利用各国的技术优势进行专业化分工，生产各种零部件或元件，然后将零部件或元件出口至一个国家或两个国家统一组装，再将产品销售到世界各地。可见，跨国公司是投资全球化的公司，是生产全球化的公司，也是商品全球化的公司。由于跨国公司的生产过程被分离开来，安置在世界各地进行，实行专业化生产，公司内部中间产品的转移，从一个国家转移至另一个国家，都是以出口或进口的形式出现的，从而加强了产业内贸易的发展。例如，福特汽车公司生产

的埃斯科特牌汽车，分别在英国、荷兰、比利时、法国、德国、瑞典、瑞士、加拿大、挪威、丹麦、奥地利、日本、意大利、西班牙和美国等15个国家生产零部件，并将这些零部件出口至英国的哈尔伍德和德国的萨尔路易斯组装，最终将产品销售到世界各地。

④战后交通运输和通讯事业的突飞猛进，为产业内贸易的发展提供了前提和条件。战后，交通运输业有了巨大的发展，跨国界的高速公路网和一些国家国内的高速公路网，将本国和其他国家的城市，甚至一些小的城镇，乃至一些农村联系起来，大大加速了公路的运输，使其成为运输的重要手段。战后，空中运输不仅速度增长了20倍，而且运输量扩大了几十倍甚至上百倍，费用也在不断下降。此外，海上运输仍然是国际运输的重要手段，横跨大西洋和太平洋的海上运输航线纵横交错，海运业朝着大型化的方向发展。20世纪50年代，出现划时代的载重船舶达到3万吨，1967年达到20万吨，70年代末达到55万吨。80年代，出现超级运输业，一些运输公司将铁路、公路、空运和海上运输结合成联运，从而将产品的运输时间大大缩短，运输费用也极大地下降，运输的安全更加有保证。运输业的巨大发展，为同一产品的国际分工和产业内贸易提供了条件。战后，通讯事业发生了质的飞跃，电子计算机、光纤通讯和卫星通讯联结成的通讯网络，将信息的传递发展到一个全新的阶段。当今通讯不仅在瞬息间完成长距离的传递，还可以在多国同时传递。1980年和1981年，美国连续发射两颗商业卫星，即卫星SBS，使得国际通讯发展到一个新的水平，它比电话的传输快150倍。1986年，伦敦、纽约和东京证券市场实行电脑化的改革，形成跨国界的全球信息网络，使得贸易信息和文书传递十分迅速。通信业的飞速发展，也为同一产品的国际分工和产业内贸易的发展提供了前提和条件。没有交通运输和通信事业的发展，将同一产品的生产过程分离开来，分布在世界各地进行，是不可想象的。

第2节　规模经济理论

比较优势理论的一个假设是规模收益不变。然而，现实世界却是，随着规模的扩大，收益是会发生变化的。许多产业随着规模的扩大，会带来规模经济的效益。所谓规模经济，即随着规模的扩大，产出的增加超过投入的增加，单位产品成本下降，收益递增。有的经济学家认为，战后大量的贸易发生在具有相同生产要素的发达国家之间，用要素比例理论难以说明其原因。这些国家之间的贸易之所以能够获利，重要的原因在于规模经济。他们认为，要素禀赋与当代国际贸易的格局没有必然的联系，一些国家要素禀赋极其贫乏，例如战后的日本，然而它在国际贸易中十分活跃。这类国家依赖于规模经济获得竞争优势，在国际市场上占有相当大的比重。

规模经济可以划分为内部规模经济和外部规模经济。

§1　内部规模经济

内部规模经济包括工厂规模经济和企业规模经济，随着工厂或企业规模的扩大，产量的增加大于投入的增加，单位产品的成本下降，从而发挥了内部规模经济的效益。

①工厂的规模经济。假定生产1辆自行车投入的劳动为10小时，当生产扩大到500辆时，投入的劳动为3000小时，每1辆投入的劳动为6小时；当生产扩大到5万辆时，投入的劳动为15万小时，每1辆为3小时。随着工厂规模的扩大，产出的增加超过投入的增加，单位产品成本下降，收益递增。这一现象又被称为规模收益递增。工厂的规模经济效益来源于以下几个方面：其一，工厂规模的扩大，使得内部的劳动分工更细。每个劳动者从事某一专业化的劳动，劳动者在不断重复的生产过程中，容易提高熟练程度，提高劳动生产率，增加产量。例如，瑞典的霍恩德尔(Horndal)钢铁工厂，建于1835~1836年间，在以后的15年间没有增加资本和劳动力。然而，每年的产量以2%的速度增加。这是较大的工厂分工比较细，工人们在干中学，提高了劳动的熟练程度的结果。人们称此为霍恩德尔现象。其二，工厂规模扩大，劳动者使用更加专业化的设备，进行专业化的生产过程，节约了劳动转换的闲置时间，能较大地提高生产率。其三，随着工厂规模的扩大，产量的增加，而所消耗的能源和所需要的储备相对减少，从而降低成本增加收入。其四，规模较大的工厂，有条件采用新技术，使用技术较高的生产流水线作业，从而提高了劳动生产率。其五，规模较大的工厂，相对较小的工厂，单位产品的管理成本也相对比较低。

②企业规模经济。假定一家企业拥有许多家工厂，而另一家企业只有一家工厂，相比较而言前者能发挥企业规模经济的效益。其一，一家企业中的许多工厂之间可以实行专业分工，各个工厂能够发挥专业化生产、专业化管理、专业化技术、专业化设备的优势，提高劳动生产率。其二，一家企业中有许多工厂，内部可以进行协作，协调发展。企业内部的联系可

以省去企业与企业之间的许多中间环节，既节省时间又节约费用，从而提高效率，降低成本，达到企业规模的效益。其三，企业规模较大，内部的资源可以共享，节省许多不必要的交际费用。其四，企业规模较大，采购和销售费用较低。其五，大规模企业的管理费用、广告费用等，相对较小的企业比较低。目前，世界各国出现了各种类型的大企业集团，因为这种企业集团一方面能增强其竞争实力，加强对世界市场的价格的控制或影响；另一方面能通过内部协作提高效率和效益，相对较小的公司，它们具有成本的优势。例如，波音飞机公司和欧洲的空中客车两家大公司控制了全球商用飞机的生产；诺基亚、三星、摩托罗拉等公司控制了手机芯片的生产；全球汽车业由美国的三大汽车公司、德国两家大公司、日本的几家大公司和其他国家的几家大公司所控制。

§2　外部规模经济

外部规模经济是指产业规模经济，即某一产业大量的企业集中在一个小的国家或者集中在一个国家的一个地区，出现较大的产业规模，能提高效率，降低成本，增加收入。产业规模经济效益的提高，与企业规模的大小无关。

目前，世界各国形成产业规模的现象十分普遍。例如，在瑞士集中了大量生产手表的企业。美国研制半导体芯片的企业聚集在加利福尼亚的硅谷，研制机器人设备的企业聚集在底特律以西的密歇根94号公路附近和波士顿的128号公路附近。近几年来，中国出现了许多县、乡、镇集中发展一个产业的现象。例如，广东的佛山集中了大量的建筑陶瓷的生产企业；浙江的定海集中了大量的皮革生产企业；内蒙古的鄂尔多斯和浙江的桐乡集中了大量的羊毛衫的生产厂商；打火机的生产企业集中在温州等等。这种同一行业的企业的聚集不是偶然的。大量企业集中在某一地区，能够提高效益，产生产业规模效益。其原因在于以下几个方面：其一，大量的企业的集聚加强了竞争的压力，使得企业不得不改进技术，改善经营管理，提高劳动生产率。其二，企业的集聚，易于传递新的信息，特别是一些新兴的高技术产业易于集中。这类企业彼此之间需要了解相互最新技术发展的信息，相互促进，推动新技术更加迅速发展。其三，某一产业的发展需要相应的基础设施的发展，随着企业的集中，基础设施的发展也愈来愈完善，从而达到产业规模经济的效益。其四，这种企业的聚集带来了专业人才的集中、专业服务的集中、专业生产零部件供应的集中，形成从原材料的生产，到中间产品的生产，到最终产品的生产，各种专业化设备以及各种服务的社会专业化分工，从而提高生产效率，降低成本，增加收入。当然，也应该注意到，一个产业集中在一个地区，也会出现新的问题。一旦某一产业衰退，那么对这一地区经济的影响将是十分严重的。

§3 规模经济和国际贸易

规模经济和国际贸易的关系：国际贸易能扩大市场规模，这是因为国家之间进行贸易，从而将各国的个别的市场结合成为统一的世界市场。这种统一的世界市场远远大于任何一个国家的国内市场。在进行贸易的条件下，每一个国家可以进行专业化生产，生产较少的品种，这样每一种产品都能扩大生产规模，为世界市场生产，发挥规模经济的效益。战后国际贸易的相当大的部分发生在发达国家之间，而发达国家之间在生产要素的比例，特别是在资本/劳动的比率上，在技术水平上愈来愈接近，因此要素比例理论不能说明贸易获利的原因。例如欧洲一些发达国家，它们的生产要素比例相似，技术水平相近，然而它们彼此之间的贸易在不断地扩大。其原因主要在于，其一，这些国家之间国际专业化分工愈来愈发达，每一个国家集中生产某一两种或少数几种产品，从而不仅仅发挥本国的专业优势，而且能发挥规模经济的效益。例如，瑞士比较集中地生产手表和医药，卢森堡比较集中地生产钢铁，丹麦比较集中地生产家具，荷兰比较集中地生产电器设备，瑞典比较集中地生产电子通讯设备等。其二，不仅仅是欧洲，还有其他发达国家之间同一产品的国际分工愈来愈深入。同一产业内的国际分工，表现在同一产品的不同型号之间的国际分工，同一产品的零部件的国际分工，生产工艺过程的国际分工。同一产品不同型号的国际分工，也就是西方经济学家所说的各国生产自己独特的差异化的产品，如德国生产的奔驰轿车、日本生产的丰田轿车、美国生产的林肯轿车等，都是小轿车，但是它们的型号不同，具有差异。产业内的国际分工，既能发挥各国的专业优势，也能发挥内部规模的经济效益。

美国国际经济学家保罗·克鲁格曼认为，在国际贸易的条件下，国家之间可以进行专业化分工，每一个国家可以集中生产某些产品，或者某些零部件，不需要生产所需要的全部产品，或一种产品的全部零部件。假定PC计算机需要生产一系列的零部件，排列次序为1，2，3，4，5，6，……。假定两个国家日本和韩国，它们可以进行专业化分工，日本生产零部件排列顺序的1，3，5，……，而韩国专门生产2，4，6，……，然后进行贸易。于是，每一种零部件的市场规模扩大了，两个国家都可以获得其所需要的零部件。国际贸易为生产规模扩大提供条件，使得每一个国家生产有限的商品或零部件，而又能满足生产上的需要和满足消费者多样化的消费需求，同时贸易的双方都能从规模经济中获得经济效益。消费者不仅能消费到各种产品，而且能获得比较便宜的产品。

图 3.1 假设，两个国家 A 国和 B 国，生产两种产品，手机和半导体。在没有贸易的条件下，两个国家都需要生产这两种产品。假定两国的生产可能性曲线相同，为 *EF*，是一条机会成本递减的生产可能性曲线。两个国家手机的生产量都为 0*C*，半导体的产量都为 0*W*，无差别曲线均为 I_1，无差别曲线和生产可能性曲线相切在 *D* 点。在国际贸易的条件下，两个国家可以进行专业化分工，A 国专业化生产手机，生产 0*E* 的手机；B 国专业分工生产半导体，生产 0*F* 的半导体。A 国出口手机 *GE* 到 B 国，从 B 国进口 *GA* 的半导体，其贸易三角形为 *EGA*，*EA* 为国际价格线，即手机和半导体的价格比价线。经过贸易以后，A 国达到无差别曲线 I_2，无差别曲线和贸易线相切于 *A* 点；B 国出口 *HF* 的半导体到 A 国，从 A 国进口 *HB* 的手机，其贸易三角形为 *FHB*，*FB* 和 *EA* 是平行的国际价格线。贸易以后，B 国达到无差别曲线 I_3，无差别曲线和贸易线相切于 *B* 点。两国都从贸易中获利，达到较高的无差别曲线（见图 3.1）。

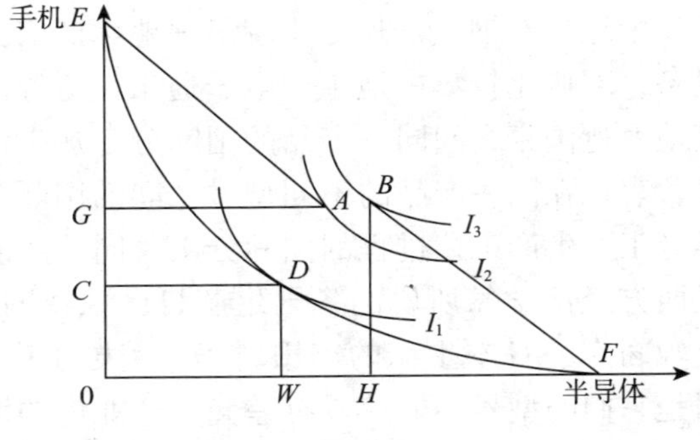

图 3.1

EF 生产可能性曲线是一条机会成本递减的曲线。没有贸易时 A 国和 B 国各生产 0*C* 的手机和 0*W* 的半导体，无差别曲线 I_1 和生产可能性曲线相切在 *D* 点。贸易后，两国进行国际性的专业分工，A 国专门生产手机，生产 0*E* 的手机；B 国专门生产半导体，生产 0*F* 的半导体。A 国出口 *EG* 的手机，进口 *GA* 的半导体，*EA* 为国际价格线。经过贸易后 A 国达到无差别曲线 I_2。B 国出口 *FH* 的半导体，进口 *HB* 的手机，*FB* 为国际价格线，与 *EA* 线平行，有着相同的斜率。经过贸易后，B 国达到无差别曲线 I_3。两国都发挥了规模经济的优势，从贸易中获利。

值得注意的是，上面所谈到的无论哪一类的规模经济，都是要受到限制的，并非规模愈大效益愈好。规模经济至少要受到以下四个方面的限制。其一，受到市场规模的限制。当市场规模较小时，无论是工厂、企业的内部规模，或是产业的规模，即外部规模都不宜过大，适应市场的规模只能建立次佳规模。如果不顾及市场的条件，一味追求规模经济，而主观地建立或发展最佳规模，其结果必然是两种情况：或者是生产的产品相当大一部分卖不出去，大量积压，资金周转困难，同时成本上升；或者是一部分机器设备闲置，开工不足，折旧费大量上升，造成不经济。可见市场规模对于规模经济有着重要的影响。其二，规模经济要受到生产要素供应的限制。其三，受到交通运输条件的限制。其四，受到企业管理水平的限制等等。因此，如果不顾客观条件的限制，主观上一味追求规模经济，其结果只能是规模不经济。所谓规模不经济是当规模扩大到一定程度时，再继续扩大规模，其产量的增加低于投入的增加，单位产品的成本上升，收益下降。

第3节 相似优势理论

瑞典经济学家斯塔芬·林德尔（Staffan B. Linder）提出需求决定成本的思想。这一理论和以上所阐述的理论的不同点，在于前者基本上是从生产和供应的方面分析比较优势，而后者主要是从需求方面分析比较优势，从而创造性地发展了比较优势理论。他在分析一种产品从发明到引进生产以及进入国际市场的发展过程时，都是和需求紧密地联系起来的。这一理论着重说明，为什么战后新产品的国际贸易绝大部分发生在发达国家之间。

§1 需求决定新产品的研制、生产和出口

林德尔认为，一种新产品的发明或者创新思想的出现，首先所需要精确考虑的是市场的需求，然后为之研制，不断地工作，使这种最初的思想成为适应市场需要的产品。仅仅是在这种产品的构思与市场紧紧地联系时，它才能被发明和生产。例如，一些发达国家劳动力比较昂贵，在生产中，企业始终要考虑的是如何降低成本，也就是考虑如何利用相对较为低廉的生产要素替代昂贵的生产要素，这就刺激企业家研制和生产自动化的机器设备替代劳动。同时，在生活中，利用自动化的设备替代家务劳动。

二战后，电子技术的发展适应市场的需求，出现了一系列自动化的生产和生活中所需要的机器设备。日本的地理环境决定了鱼在日本人饮食中占有重要的位置。在生活中烹制鱼，首先需要刮鱼鳞，而刮鱼鳞是既麻烦又比较脏的活，日本人的家庭需要简易而又方便的刮鱼鳞小工具，日本的市场上出现了各式各样的这类小工具。美国人在圣诞节和其他节日里，一些家庭自制蛋糕，为了节省做蛋糕的时间，美国人做蛋糕的工具在不断地改进，从手动搅拌，到电动搅拌，再到全自动搅拌。现实世界还可以列举其他许多的例子。当然，在目前经济全球化的条件下，也有为世界市场上的需求而研制和生产的新产品。但是，一般说来，一种产品的发明、生产和销售首先在国内。只有当这种产品在国内的需求日益扩大，生产规模扩大，导致成本下降，才有条件向国外出口。这是因为，一种新产品出口至国际市场，首先是费用较高，其次是风险较大，产品没有达到一定的成熟程度，出口至国际市场困难比较多。可见，国内的需求和市场的扩大，导致生产达到一定的规模，成本下降，才能为出口提供条件。

§2　需求决定新产品的出口市场

林德尔认为，需求决定一些新的产品的出口市场。这些新产品出口市场，首先应该是能够接纳这些产品的市场。一般说来，一些新产品成本较高，价格也比较昂贵，它所出口的市场必须是广大消费者能够接受这些新产品的市场。因此，这些市场与出口国具有相似的优势。所谓相似优势，是指收入水平相近，消费结构相似，也就是这些国家的恩格尔系数相近，消费偏好也相似，才能接纳这些新产品。可见，国家之间发生贸易的决定性因素之一，是这些国家的需求，而需求和市场的购买力又取决于这些国家的收入水平、消费结构和消费偏好。然而，消费需求相同的国家常常是有着相同的要素禀赋，而不是相反。因此，用要素比例学说无法解释大量的新产品的国际贸易发生在发达国家之间的原因。相反，发达国家之间贸易的发生，正是因为要素比例相同，有着相似的优势，有着相同的需求，在它们之间才发生着大量的新产品之间的贸易。例如，大约在19世纪末和20世纪初，电梯是美国的新产品，它的出口市场绝大多数都是一些发达国家。在那一时期，中国不可能接纳这一新产品，北京的四合院、其他城市的一些小楼房都用不上电梯。直到20世纪80年代后期，电梯才在中国普及。战后，彩色电视机、电冰箱、录音机、录像机、洗衣机、VCD等新产品，首先在美国研制生产，最早的出口市场也都是一些发达国家。

§3 需求决定进口国将成为下一个出口国

一般说来，一种新产品的进口国常常会成为下一个出口国。但是，并非所有的进口国都可以变成下一个出口国，这里的条件是进口国的需求，也就是市场发展到一定的规模。林德尔认为，随着新产品的进口，进口国的一些厂商逐渐进行模仿，生产新的产品，在本国生产和销售，替代进口产品。而这些国家的政府为了保护本国新产品的生产，设置贸易壁垒，限制该产品的进口。这些进口国的厂商在生产中取得经验，特别是该国的需求量较大，市场规模较大，可以发挥规模经济的效益，极大地降低成本，在竞争中创造比较优势，从而成为新的出口者。例如，战后日本是一些新产品的进口国，而后逐渐成为这些产品的出口国。接着韩国也从进口国转变为这些新产品的出口国。近来中国也从一些产品的进口国转变成这些产品的出口国。可见，需求也可以创造比较优势。

如何评价相似优势学说呢？应该说林德尔的相似优势理论有一定的道理，对于某些现象做出了说明和解释。然而西方一些国际经济学家认为，相似优势理论很难在实践中得到验证。例如，美国经济学家米尔蒂德斯·钱乔里德斯（Miltiades Chacholiades）在他的《国际经济学》一书中指出，斯蒂芬·林德尔的理论的假设很难在实践中得到证明。有的国家生产某些产品，在国内根本没有需求，它不是为国内的需求而生产的。例如，人造圣诞树和树上的各种装饰品的出口国是那些根本不过圣诞节的国家，比如日本和韩国。它们国内对于圣诞树和树上的装饰品的需求量很小。这就很难从需求方面解释为什么这些国家成为这些产品的主要出口国。布朗—霍根多伦认为，斯蒂芬·林德尔所列举的例子，例如，正是瑞典的寒冷的气候造成了对火炉的需求，才有瑞典人火炉的研制和生产；美国长距离的行程导致出现较大的轿车；加拿大人口稀少而又分布在广阔的土地上，导致对电子通信技术的需求和发展等，只是个别的例子，除了这些例子以外，很难举出其他例子来说明这一理论。

第4节 部分市场理论

有的经济学家提出部分市场理论，以说明在当前国际贸易中出现了对于特殊商品需求的部分市场。这种部分市场是世界性的，集中在收入水平较高的国家之间。因此，发达国家之间的贸易所占比重较大。

§1　部分市场的出现

所谓部分市场，是指在国际市场上对于某些特殊商品的需求形成了这些特殊商品的部分市场。在生产相对不发达的第三世界国家，由于劳动力比较便宜，因而存在着大量的个体小生产者，例如个体裁缝、个体鞋匠等，他们能根据人们不同的身材、脚的大小以及爱好制作服装和鞋子。然而，在经济高度发展的发达国家，一切生产都标准化了，从飞机到汽车，甚至到汉堡包的生产都标准化了。这种标准化的生产大大提高了劳动生产率，降低了成本，使得这些商品比较便宜。但是，消费者只能根据商品的标准型号购买大体上适合自己需要的商品，如消费者购买鞋子只能根据鞋子的标准型号来选择，是36号的还是37号的；又如消费者购买衬衣，也只能根据衬衣的标准型号进行选择。这些标准化的商品往往不能完全满足消费者的特殊需要。有的衬衣稍稍长了一点，有的领口稍稍紧了一点等等。然而，由于标准化的生产，劳动生产率较高，成本比较低，消费者可以从比较便宜的价格中得到补偿。近几十年来，随着经济的发展，发达国家有相当大一部分人的收入有了较大的增长。这一部分消费者的消费需求发生了一些变化，他们愈来愈注重的不仅仅是价格的节约，而且还要求产品能满足自己的特殊需求。他们的消费需求日益从那些标准化的商品，转向一些特殊化的商品。当然，在当今的生产条件下，要求生产出完全满足每一个个别消费者的特殊需要的产品，还是不可能的。但是，企业将其市场划分为部分市场，生产一些特殊商品去满足部分市场的特殊需求，是完全可以做到的。

这种部分市场是世界性的，从需求方面来看，人们特殊的偏好是没有国界的。例如，德国的消费者爱好宝马牌（BMW）的特殊型的小轿车，当今中国人中一些收入水平较高的消费者也爱好这种车。美国南部的青年人甚至一些老年人爱好牛仔服，世界上许多国家的青年人也爱好牛仔服。西方人爱喝咖啡，也有许多东方人爱好咖啡。东方人爱喝茶，也有许多西方人爱好茶。人们的消费偏好往往会越出国界相互影响。

从供应方面来看，一些特殊商品的生产成本往往比较高，往往是一个国家的市场难以承受的。因此，许多特殊商品的市场只能是世界性的。只有在世界性的市场范围内，才能使生产达到规模经济的效率和效益，它们的生产和销售才是可能的。这种特殊商品的生产成本大大提高的原因是：

①从工厂的角度来看：其一，在生产过程中，由于每一种特殊产品的

生产量比较小，在转换生产时，会造成机器和劳动力的闲置，降低了生产的效率；其二，特殊商品往往需要使用特殊的设备，由于生产的批量较小，这些特殊设备的使用率比较低，从而提高了成本；其三，正是因为特殊商品的生产数量较少，不可能使用高效率的自动化的特殊设备和流水线的装配线，无法与标准化的商品一样降低成本。

②从企业的角度来看：生产这些特殊商品，企业还需要增加许多费用。其一，为了生产特殊商品，企业需要做特殊的市场调查，调查对于这些商品的需求；其二，企业需要对于这些特殊商品做出各种特殊的设计；其三，根据设计企业需要生产出各种特殊产品的模型；其四，对于不同的模型需要进行各方面的检验等。此外，企业还需要为这些特殊商品做大量的广告，印刷各种特殊商品的详细说明书。为了使消费者见到这些特殊商品，并了解它们的特殊性能和特征，还需要举办特殊商品的展销会。最后厂商还需要培养大批各种特殊商品的服务人员，他们不仅仅了解这些商品的特性，而且能判断这些产品出现各种毛病的原因，并能够对其进行维修。

将上述所有增加成本的因素集合起来，不言而喻，特殊商品的成本是相当高的。据统计，一种新型汽车在其第一辆销售以前，很容易花去1亿美元，如果预计这种型号的车可以销售20万辆，那么，每一辆就增加了500美元的成本。计算机芯片DRAM，在其销售前的费用为20亿美元。这样高的成本，只有其销售市场达到一定的规模，生产才是可能的。也就是说，一些特殊商品只有在世界市场上销售，使其销售量达到一定规模，才能获得利润，否则成本也无法收回。总而言之，近几十年来，在国际贸易中，出现了特殊商品的部分市场。一些特殊商品主要是在发达国家之间的贸易之中进行。这种部分市场的发展，使得发达国家之间的贸易有了相当大的发展。

§2 部分市场促进了国际专业化分工和产业内贸易的发展

一些特殊商品的生产，由于产量的限制，比较难以达到规模经济的效益，这就促进了生产过程中的国际专业化分工。一是产品的专业化分工，各个国家分工生产某一种特殊的产品；二是零部件的专业化生产，各个国家分工生产特殊商品的某一种或几种零部件，然后统一组装；三是工艺生产过程的专业化分工，按照生产过程的不同程序进行分工。这种国际分工，能发挥特殊商品生产中规模经济的效率，提高劳动生产率，降低成本。同一产品的国际专业化分工，又极大地促进了产业内贸易的发展。可见，部分市场的出现促进了国际专业化分工和产业内贸易的发展。当然，反过来它们又促进了部分市场的发展。但是，这种固定化的工厂专业化生产存在着缺陷。由于人们对于特殊商品的偏好是在变化的，这种偏好的变化常常十分迅速，而这种固定工厂的生产和分工，对于人们变化了的需求的反应经常是相当慢的，很难适应瞬息万变的市场需求。

§3　4“C”化工厂的出现将为部分市场的发展提供广阔的前景

随着微电子技术的进步，在生产过程中电子技术的运用将会朝着4“C”化的方向发展。第一个“C”是CAD，计算机辅助设计（Computer - Assisted Design），即利用数据库和计算机预测市场上的需求，并根据需求以及需求的变化自动设计出不同的品种和花色，从而实现从商品信息到设计图样的自动控制，大大提高了设计的质量和效率。第二个“C”是CAM，计算机辅助生产（Computer - Assisted Manufacture），即生产过程使用机器人或者柔性生产系统，实现生产的自动化。所谓柔性生产系统是机器人之间的毛料的传送、送料装置等生产过程中的各个环节都是由计算机控制，也就是生产的各个程序由计算机结合成一个完整的自动化的生产体系。第三个“C”是CAE，计算机辅助工程（Computer - Assisted Engineering），即生产过程中的各种辅助工程由计算机自动控制。第四个“C”是CAT，即计算机辅助检验（Computer - Assisted Test），产品的质量检验全部由计算机检验，自动显示质量的各种检验数据，并将合格和不合格的产品自动分离开来。一旦在生产中实现了4“C”，那么就使得厂商能根据市场上不断变化的需求，设计和制造出各种各样满足每个消费者需要的特殊商品，从而满足部分市场瞬息万变的需求。特殊化商品将会替代标准化商品在市场上的主导地位。这一生产系统的发展，最终将会使得特殊商品的生产和销售在世界贸易中占主导地位。

第5节　产品生命周期理论

产品生命周期理论是企业经营战略和市场营销学中的重要内容。美国哈佛大学商学院教授刘易斯·威尔士（Louis. Wells）和雷蒙德·维农（Raymond. Vernon）将产品生命周期理论引进国际贸易理论之中，分析产品在其生命的不同阶段在不同的国家生产和出口，以此说明国际贸易的流动方向。

§1 产品的生命周期

一种新的产品从其诞生，经过发展到衰退，乃至被替代，是该产品的生命周期。有的经济学家将产品的生命周期分为三个阶段，即引进阶段、增长阶段和衰退阶段。有的经济学家将其分为四个阶段，即引进阶段、增长阶段、成熟阶段和衰退阶段。

从需求的方面来分析，在引进阶段，消费者不甚了解新产品的特性、如何使用这种新的产品，以及这一新产品给人们带来的方便和好处。与此同时，与这一新产品的配套工程往往也不完善，使得新产品在使用中存在着不少的困难。例如，20 世纪初，汽车在开始引进时，市场比较小，与其配套的道路、汽车加油站、汽车修理厂和擦洗等服务业都没有充分发展。特别是汽车作为一种新产品，成本比较高，价格也比较昂贵，因此，这时对于汽车的需求量很小，少数的消费者被称为先锋者。在增长阶段，产品愈来愈标准化，成本开始下降，并且也愈来愈安全可靠，人们在使用中获得愈来愈多的利益。同时，和该产品使用相配套的设备比较完善，其需求量和销售量急剧增长。例如汽车、计算机、彩色电视机等等都经历过这样的阶段。在成熟阶段，产品为消费者广泛接受，产品价格下降，相当多的人具有使用这一产品的技能，拥有这种产品，该产品的市场开始饱和，产品的销售量的增长率开始下降。在衰退阶段，新的更新换代的产品出现，人们不再需要这一产品，虽然可能它还维持一个很小的市场，例如黑白电视机、录音带、录像带、CD 等，但它已经被新的产品所替代。

在产品的整个生命周期中，其成本有着下降的趋势。一旦新产品为广大消费者所接受，两种因素相互影响，使得生产成本不断下降：一是由产量的增加使得成本下降；二是成本的下降又为打开新的市场提供条件，而新的市场又为进一步扩大生产降低成本提供条件。例如，个人计算机、手机等的销售价格的迅速下降，就是这两种因素相互影响的结果。如果一种新产品的引进阶段较长，很缓慢地为人们所接受，那么它就不能很快地降低成本，进入增长阶段。有的产品从发明到推广经过几十年，发展十分缓慢。

从竞争的方面来分析，产品在引进阶段常常有许多竞争者，通常是在技术方面进行竞争。例如，在汽车引进时期，有用电的、汽油的、蒸汽的汽车。它们进行着技术上的竞争。录音机最初有 33 – RPM 的和 45 – RPM

的；录像带有 VHS 的和 Beta 的等等。然而到了增长阶段，产品的技术愈来愈规范化和标准化了。消费者倾向于购买标准化的产品，例如录像带 VHS 的销售量极大地超过了 Beta。这一阶段，在竞争中一些企业被排挤出去，只有少数企业能成功地壮大，转向标准化生产。成熟阶段，由于技术的扩散，使得一些国家新的企业有了发展的机会，特别是一些外国企业发展极为迅速，从而产品也极大地扩散。

§2　产品生命周期和国际贸易

一些经济学家将产品生命周期理论和国际贸易结合起来，说明国际贸易的流动方向。他们认为，战后，在相当长的一个时期里，许许多多的新型消费品和生产上的新型的自动化的机器设备，大多数是在美国发明并引进生产的。例如，电冰箱、电视机、录音机、录像机、微波炉、洗衣机、计算机、机器人等等，都是在美国发明并最早投入市场的。这是因为这一时期美国的人均 GDP 超过其他国家，创造了一种比较高的消费模式，为新的消费品提供了广阔的市场。同时一种新型产品的诞生需要有大量的科技人才和熟练的劳动者。战后许多国家的科技人才移居到美国，美国吸引了世界各国相当大部分的知识分子。同时美国的劳动者接受较高水平的文化教育，熟练劳动者较多，此外，由于美国劳动力相对比较稀缺，劳动工资较高，不仅仅在生产中趋向于使用新技术和新的机器设备替代人力，而且在生活中也力求使用新型的设备减少家务劳动。因此，生产中的新型机器设备和家庭使用的各种新型用具源源不断地出现。这些新产品首先在美国市场上销售，发展到一定程度后，才逐渐出口到其他发达国家。

增长阶段，新产品在国内市场上的销售急剧增长的同时大量出口。外国的厂商，主要是其他一些发达国家，开始模仿这些产品的生产。它们开始为本国的消费者生产，而后出口，并且成为该产品的主要出口国。这是因为，其一，这些国家的政府为保护本国新产品的生产，实施贸易保护主义政策，利用关税和非关税壁垒阻碍美国产品的进入；其二，国内生产、国内销售和运输的成本比较低，产品的价格相对比较便宜；其三，由于就地生产，就地销售，售后服务比较方便等等。这一切促使这些国家这种新产品的生产和销售迅速增长。与此同时，美国的一些厂商为了绕过贸易壁垒，将企业迁移到这些国家就地生产和销售，从而导致美国国内的生产和出口急剧下降。

成熟阶段，由于外国的技术水平和美国的技术逐渐接近，差距日益缩小，同时外国的工资水平仍然低于美国，因此该产品在其他一些发达国家生产和出口，而美国逐渐成为该产品的净进口国。同时，在这一阶段，由于技术日益陈旧，技术的转让费用愈来愈低，技术逐渐在发展中国家扩散。一些发展中国家开始引进该产品的技术进行生产和出口。

衰退阶段，由于该产品的技术已经陈旧，相对比较便宜，生产过程也都简单化了，发展中国家成为主要的生产和出口国。根据彼得·林德特《国际经济学》的分析，第一个时期，美国是出口国，而其他发达国家和发展中国家是进口国。第二个阶段，美国的出口下降，其他发达国家的出口开始上升，发展中国家仍然是进口国。第三个阶段，美国已成为净进口国，发达国家的出口开始下降，而发展中国家的出口上升。

图3.2中，纵轴横线以上的部分为出口，横线以下的部分为进口；横轴为时期，实线代表新产品在美国的发展过程，虚线代表其他一些发达国家的发展过程，圆点曲线代表发展中国家的发展过程①。

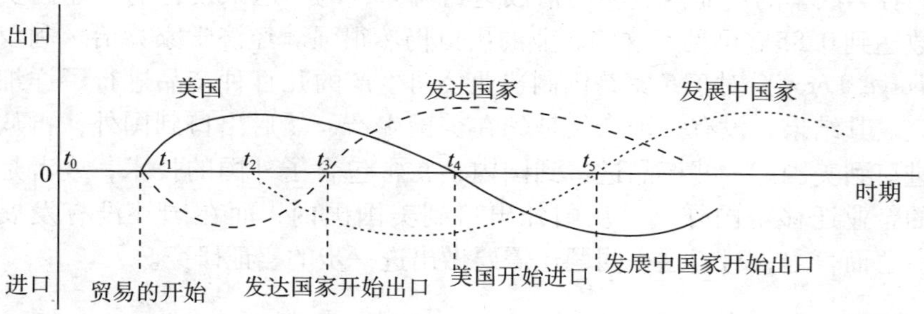

图3.2

t_0 至 t_1 为第一阶段，美国是生产和出口国。t_1 至 t_3 为增长阶段，在 t_2 时期，美国已经成为净进口国，其他发达国家从进口国变成出口国。第三阶段，从 t_3 开始，其他发达国家的出口开始下降，发展中国家的出口开始上升。

§3 产品生命周期和比较优势的变化

在产品生命周期的各个阶段，要求投入的要素比例在不断地发生变化，随之而来的是产品的比较优势发生着明显的变化。在引进阶段，要求投入的技术比较高，要求熟练的劳动者进行生产和生产过程的改进。这一时期的产品可以说是技术密集型的。增长阶段技术开始标准化，产品比较

① Peter H. Lindert & Charles P. Kindleberger: "International Economics". Richard D Irwin, Inc. 1982. P101.

成熟，市场迅速扩张，生产规模急剧扩大，从而要求投入的资本比较多。这一时期的产品可以说是资本密集型的。成熟阶段，技术已经陈旧，开始扩散。这些技术和生产设备不仅比较便宜，而且易于操作，生产中使用大量的非熟练劳动者。这一时期的产品可以说是劳动密集型的。正是要素投入的变化，产品由技术密集型的发展变化为资本密集型，逐渐发展变化成劳动密集型的。随着这一过程的发展，比较优势也就随之发生变化。这种变化也就决定了该产品在国际贸易中的流动方向。

最后，对于产品生命周期理论和国际贸易的关系，一些经济学家有着不同的看法。例如布朗—霍根多伦认为：威尔士—维农的理论对于前两个阶段的论述基本上与实际情况相符，然而第三个阶段，即成熟阶段美国成为一个净进口国，完全丢失其优势地位，这一观点存在问题。他们认为，战后相当长的时期里，美国的许多产品产业内贸易的指数相当高，这说明它既出口这种产品，也进口这种产品，并非变成净进口国。例如，在1967年至1975年，美国各类汽车的产业内贸易的指数达到0.94；电子通讯设备的产业内贸易指数达到0.85。可见，这些产业的出口仍然很强。经济学家乔治·利罗伊（George. Leroy）对于5家跨国制造业公司生产的几百种产品进行了详细的研究。其结果，没有一种产品是先在美国生产，然后出口到国外，再从国外进口到美国。一些产品进口到国内，常常包含了外国的技术，或者是美国的企业迁移至国外，再从国外出口到美国国内，而在国外没有发展市场。总而言之，对于这一问题还需要做出进一步的实证研究。

本章总结

前三章是国际贸易理论部分，国际贸易理论的中心说明了一个问题，即贸易的双方在贸易中如何获利？获利的源泉在于，在进行国际贸易的条件下，首先，各国可以进行部门间的国际专业化分工，发挥本国的比较优势，提高劳动生产率，降低成本。那么决定一个国家比较优势的因素是什么呢？古典经济学家认为是劳动生产率，即技术；新古典经济学家认为，除劳动生产率以外还有各国的资源，即要素比例；现代国际经济学家认为，除上述的因素外，规模经济以及需求也能创造比较优势。其次，在进行国际贸易的条件下，各国可以进行部门内的国际专业化分工，发挥本国的专业优势，即专业技术、专业人才、专业设备和专业管理的优势，提高效率、降低成本、提高产品质量，以及加速新产品的开发能力。部门内国际专业化分工，极大地促进了产业内贸易的发展。

思考题

1. 2006年，加拿大汽车和汽车零部件，出口额为499.88亿美元，进口额为432.57亿美元，当年加拿大汽车业产业内贸易的指数为多少？

2. 据报道，有1/4的波音飞机装备中国的部件，上海厂制造新一代波音737水平尾翼、MD－80/90水平尾翼和检查舱门；西安厂生产新一代737垂直尾翼、747后缘肋、MD－90干线飞机机身和轮舱格框、传统型737水平尾翼和垂直尾翼；成都厂生产波音757尾翼、MD－80/90机头、MD－90干线飞机机头和登机梯；沈阳厂生产波音757货仓门、新一代货仓门、新一代737尾段、MD－90干线飞机尾段和电缆。上述报道说明什么问题？如何应用所学习的理论进行分析？

3. 目前，我国一些市、县、镇出现集中发展一种主要产业的现象（例如，佛山市主要发展陶瓷业，浙江的定海主要集中发展皮革业，广东的东莞集中发展电子产业等）是偶然的，还是必然的？

4. 为什么说新产品的进口国常常会成为下一个出口国？成为出口国的条件是什么？

第二篇 >>

国际贸易政策

第4章 关 税

本章概要

本章集中分析征收进口关税的目的、关税的类型、关税的特征、名义关税税率和有效关税税率，以及征收关税对经济的影响等。从静态分析，征收关税会带来社会的净损失；从动态分析，首先，征收进口关税会带来企业的 X—低效率。第二，征收关税不利本国的出口，一方面，征收进口关税，它有着传递作用，所有的人都想把征收关税的损失传递出去，最终会导致出口成本的上升，而出口商在国际市场上是竞争者，无法提高价格在出口市场上销售。因此，出口商只有吞下征收进口关税所带来的苦果。另一方面，征收进口关税，会导致本国货币升值。本币升值不利本国的出口。

学习目标

1. 为什么 20 世纪 70 年代前世界各国征收进口关税，以从量税为主；而 20 世纪 70 年代后却以从价税为主?

2. 发展中国家反对发达国家实施关税升级制度的原因。

3. 征收进口关税对本国出口产生不利的原因。

4. 如何正确分析人民币汇率形成机制改革。

5. 20 世纪 80 年代中，日元大幅度升值对日本经济的影响，以及中国从中应吸取的经验和教训。

请注意，关税或其他贸易壁垒具有“平方”效应。这意味着2倍的关税或其他贸易壁垒将其福利的损失变成原来的4倍，3倍的关税或其他贸易壁垒会将净福利的损失变为原来的9倍。

——彼得·林德特

以上三章分析了国际贸易理论，尽管这些理论来自于不同的国家、不同的国际经济学家，但是，他们的一个共同认识是，自由贸易能使得贸易的双方都获利。在理论上人们似乎都同意这一点。但是在现实世界中，几百年来，许许多多国家的政府或多或少地利用各种手段、采取各种措施阻碍对外贸易的自由进行。从这一章开始，我们进入贸易政策的讨论。贸易政策无非是贸易保护主义政策和自由贸易政策。贸易保护主义政策是政府利用关税和非关税措施，限制外国商品的进口，防止外国产品的竞争，以保护本国与进口竞争的产业的发展；同时政府对于出口商品给予各种优惠和补贴，鼓励本国商品的出口，也就是实施“奖出限入”的政策。自由贸易政策是政府降低或消除关税和非关税对于进口贸易的限制，并且减少和取消各种补贴和优惠对出口的鼓励，使得商品能够自由地出口和进口，在国内和国际市场上自由竞争。

第 1 节 关税的种类和特征

§1 关税的定义和征收关税的目的

关税是一国政府对于经过关境或者国境的商品所征收的捐税。关税有进口关税和出口关税。

征收进口关税的目的主要有两个：其一，增加政府的财政收入。在经济不太发达的时期，关税在政府的财政收入中占有相当大的比重。随着经济的发展，关税在财政收入中所占比重日益相对下降。其二，征收进口关税的重要目的是限制外国商品的进口，保护国内某些产业的发展和国内市场。

征收出口税的目的：其一，主要是限制国内的稀缺物资和影响国内生产和人民生活的重要商品的出口。例如，我国政府有关部门宣布，从 2010 年 12 月 1 日起至 2010 年 12 月 31 日，我国对尿素等部分化肥产品出口税率升至 110%。这是因为受节能减排的影响，当年化肥产量减少，出口价格高涨导致国内化肥价格居高不下，春耕在即，需要大量化肥储备。其二，为了限制高耗能、高污染、资源消耗型商品出口，近年来，我国对一些产品的出口征收出口关税，限制这些产品的生产和出口。其三，有的商品征收出口税，是为了避免国际市场上本国出口产品的供应量过大，影响出口商品的国际价格，利用出口税限制出口数量。例如泰国和缅甸对于大米的出口，加纳对于可可的出口，巴西对于咖啡的出口都征收出口税。一般来说，绝大多数的国家为了鼓励本国商品的出口，对于出口商品很少或者不征收出口税。所以我们的分析集中在进口关税。

§2 关税的种类

关税基本上是两类，从这两类又派生出两类，一共为四类。

第一类是从量税（Specific duty），以商品的数量、重量、长度、体积和面积作为标准，制定统一的税率征收的关税。例如，每一尺布征收 0.2 元，每一双鞋征收 2 元，每一吨钢征收 200 元的关税等。按照商品的重量征税时，有的是按照毛重征税，也就是商品加上外包装和内包装；有的是按照半毛重征税，是商品加上内包装；有的是按照净重征税，也就是去掉外包装和内包装，按照商品的净重征税。

第二类是从价税（Ad valorem duty），以商品的价格为标准，按一定的百分比征收的关税，其中一般不包括运输费用。假定我国对于外国电视机的进口征收20%的从价税，一台进口电视8000元，那么征收的关税为1600元。

第三类是混合税（Compound duty），对于某些商品既征收从价税，又征收从量税。例如，日本对于外国手表的进口既征收15%从价税，又征收从量税，每一只征收150日元。又如，美国对于外国汽车的进口，征收1000美元的从量税，还征收1%的从价税。

第四类是选择税（Select duty），对于某些商品，政府既制定从量税税率，也制定了从价税税率，征税时哪一种税额高，就选择哪一种税率征税。

§3 关税的特征

20世纪70年代以前，美国和一些发达国家大多数是以从量税的形式征税，很少以从价税的形式征税，从量税在关税的征收中占主导地位。然而，目前绝大多数国家都是以从价税为主。出现这种变化很重要的原因是这两种不同征税的方法有着不同的特征。70年代，在世界经济形势发生变化的条件下，从价税的形式更加适应变化了的形势，从而成为征税的主要形式。

①从量税的特征。从量税的优点，其一，操作比较简单。海关人员只需要将商品进行分类，分成按重量征税、按数量征税，或是按长度征税等等即可。征收从量税与商品的价格无关，不需要对于进口商品的价格进行再审查。其二，对于外国的出口商进行削价倾销有着较高的保护作用。假定某一个国家对于进口汽车征收从量税，每一辆车的销售价格为18万元，一辆车的从量税为1.8万元。如果出口商削价倾销，每一辆车的价格降低至为12万元，但是一辆车仍然征收1.8万元的关税。关税在价格中的比重，前者为10%，后者为15%，关税税率增加了50%。

②从量税的缺点。其一，从量税具有累退性（Regressive）。例如，同类的商品按照其数量或者重量征税，那么，同一种商品价格高的，关税在价格中所占的比重相对比较低，而价格低的，关税在价格中的比重比较高。假定，美国对于进口汽车一律征收从量税，每一辆征收1000美元。假定从日本进口的丰田车，每一辆1万美元，征收1000美元的从量税，税收在价格中所占比例为10%。从德国进口的奔驰车，每一辆5万美元，也征收1000美元的从量税，关税在其价格中所占比重只有2%。又如美国的进口鞋，有的价格高达1000美元一双，有的一双的价格为100美元。如果征

收从量税，每一双鞋征收 10 美元。前者关税在价格中所占比重为 1%，而后者则为 10%。可见，同一类商品在征收从量税的条件下，价格愈低的商品，关税在价格中所占的比重愈高。相反，价格愈高的商品，关税在价格中所占比重愈低。一些发达国家相当大一部分消费品依赖于进口，征收从量税的结果，低收入的消费者在购买价格低的进口商品中，比高收入的消费者在购买昂贵的进口商品中所支付的税收要多得多，沉重的关税负担主要落在低收入者身上。其二，在通货膨胀时期，从量税将失去其保护作用。由于通货膨胀，商品的价格大幅度上涨，从量税的税率是按照商品的数量或重量等确定的，因此，随着价格的上升，关税在价格中所占比重随之下降。假定某国对于外国的进口电视机征收从量税，每一台 300 美元的电视机征收 60 美元的关税。然而，由于通货膨胀，电视机的价格上升到 500 美元每台，每一台仍然征收关税 60 美元。通货膨胀以前，关税在价格中所占比率为 20%，通货膨胀以后，关税在价格中所占比重仅为 12%。如果海关随着通货膨胀率的上升，随时变化从量税的税率，那将是一件极为繁杂的工作。70 年代，正是由于两次石油危机，石油价格的大幅度上涨，出现了世界性的通货膨胀，物价普遍上涨，在世界经济形势发生变化的条件下，征收从量税，降低了关税的保护作用。因此，从量税退出主导地位，为从价税所替代。

③从价税的特征。从价税的优点：其一，在通货膨胀时期，从价税有比较高的保护作用。征收从价税，在通胀时期，关税税率不需要随着通货膨胀率的变动而变动。价格上涨，关税税额会随着价格的上升而自动增加。可见，在通货膨胀时期，从价税有比较高的保护作用。例如某一个国家对于外国的进口电视机征收从价税，一台电视机 300 美元，征收 20% 的从价税，税额为 60 美元。然而，由于通货膨胀，每一台电视机的价格上涨至 500 美元，仍然征收 20% 的从价税，这时的关税税额则为 100 美元。其二，它既不具有累进性，也不具有累退性，按照商品的价格，按一定的比例征税。同一商品价格高，征收的税额较多，价格低征收的税额较少。人们认为，征收从价税比较公平。假定美国对于进口汽车一律征 10% 的从价税，日本的丰田汽车每一辆 2 万美元，征收的关税为 2000 美元；德国的奔驰车每一辆为 5 万美元，征收 10% 的从价税为 5000 美元。其三，一些特殊商品，种类相同但是价格相差极其悬殊，根据从量税征收十分困难，如果按照从价税征收关税，税率不需要变化，比较容易征收。例如绘画，有的价值连城，有的则不值一文。又如钻石，如果是天然的，虽然体积不

大，但是极其昂贵；如果是人工的，尽管体积比较大，但是也比较便宜。对于这些特殊商品，如果按照从量税征税，是极其困难的，是按数量还是按面积或者按体积都无法征收。如果按照从价税就比较容易征税。假定从外国进口一颗钻石，它是天然的，价值20万元人民币，征收从价税20%，征收的关税为4万元。如果进口的是一颗人工钻石，价值5000元，征收从价税，税率仍然是20%，征收的关税为1000元。

④从价税的缺点。其一，对于海关来说，征收从价税，操作比较复杂。海关工作人员对于每一件进口商品的价格都必须进行审查，不能仅仅凭提货单或者是发票上的价格征税。因为进口者总是会想尽办法低报进口商品的价格，从而少缴关税。因此，征收从价税，对于价格的审查比较繁琐。其二，一些国家的海关工作人员则尽力高估进口商品的价格。有的国家的政府有意鼓励海关工作人员高估商品的价格。例如，第二次世界大战以后，在一个相当长的时期里，美国和澳大利亚对于进口商品征收从价税，不是按照进口商品的价格征税，而是按照这些商品的国内销售价格征税。正是因为国际价格低于国内价格，才会进口。按照国内销售价格征税，大大增加关税收入。人们把这种现象称为ASPs（American or Australian Selling Prices）现象。这种现象引起许多国家的不满。1979年，在"关税与贸易总协定"主持下的东京回合谈判中，达成了《国际海关估价准则》（The International Code on Customs Valuation）。这一协议有34个国家参加签字，1981年开始生效。协议生效以后，ASPs现象才得到纠正。其三，按照从价税征税，商品的税目种类繁多，税目的划分极其繁杂，税率相差巨大，常常由于分类不明确，引起持久的争议。例如，美国的税目共有8753类，而税率又相差巨大，最低的为1%，最高的达到458%。在美国海关征税中，半导体（Radios）的进口税的税率很低，对于这类产品的进口，没有设置保护。可是，美国海关对于雷达探测器（Radar）的进口，则设置了较高的保护，税率很高。然而，这两种商品常常难以区分，究竟是属于前者还是属于后者，在美国法庭上长期存在着法律纠纷。

第2节　名义关税税率和有效关税税率

§1　名义关税税率和有效关税税率

所谓名义关税税率，是当商品进入海关时，海关按照关税税则征税的税率。名义关税税率提供了本国产业受保护的一般程度，但是它没有反映实际的保护程度。有效关税税率是对于本国制造业的真实的保护程度的反映。目前世界各国主要保护的是本国的制造业。一个制造业的产品价格中包括两个部分，一是原材料的价值；另一是将原材料加工成产品的增加值。因此，关税对于本国制造业的实际保护程度，只能用有效关税税率来表示。那么，关税对于本国制造业的实际保护程度，需要将产品价格中原材料的价格剔除，也就是关税/增加值。名义关税税率和有效关税税率两者的区别在于，前者是关税和产品的总价值之比，例如，A 国进口一辆汽车，价格为 1 万美元，征收 1000 美元的关税，其名义关税税率为 10%。而 B 国对于同样的汽车，每一辆则征收 2000 美元的关税，其名义关税税率为 20%。可见，B 国对于汽车制造业的一般的保护程度高于 A 国。但是，它们并不反映对本国制造业的实际保护程度。名义关税税率是关税和产品的总的价格之比，而有效关税税率是关税与增加值（Value Added）之比。例如，一辆汽车其原材料的价值为 5000 美元，将这些原材料加工成汽车，其增加值为 5000 美元，汽车的价格为 10000 美元。假定该国对于汽车原材料的进口不征收关税，对于每一辆汽车的进口征收 10% 的从价税，为 1000 美元，对于汽车制造业的实际保护程度是 1000 美元与 5000 美元之比，为 20%，可见，名义关税税率为 10%，而有效关税税率为 20%。尽管国际经济学家们对于有效关税税率即有效保护率（Effective Rate of Protection，ERP）的计算提出了不同的方法，但实质上是相同的。在米尔蒂德斯·钱乔里德斯（Miltiades Chacholiades）的《国际经济学》一书中的公式是：

$$\mathrm{ERP}=\frac{V'-V}{V}$$

式中，V 代表国内制造业增加值，V' 代表国内制造业增加值和关税。例如，进口一台计算机，价格为 1.2 万元，每一台征收 10% 的从价税，进口税为 1200 元。政府对进口计算机的原材料不征税，其原材料价值为 6000 元，增加值为 6000 元。那么，有效保护率为：

$$\mathrm{ERP}=\frac{(6000+1200)\ -6000}{6000}=\frac{1200}{6000}=0.2$$

可见，该国对于计算机进口征收的名义关税税率为 10%，然而实际的有效关税税率为 20%。

在威尔士·布朗和简·霍根多伦（WilsonB. Brown & Jan S. Hogendorn）合著的《国际经济学》一书中，关税有效保护率的计算公式是：

$$\frac{(y-b)\ -\ (x-a)}{x-a}$$

公式中，y 代表产品的国内价格（国际价格加关税），b 代表原材料的国内价格（国际价格加关税），x 代表产品的国际价格，a 代表原材料的国际价格。例如一台电视机的国际价格为8000元，原材料的价格为6000元，电视机进口，每一台征收关税1600元，然而，对于原材料的进口不征税，其有效关税税率为：

$$\frac{(9600-6000)\ -\ (8000-6000)}{8000-6000}=\frac{1600}{2000}=0.8$$

可见，该国对于进口电视机所征收的名义关税税率为1600/8000=20%，然而，有效关税税率则为1600/2000=80%，后者反映了该国对于电视机制造业的实际保护程度。上述两个公式表面上看很不一样，实质上是相同的，有效保护率都是关税与国内增加值之比。但是如果该国对原材料的进口征收关税时，只能用后一个公式计算。假定该国对于进口原材料征收5%的关税，为300元，那么，有效保护率是：

$$\frac{(9600-6300)\ -\ (8000-6000)}{8000-6000}=\frac{1300}{2000}=0.65$$

假定该国对进口原材料征收10%的关税，关税为600元，那么，有效保护率是：

$$\frac{(9600-6600)\ -\ (8000-6000)}{8000-6000}=\frac{1000}{2000}=0.5$$

可见，政府对进口制成品征收的关税税率与对进口原材料征收的关税的税率差距愈大，有效关税税率愈高；差距愈小，有效关税税率愈低。

表4.1　美国、日本和欧洲共同体的名义关税税率和实际关税税率

	欧共体		日　本		美　国	
	名义税率	有效税率	名义税率	有效税率	名义税率	有效税率
牛奶、奶酪和黄油	22.0	59.9	37.3	248.8	10.8	36.9
可可产品和巧克力	12.8	34.6	22.8	80.7	4.2	16.2
棉籽油	11.0	79.0	25.8	200.3	59.6	465.9
豆油	11.0	148.1	25.4	286.3	22.5	252.9
烟草和香烟	87.1	147.3	339.5	405.6	68.0	113.2

资料来源：Militades Chacholiades. “International Economics”. McGraw-Hill Companies, Inc. P162.

§2　关税升级效应

从表4.1中可以看到，美国、日本和欧洲共同体对一些商品所征收的进口关税，其名义关税率不算太高，但是有效关税率却比名义关税率高出几倍。经济学家比拉·巴拉萨（Bela Balassa）将一些发达国家的名义关税税率和有效关税税率作了一个比较。其结果是，美国的有效关税率比名义关税率高72%；英国高81%；日本高84%；欧洲共同体高54%。1980年至1987年，“关税与贸易总协定”的全体缔约国对原材料进口关税税率，平均下降64%，美国下降77%；全体缔约国对进口制成品关税税率平均下降34%，而美国只下降了29%。可见，一些发达国家对原材料进口征收的关税税率下降幅度比其他国家的大，但是对制成品的进口关税税率的下降幅度又比其他国家小。这就形成了发达国家对制成品征收的进口关税税率和对原材料征收的进口关税税率的差距，两者的差距愈大，对制造业的有效保护率就愈高。从上述的例子中可以看出两者的关系。对于进口电视机的原材料不征税，其有效保护率为80%；如果对进口的原材料征收5%的关税，其有效保护率为65%；如果对进口原材料征收10%的关税，其有效保护率为50%。正是如此，在发达国家形成了一种关税升级制度。所谓关税升级制度是随着制造业的加工程度的深入，关税税率不断升高，即对于最终制成品所征收的关税高于中间产品所征收的关税，而对于中间产品所征收的关税又高于原材料所征收的关税。经济学家称此现象为关税升级制度。例如，1980~1987年，发达国家对于原材料征收的关税税率平均为0.3%，对半成品征收的关税税率平均为4%，对最终产品征收的关税税率平均为6.5%。

制定关税升级制度的目的：发达国家对于原材料进口设置了很低的关税税率，而对于制成品的进口设置了较高的关税，其结果使得对于本国制成品的有效关税率比名义关税率高得多。这种升级制的目的在于“鼓励”发展中国家出口初级产品，并限制这些国家制成品的进口。然而，发展中国家期望发展本国的制造业并出口更多的制成品。发达国家的关税升级制却对发展中国家出口制成品极为不利，发展中国家曾多次强烈要求发达国家改变这种关税升级制度（参见表4.2）。

表4.2　　美国、日本和欧共体的关税升级制

	欧共体		日本		美国	
	名义税率	有效税率	名义税率	有效税率	名义税率	有效税率
花生油						
未加工的花生	0.0		0.0		18.2	
粗加工的花生油	7.5	92.9	7.6	93.7	18.4	24.6

续表

	欧共体		日　本		美　国	
	名义税率	有效税率	名义税率	有效税率	名义税率	有效税率
精加工的花生油	15.0	186.4	10.1	324.8	22.0	64.9
纸张和纸张加工产品						
原木，未加工木材	0.0		0.0		0.0	
纸浆	1.6	2.5	5.0	10.7	0.0	-0.5
纸和纸张产品	13.1	30.2	5.9	17.6	5.3	12.8
奶制品						
鲜牛奶和奶油	16.0		0.0		6.5	
炼乳	21.3	44.3	31.7	154.8	10.7	30.1
奶酪	23.0	58.8	35.3	175.6	11.5	34.5
黄油	21.0	76.6	45.0	418.5	10.3	46.7
毛织品						
未加工的羊毛	0.0		0.0		21.1	
毛线	5.4	16.0	5.0	9.3	30.7	62.2
毛织品	14.0	32.9	14.7	35.1	46.9	90.8
皮制品						
牛皮	0.0		0.0		0.0	
皮革	7.0	21.4	6.2	20.2	17.8	57.4
除皮鞋以外的皮制品	7.1	10.3	10.5	15.8	22.4	32.5

资料来源：Militades Chacholiades. “International Economics”. McGraw-Hill Companies, Inc. P163.

第3节　关税的静态影响

§1　小国征收关税的影响

对进口产品征收关税，其直接的目的是限制进口。由于征收关税提高了进口产品的价格，使得消费者对于该产品的需求量减少，从而减少该产品的进口数量，增加本国同类产品的生产。此外，征收进口关税又可增加政府的财政收入。征收关税的直接影响是导致收入的再分配。消费者的收入通过征收关税，一部分转移至生产者手中，还有一部分为政府所得。

局部均衡中小国征收关税的影响：一般国家作为国际市场价格的接受者，其进口商品的数量不足以影响世界市场上的价格，这些国家所征收的关税由本国的消费者支付（见图4.1）。

假定某国进口汽车，汽车在世界市场上的价格每一辆为1万美元，该国为了保护国内的汽车制造业，对汽车进口征收30%的关税，每一辆汽车征收进口关税3000美元，该国进口汽车的国内价格为1.3万美元。由于征收关税，消费者购买每一辆进口汽车要多支付3000美元，从而消费者的需求量减少。与此同时，由于国内汽车价格的上升，生产者供应增加，从而减少了汽车的进口量（见图4.1）。

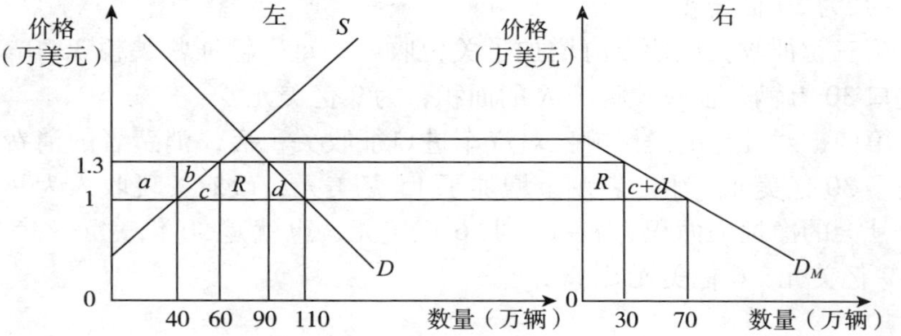

图4.1

左：在没有征收关税前，每一辆汽车的市场价格为1万美元，国内生产的汽车数量为40万辆，而需求量为110万辆，进口汽车为70万辆。政府为了减少汽车的进口量，对于进口汽车征收30%的从价税，每一辆车征收关税3000美元，每一辆车国内价格为1.3万美元。由于汽车的国内价格上升，生产者生产的汽车数量增加，达到60万辆，消费者对于汽车的需求量减少，降低至90万辆。国内生产的汽车，由40万辆上升至60万辆，汽车的进口量下降至30万辆。

右：D_M是进口国对汽车进口的需求线，在没有征收关税的条件下，进口汽车每一辆为1万美元，进口量为70万辆。政府对汽车进口征收30%的从价税，每一辆汽车的价格上升至1.3万美元，进口量为30万辆。政府的关税收入为R，为9亿美元，社会的净损失为$c+d$共6亿美元。

征收关税对国内各集团分配的影响。

第一，征收关税对生产者的影响。其一，征收关税带来国内汽车价格上升。其二，正是因为国内汽车价格上升，国内生产者生产汽车的数量增加了20万辆。其三，增加了就业。其四，国内汽车厂商的销售额增加了。未征收关税以前，生产者的销售额为1万美元×40万=40亿美元，而征收关税以后的销售额为1.3万美元×60万=78亿美元。其五，增加了生产者剩余。征收关税以后，每一辆车销售价格上升至1.3万美元，价格提高了3000美元。生产者剩余增加了$a+b$的面积，a的面积为3000美元×40万=12亿美元，b的面积为1/2×3000美元×20万=3亿美元，$a+b=15$亿美元。

第二，征收关税对消费者的影响。其一，征收关税带来汽车价格的上升，对消费者不利；其二，由于价格上升，消费者对于汽车的需求量减少20万辆；其三，消费者剩余减少，减少的面积为 $a+b+c+R+d$，a 的面积为12亿美元，b 的面积为3亿美元，c 的面积为 $1/2\times3000$ 美元 $\times20$ 万 $=3$ 亿美元，R 的面积为3000美元 $\times30$ 万 $=9$ 亿美元，d 的面积为 $1/2\times$ 3000美元 $\times20$ 万 $=3$ 亿美元。征收关税消费者所损失总面积为 $a+b+c+R+d$，共为30亿美元。

第三，征收关税使政府增加了关税收入，每一辆征收关税3000美元，共进口30万辆，征收关税为 R 的面积，为9亿美元。

第四，对社会的净影响：对汽车进口征收关税后，消费者的消费剩余损失了30亿美元，生产者剩余增加了15亿美元，政府关税收入为9亿美元，社会的净损失面积为 $c+d$，共6亿美元，也就是30亿美元－15亿美元－9亿美元＝6亿美元。

§2 大国征收关税的影响

如果进口国是一个大国，汽车的进口量在世界市场上占有相当大的份额，其进口数量的变动足以影响世界市场上的价格。这个国家对汽车的进口征收关税，进口汽车价格上升，消费者对进口汽车的需求量减少，导致汽车进口数量大幅度减少，国际市场上汽车价格下降。与此同时，国内汽车供应量减少，价格上升。

图4.2，进口国是一个大国，在没有征收关税的条件下，每一辆进口汽车价格为1万美元，国内汽车的需求量为120万辆，国内供应40万辆，进口80万辆。政府为了限制汽车进口，对进口车征收30%的从价税，每一辆车征收3000美元，汽车的价格上升至1.3万美元。国内对汽车的需求量下降至70万量，国内汽车的生产量上升至50万辆，进口量下降至20万量。政府征收的关税收入为3000×20万＝6亿美元。由于大国进口需求量由70万辆下降至20万量，进口价格也随着下降至每一辆为0.8万美元。由于进口量下降，国内供应量减少，市场价格每一辆仍为1.3万美元。其结果，政府征收的关税为5000美元×20万＝10亿美元。图4.2右，征收关税对社会的净影响，是增加福利，还是减少福利，那么就要看 R_2 是大于 $c+d$ 还是小于 $c+d$。如果 R_2 大于 $c+d$，那么增加净福利；如果 R_2 小于 $c+d$，那么减少净福利。

如果进口汽车，每一辆车为1万美元，政府征收30%的从价税，每一辆关税为3000美元，进口汽车的价格上升至1.3万美元，国内需求量减少。出口国为了增加出口量，在进口国市场上，每一辆车以1.2万美元销售，那么，关税的负担由国内和国外共同分担。

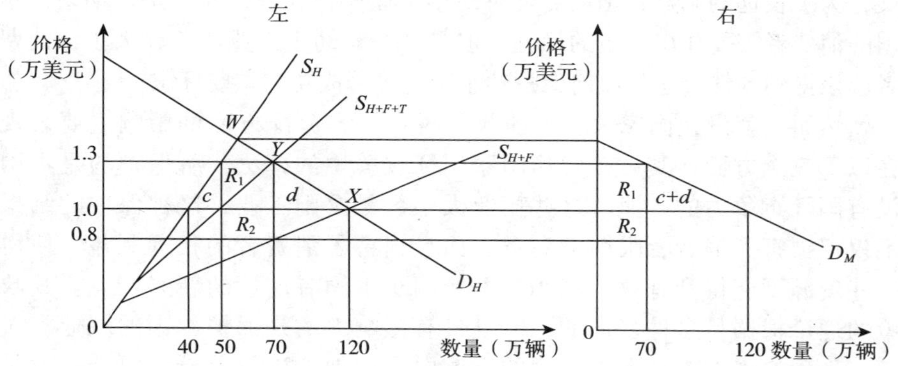

图 4.2

左：D_H 为国内的需求线，S_H 为国内的供应线。每一辆进口汽车的价格为1万美元，国内需求量为120万辆，国内供应为40万辆，进口80万辆。政府为了限制汽车进口，征收30%的从价税，每一辆征收3000美元，每辆汽车的国内价格上升至1.3万美元。国内对于汽车的需求下降至70万辆，国内的供应上升至50万辆，进口20万辆。由于市场需求大幅度下降，迫使每一辆汽车的出口价格下降到0.8万美元。由于进口汽车的数量减少，国内供应减少，国内每一辆车仍然是1.3万美元。其结果政府的关税收入为 R_1+R_2，共为10亿美元。

右：D_M 为国内对进口汽车需求线。政府征收关税后，消费者剩余减少 R_1+c+d，R_1 的部分政府获得，$c+d$ 的部分为社会的净损失。如果由于进口量的减少，每一辆出口汽车的价格下降至0.8万美元，那么政府的关税收入为 R_1+R_2，如果 R_2 大于 $c+d$，那么，征收关税的社会净影响是增加福利；如果 R_2 小于 $c+d$，那么，征收关税的社会净影响是减少福利。

第4节 关税的动态影响

一般说来，大多数国际经济学家们主张自由贸易，认为征收关税不仅会带来国民的净损失，使得资源不能得到有效的利用，而且损害了消费者的利益，同时征收关税还会给本国经济带来许多动态的不利的影响。

§1 收入再分配的影响

征收进口关税，在收入分配上的影响最为明显的是，为了保护某些生产者集团的利益而损害消费者的利益。消费者一方面要将收入的一部分用以补贴生产者；另一方面要将收入的一部分交给政府作为财政收入的一部分。当然，作为一些发展中国家，为了促进本国工业特别是制造业的发展，为了长远的利益，国家需要对幼小工业进行保护，在一定时期内，本国的消费者需要作出一定的牺牲。但是，一旦幼小工业成长壮大了，消费者应该得到补偿。这是政府保护幼小工业是否成功的重要标志。

然而，就发达国家来看，征收关税在收入分配方面的影响主要表现在以下三个方面：其一，发达国家用征收关税的办法，所保护的是本国没有国际竞争力的产业。这些产业大多数是夕阳工业，这种保护的结果不仅仅损害了消费者眼前的利益，而且损害了消费者的长远利益，使得一些资源不能得到有效的利用，不能用于本国有前途的新兴产业。其政策的理论根据是多种多样的，但是最有影响力的是保护本国的就业。对于这一理论观点，在本书以后的章节中要详细地进行分析。但有一点是十分清楚的，这种政策执行的后果，不仅不能解决本国的就业问题，而且还损害了其他国家的利益。其二，发达国家征收进口关税，在收入分配上的影响最明显的是具有累退性，也就是说大量的税收负担落在低收入者身上。这是因为发达国家所保护的产业是纺织服装、食品、鞋类、汽车等等，低收入者收入中的大部分用于这些日常的消费品。因此，低收入者收入的相当大的部分以关税的形式被吞噬。据美国纽约联邦储备银行计算，美国在服装、食糖和汽车方面所征收的关税，或实施进口配额和自愿出口限制等，造成价格的上升，使得每年收入在1万美元以下的家庭，收入中的23%用以交纳关税等保护性的费用。然而，年收入在6万美元以上的家庭，其收入中只有3%用以交纳关税等保护性的费用。据世界银行统计，年收入在8000美元以下的家庭，其收入中的66%用于支付关税等保护性的措施，年收入超过6万美元的家庭，其收入中只有5%支付关税等保护性的费用。其三，发达资本主义国家征收进口关税，其收入分配的影响还表现在谁从关税中受益。经济学家们认为，政府对于使用高速公路、桥梁、汽油者征税，这一类的税收，谁从使用道路或使用汽油中获益，谁纳税。也就是说，受益者纳税是比较公平的。然而，征收关税的情况却不同，广大的消费者并非纳税的受益者，而生产者是纳税的受益者。其结果是：受益者不纳税，纳税者不受益。

§2 经济增长的影响

征收进口关税，对某些产业实施保护，其结果会降低经济增长的效益和效率。

其一，在自由贸易的条件下，各国之间可以进行产业之间的专业化分工，发挥本国的技术或资源的比较优势，使得本国资源得到合理的配置和有效的使用。即使进行贸易的国家要素禀赋相同，也可以通过产业内的专业化分工，即同一产品实行国际专业化分工，从而发挥各国的专业优势，实现规模经济效益。这样，就会提高劳动生产率、提高产品质量、降低成本，从而加速经济的发展。然而，征收关税阻碍了国际贸易的发展，也就阻碍了国际专业化分工的发展，影响各国比较优势和规模经济的效益的发挥，使得资源不能得到合理的配置和有效的使用，降低了经济的增长速度。

其二，征收关税实施保护会带来X—低效率，从而影响经济的增长速度。在市场经济条件下，企业是在两种动力的推动下发展的：一是内在的动力，即追求最大限度的利润。企业为了获得最大限度的利润，必须降低成本。降低成本的方法：改进技术；改善管理，从而促进企业发展。另一是外在的压力，即竞争。企业在激烈的竞争中求生存和发展，必须不断地提高劳动生产率，降低成本。同时，还得提高产品质量，或开发新的品种，只有这样才能在竞争中处于优势地位。然而，当今企业的内在动力发生着变化。经济学家诺贝尔奖获得者赫伯特·西蒙（Herbert Simon）认为，企业的所有者和企业的管理者所追求的目标不同。企业的所有者追求的是最大限度的利润，而企业的管理者所追求的目标是满意的利润，即所有者满意的利润。然而，在政府实施贸易保护政策的条件下，企业的管理者们不需要作出很大的努力，很容易获得满意的利润。这是因为征收关税使得商品的价格上升，例如进口汽车12万元一辆，政府征收50%的从价税，每一辆车的价格上升至18万元，那么国内同类汽车的价格也都上升。汽车价格的上升，也必然导致利润的上升。企业的管理者不需要作出特别的努力，就可以获得满意的利润。从外在的压力来看，由于实施关税保护，阻碍了国际竞争，使得企业减少了竞争的压力。假定在没有征收关税的条件下，一年进口的汽车为70万辆，而征收关税，汽车价格上升，对进口汽车的需求下降，结果一年只进口了20万辆，从而减少了企业竞争的压力。可见，在政府的保护下，企业不需要作出很大的努力，就可以平平稳稳地生存下去。经济学家哈维·利本斯坦（Harvey Leibenstein）指出，一家企业的最佳经营效率和实际的经营效率之间存在着差距，但是这个差距究竟有多大，即后者低效率的程度究竟是多少，是一个未知数，即X，因此，经济学家将这种低效率称之为X—低效率。也就是说，在关税的保护下，从内在的动力来看，企业的管理者不需要作出极大的努力，就可以获得满意的利润；从外在的压力来看，保护限制了外国产品的进入，减少了竞争的压力。因此，企业是在政府的保护下，在X—低效率中经营的。可以说，政府的保护实际上就是保护落后。

其三，正是在政府征收关税的保护下，企业发展的动力极大地被削弱，降低了经济的增长速度。由于政府实施关税保护，企业的效率下降表现为：生产中单位产品投入的资源增多，产品的质量下降，成本上升；企业不需要努力加强研究和开发新的技术和新的产品。经济学家F·M.谢尔指出，在政府实施贸易保护的条件下，企业大量地减少研究和开发费用。

§3 征收进口关税不利本国的出口

贸易保护主义政策的核心是限制进口，鼓励出口。然而，对于进口商品征收关税，限制进口，其结果不仅不能鼓励出口，还会损害本国的出口行业。征收进口关税的苦果，最终由出口行业被迫吞下。

从宏观经济的角度分析，其一，关税有着传递的效应。由于征收关税使得商品价格上升，人们都想将征收关税所带来的损失传递出去。例如，进口商将关税加入在商品的价格中，传递给商品的购买者。而一些企业购买这些征税的进口商品，作为生产中的投入，它们会将这些关税计算在生产成本之中。例如一些国家对进口钢铁征收关税，并非这些钢铁的进口商承担了关税的损失，而是在将钢铁卖给汽车制造商、建筑商、机器制造商时，将关税转移至价格之中。而汽车制造商、建筑商、机器制造商也不会承担这一部分关税的负担，他们会将进口钢铁所征收的关税计算在汽车、建筑物、机器的成本之中，将关税的负担转嫁给消费者。由于征收关税不仅仅使得进口商品的价格上升，同时还会使得本国同类商品价格上涨，从而引起价格的全面上升，消费者会直接或间接地受到关税的损害。他们也会极力将这种损失传递出去，要求提高工资。总之，每一个人都会寻找办法，将征收关税所带来的损失传递给别人，但是仅仅只有出口者集团无法将征收关税的损失传递至出口市场。因为出口商在国际市场上是国际竞争者，必须按照国际市场上的价格销售商品，如果企图提高商品的价格，转嫁国内因征收进口关税的损失，在竞争中只会丢失市场。可见，对进口商品征收关税最终导致出口商品的成本上升，出口商不得不吞下征收进口关税的苦果。据世界银行研究的数据表明，发展中国家对于进口实施保护，通过传递的效应，其征收关税的43%～95%传递至出口厂商。澳大利亚的研究资料表明，如果征收关税导致价格上升5%，紧接着劳动成本会上升4.4%。在这种情况下，征收关税的80%最终传递给出口商。

其二，由于征收关税，进口产品的价格上升，进口数量减少，这就导致为了购买进口商品而换取外汇的需求量减少。外汇需求的减少，会导致外汇市场上本国货币对外国货币比价的上升。本国货币汇率上升，出口者将会发现，出口所赚得的外汇换回的本国货币减少了，也就是本币升值不利本国的出口。假定，我国出口一台电视机到美国，价格为4800元人民币，美元对人民币汇率为1美元=8.27元，那么在美国市场上，一台电视机的价格为580.4美元。人民币汇率上升，1美元=6.65元，那么一台电视机为721.8美元。电视机价格上升，削弱了国际竞争能力。如果出口商仍然以580.4美元销售，结果换回的人民币只有4672.2元。据统计，美国的指数表明，全面的进口关税提高15%，将会使美元升值7%，最终会减少本国的出口量。

征收进口关税阻碍本国出口贸易的发展。自从加入世界贸易组织以来，我国平均进口关税税率已从1992年的42%降到9%。进口关税的下降极大地促进了我国出口贸易的发展，这些情况往往是政策的制定者们所未预料到的。

值得重视的是，汇率上升所影响的不是一两种出口商品，而是所有的出口商品。出口贸易的萎缩不只影响出口产业，还会波及全面的经济增长和就业。因为出口贸易下降，与出口产业相关联的产业必然收缩，随即公用事业也会受到影响，紧接着受影响的是服务业。出口萎缩，保险业、银行、通信、运输等行业都会受到影响。一系列产业的衰退，就业减少，收入下降，内需萎缩，投资减少，经济增长必然减缓。

专栏4.1 日元升值的教训值得我们深思

1992年，日本的泡沫经济全面崩溃。许多日本经济学家都在研究20世纪90年代以来，日本经济长期停滞的原因。他们认为，20世纪

90年代，日本经济停滞的原因，是由于80年代出现泡沫经济、资本分配不当、银行和证券系统管理混乱、终身就业制束缚了企业的发展等等。当然，一个国家的经济问题的根源首先在内因，需要从本国经济体系中找寻深层次的问题。然而，从第三者的角度客观地看，日本经济所遭受的挫折，是否与80年代中，日元升值过快有关？

20世纪80年代初，美国对外贸易逆差大幅度上升。1980年美国对外贸易逆差为 -254.81 亿美元，而到1984年上升为 -1124.92 亿美元，4年里增加了4倍。这一情况引起美国各界的极大关注，成为媒体讨论的热点。当时大部分美国学者认为，美国对外贸易出现巨额逆差，是1981年美国实施高利率，导致高汇率的结果。而高汇率致使出口商品价格上涨，不利于美国的出口，同时进口商品价格下降，导致大量的进口。基于这种认识，1985年9月，由美国财长贝克主持，在纽约的Plaza饭店召开了五国财长和央行行长会议。这次会议达成了Plaza协议，5国共同干预国际金融市场，抛售美元，使美元汇率下降，解决美国的贸易逆差问题。1985年美元汇率开始下降，当年美元对日元的汇率最高为1美元/263.65日元，而到1988年最低点为1美元/121.28日元。3年里日元汇率上升了1倍，美元汇率下降了一半。一般来说，本币汇率的大幅度上升，会对经济产生有利和不利两方面的影响。有利的方面：进口商品价格下降；对外投资的成本下降；对外偿还外债有利；出境旅游有利；以美元计算的金融资产扩大了。不利的方面：不利于本国的出口；会导致大量热钱的涌入，所谓热钱，即具有短期性、流动性和投机性的特征；本币升值，进口农产品价格的下降，不利本国农业生产的发展。日元汇率的大幅度上升，对日本经济有着有利的和不利的影响，然而，一些有利的影响，也带来了负面的效应。

第一，日元汇率大幅度上升，对日本的出口造成了极为不利的影响。假定，1985年日本出口一辆汽车到美国，其价格为260万日元，在美国市场上只需卖1万美元，就可以换回260万日元。然而，到1988年，日本出口一辆汽车到美国，同样是260万日元一辆的车，这时在美国市场上必须以2万美元的价格销售，大大削弱了其在美国市场上的竞争能力。如果日本仍旧以1万美元销售一辆汽车，结果只能换回120万日元。尽管日元汇率的升值有利于进口，尤其对于日本这样一个严重依赖于进口资源的国家来说，进口商品价格下降，使得生产成本降低，有着有利的方面。有人写文章认为，日元升值并没有对日本的出口造成重大影响。事实是，尽管1985年后，国际石油、原材料价格都有所下降（1989年，国际初级产品的平均价格比1980年下降了33%），对于日本来说，降低了出口产品的生产成本。但是，从1986年至1990年，日本出口额一直在2000多亿美元徘徊了五年（见表4.3）。

表4.3　日本出口额　　单位：亿美元

1986年	1987年	1988年	1989年	1990年
2091.51	2292.21	2649.17	2751.75	2869.48

资料来源：日本社会和经济研究中心：Japan 1992。

还应该看到，汇率过度升值的影响是长期的，特别是1995年日元汇率曾上升至1美元/79.75日元，自此以后的10多年里，日本出口增长十分缓慢（见表4.4）。

表4.4　1995年至2009年日本进出口贸易额　　单位：亿美元

年 份	出口额	进口额	差 额
1995	4429.37	3360.94	1068.43
2000	4792.84	3739.18	1053.66
2001	4049.14	3594.52	454.62
2002	5210.90	4222.75	988.15
2003	5454.84	4436.20	1018.64
2004	5650.39	4545.00	1105.39
2005	5982.59	4738.75	1243.84
2006	6473.00	5341.87	1131.13
2007	7005.30	6198.29	807.01
2008	7822.40	7620.00	202.4
2009	5805.90	5506.79	299.11

资料来源：日本贸易振兴机构：《The World 1997》、《The World 2001》、《The World 2002》、《The World 2003》、《The World 2004》、《The World 2005》。

日本是出口导向型经济，出口长期停滞不前，对于经济的影响更为严重。出口产业的萎缩，直接影响与出口相关的产业，还影响到公用事业和其他服务业，乃至全面的就业，企业和个人的收入下降，内需不振，投资收缩，可以说，这是日本经济长期停滞的重要原因之一。

第二，日元的大幅度升值，有利于对外投资，然而这种有利的影响也给日本经济带来了负面的效应。一方面，由于汇率的上升对外投资有利，加速了日本资本向外转移。自1988开始，日本对外投资加速发展，日本对外投资1980年仅为46.93亿美元，1985年为122.17亿美元，1988年上升至470.22亿美元，1990年为569.11亿美元。就在日元大幅度升值的5年里，日本对外投资增长了近4倍。另一方面，汇率大幅度上升，本国出口产品的国际竞争力下降，一些制造业不得不向海外转移。80年代末，90年代初，随着日本对外投资的迅猛增长，大量制造业向东南亚国家转移，从而形成了日本学者所说的，“经济全球化”掏空了日本的工业，就业机会减少，收入下降，内需收缩，土地价格大幅度下降，日本经济陷入长期的衰退之中。值得探讨的是，日本产业空洞化，是否与日元大幅度升值有着直接的关系？

第三，日元的大幅度升值，使日本以美元计算的金融资产膨胀了。对于日本来说，这也应该是件好事，但它也带来了负面的影响。80年代末，全世界以美元计算资产的最大10家银行中，前9位曾经是日本的银行（见表4.5）。

表4.5　1989年以美元计算资产排名前十位商业银行　单位：亿美元

排名	国家	银行	资产
1	日本	Dai－ichi Kangyo Bank	3793
2	日本	Sumitomo Bank	3632
3	日本	Fuji Bank	3605
4	日本	Mitsubishi Bank	3490
5	日本	Sanwa Bank	3307
6	日本	Industrial Bank Of Japan	2729
7	日本	Norinchukin Bank	2359
8	日本	Tokai Bank	2276
9	日本	Mitsui Bank	2114
10	美国	Citicorp（New York）	2077

资料来源：日本社会和经济研究中心：Japan 1990 第30页（根据美国《幸福》杂志的排位）。

1985年9月“广场协议”签订后，日元对美元大幅度升值，导致日本资本大举进军美国。日本的投资主要集中在美国的几大中心城市，如纽约、洛杉矶和夏威夷，投资对象主要是房地产。日本人购买了美国洛克菲勒大厦，通信大厦，在风景优美的夏威夷大量购买土地，购买或兴建宾馆、高档住宅等休闲娱乐设施，由于日本资金的大量涌入，使夏威夷的地价飞涨。也推动了纽约和洛杉矶这两地房地产价格的上升。这种购买曾一度惊呆了美国人，他们说，“珍珠港事件日本人企图侵占美国未能得逞，而现在日本人在购买美国”。然而，好景不长，1991年美国经济进入衰退，房地产价格持续下降，日本人在美国房地产的投资损失惨重。

第四，广场协议生效后，日本股市迅速进入大牛市。当然，日本泡沫经济的滋生和膨胀的原因，应该说是日本经济内在结构、金融管理体系存在着严重的弊病。但是，日本泡沫经济急剧膨胀是从1985年开始的，也就是日元大幅度升值以后。那么，人们不禁要问，日本泡沫经济的形成和发展，与日元升值是否有着某种直接的联系？1985年日经平均指数，仅仅为12556点，1986年为16386点，1987年为23176点，1988年为27011点，1989年为34043点，1989底，曾经达到38915点，四年里上升了近3倍。即使遭受到1987年10月19日“黑色星期一”全球股市暴跌的袭击，日本股市上升的脚步也未受阻。1988年股票市场总市值超过当年GDP（387万亿日元）达到477万亿日元，1989年12月29日，股票市场总市值上涨到611万亿日元，相当于GDP的1.48倍。当时，整个日本岛都沉迷在空前的繁荣和疯狂之中。人们甚至坚信股价只涨不降的大和神话永不破灭。1990年1月3日，《日本经济新闻》在对20位著名企业家进行股市预测时，大家一致乐观地认为1990年的股价将继续上冲至42000~48000点。

与此同时，地价泡沫也在疯狂扩张，日本6个主要城市商业中心的土地平均价格指数，1985年为100，1990年为390.6，5年里上涨了近3倍。东京商业中心的3个区，平均地价指数，1955年为100，1985年为244，1986年为366，1987年为413。1990年日本土地资产总价值为2388.3万亿日元。80年代，日本泡沫经济的泛滥与日元升值处在同一时期，这不是偶然的巧合，日元的过度升值，对于泡沫经济起了火上浇油的作用。日元的大幅度升值，造成一种假象，日本经济极其庞大和繁荣，因此许多日本人毫无顾忌地炒股，炒房地产，导致经济中的泡沫成倍地扩大。

1992年，日本金融丑闻曝光，即银行贷款不当，证券公司做假账等，导致股票价格平均指数从38000点跌至17000点，2001年跌至10300点，2002年跌至8432点，2003年跌至7607.88点。日本6个主要城市商业中心的土地平均价格指数，1985年为100，1990年上升至390.6，而2003年下降至55.9。股票和土地价格的下降损失达1100万亿日元。企业和金融界负债累累，大批企业破产，金融机构倒闭，元气大伤，失业率大幅度上升，收入减少，消费减速，经济陷入长期的停滞之中。

对中国的几点启示。

首先，出口产业在汇率的波动中受到最直接的影响，汇率上升，商品在海外市场上的价格上升。中国产品在国际市场上是以价廉取胜，面对人民币汇率的上升，价格优势将荡然无存。因此，中国的出口产业需要产业升级，发展高技术的制造业，同时大量劳动密集型的传统制造业，也需要转变发展方式，不能粗放式地经营，需要提高技术含量，提高产品质量，创品牌，真正做到中国创造。

第二，中国的制造业不能大量向海外转移。中国就业问题，十分严峻。中国需要保持多层次的制造业，既有高端、高技术装备的制造业，也需要保留劳动密集型的传统的制造业，这一部分制造业可以逐步从沿海地区向中西部转移。当然，这种转移需要条件，需要发展运输业，加快运输速度，并大幅度降低运输成本等。当然，如果人民币汇率快速、大幅度升值，产业转移到中西部或任何地方都将无济于事。

第三，在海外投资需要慎重，避免盲目性，特别是投资于房地产和金融衍生产品，很容易受到巨大的损失。2009年中国一些企业家在迪拜投资房地产，损失也不少。在海外投资不仅需要了解当地的法律、管理体制，还需要了解许许多多看不见的潜规则。

第四，防止泡沫经济的形成和破灭。如果汇率持续上升，上升速度快、幅度大，大量热钱会采取各种方法涌入，因为可以获取极其可观的利润。例如，2006年、2007年、2008年中国出现了大量的地下钱庄，都是倒汇的。这些热钱必然冲向股市和楼市，泡沫经济无法阻挡。2005年5月后，人民币开始升值，股市和楼市也十分活跃，上证指数曾从1000多点冲高到6000多点。大中城市的房地产价格猛升，已经出现泡沫。这种现象值得密切注意。

有人写文章，否认广场协议对日本经济的影响。广场协议是诸多国家都与美国签署了这个协议，但为什么并没有导致德、法、英等国经济状况的恶化，只有日本一个国家受到影响？

其实只要弄明白以下几点，就可以回答这个问题。

其一，四国对美国贸易的依赖程度差别很大。1986年日本出口至美国的贸易额，占其出口总额的38.6%。然而，德、法、英等国出口至美国的贸易额占其出口总额的比重要小得多，分别为10.4%，7.0%和14.2%。它们的出口贸易主要在欧盟内部进行。

表4.6　　1986年日、德、法、英对美国出口概况　　单位：亿美元

	日　本	德　国	法　国	英　国
出口总额	2117.35	2433.15	1249.46	1070.88
对美国出口额	819.26	255.19	88.32	153.12
出口总额中所占比重（%）	38.6	10.4	7.0	14.2
对欧盟内出口额	/	1165.75	631.65	478.44
出口总额中所占比重（%）	/	47.9	50.5	44.6

资料来源：日本经济和社会研究中心：《国际比较》。

其二，1978年欧盟开始建立欧洲货币体系，其中内容之一是，对外建立联合浮动体系，对内实行可调整的固定汇率，波动幅度不得超过2.25%，意大利的里拉可以放宽至6%。尽管，80年代中马克、法郎、英镑对美元升值，而它们之间的汇率是相对稳定的。重要的是，它们对欧盟内部的贸易额占其贸易总额近50%左右。因此，与日本相比，美元大幅度贬值，其他三国货币升值，对这些国家的对外贸易的影响要小得多。

当然，不可否认，日本经济的恶化，存在着重要的内因，首先，在美国的高压之下，日元被迫大幅度升值，与此同时，日本政府大幅降低利率，从而诱发了金融资产泡沫的过度膨胀。而在股市和楼市泡沫迅速扩张之时，日本银行又一直采取观望态度，错过了使过热经济软着陆的时机。其次，1984年，日本实施了一系列金融自由化措施，开放了外国资本和国内资本的自由流动，而政府对于国际资金的无序流动又缺乏监管，在汇率大幅度上升之时，为热钱的涌入开辟了绿色通道。再次，日本金融业内部管理极其混乱，日本证券公司做假账、银行贷款不当，屡见不鲜。例如，野村、日兴等证券公司为大客户填补损失，富士、东海银行等以假名义提取存款等。同时，外国银行和证券公司运用股指期货，与现货指数之间进行大量套利交易等，政府视

而不见。最后，日本政府以及各界，对待日元汇率的大幅度升值——可以说是迅猛升值——对经济的影响估计和认识不足。当然，不可否认，在日元升值的前前后后，日本从上到下曾经十分警惕，做出了各种调整，以应对升值所带来的不利影响。但是较多的是从微观方面调整，例如，出口企业如何提高劳动生产率，提高效率和效益，降低成本，以应对汇率的上升对出口带来的不利。然而，对于汇率过度升值，在宏观经济上的影响，似乎认识不足。没有认识到日元急剧升值会加剧经济泡沫化，加速制造业向外转移，出现国内产业空洞化等等。80年代末90年代初，由于日元的大幅度升值，从宏观上来看日本经济十分强大，当时许多日本人沉浸在“不久日本将会成为世界的NO.1（即世界第一）”的喜悦之中。当日元升值突破1美元/100日元之时，有些日本人还为日元的迅猛升值欢呼，他们说，“如果日元升值，达到1美元/70日元，以美元计算的GDP的规模，日本将超过美国”。日本当局也十分欣赏这种言论。经济的发展似乎常常在和人们开玩笑，经济发展的顶峰，稍不留神，将预示着低谷的到来，过度的虚荣心，常常会带来巨大的悲哀。在市场经济的条件下，实行浮动汇率，一国的汇率会出现上升或下降的波动，这是很正常的。在一段时期内，某一个国家的货币出现升值，这也是常有的现象。然而，在3年里本国货币汇率上升1倍，这却是罕见的，也是任何一个国家难以承受的。

80年代中，一些主要的发达国家汇率的大幅度升值，并没有解决美国的贸易赤字。广场协议生效后，美元大幅度贬值，美国对外贸易逆差依旧存在，（见表4.6）。由此可见美国对外贸易中的问题，应该从美国内部去寻找原因。

表4.7　美国贸易逆差　单位：亿美元

年份	出口	进口	差额	年份	出口	进口	差额
1989	3638	4732	－1094	1996	6250	7952	－1702
1990	3936	4953	－1017	1997	6891	8706	－1815
1991	4217	4871	－654	1998	6821	9118	－2297
1992	4482	5327	－845	1999	6957	10246	－7675
1993	4651	5807	－1156	2000	7819	12180	－4361
1994	5126	6633	－1507	2001	7760	12230	－4470
1995	5847	7709	－1802	2002	6818	11647	－4829

续表

年份	出口	进口	差额	年份	出口	进口	差额
2003	7247	12571	-5324	2007	11630	20170	-8540
2004	8187	14697	-6510	2008	13005	21004	-7999
2005	9059	16734	-7675	2009	10569	15581	-5012
2006	10372	18552	-8180				

资料来源：日本经济和社会研究中心《国际比较》。

20世纪90年代，日本经济进入长期的衰退中，美国当局是否也应该从中总结一点点经验和教训？美国贸易出现赤字，或者说赤字上升过快，美国往往不从自身找原因，总是把问题的出现归咎于外因。20世纪80年代归咎于日本，今天又归咎于中国。按照美国当局的逻辑，美国经济中的问题都是别的国家造成的，因此，就得运用美国的强大实力对这些国家施加压力，要求这些国家进行汇率调整，一次性地大幅度升值。伯南克曾经说：人民币升值，就如同切狗尾巴，不要一次切一点，应一次性地切割。至于这些国家货币一次性地大幅度升值后，对经济造成什么影响，似乎又与美国毫无关系。

25年后，历史又重演，中国也遇到与20世纪80年代中与日本相似的情况。受到来自美国的巨大压力，要求人民币快速升值。我国应当认真总结日本的教训，从宏观和微观两个方面分析本币升值可能带来的影响，寻找汇率形成机制改革的较佳方案。

§4 贸易条件的影响

在第1章中，我们已经分析了贸易条件和贸易条件的变化。当进口商品价格不变，出口商品价格下降，贸易条件指数下降，那么贸易条件恶化；当进口商品价格不变，出口商品价格上升，贸易条件指数上升，那么贸易条件改善。相反，当出口商品价格不变，进口商品价格上升或下降，会出现和上述情况相反的结果。当一个大国在国际市场上占有相当大的份额时，该国对进口商品征收关税，从而影响该商品的进口量，迫使一些出口国不得不降低出口商品的价格，以维持一定的市场份额。特别是一些小国，对于出口商品国内的供应和需求弹性都很小，无论进口国将进口商品的价格压至多么低，出口国还必须出口同样数量的商品。因为小国无法减少生产量，或者将产品转向国内市场销售，只有出售给大国。当进口大国对进口商品征收关税，必然使得出口国的贸易条件恶化。20世纪80年代，一些初级产品出口国的贸易条件急剧恶化，原因在于：其一，由于新科技革命，合成材料大量出现，减少了对于自然原材料的需求；其二，由于世界经济的发展速度减缓，世界市场上对于初级产品的需求长期疲软，价格下跌；最后，一些发达国家贸易保护主义大肆泛滥。这些都使得80年代初许多初级产品的价格降低到第二次世界大战以来的最低水平。到1989年，初级产品的平均价格比1980年又降低了33%，初级产品出口国的贸易条件进一步恶化，严重地影响了这些国家经济的发展。因此，20世纪90年代前，相当一批初级产品出口国的经济长期停滞不前。

本章总结

本章集中分析关税。征收进口关税的目的，一是限制外国商品的进口，以保护国内产业的发展；另一个是增加本国财政收入。尽管关税能起到保护本国某些产业的作用，但是，常常容易被忽视的是，征收进口关税对经济会产生一些不利的影响。它不仅会造成社会的净损失，而且不利于本国的出口和经济的发展。

思考题

1. 什么是自由贸易政策和贸易保护主义政策？

2. 一台洗衣机的进口价格为5000元，政府对进口洗衣机征收20%的关税，请分析政府征收进口关税的目的是什么？征收关税对消费者、生产者和社会的净影响又如何？

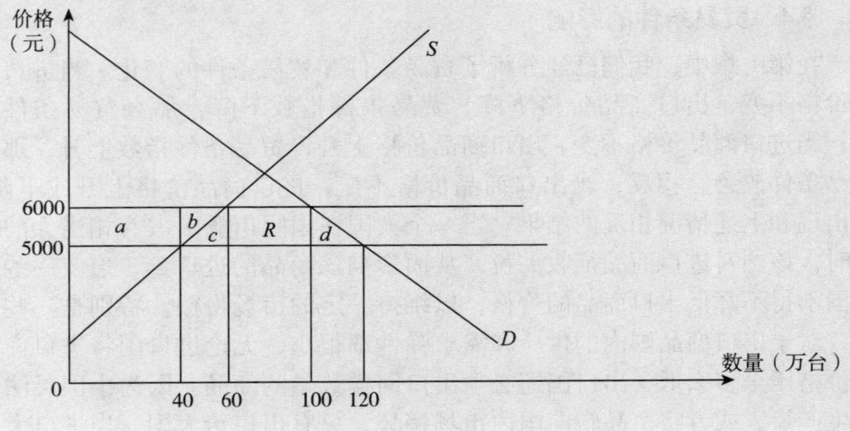

3. 进口一台电视机价格为9000元，征收20%的从价税，电视机的零部件等原材料价格为6000元，政府对于进口电视机的零部件等原材料不征税，该国对于电视机的有效保护率是多少？如果对原材料进口征收5%的从价税，有效关税税率是多少？如果对原材料进口征收10%的从价税，有效关税税率又是多少？

4. 为什么说征收进口关税对本国的出口不利？

5. 什么是X—低效率？在现实经济中是否存在这种现象，为什么？

6. 在汇率变动的问题上，我国应从80年代中日元汇率的变动中，吸取哪些经验和教训？

第5章
非关税壁垒

本章概要

世界各国为了保护本国某些产业的发展，不仅采取关税的手段，而且采用大量非关税措施阻碍外国商品的进口。非关税壁垒形形色色，不胜枚举。本章着重分析几种最主要的非关税措施，即配额、“自愿”出口限制、政府的行政措施，以及利用技术、健康、安全、环境保护等标准，限制和阻碍贸易的发展。

学习目标

1. 掌握配额的定义、目的、种类和发放配额的形式。
2. 为什么说实施配额比征收关税对社会和经济的影响更坏。
3. 了解世界上许多国家的政府对于进口产品制定和实施统一的标准，提出健康、安全、保护环境的最低标准和需求，应该说这些是合理的和必要的。但是愈来愈多的国家，将这些标准作为限制进口的措施和手段，将它们变成贸易保护主义的工具。

从20世纪60年代起，采用其他保护性措施，如配额、补贴、“自愿”出口限制，已经达到令人震惊的程度。

——世界银行报告

第二次世界大战以后，在“关税与贸易总协定”的主持下，经过8轮多边谈判，缔约国的平均关税水平有了较大的降低。早在20世纪60年代末，关税已经不再成为国际贸易中的主要阻碍，然而，70年代以来，随着贸易保护主义的日益加强，非关税壁垒手段繁多，成为贸易发展的主要障碍。所谓非关税壁垒，是指除关税以外，政府用来限制贸易的其他所有的措施和手段。非关税壁垒的手段愈来愈多，花样不断翻新，严重地阻碍着国际贸易的发展。世界银行出版的《1991年世界发展报告》中指出：“在过去几十年里，工业国的平均关税降低到6%以下。但是从60年代起，采用其他保护性措施，如配额、补贴、‘自愿’出口限制以及反补贴和反倾销，已达到令人震惊的程度。”还说：“1966~1986年之间，进口中受所有非关税措施影响的份额，美国增加20%以上，日本增加近40%，欧共体增加160%。到1986年，OECD成员国从发展中国家进口的商品中有21%面临所谓的‘硬核’非关税壁垒：配额、自愿出口限制，多种纤维协定以及其他高度限制性措施。”① 上述数字中还没有包括其他限制性的措施。当前非关税壁垒的手段究竟有多少，其说不一，谁也统

① 世界银行：《1991年世界发展报告》，中国财政经济出版社1991年版。

计不清楚。在这里我们仅仅分析几种最主要的非关税壁垒的手段以及它们对经济的影响。

第1节　配　额

§1　配额的定义和进口配额的形式

配额是政府对某些商品在一年里进口和出口实施限额。有的配额是对进口商品数量实施限制；有的是对商品进口价值实施限制，一般来说前者较多。

专栏5.1　纺织品配额

第二次世界大战以后，实施进口配额最为突出的实例是国际纺织品贸易配额。20世纪50年代，许多发展中国家或地区摆脱了殖民统治，取得民族独立，积极发展民族工业。这些国家或地区，一般从发展纺织业开始，例如，韩国、泰国、印度、巴基斯坦，以及中国的台湾、香港等。纺织业是劳动密集型产业，由于这些国家或地区劳动力相对比较便宜，美国和欧洲一些发达国家无法与之竞争。根据“关税与贸易总协定”的第十一条款规定，一般禁止使用进口数量限制。然而，20世纪60年代初，美国和其他发达国家认为，一些发展中国家或地区纺织品出口的迅速发展，对其国内纺织品形成较大的冲击，应该使纺织品贸易有秩序地进行，避免对进口国市场造成混乱和破坏。因此，美国等发达国家要求“关税与贸易总协定”主持召开世界纺织品进口国和出口国会议，双方通过谈判对纺织品贸易实行数量限制。美国提出实施纺织品进口配额的目的是：减少纺织品贸易中的矛盾和摩擦；防止纺织品市场被破坏；逐步扩大纺织品贸易；最终实现纺织品的自由贸易。1960年7月，在“关税与贸易总协定”的主持下，召开了世界纺织品进口国和出口国会议。这次会议达成了第一个《国际棉纺织品短期协定》，该协定的有效日期是从1961年10月到1962年10月。在第一个协议完成以后，美国等发达国家又要求签订第二个协议，即从1962年到1973年的《长期棉纺织品协定》。到20世纪70年代，一方面是由于未受国际棉纺织品贸易协议限制的化纤纺织品的贸易有了大幅度的增长；另一方面，虽然日本纺织品的出口在实施配额的条件下有所限制，但是东亚一些较小的国家和地区纺织品出口发展得较快，市场份额不断扩大。70年代初，在第二个长期棉纺织品协议结束之时，在美国的要求下，签署了从1974年至1977年的第一个《多种纤维协定》。从1973年至1977年，法国和英国等欧洲国家纺织品进口数量增长了21%。与此同时，欧共体纺织业就业下降了16%。在欧共体强烈的贸易保护主义的压力下，又签订了从1978年至1981年的第二个《多种纤维协定》。这一协议对配额的规定比第一个《多种纤维协定》限制的范围更加广泛，更加严格。该协议满期后，紧接着又签订了从1982年至1986年的第三个《多种纤维协定》。这个协定不仅保留了前几个协定的限制内容，又增加了对于出口国扩大出口的补充限制。尽管受到配额的严格限制，但是发展中国家的纺织品和服装的生产和出口仍然在不断增长。为此，又签订了从1986年至1991年的第四个《多种纤维协定》。这一协定的限制，包罗了所有可以想象到的纤维产品。它除了限制棉纺织品和化纤纺织品以外，还增加了对于亚麻织品、黄麻织品、丝织品等的限制，力图最终控制所有的纺织品贸易。

1991年当第四个《多种纤维协定》满期时，正值“关税与贸易总协定”举行第8轮，即乌拉圭回合谈判（从1986年9月15日开始至1993年12月15日结束）。当时，美国及其他发达国家要求再继续签订新的纺织品协议，而纺织品出口国拒绝了这一要求。它们指出，实施配额之初，美国等发达国家提出的目的是逐步扩大纺织品贸易，最终实现自由贸易。但是，前后6个协议共实施了30年，协议实施的结果和最初提出的目的相反，事实是：协议一而再，再而三地延长；限制的范围愈来愈扩大；限制也愈来愈严格；最终不是朝着贸易自由化的方向，而是朝着贸易保护主义的方向发展。在发达国家和发展中国家双方妥协下，乌拉圭回合谈判达成了纺织品协议，决定经过10年的过渡期，最终取消配额，即从1994年1月1日开始，进入过渡时期，到2005年1月1日全部取消配额。

> *专栏5.2* **中美纺织品摩擦**
>
> 2005年1月1日，纺织品配额取消以后，中国纺织品仍然受配额的限制，这是因为中国加入世界贸易组织时签订了《中国加入工作组报告书》，其中242款“中国代表同意下列规定将适用于纺织品和服装产品贸易，直至2008年12月31日，并成为中国加入条款和条件的一部分”，“如一WTO成员认为《纺织品与服装协定》所涵盖的原产于中国的纺织品和服装产品自《WTO协定》生效之日起，由于市场扰乱阻碍这些产品贸易的有序发展，则该成员可请求与中国进行磋商……在收到磋商请求后，中国同意将对这些磋商所涉及的……纺织品或纺织制成品的装运货物，控制在不超过高于提出磋商前进入该成员数量的7.5%（羊毛产品类别为6%）的水平。”这也就是说，2005年1月1日全世界纺织品贸易配额取消，而中国继续受限制，每年纺织品出口额的增长限制在7.5%（羊毛产品类别为6%）的水平，直到2008年12月31日。2005年中美纺织品贸易发生摩擦，经过5个月的谈判，在2005年11月18日签署了《中华人民共和国和美利坚合众国政府关于纺织品与服装贸易谅解备忘录》，使历时近一年的中美纺织品贸易摩擦得以化解。协议涵盖21种产品，对美出口增长率，2006年为10%～15%，2007年为12.5%～16%，2008年为15%～17%。

进口配额一般有三种形式。第一种为单方面限额，进口国单方面确定某种商品在一年里的进口限额。这种单方面的限额又有两种形式：一是综合性的配额，即进口国限制进口总量，不考虑进口商品来源于哪一个国家，一旦满额以后一律禁止进口；一是分摊性的配额，进口国根据被限定的总进口量，按比例分配给不同的国家或者进口公司。第二种为协议限额，进口国和出口国进行双边谈判或者多边谈判，相互达成协议，分配配额。第三种为“自愿”出口限额。这里的自愿，是所谓的自愿，是进口国采取各种手段，迫使出口国宣布“自愿”限制出口数量。

§2 发放配额的方式

发放配额的方式也有三种：第一种是拍卖（或者招标）具有配额的

进口许可证（Competitive auction of import quota licenses），也就是政府公开地或者私下拍卖具有配额的进口许可证。如果是公开拍卖，政府定期公布拍卖进口许可证的时间和地点。通过拍卖进口许可证，使得配额产生一个价格。配额的价格等于该商品的国内价格与世界价格之间的差额。私下拍卖则是政府官员们中饱私囊的一种贪污腐败行为。第二种是固定受惠分配（Fixed favoritism）。政府根据实施配额前一年，各进口商在进口总额中所占的份额进行分配。例如从1954年到1973年，美国对于石油进口实行配额的限制。进口石油配额的分配办法，是根据1953年各石油进口公司在石油进口中所占份额进行分配。这种方法是为了弥补这些进口公司由于减少石油进口数量而受到的损失。第三种是资源使用申请程序分配（Resource – using application procedures）。企业根据有多少生产能力等待进口产品作为投入的生产要素，提出申请分配配额。这种分配方法首先由企业说明申请配额的理由，然后由政府根据各企业申请的情况分配配额。这种分配方法需要企业尽力疏通政府官员，而政府也需要更多的人员处理这些申请。

§3 进口配额对经济和社会的影响

国际经济学家们在分析配额对经济和社会的影响时，大多数认为实施进口配额与征收进口关税相比较，前者对于经济和社会所产生的影响更坏。现将征收进口关税和实施进口配额所产生的影响作如下的比较。

第一，政府收入（R）的影响。在征收关税的情况下，假定每一台洗衣机的国际价格为2000元，政府为了减少洗衣机的进口数量，对洗衣机的进口征收50%的从价税，每一台洗衣机征收1000元的关税。洗衣机的国内价格上升至3000元，进口数量从原来的80万台减少至40万台。政府的关税收入为1000元×40万=4亿元，即R部分，这一部分为政府所得。

在实施进口配额的条件下，由于配额限制了进口数量，使进口国国内供应量减少。假定在没有实施配额的条件下，国内进口量为90万台，政府为了限制进口，对于进口洗衣机实施配额限制。每一年洗衣机进口配额为40万台，使得国内的供应减少了50万台。由于供应量的减少，导致价格上升，每一台由2000元上升至3000元。在实施配额的条件下，也会产生R部分的收入，即1000元×40万=4亿元（见图5.1）。

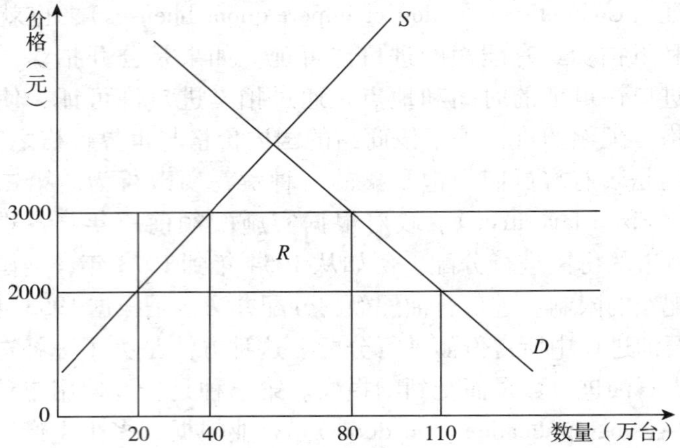

图 5.1

每一台洗衣机的世界价格为2000元，在没有实施配额的条件下，国内供应量为20万台，国内需求量为110万台，进口90万台。政府实施配额，一年发放40万台的进口配额。由于国内总供应减少，每一台洗衣机价格上升至3000元，国内生产量增加至40万台，国内需求量减少至80万台。在实施进口配额的条件下，每一台洗衣机的价格上升1000元，进口40万台，同样会产生 R 的收入，即1000元×40万＝4亿元。

在实施配额的条件下，所产生的 R 部分收入为谁所有呢？其一，如果政府将具有配额的进口许可证进行拍卖或招标，那么这一部分 R 的收入就为政府所得。其二，如果政府对于进口配额，实行固定受惠的分配方法，那么，这一部分收入为一些进口商无偿地获得。但是，政府很难解释为什么这些进口商有这种获得额外补贴的特权。其三，如果采取资源使用申请程序分配，那么企业就会为了获得这部分额外的收入，花费金钱和时间对政府官员进行游说和疏通。其四，如果外国生产者或出口商是垄断者，也可能通过提高出口价格，获取 R 中的一部分。

第二，价格的影响。在征收进口关税的条件下，如果国内对该产品的需求上升，只要消费者愿意承担关税的负担，那么可以继续增加进口，供应增加。因此，随着国内需求的上升，供应也会随之上升，国内价格仍然是国际价格加关税，价格不变。然而，在实施配额的条件下，国内需求上升，国内供应不可能再增加。需求上升，而供应不变，因此，国内价格也会随着需求的上升而上，对消费者更加不利。

假定政府对进口电视机实施进口配额，实施配额以前，该国国内每年生产电视机20万台，需求量为60万台，需要进口40万台，每一台电视机的国际价格为8000元。然而，政府实施配额，限制进口量为20万台，价格上升至10000元。国内供应量增加至30万台，国内需求为50万台。假定国内对电视机的需求不是因为价格的原因，而是其他原因上升，需求线移动至D_1，为150万台。在实施配额的条件下，进口量仍然为20万台，进口不可能再增加，国内供应量仍为30万台。在这种情况下，供应不能满足需求的上升，只能引起电视机价格的上涨，上升至P_q。可见，在实施配额的情况下，国内价格与世界市场上的价格的差距随着国内需求的增加而扩大（见图5.2）。

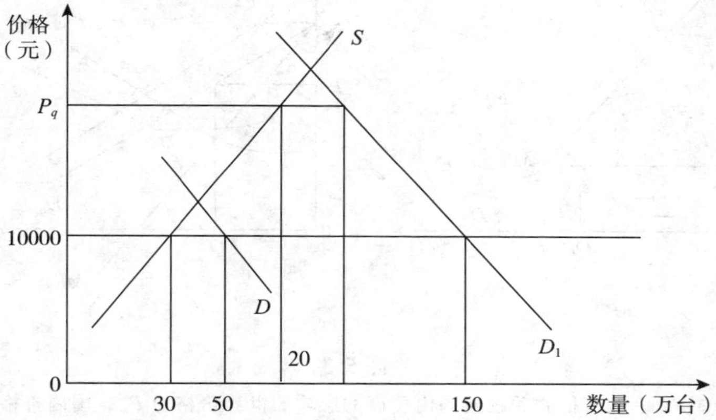

图5.2

政府实施配额，限制进口量为20万台，价格上升至10000元。国内供应量增加至30万台，国内需求为50万台。假定国内对电视机的需求不是因为价格的原因，而是其他原因上升，需求线移动至D_1，为150万台。在实施配额的条件下，进口不可能再增加，国内供应量仍为30万台，进口仍为20万台，电视机的总供应量为50万台，而需求量为150万台，必然出现供不应求的局面。在供应不能满足需求的情况下，只能引起电视机价格的上涨，上升至P_q。可见，在实施配额的情况下，国内价格与世界市场上价格的差距则是随着国内需求的增加而扩大。

第三，对国内厂商的影响。征收关税和实施配额对于国内厂商产生不同的影响。在征收关税的条件下，国内厂商对于商品的销售不可能实施垄断。如果国内厂商企图抬高价格进行销售，那么消费者就会转向购买进口产品，迫使国内厂商只能按照世界价格加上关税的价格销售商品。图5.3（a），表明征收关税对于国内厂商的影响。P_w为国际价格，P_t为国内价格，$P_t=P_w+$关税。MR为边际收益线，是一条水平线，与P_t价格线重合。根据利润最大化的原则，$MR=MC$，那么，MR和MC相交的一点决定产量和价格，其价格线等于边际收益曲线。随着需求量的变化价格不变，

进口数量为 Q_w-Q_t。图5.3（b）表明实施进口配额对于国内厂商的影响。在实施配额的条件下，由于进口量始终为 $D-D_q$，从而加强了国内厂商的垄断权力。这时的 MR 边际收益线是一条向下倾斜的斜线，根据利润最大化的原则，$MR=MC$，即 MR_q 和 MC 相交的一点，决定其销售量和销售价格，这时的销售价格为 P_q，大大高于 P_t（见图5.3）。

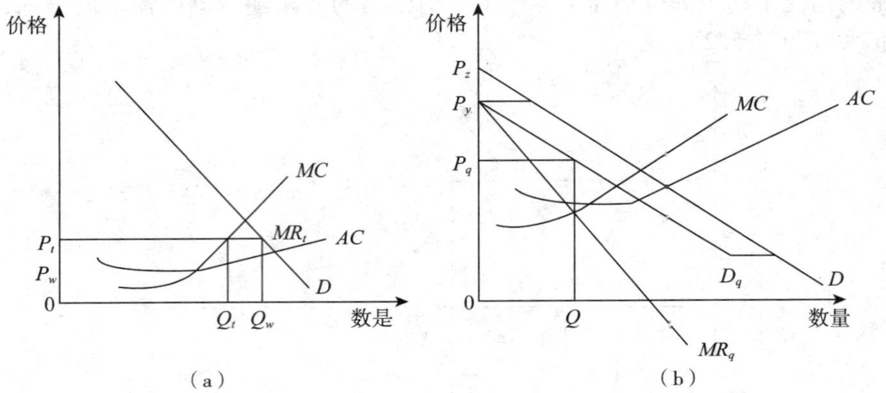

图5.3

（a）图：政府征收关税对国内厂商的影响。世界价格为 P_w 国内价格为 P_t，即世界价格加上关税。MR 边际收益线呈水平状，并与 P_t 价格线重合，在这样的条件下，根据利润最大化原则，只能是按照 P_t 价格线销售商品，MR 和 MC 相交在 P_t 线上。

（b）图：政府实施进口配额的限制对国内厂商的影响。D 为国内需求曲线，D_q 线为国内在配额下的需求曲线，D_q 线往左至 D 为配额供应的部分。如果国内厂商将价格定在 P_z，那么消费者只是购买进口配额中的一部分，如果价格定在 P_y，消费者只会购买进口配额的部分。国内厂商的定价也必需根据利润最大化的原则，即 $MR=MC$，价格可以达到 P_q 的水平。这一价格大大高于在征收关税条件下的价格 P_t。可见，实施进口配额加强了国内厂商的垄断权力。

第四，实施进口配额比征收进口关税更加难于操作。征收进口关税，海关人员按照从价税或者从量税的税率征税，无论是新的进口产品或老的进口产品，一律按照关税税则上的税率征税即可进口，操作起来相对比较容易。然而，实施进口配额比较难以操作，表现在以下几个方面：其一，在实施进口配额的条件下，新产品商品往往难于获得配额。如果配额是按照原有的市场份额分配的，即使每年留有一部分配额给新的产品，原有的产品仍然占有相当大的配额份额，新的产品比较难于进口。其二，在实施进口配额的条件下，便宜的商品往往难于进口。因为配额一般是设置进口数量的限制，例如，布是按照长度，钢铁是按照重量，鞋是按照数量发放配额。因此，进口商为了充分利用配额，获取最大限度的利润，必然进口附加值高的产品，那些比较便宜的商品也就难以进口。其三，实施进口配额，会由配额引起新的配额，配额的种类愈演愈多，难以控制。例如某国对于进口钢锭实施进口配额，那么一些进口商就会转向进口钢材。如果政府进一步对于进口钢材实施进口配额，那么进口商又会转向进口无缝钢管或者其他特殊钢材。又如，政府对于进口制造纸张的木材实施进口配额，那么进口商会转向进口纸浆。政府对于进口纸浆实施进口配额，那么进口商又会转向进口一般纸张。政府对于进口一般纸张实施进口配额，进口商还会转向进口高级复印纸张或其他的纸张。总之，配额会导致新的配额的产生。正如经济学家布朗—霍根多伦在他们合著的《国际经济学》一书中所说：比较优势类似于洪水，而配额类似于沙袋。当洪水进入之时，政府企图用配额这一沙袋来堵住洪水，使用一些沙袋可能堵住了这一部分的缺口。然而，洪水还会冲开另一个缺口，再用沙袋堵塞，洪水照样还会冲出新的缺口。使用配额来对付进口，就如同使用沙袋对付洪水一样，堵不胜堵。

第五，实施进口配额，发放进口许可证本身会成为政治上腐败的源泉。由于实施进口配额形成国内价格和世界价格的差额，每一张附有配额的进口许可证无形中有了价值。例如，1954 年世界市场上的石油价格为每桶 2 美元，由于美国政府对进口石油实施配额限制，国内每一桶石油价格上涨至 3. 25 美元。这就意味着每一桶石油进口许可证的价值为 1. 25 美元。谁获取了石油配额的进口许可证，谁就可以得到这一高额利润。为了获取进口许可证，一些厂商将会不惜用金钱对官员进行贿赂。这种现象不是存在于某一个或几个国家，而是一个较为普遍的现象。此外，如果政府按照固定受惠的方式分配配额，常常出现一些贸易公司获得大量的配额，但是它的出口额日益缩小，与此同时，而又出现了一些新的出口企业，这些企业往往又无法获得配额，因此出现配额转卖的现象。有的贸易公司仅仅靠出售配额就可以赚取“利润”；而一些新的出口企业需要购买配额，使得出口成本大幅度上升。在一些国家里，腐败已经成为一些官员的惯常行为，发放配额进口许可证的制度，为官员们的腐败提供了温床。

第2节 “自愿”出口限制

§1 “自愿”出口限制

自20世纪50年代开始，一些发达国家就要求其他国家合作，“自愿”限制对其市场的出口数量。例如，美国要求日本“自愿”限制纺织品和钢铁等对其市场的出口数量。然而，20世纪70年代以前实施“自愿”出口限制的案例相对较少，可是自70年代以来，这种“自愿”出口限制已经变成贸易保护主义的重要手段之一。事实上“自愿”出口限制，是一种特殊形式的配额。进口国利用各种手段和措施，迫使出口国自动地限制某种商品对其出口的数量，而美其名为“自愿”。“自愿”出口限制和实施进口配额实质上是相同的，所不同的是，配额的分配由出口国政府分配给本国的出口公司。

20世纪70年代以来“自愿”出口限制流行的原因，是因为在“关税与贸易总协定”的主持下，经过了几轮谈判，每一轮谈判都签订了降低关税的协议。协定的缔约国的关税税率已经下降到比较低的程度，关税已经不能作为缔约国的主要保护手段。同时，正是从20世纪70年代开始，世界经济的发展相对于50和60年代普遍减缓，而且国家之间的发展又是极不平衡的，有的国家和地区，例如日本和东亚一些发展中国家和地区的经济发展相对比较迅速。尽管70年代相对60年代日本经济的增长速度下降了一半，但是仍然大大快于其他发达国家。从20世纪60年代直到90年代中，东亚一些国家和地区保持着较高的增长速度。在世界经济发展不平衡的条件下，世界市场的占有率必然会随着各国经济实力的变化而变化，日本和东亚一些国家和地区的产品大量涌入世界市场。它们不仅仅占有美国和西欧一些国家的传统的世界市场，而且还占有这些国家一部分国内市场。在这样的条件下，关税已经不能成为一些发达国家保护国内市场的重要的保护手段了。此外，“关税与贸易总协定”的条款规定，在缔约国之间，一般禁止使用数量限制。美国和欧共体国家既要保护本国的市场和某些产业的发展，又要绕过“关税与贸易总协定”有关条款的限制，只有利用本国的经济实力，迫使日本和一些发展中国家和地区实行“自愿”出口限制。至1990年，全世界一共出现“自愿”出口限制261起，其中由欧共体发起的为138起，由美国发起的为68起，主要针对日本和东亚一些发展中国家和地区。

专栏5.3　20世纪80年代日美汽车贸易摩擦

80年代初，美国要求日本“自愿”限制汽车出口的数量。其历史背景是：直至1963年，世界的小汽车生产集中在美国和西欧国家，日本的汽车生产只占世界产量的2.6%。然而，到1980年，日本小汽车产量占世界产量的比重上升到28%，日本汽车出口量占世界市场的比重达37%。日本汽车大量出口到美国和西欧国家。1978年，美国汽车生产的数量为930.8万辆，然而到1980年下降至658.1万辆，减少产量272.7万辆。同年日本汽车进入美国市场达199.2万辆。出现这一情况的原因：其一，当时日本汽车的竞争力较为强劲，主要是日本汽车的质量较高，返修率比较低。其二，特别是20世纪70年代，世界石油价格出现两次大幅度上涨，1973年每桶石油由2美元上升至10美元，1979年每桶石油价格上升至38美元。因为日本生产的主要是小型的节油车，因而受到消费者的普遍欢迎。而美国三大汽车公司在石油价格大幅度上涨的情况下，依然生产耗油量多的豪华型小轿车。其结果是在1980年美国汽车销售量大幅度下降，20多家汽车生产厂家未获得订单而被迫关闭，汽车工人失业率由1979年的7.5%上升到1980年的20.2%；美国三大汽车公司陷入困境，1980年共亏损40亿美元；第三大汽车公司克莱斯勒濒临破产。在这种形势下，1981年美国政府要求日本“自愿”出口限制，出口到美国市场上的汽车数量，每年不得超过168万辆，为期三年。

日本又为什么接受这种“自愿”出口限制呢？接受这种“自愿”出口限制重要的原因在于，从经济方面来看，日本对美国和其他发达国家的市场依赖较大。面对美国和西欧国家的政府所施加的压力，如果日本不接受这种较为体面的“自愿”限制，那么它就会受到其他更加强硬的制裁，如实施进口配额，或者征收100%、200%的报复性关税等等。此外，如果日本在汽车的出口方面不接受“自愿”限制，美国和其他发达国家会在其他商品的进口方面采取更加严格的限制措施。从政治方面来看，实施进口配额和报复性的关税等在美国等国是要通过国会的。因此，日本面临这样的选择，是和美国政府打交道，接受“自愿”出口限制，还是和美国国会打交道，接受更加严厉的惩罚？众所周知，美国国会是以贸易保护主义的“大本营”而著名的。因此，究竟是和美国政府打交道，还是和美国国会打交道？既然必须在两者中选择其一，那么选择次坏将是比较明智的。

§2 “自愿”出口限制对于出口国的影响

“自愿”出口限制是一种特殊形式的配额，它对于进口国的影响基本上和进口配额一样。所不同的是，在“自愿”出口限制的条件下，配额的发放是由出口国政府分配配额给本国的出口公司。因此，由于出口数量的限制，导致进口国受限商品的供应量减少，引起该商品价格的上升，因而也会产生 R 部分。R 的部分不为进口国所得，而为出口国所得。

“自愿”出口限制对于出口国产生什么样的影响呢？

第一，在实施“自愿”出口限制的条件下，出口国既有损失，也有获利，获利可能大于损失。假定在没有实施“自愿”出口限制时，进口国的汽车进口量为80万辆，每一辆汽车的价格为1万美元，销售额为1万美元×80万=80亿美元。然而，实施“自愿”出口限制，汽车的进口量下降为40万辆，每一辆汽车的价格上升至1.3万美元。在这种情况下，出口国一方面受到损失，因为每年出口的汽车量减少了40万辆，即 E 和 F 的面积，销售额减少1万美元×40万=40亿美元。另一方面，由于汽车出口数量的限制，使得进口国汽车价格上升，出口国又会增加额外收入。因为每一辆车的销售价格上升了3000美元，一年销售40万辆，增加的收入为3000美元×40万=12亿美元，即 R 的面积。表面看起来 $E+F>R$，似乎损失大于获利。但是，事实上减少销售的 E 和 F 面积中，即减少的40亿美元中，既包括利润，也包括成本。然而增加的12亿美元的收入则是净收入。因此，在实施“自愿”出口限制的条件下，出口国的获利可能大于其损失（见图5.4）。

假定世界市场上每一辆汽车为1万美元，A国每年进口80万辆车。然而，A国为了保护本国的汽车制造业，要求出口国B国“自愿”出口限制，每年只能出口40万辆车到A国。由于汽车供应的减少，在A国的汽车价格上升，每一辆车的价格上升至2万美元。于是，R 的净收入为1万美元×40万=40亿美元，而出口国由于减少出口40万辆车，损失的销售

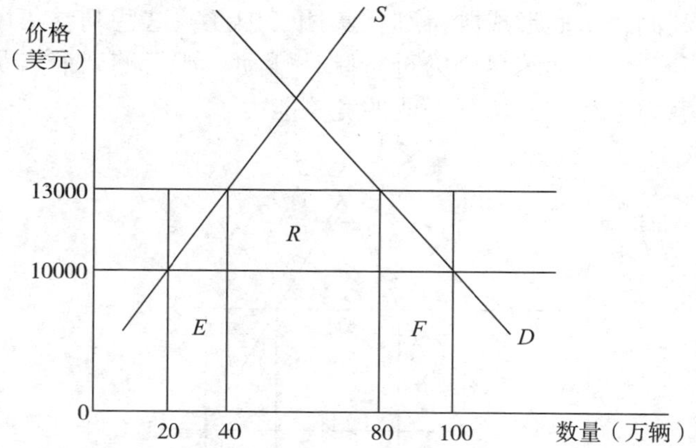

图 5.4

每一辆汽车的世界价格为 1 万美元，在没有实施“自愿”出口限制时，进口国的汽车需求量为 100 万辆，国内汽车供应量为 20 万辆，需要进口 80 万辆。然而，进口国为了保护本国的汽车制造业，迫使出口国“自愿”限制汽车出口数量，每年只能出口 40 万辆。由于汽车供应量的减少，进口国的汽车价格上涨，每一辆车的价格上升至 1.3 万美元。出口国将每年少出口 40 万辆汽车，销售额减少 E 和 F 的部分，即 40 亿美元。然而，每一辆车的销售价格上涨 3000 美元，销售 40 万辆，增加收入为 3000 美元 ×40 万 =12 亿美元。出口国减少销售额 E 和 F 的部分，即减少的 40 亿美元中，既包括利润，也包括成本，而增加的获利 12 亿美元，是净收入。出口国所获得的净利很可能超过其损失。因此，出口国由于“自愿”出口限制，有两种可能，一是获利大于损失，另一是损失大于获利。

面积 E 和 F 的部分为 40 亿美元，但是其中还包括了成本。“自愿”出口限制的结果，出口商获得利益大于其损失（见图 5.5）。

第二，在实施“自愿”出口限制的条件下，对于出口企业的影响有两种可能性：一种是削弱出口企业的竞争能力；另一种是增强出口企业的竞争能力。如果实施“自愿”出口限制，即使出口企业获得的净利大于由于减少销售量所产生的损失，但是，由于出口数量的减少，企业生产规模相应地缩小，影响其规模经济的发挥，削弱其竞争能力。如果当企业获得出口配额许可证，获得了额外的利润后，它们将这部分收入的相当大的部分用于再投资，开发新的产品和发展新的技术，也可能增强企业的竞争能力。

第三，实施“自愿”出口限制，在出口国可能形成既得利益集团。这是因为一些出口企业每年都可以获得一定数量的配额，能够得到稳定的出口市场，这些企业在出口市场上一方面避免了竞争，另一方面又获得相当可观的额外利润，从而形成既得利益集团。因此，这些利益集团为了维护它们的既得利益，必然竭尽全力进行院外活动，或行贿政府官员，其结果是它们的注意力不在如何增强企业的竞争能力了。

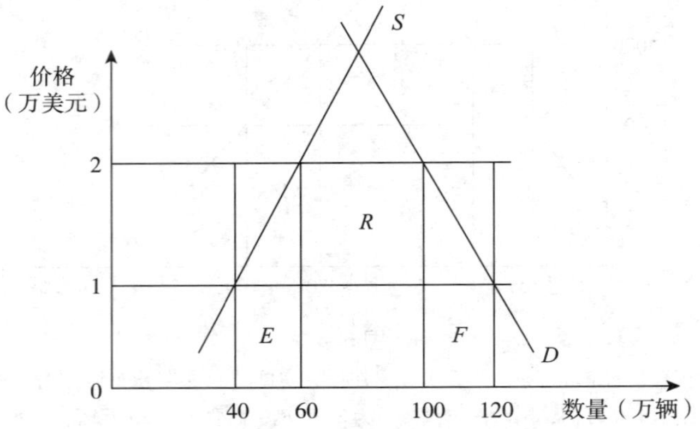

图 5.5

假定进口国为A国，出口国为B国，世界市场上每一辆汽车价格为1万美元，A国国内生产供应40万辆，而国内对汽车的需求为120万辆，需要进口80万辆。A国为了保护本国的汽车制造业，迫使B国“自愿”出口限制，每一年对A国的出口限制在40万辆。由于A国政府限制汽车进口，汽车供应量的减少，国内每一辆汽车的价格上涨至2万美元。出口国由于汽车价格的上升，每一辆车可以多赚1万美元，一年出口40万辆，可获净获利40亿美元，即图中面积R的部分。而由于减少出口量的损失为$E+F$部分，E的面积为1万美元×20万=20亿美元，F的面积为1万美元×20万=20亿美元。$E+F$的面积为40亿美元。尽管R为40亿美元，$E+F$也为40亿美元，但是R是净利，而$E+F$中，既包括利润，也包括成本。可见在这一例子中，出口商获得的净利远远大于其损失。

事实上，实施“自愿”出口限制，常常不会达到进口国所预期的效果。出口国经常寻找各种办法来抵消它的影响。例如，出口国转向不受限制的同类商品，增加出口量。例如1977年至1981年，美国要求韩国“自愿”出口限制到美国市场上的非胶鞋的出口量。这一期间韩国非胶鞋的出口量受到限制，然而增加了对美国胶鞋的出口量。在美国对韩国非胶鞋实施“自愿”出口限制的第一年，韩国对美国出口的胶鞋数量增加了115%。同期，没有受到鞋类出口限制的其他国家，占美国市场的份额由4%上升到15%。有的国家或地区由于受到“自愿”出口的限制，将工厂转移到一些不受限制的其他国家，增加了对美国的出口量。

第3节　政府利用行政手段限制进口

政府干预对外贸易还采用其他种种手段，其中之一是利用行政手段进行直接干预：政府直接对于进口产品提出各种要求和限制；利用海关管理对进口产品在通关手续上进行种种阻拦拖延时间；制定各种技术标准、健康标准、安全标准和环境保护标准，限制进口等。

§1　行政措施限制进口

政府利用行政手段，限制外国商品在本国市场上所占份额。例如，20世纪70年代，日本汽车大量进入西欧国家的市场。这些国家为了限制日本汽车的进入，直接利用行政手段，限制日本汽车占本国市场份额。1977年，法国政府宣布只允许日本汽车占据其市场份额的3%。1979年，英国政府宣布日本汽车的出口量，只能占其市场的11%。

有的国家的政府规定，进口商品只能在指定的商店里销售。例如，加拿大的一些省政府规定，进口啤酒只能在政府所有的商店里出售，而本国的啤酒则可以在私人商店里出售。

§2　海关的限制

一些国家的政府为了限制进口，减少进口商品的数量，拖延外国商品进口的时间，往往在海关管理上给进口商品制造种种麻烦，在海关管理上对进口设置种种限制。例如，日本海关对进口许可证，签署的日期有着非常严格的规定。又如，中国台湾在商品进关时除了要求出示一般要求的文件外，还要求提供一些附加文件。这些附加文件的要求常常是含糊不清的，而海关官员对这些文件的审查又表现出极大的"热情"，仔细地搜索文件中细小的矛盾和漏洞，从而造成长期的拖延。巴西海关官员办理各种清关手续时，如同乌龟爬行的速度是世界闻名的。

专栏5.4　　法国利用海关管理阻碍进口

在海关管理上对于进口设置种种限制，最为突出的例子是，法国限制日本录像机的进口。20世纪80年代初，日本制造的录像机大量进入法国市场，法国政府很头痛，因为日本的录像机质量较好，价格也比较便宜，法国制造的录像机难以和日本的录像机竞争，导致企业倒闭，增加失业。法国政府为了阻拦日本录像机的进口，于1982年10月宣布所有进口的录像机必须到普瓦蒂埃（Poitiers）的海关办理各种清关手续。普瓦蒂埃是离法国北部港口几百英里外的一个偏僻内陆小镇。日本的进口录像机进入法国北部的海港以后，还得转为卡车运输到普瓦蒂埃。这样不仅延长了运输时间，还增加了运输费用。此外，普瓦蒂埃小镇上的海关很小，原来只有4个海关人员，后来才增加至8人。普瓦蒂埃规定了一套特别繁杂的海关手续：首先，海关规定所有的文件必须是法文的。海关官员对每一个文件都要经过仔细地审查，查看文件中是否存在着问题和矛盾。其二，海关规定每一个集装箱都必须开箱检查，甚至每一台录像机也要拆开检查，看看录像机的零部件的原产地是否和文件上的相同，并且仔细校对序号，结果大大拖延了录像机的清关时间。据当地海关负责人说，在此以前，一个上午可以清关一卡车录像机，现在要用二至三个月才能完成。

§3 政府的采购政策

一些国家的政府实施的采购政策是一种歧视外国商品的政策。其主要内容是：国家制定法令规定，政府采购的全部或部分必须是本国的产品。一些国家还规定，除了中央政府以外，省（州）或地方政府，甚至一些政府管理的机构也必须优先购买国货。此外，还采取种种手段和措施保证政府的工程招标为本国企业所承包。

第二次世界大战以后，许多国家的政府积极干预经济，采取宏观经济调控的措施，因此，政府的财政收入和支出在国内生产总值中占有相当大的比重。例如，美国财政支出在GDP中所占比重，1985年为33.8%，1990年为33.6%，2001年为31.2%，2004年为36.5%。其他几个发达国家所占比重较高的是瑞典，财政支出占国内生产总值的比重，1985年为60.4%，1990年为55.9%，2001年为55.2%，2004年为57.2%，最高的年份为1993年达到67.5%。欧洲共同体平均财政支出占国内生产总值的比重，1985年为47.2%，1990年为45.9%，2001年为44.5%。财政支出占国内生产总值比重较低的是日本，但是近几年来大幅度地上升。日本财政支出占国内生产总值的比重，1985 年为 29.4%，1990 年为 30.5%，2001 年为36.7%，2004 年为38.2%（见表5.1）。在政府歧视性的采购政策的规定下，政府的支出必须用于购买本国产品，大大限制了外国产品的进口。

表 5.1　　政府财政总支出占国内生产总值的比重

国　家	1985 年	1990 年	1995 年	2000 年	2005 年	2009 年
美国	33.8	33.6	32.9	33.9	36.2	42.2
日本	29.4	30.5	34.4	39.0	38.4	41.4
德国	43.4	44.2	46.3	45.1	46.9	47.5
法国	49.8	47.5	51.4	51.6	53.4	56.0
英国	42.9	39.0	42.2	36.6	44.0	51.4
瑞典	60.4	55.9	61.9	55.1	53.9	54.1
欧洲共同体	47.2	45.9	47.8	44.5	47.4	55.7

资料来源：OECD Economic Outlook Volume Issue 2 – no 88。

早在20世纪30年代大危机时期，发达资本主义国家为了尽快摆脱危机，提出的口号是购买本国货，如买“美国货”，买“英国货”，买“德国货”，买“法国货”等。各国还制定法律规定，政府的采购必须是本国货。1933 年，美国国会通过了“购买美国货法”（Buy American Act of 1933）。这一法案规定，凡是美国联邦政府采购的货物，必须是美国制造的，或者是用美国的原料制成的。这一法律规定，凡是产品的成分50%以上在海外生产的，都被视为外国产品。在 1954 和 1962 年，美国国会对该法律又进行了两次修改，将这一比例降至30%，外国产品的概念更宽泛，限制也更加严格。这一法律还规定，如果国内产品的价格不是高得不合理，即国内价格不超过进口产品价格的6% ~12%的条件下，需要购买本国产品。1962 年修改的“购买美国货法”规定，凡本国产品的价格不超过进口产品价格的50%，国防部和财政部采购的必须是本国货。在 20 世纪80 年代，“购买美国货法”有了比较大的扩展。1982 年，美国法律规定，国内高速公路、桥梁的新建或者修理所使用的钢材必须是本国生产的。1985 年规定，美国联邦政府的发电厂所使用的发电机，国产的价格不超过进口价格的25%，必须购买本国产品。同年，美国国会又要求，战略储备物资必须是国产的。1988 年，美国国会所通过的“综合贸易法案”还规定，“购买美国货法”可以用来对那些歧视美国商品的国家进行报复。

其他发达国家也有着同样的规定，例如，英国有着“购买英国货”的政策。英国政府规定，通讯设备、电子计算机必须购买本国产品。日本政府规定，凡政府机构所需要的办公设备、计算机、电缆、导线和机床等，必须购买本国产品。20 世纪 90 年代，日本政府拒绝购买美国的巨型计算机，而选择租用日本本国生产的产品。

在运输方面，1904 年美国还颁布了“美国海运法”，开始时它只是适用于军事运输，后来这一法律的适用范围扩展得很宽。该法案规定，政府货运的 3/4、军事运输的全部，必须由挂有美国国旗的船只运输，该法律一直持续到今天。它的规定加强了国内海运的垄断。这种垄断不只是降低了美国海运的效率，而且使得美国船只的运输费用为外国海运运费的 1 倍。美国战略石油储备运费是世界石油海运费用的 4 倍。美国政府还规定，即使是外国航空公司的票价比美国航空公司的便宜，即便是外国航空公司的航班的日期和时间比较便利，凡是美国政府的公务员，必须乘坐美国航空公司的飞机。

欧共体国家普遍将政府的采购政策作为贸易保护主义的手段，在实施这一政策上，甚至比其他国家更为严格。这些国家政府的工程很少对外国企业公开招标，只邀请本国的企业参加。在世界其他各国的压力下，欧共体国家的政府不得不对外招标，但是有意地将招标的时间规定得很短，信息发布得很少，使得外国企业来说很难获得信息，参加投标，在这些方面，国内企业有着明显的优势。近几十年来，在欧共体国家政府的工程招标中，只有一半对外国企业开放，其中只有 2% 的工程项目为外国企业所承包。

在第二次世界大战后的几十年里，日本政府的工程招标实行单一的招标制。政府只是和单一的厂商订合同，不进行公开的竞争性招标。外国政府和日本政府经过多年的谈判，到 1983 年底，日本政府的工程招标才对外开放，进行公开招标，即使在这种状况下仍然有 40% 的政府工程合同保持单一招标。在公开对外招标的过程中，日本政府将招标的程序制定得十分复杂，不透明，使得外国企业很难中标。例如，日本电话电报公司在招标过程中所发布的信息和技术要求十分复杂，都是日文的，据说这些技术要求的说明书有 5 英寸厚，并且还规定，投标者对于这些技术要求必须用日文一一作出回答。一般说来，这种要求对于外国企业来说很难做到。因为 5 英寸厚的技术要求的说明书，以及对于这些技术要求的回答，仅仅就翻译来说既费时间又费金钱，参加投标的外国企业在这方面的成本就很高。日本政府的这些规定遭到其他国家的反对，在各国施加压力的情况下，这种状况才有所改变。

在“关税与贸易总协定”的主持下，1973 年至 1979 年召开了东京回合的谈判，达成了 9 个单项消除非关税壁垒的协议，其中之一是《政府采购协议》，该协议在 1981 年正式生效。在 1986 年至 1993 年，乌拉圭回合的谈判中，对《政府采购协议》又进行了修改，于 1996 年开始生效。这一协议的基本内容是，政府采购实施国民待遇原则。在政府的采购中，外国的货物供应者及服务者享受的待遇，不得低于本国的货物供应者和服务者所享受的待遇。其目的是建立一个有效的关于政府采购的法律、规则、程序和做法等方面的权利与义务的多边框架，以实现世界贸易的扩大和更大程度的自由化，改善协调世界贸易运行的国际框架。在政府采购法律、规章、程序与做法上，不应对国内外产品与服务的供应商之间实行差别待遇；各方期望提高政府采购法律、程序与做法的透明度；有必要就通知、磋商、监督和争端解决建立国际程序，以确保有关政府采购国际条约的公正、迅速和有效实施，最大可能地维护成员国的权利和义务的平衡。该协议适用的范围是各缔约国政府在 13 万特别提款权（相当于 18 万美元）以上的任何采购合同。地方政府实体采购的货物和服务额标准不一，一般在 20 万特别提款权左右；公用事业采购一般在 40 万特别提款权左右；建筑合同采购额一般在 500 万特别提款权左右。该协议第一次将最惠国待遇和国民待遇原则引入政府的采购领域，要求缔约国政府在采购法律、规章、程序和措施方面，对于来自另一个缔约国的产品和产品供应厂商，提供不低于本国产品和本国供应厂商所享受的待遇。协议还规定，确保在招标程序和手续上内外无差别。协议还要求缔约国公布有关法律、规章、司法或行政裁决以及有关采购程序，并向协议设立的“政府采购委员会”提供本国政府采购的年度统计资料。

然而 1981 年《政府采购协议》生效以后，作用甚微，原因是：其一，一些签字国为了绕过这一协议的限制，将政府采购合同划分为小额合同，低于 13 万特别提款权，从而不受协议的约束；其二，当时除中央政府以外，许多地方政府的采购没有被纳入在协议之内；其三，当时一些签字国政府的公用事业和服务业没有包括在协议之内。例如，欧共体的邮政和电话等。

§4　技术、健康、安全和环境保护标准

政府对于进口产品制定和实施技术的统一标准、提出健康和安全的最低标准和要求、提出保护环境的标准等等，这些都是合理的和必要的。但是愈来愈多的国家将这些标准作为限制进口的措施和手段，将这些标准变成贸易保护主义的工具。

世界各国在长期的生活中，形成了一些不同的习惯和规则，因此，政府对一些产品制定有关技术、健康和安全方面的标准，对于一些产品有着各种各样的不同要求，是正常的，也是无可非议的。例如，日本、英国、香港等国和地区，它们的交通规则是车辆和行人都靠左边行驶，因此，汽车的方向盘要求在右边。又如，美国、日本的电压为110伏，而中国与许多国家的电压都是220伏，因此要求进口的各种电气产品符合这些规则和标准。但是，许多国家利用技术、健康和安全标准，作为贸易保护主义的手段。最为典型的有以下几个实例。其一，20世纪70年代，美国政府对于汽车制定了新的安全标准，福特、通用、克莱斯勒等美国三大公司很容易地适应新规则的要求，按照新的标准设计和生产汽车。但是，外国的汽车生产厂家却面临着麻烦，因为它们国内没有这一要求。这些公司需要根据美国新的要求，重新进行汽车设计，特别是那些在美国市场上销售量有限的汽车公司，汽车改装的结果必然导致每一辆车的成本大大提高。在美国政府新的安全标准的规定出台后的一个相当长的时期里，许多外国的汽车公司被迫退出美国市场。其二，美国和加拿大政府对于进口汽车还提出一些新的技术标准，阻碍着汽车的进口。例如，美国法律规定燃料效率的标准，也就是统一要求每一英里汽车的耗油量。然而日本汽车的耗油量早已达到更低标准，燃料的使用更加有效，很难适应这一标准的要求。其三，2001年，美国加利福尼亚州法院引用食用水的重金属含量标准，判定中国117种中草药有毒，强令在这些中草药销售时贴上有毒标签，作为警示，否则将课以高额罚款。其四，德国禁止在国内使用车门向后开的汽车，而意大利菲亚特500型号的汽车的车门正是这种样式。其五，日本政府制定了各种各样苛刻的技术、健康和安全标准，一些国家的产品很难适应其要求。例如，美国的棒球、欧洲的雪橇以及加拿大的木材加工品进入日本市场均受挫。到1983年，日本对于进口产品实施着最严格的检查程序。日本国内的产品可以进行“典型检验”，即抽样检查，但是对于进口产品必须是逐一检查。在进口产品装运时，必须显示检查符合标准的证明。同时，日本不接受外国检查机构所出具的数据和证明。1983年以后，

日本才接受美国检验机构的数据和证明，以及对某些产品进行“典型检验”。英国出口到日本的汽车必须由日本人进行检验，不符合规定的，则需要由英国公司中的日本雇员进行检修。其六，由于瑞士的各种厨房用具的尺寸比欧洲其他各国的都小 5 公分，出口国为了适应这种标准的要求，生产中使用的机器设备都必须重新进行调整。由于生产的规模比较小，结果大大提高了产品的成本。瑞士厨房用具的成本，比欧洲其他国家一般高45%左右。其七，众所周知，美国和欧共体在肉类的健康标准上出现了长期的贸易争端。1988 年，欧共体禁止使用荷尔蒙刺激生长的肉类进口，然而，美国 4/5 的牛肉是使用荷尔蒙刺激生长的。美国认为，这种健康标准的规定是没有根据的，科学上并没有证据证明使用荷尔蒙刺激生长的肉类对人体有害。事实上欧共体的科学机构的检验也得出同样的结论。因此，美国对欧共体进行贸易报复，决定禁止欧共体的 30 种食品进口。为了防止贸易战的升级，双方相互妥协，美国同意其西部几个州出口的肉类将不使用荷尔蒙，并且放宽对于欧共体的制裁。尽管如此，问题依然存在，双方都认为自己是正确的。美国认为，使用荷尔蒙刺激生产的肉类对于人类的健康无害，应该由消费者自己去选择。而事实上欧共体所考虑的是经济上的原因，因为使用荷尔蒙刺激生产的肉类生长期较短，成本较低，价格相对比较便宜。其八，自 1998 年起，欧盟不再批准销售新品种转基因食品，这一决定引起美国的极大不满。2003 年 5 月，美国向世界贸易组织提出申诉，指责欧盟的决定毫无科学根据。2004 年 5 月，欧盟取消有关转基因食品销售禁令，允许 9 种转基因食品在其成员国市场上销售。但是，欧盟仍然有部分成员禁止转基因食品进入市场。美国出口的转基因产品，在欧洲市场上仍遭受到抵制。而欧洲国家也无法证实转基因产品对人类的健康有害。2006 年 2 月 7 日，世界贸易组织争端解决机构专家组，对美国和欧盟有关转基因食品的争端做出初步裁决，认定欧盟在转基因食品方面的禁令不符合国际贸易规则。2006 年 1 月初，欧盟就明确表示，无论世界贸易组织做出什么样的决定，都不会改变欧盟对转基因食品的规定和审批程序，依然只允许被确认为安全的转基因食品进入欧盟市场。

在环境保护方面，国家之间制定了一系列的国际公约，例如，1906 年，禁止白色含磷的火柴参与贸易；1911 年，禁止海豹和海獭的进口；1947 年，“关税与贸易总协定”第 20 条款规定：保护人类、动物和植物的生命和健康，是一种必要的措施，但是，“（1）不应在国家之间构成武断的或不合理的歧视方式；或（2）不对国家贸易形成变相的限制，即不能运用此类措施直接或间接地对于国际贸易实施限制。”也就是说，不能以保护环境为借口，来掩饰贸易保护主义的限制。1975 年，禁止象牙、犀牛角和海龟壳的贸易，因为这些动物已经濒于灭绝，问题已经十分严重；1986 年，停止商业捕鲸；1987 年，禁止进口破坏臭氧层的产品（Chloro fluoro Carbons，简称 CFCs）；1993 年，规定不从那些没有批准上述条约的国家进口导致破坏臭氧层的产品。

虽然一些国家制定了保护环境的法律，但是其中有相当大的成分是用来阻碍进口的。其一，加拿大的安大略省规定，凡是出售铝制易拉罐装的啤酒，需要交 10 加分的环境保护税，而本省生产的啤酒是瓶装，可以不交环境保护税。如果其他国家出口瓶装的啤酒，必然大大提高运输成本。其二，德国的法律规定，汽车制造厂商要在其出售的汽车成为废汽车时回收，再循环生产。这一条规定对于欧共体生产的汽车比较容易执行，但是，对于日本和其他国家出口的汽车，实行起来十分困难。为了遵守这一条规定，日本和其他国家必须将废旧汽车运回国内再循环生产，或者将汽车制造工厂转移至德国生产，其结果都将大大提高成本。其三，德国还规定，所有商店出售的饮料凡是塑料罐装的，该商店必须回收，而本国生产的饮料是瓶装的则不需要回收。商店不愿意处理这些塑料罐，因此不愿意销售塑料罐装的进口饮料。其四，加拿大限制其他国家鲱鱼和大马哈鱼的进口，但是并不限制本国同类渔业的发展。

十分重要的是，对于这些标准和规定，需要找到一种方法鉴别，什么是合理的技术、健康、安全和环境保护标准；什么是以技术、健康、安全和环境保护标准之名，行贸易保护之实，应找到区别两者的尺度。此外，中国企业需要全面了解国际标准；中国产品的各种标准尽快地与国际产品标准接轨；完善检测体系，改进检测技术设备；健全认证体制。

在“关税与贸易总协定”的主持下，1986 年召开了第 8 轮谈判，即乌拉圭回合。这次谈判达成了《技术性贸易壁垒协议》，该协议一共 15 条和 3 个附件。协议的目的是：保证技术条例、标准和合格评定程序不对贸易造成不必要的壁垒。各成员国在制订实施技术条例、标准和证书制度时需遵循国民待遇、非歧视和透明度原则；期望确保包括包装、标记和标签要求在内的各项技术规章和标准，以及有关是否符合技术规章和标准的评估程序，不会给国际贸易制造不必要的障碍。协议的主要内容是：各成员国承认，不应阻止任何国家在其认为适当的程度内采取必要的措施，来确保它的进口货物的质量，或保护人类、动物或植物的生命或健康以及保护环境，或阻止欺诈行为，只要这些措施不致成为在具有同等条件的国家之间构成任意的或不合理的歧视的一种手段，或构成对国际贸易的一种隐蔽限制，并在其他方面与本协议一致。协议的第 1 条，一般规定。所有的产品，包括工业产品和农产品，均受本协议的管辖。第 2 条，技术规章和标准。各成员国应确保在技术规章的制定、采用或实施中，不得对国际贸易造成不必要的障碍。为此目的，技术规章对贸易的限制不应超过为实现合法目标所必须的程度，并考虑实现这些合法目标所带来的风险。制定、采用和实施可能对其他成员国的贸易产生重大影响的技术规章的成员国，应另一成员国的请求，应该说明该技术规章的合理性；明确表示出为其所制订、采用或实施的某一技术标准符合国际标准，这就说明其没有对国际贸易造成不必要的障碍。第 12 条，规定发展中成员国的特殊和差别待遇。各成员国在制定和实施技术规章、标准和合格评定程序时，应考虑到发展中成员国在发展经济和贸易方面的特殊需要，以确保这些技术规章、标准和合格评定程序不会对发展中成员国的出口制造不必要的障碍。

本章总结

在《关税与贸易总协定》的主持下，召开了 8 轮多边贸易谈判，缔约国的平均关税水平有了较大的下降，关税已经不再成为国际贸易中的主要阻碍。然而，20 世纪 70 年代以来，随着贸易保护主义的日益加强，非关税壁垒日益成为国际贸易发展的主要障碍。非关税壁垒主要有配额、“自愿”出口限制、政府采用的各种行政手段。这些形形色色的非关税壁垒阻碍了进口，保护了国内某些产业，但是，对本国的经济和社会产生不利的影响。

思考题

1. 什么是配额？一些国家为什么要实施配额？

2. 发放配额的三种形式中，哪一种形式相对好一些？

3. 试比较征收关税和实施配额的影响，为什么说实施配额对经济的影响更坏？

4. 2002 年 3 月，浙江台州 10 万亩左右的西兰花被进口国拒之门外，价格从 1 朵 2 元降至 1 角。2002 年 5 月，我国出口至欧盟的蜂蜜因“抗生素超标”被拒收。中国农产品如何跨越“绿色壁垒”走出国门？

第6章

“不公平”贸易

本章概要

在国际贸易中，人们所反对的“不公平贸易”主要集中在两个方面：一是补贴；一是倾销。然而，事实上，许多发达国家一方面反对其他国家进行补贴，另一方面它们又对农产品和其他产品又进行着大量的补贴。与此同时，许多国家已经将反倾销作为一种贸易保护主义的工具。

学习目标

1. 为什么有一些经济学家认为，相对而言，生产性的补贴比征收进口关税对经济的危害稍稍小一些。

2. 如何理解反倾销已经成为某些国家实施贸易保护主义的一种手段。

3. 中国应该如何应对外国对华日益猖獗的反倾销案件。

在当前的条件下，放纵反倾销的案件的发展，而不是欢迎出口商以比其国内较低的价格销售商品。它表现出更多的是贸易保护主义的情绪。

——威尔逊·布朗

人们认为，补贴和倾销是不公平贸易。然而，在现实世界里，补贴和反补贴、倾销和反倾销是一个非常复杂的问题，要根据具体情况具体分析。每一个案件有着不同的情况，因此，不能一概而论，简单地认为补贴和倾销是不公平贸易，是错误的；而反补贴和反倾销就是正义的、正当的、正确的。一些国家在大声疾呼自己遭遇到“不公平贸易”的损害，实际上是在为加强对进口产品实施贸易保护主义政策制造舆论。

世界银行出版的《1987 年世界发展报告》中，题为《保护主义的威胁》一文中指出，工业国家中越来越高的呼声是要求“公平贸易”，而不是自由贸易。这种要求违反了正确的经济法则。它使人们无端地推断对方进行的是不公平贸易，其结果是加强了保护主义力量。在进口方面，强调公平贸易的害处在于，当保护主义呼声与要求公平贸易的议论结合起来的时候，它把为维持公平竞争而设的抵消关税和反倾销关税变成事实上的贸易保护。实际上，美国和欧共体一个爱用抵消性关税，一个常用反倾销。

第二次世界大战结束以后，美国的经济和对外贸易在世界经济和国际贸易中，占绝对优势地位。那时，美国所倡导的对外贸易政策是自由贸易和多边主义。他们主张商品流向这个市场或那个市场由商品的价格来决定，而不应该由贸易的双边平衡来决定。因此应该排除商品流动中政府所设置的障碍，让商品自由地流动，人们会在利润最高的地方销售商品。然而，1988 年美国国会通过的《综合贸易法》所主张的却是双边主义、“公平贸易”和实施“有管理的贸易”。这一贸易法确定了在新的历史条件下美国贸易政策的基本点，它完成了美国贸易政策的重大转变。这种转变表现在：其一，从全球的多边主义转向双边主义，就是以优惠对优惠，以限制对限制；加强有针对性的双边谈判，以解决双边贸易中的争端和冲突；寻求建立地区贸易集团以获取更大的贸易利益。其二，从倡导“自由贸易”转向“公平贸易”；强调对等互利和利用贸易法的自我保护性。如果外国采取不公平竞争方式，损害美国企业的利益，美国将以强硬的态度实行单方面的贸易制裁。其三，实施有管理的贸易，所谓有管理的贸易是承认政府对于贸易的干预。政府管理贸易，通常是通过配额、数量限制，管理进口商品和服务在美国的价格等来实现的。美国的贸易体制发生这种变化的原因在于国际市场力量的发展变得不利于美国。因此，美国认为贸易的发展不能完全取决于市场力量。概括地说，美国政府干预贸易的政策有三个基本点：一是利用美国的经济实力和强大的贸易报复力量，保证外国市场对于美国出口产品的开放；二是以强硬的手段对付外国政府的“不公平贸易”，保证外国的贸易政策不损害美国的利益；三是利用政府的力量帮助国内企业调整国际竞争能力。上述三点集中地反映出美国的贸易政策已经彻头彻尾地转变成一种毫无遮掩的贸易保护主义政策。

专栏6.1 美国“比尔德法案”

2000 年 10 月 28 日，美国总统克林顿签署了“比尔德法案”。该法案的主要内容是：美国政府可以把对外国公司征收的反补贴和反倾销税款，提供给那些受到损害的美国公司作为补偿。2002 年 1 月，美国政府将征收的反补贴和反倾销税款 2.07 亿美元作为第一批年度补偿分发给一些大的公司，其中多数发给钢铁企业。美国对于补贴和倾销的调查程序是根据 1930 年关税法进行的，由联邦国际贸易委员会调查产业受到的损害，由商务部决定出口国的产品是否以低于市场的价格倾销，一旦裁决为倾销，则征收反倾销税。美国根据其国内法律，可以对进口商征收 3 倍的罚款。美国的这种做法严重违背“关税与贸易总协定”和世界贸易组织有关补贴和反补贴、倾销和反倾销的协议。

2001年，欧盟、加拿大、墨西哥、澳大利亚、巴西、日本、智利、泰国、韩国等指控美国违反“关税与贸易总协定”和世界贸易组织有关补贴和反补贴协议，向世界贸易组织提出起诉。2001年7月，世界贸易组织组成专家小组进行调查后作出裁决，美国的法规不符合世界贸易组织有关反倾销的规定。美国不服提出申诉。2002年7月17日，世界贸易组织再次裁定美国败诉。2003年1月16日，世界贸易组织争端解决机构发布报告，支持2002年专家小组的报告中有关美国《针对持续倾销和补贴的补偿法》（又称为《比尔德法案》）与世界贸易组织规则不符的裁定。

一些国际经济学家在他们的著作中也谈到如何看待补贴和反补贴、倾销和反倾销等问题。彼得·林德特在《国际经济学》一书中说：“‘关税与贸易总协定’将补贴和倾销作为不公平贸易行为加以禁止，并允许对这样的出口商品征收报复性关税；‘关税与贸易总协定’认可进口国征收的数百种报复性的关税。从这个意义上讲，‘关税与贸易总协定’起了很大的作用。但是我们不能认为这是一件好事。对于出口补贴和倾销进行报复的福利经济学是很复杂的。‘关税与贸易总协定’可能以惩罚不公平出口的名义，促成了新的贸易保护主义的兴起。”① 当然，目前贸易保护主义泛滥的不只是美国，还表现在欧洲共同体和其他一些发达国家的贸易政策和措施上。欧共体本身就是一个排他集团，对外设置了比较高的贸易保护，而且带有相当程度的贸易歧视。

在国际贸易中，人们所反对的“不公平贸易”，主要集中在两个方面：一是补贴；另一是倾销。

第1节 补贴和反补贴

§1 补贴概况

所谓补贴，是指政府为促进某些产业的发展，对这些产业的生产或出

---

① Peter H. Lindert & Charles P. Kindleberger: “International Economics”. Richard D Irwin, Inc. 1992. P205.

口进行财政补贴，以影响市场价格和比较优势，限制外国产品的进口，鼓励本国产品的出口。

补贴的性质：第一，一般认为，政府实施补贴是不公平的竞争。由于政府的补贴使得一些产品人为地降低成本，本来不具有比较优势的产品成为具有比较优势的产品。在市场竞争中，由于政府的补贴，使得那些真正具有比较优势的产品处于极为不利的地位。第二，政府的补贴是贸易保护主义措施。由于政府的补贴鼓励本国产品的出口，导致本国没有比较优势的产品大量出口，伤害进口国具有优势的同类产业；同时，政府的补贴又限制了进口，由于补贴人为地降低产品的成本，使得外国具有比较优势的产品很难进口，伤害了出口国具有优势的同类产业。

目前世界上不只是发展中国家对本国的生产和出口进行着补贴，发达国家对农产品和一些工业产品也实行着大量的补贴。根据经济合作与发展组织（Organization for Economic Cooperation and Development，OECD）的测算，每100美元的农产品产值中政府的补贴，美国为20～30美元、欧盟为40～50美元、日本为50～60美元、瑞士和挪威高达80～90美元。发达国家对农业的补贴每年高达3500多亿美元，巨额补贴造成农产品的过剩。1958年西欧共同市场建立后，根据罗马条约实施共同的农业政策，大量的农业补贴，刺激了农业生产的发展。到1985年底，欧盟的剩余农产品有78万吨牛肉、120万吨牛油、1200万吨小麦。为了减少剩余，欧盟对于这些剩余农产品的出口，每年又给予了大量的补贴。与此同时，发达国家对于农产品的进口设置了较高的关税和健康、技术、安全壁垒，发展中国家的农产品根本不可能进入发达国家，更不可能在国际市场上与之竞争。

专栏6.2　发达国家的补贴

发达国家对于农业进行大量的补贴，其中有对生产者的直接补贴、价格支持、出口补贴等等。对农业生产者的直接补贴，占农民收入的比重有的高达70%，日本约为50%，欧盟约为30%左右。（见表6.1）。

表6.1　发达国家对农业生产者的直接补贴占农民净收入的百分比（%）

	1995	2000	2001	2002	2003	2004	2005	2006	2007	2008
澳大利亚	5.8	5.7	4.8	6.3	5.1	4.9	4.9	6.3	6.7	5.9
加拿大	19.5	20.0	15.8	21.5	25.4	20.9	21.9	21.7	19.4	13.0

续表

	1995	2000	2001	2002	2003	2004	2005	2006	2007	2008
美国	10.1	23.3	22.1	18.6	15.1	16.3	15.1	11.5	10.2	6.8
日本	62.2	59.7	56.3	57.2	57.5	55.9	53.7	51.5	47.5	47.8
瑞士	64.8	70.4	67.9	71.3	70.0	69.9	66.9	66.4	55.0	58.1
冰岛	59.6	67.2	63.4	67.5	66.4	66.0	67.1	65.3	56.8	51.0
挪威	65.0	67.0	66.2	74.7	72.0	67.4	66.9	65.3	56.7	61.9
欧盟	35.8	33.9	31.6	36.1	36.4	34.6	32.1	30.7	25.5	24.9
OECD	31.2	32.5	29.2	31.7	30.4	30.0	28.3	26.2	22.5	21.3

资料来源：OECD in Figures—2010。

在工业方面，从1974年到1984年的10年中，联邦德国政府对于制造业的补贴增加了8倍。从1976年至1981年英国对于工业的补贴也翻了一番。2010年，欧盟向WTO提出诉讼美国政府对波音公司提供大量补贴。2011年1月31日，世界贸易组织就美国政府给予波音公司补贴一案做出最终裁决，裁决结果以“密件”形式发给双方，得知裁决结果后，原告和被告都称“打赢官司”。事实上，欧盟对于空客公司，美国对于波音公司都给予了大量补贴。与此同时，工业发达国家又加大了对外国的补贴和倾销的打击，进行着严厉的反补贴和反倾销行动。澳大利亚、加拿大、欧洲共同体和美国所提出的反补贴和反倾销案件的数目日趋增加。“目前关于反倾销和反补贴的调查被用做对付外国进口的一种威胁，即使在并不征收反补贴和反倾销税时也是这样。”①

§2 补贴的形式

补贴存在着三种主要形式，即生产补贴、出口补贴、出口信贷补贴。除此之外，还有一种特殊的形式，称之为边境税收调整（Border—Tax Adjustments），或者称为边境退税，或者称为出口退税等。

第一种形式：生产补贴（Subsidies to Production），即政府为了促进某一产业的发展，对该产业的生产给予津贴。如果政府为了促进某一产业的

① 世界银行：《1991年世界发展报告》，第105页。

发展而选择使用生产性的补贴措施，要比使用关税和非关税壁垒的手段阻挠进口的做法更可取一点。因此，对于生产性的补贴，各国采取比较温和的态度。

其一，政府采用补贴的方式承担某一产业发展的损失，比使用关税阻碍进口的损失要少一点，如图6.1（a）和6.1（b）所示。图6.1（a）显示在征收关税的条件下，关税对社会的净影响所造成的损失。假定某国进口电视机，每台8000元，每年国内的需求量为90万台，国内生产供应20万台，进口70万台。政府为了促进本国电视机的生产，对进口电视机征25%的从价税，每一台电视机征收的关税为2000元，电视机的国内价格上升至1万元，国内的需求量下降至70万台。国内电视机的生产量增加至40万台，每年的进口量减少至30万台。征收关税的影响：由于价格上升，生产者剩余增加了$a+b$的面积，共为6亿元。由于征收关税，价格上升，消费者剩余减少了$a+b+c+R+d$的面积，损失了16亿元。政府获得的关税收入为6亿元，面积为R。社会的净损失为$c+d$的面积，为4亿元。图6.1（b）显示政府给予生产电视机行业补贴，促使国内电视机生产的产量每年由20万台增加至40万台。在政府给予生产补贴的情况下，市场价格不变，每一台仍为8000元，需求量仍然是90万台，对于消费者没有损失。政府每年给予的补贴为$a+b+c$的面积，共8亿元。这一部分由纳税人支付。生产者剩余增加了$a+b$面积，共6亿元。从社会来看，净损失了c的面积，为2亿元。可见，生产补贴比征收关税少损失一个d的面积，共为2亿元。如果政策的首要目标是创造就业机会和解决失业问题，那么，无论是使用征收关税或者是使用生产补贴，两者都能解决相同的就业量。

其二，生产性的补贴要被纳入政府的财政预算支出之中，而政府的财政预算支出是要受到立法机构的监督和检查的，因此政府对生产给予补贴，比较透明，是看得见的、可以受到监督的。而征收关税，或实施配额，或实施“自愿”出口限制等，可以逃避立法机构的检查和监督。

然而，一些国家的政治家们在征收关税和实施生产补贴两者的选择中，比较偏向于征收关税，或者实施配额。这是因为，实施生产补贴会增加政府的财政支出，从而加大政府的财政赤字。为了填补赤字，或许需要增加新的税收，这是不会受到选民的欢迎的。然而，征收关税或者实施配额却能增加政府的财政收入。

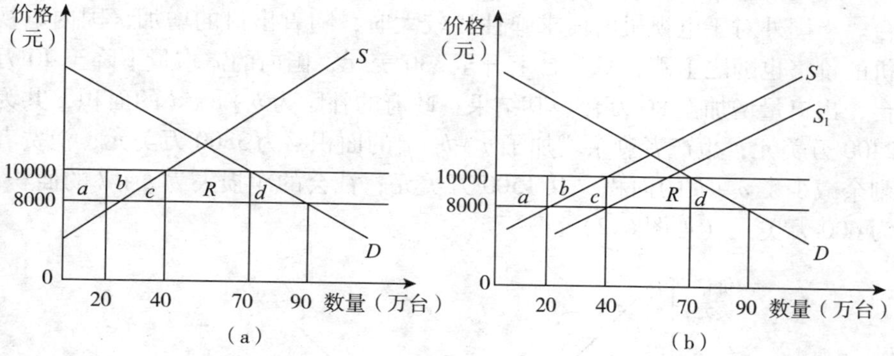

图6.1

图6.1（a）为征收关税情况下的损失，图6.1（b）为政府给予生产补贴情况下的损失。在图6.1（a）中，电视机的世界市场价格每一台为8000元，国内需求量为90万台，国内供应为20万台，需要进口70万台。政府对于进口电视机征收25%的从价税，每一台征收2000元的关税，电视机的国内价格上升至10000元，国内需求量减少至70万台，供应量增加至40万台，进口量下降至30万台。消费者剩余损失了$a+b+c+R+d$的面积，共16亿元。生产者剩余增加了$a+b$的面积，为6亿元。政府关税收入为R的面积，共6亿元。社会的净损失为$c+d$的面积，共4亿元。图6.1（b）为政府给予生产的补贴。每一台电视机的价格为8000元，国内每年生产20万台，政府为了促进电视制造行业生产的发展，给予补贴，使得每年的产量达到40万台。国内市场上电视机的价格仍然为8000元，消费者每年的需求量仍为90万台，在生产补贴的条件下，对于消费者没有损失。然而，政府每年给予电视机生产厂商的补贴为$a+b+c$的面积，共8亿元，这一部分费用来自纳税人所交纳的税收。生产者剩余增加了$a+b$面积，共6亿元。社会的净损失为c的面积，共2亿元。c部分的损失，是由于生产者成本的上升所造成的。相比较而言，在征收关税的情况下，社会的净损失为$c+d$的面积，共4亿元；在生产补贴的条件下，社会的净损失为c的面积，共2亿元，比征收关税损失少2亿元，少损失一个d的面积。

第二种形式：出口补贴（Subsidies on Exports）。贸易保护主义政策的一个重要方面是鼓励出口。为了使本国某些产品能成功地进入国际市场，或者更加有效地扩大在国外的市场，许多国家的政府对于出口行业进行补贴，使本国的产品在国际市场的竞争中处于有利地位。出口补贴是各国都反对的，被给予严厉对待的。尽管如此，一些国家在反对其他国家出口补贴的同时，它们实际上也进行着大量的出口补贴。出口补贴会给出口国带来净损失。例如，某国生产和出口电视机，电视机的世界价格为300美元，每一年该国国内的生产量为100万台，国内的需求量为60万台，出口为40万台。该国政府为了促进电视机的出口，给予电视机制造商出口补贴，每出口一台电视机补贴30美元，使得国内电视机的生产量增加至120万台。当国外对于电视机的需求弹性比较大时，随着出口的增加，国内电视机的价格也随之上涨，每一台上升至330美元，国内的需求量下降至40万台，出口量增加至80万台。其结果：政府的补贴为 $b+c+d$ 的面积，共为2400万美元；生产者剩余增加了 $a+b+c$ 的面积，为3300万美元；消费者剩余减少了 $a+b$ 的面积，共1500万美元；社会的净损失为 $b+d$ 的面积，为600万美元（见图6.2）。

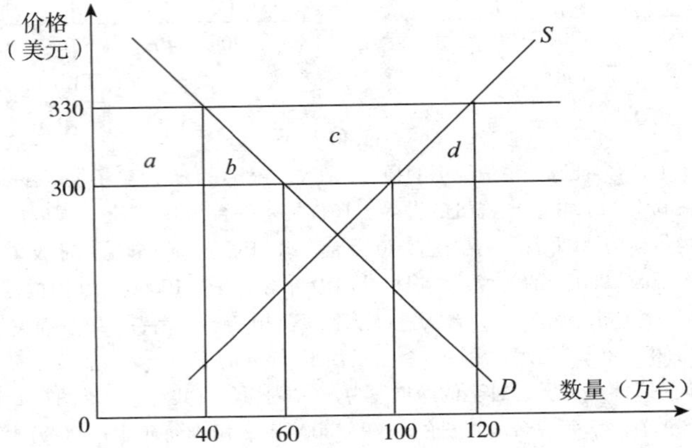

图6.2

图6.2显示政府对电视机出口进行补贴。世界市场上每一台电视机的价格为300美元，国内生产和出口的电视机等于电视机的世界价格，每一台也为300美元。国内的生产量为100万台，国内的需求量为60万台，出口为40万台。该国政府为了促进电视机的出口，给予电视机制造商出口补贴，每出口一台电视机补贴30美元，使得国内电视机的生产量增加至120万台。当国外对于电视机的需求弹性比较大时，随着出口的增加，国内电视机的价格也随之上涨，每一台上升至330美元，国内的生产量增加至120万台，国内的需求量下降至40万台，出口量增加至80万台。

其结果：政府的补贴为 $b+c+d$ 的面积，共为2400万美元；生产者剩余增加了 $a+b+c$ 的面积，为3300万美元；消费者剩余减少了 $a+b$ 的面积，共1500万美元；社会的净损失为 $b+d$ 的面积，为600万美元。

第三种形式：出口信贷补贴（Subsidies on Export Credit），即政府为了促进本国产品出口，提供低利息优惠贷款。这种优惠贷款又分为卖方信贷和买方信贷。政府对于本国的出口厂商提供优惠的低利息贷款，促进出口，称之为卖方信贷；政府对于外国企业进口本国的商品提供低利息优惠信贷，以鼓励购买本国商品，称之为买方信贷。各国成立了专门从事这项业务的机构，美国称为美国进出口银行（Export-Import Bank of the United States）；日本称之为日本进出口银行（Export-Import Bank of Japan）；加拿大称之为加拿大出口发展公司（Canada’s Export Development Corporation）等等。美国进出口银行的大部分贷款是向美国7大公司的买主提供的，特别是对美国波音公司的买主提供低利息贷款，以帮助该公司获得更多的外国的额外飞机订单。1977～1981年，美国的出口信贷扩大6倍，由于80年代初利息率的大幅度上升，美国出口信贷中补贴的因素在贷款中的比重从14%上升至28%。

除上述三种补贴的形式以外，还有一种有争议的形式，即边境税收调整（Border－tax Adjustments）。当商品通过边境出口以后，政府将国内所征收的增值税退还给厂商。这一形式，有的称为边境退税，有的称为出口退税。一些不征收增值税的国家认为，这种退税是一种不公平的补贴。因此，有的将这种形式作为补贴的第四种形式。当然，许多国家认为，边境税收调节不能看成是补贴的一种形式。边境税收调节是一个有争议的复杂问题，曾经引起许多国家之间的争论。争论的起因来源于各国的税收制度不同。有的国家国内税收以直接税为主，有的国家以间接税为主。例如，美国的税收中以直接税为主，2007年美国的税收总额为16508亿美元，直接税占94.5%，间接税占5.5%。而欧洲一些国家以间接税为主，例如，2007年，德国税收总额为2524亿欧元，直接税占43.7%，间接税占56.3%；法国税收总额为3477亿欧元，直接税占42.0%，间接税占58.0%；英国税收总额为3621亿英镑，直接税占59.6%，间接税占40.4%。

20世纪60年代以来，世界上有许多国家征收增值税，其中大多是欧洲国家，还有日本、澳大利亚和加拿大。增值税税率比较低的是日本、新加坡和中国台湾为5%；比较高的是丹麦和瑞典为25%（见表6.2）。

表6.2　　部分国家或地区增值税税率（%）

国家或地区	2004年	2009年
丹麦	25.0	25.0
挪威	24.0	25.0
瑞典	25.0	25.0
比利时	21.0	21.0
意大利	20.0	20.0
法国	19.6	19.6
德国	16.0	19.0

续表

国家或地区	2004年	2009年
荷兰	19.0	19.0
英国	17.5	15.0
中国	17.0	17.0
新西兰	12.5	12.5
菲律宾	10.0	12.0
澳大利亚	10.0	10.0
印尼	10.0	10.0
韩国	10.0	10.0
新加坡	5.0	7.0
泰国	7.0	7.0
加拿大	7.0	5.0
日本	5.0	5.0
中国台湾	5.0	5.0

资料来源：《国际比较，2010 日本》，日本社会和经济研究中心。

一些国家或地区以征收直接税为主，不征收增值税，例如美国、瑞士等。而另一些征收增值税的国家，在商品的价格上还要加上增值税，直接引起商品价格的上升，这种税收全部转移到消费者身上。这两种国内税制的不同，在国际贸易中必然出现问题。以征收企业所得税为主的国家，这种直接税不会转移至消费者身上，而为生产商或者供应厂商所吸收。例如，有两个国家，A 国和 B 国，A 国征收 10% 的增值税，使得价格上升 10%；而 B 国不征收增值税，那么，在竞争中 B 国就会获得不公正的竞争优势。如何解决这一问题呢？关税与贸易总协定认为：允许征收增值税的国家，如 A 国的出口商品，在边境上退税，退增值税；而不征收增值税的国家，如 B 国的产品进入 A 国时，A 国可以征收同样比例的增值税。不征收增值税的国家的政府和私人企业反对关贸总协定的这一决定。它们认为，这种边境退税是一种不公平的补贴，对于它们的出口商品，征收增值税是一种不公平的税收。有的经济学家认为，如果关贸总协定是正确的，A 国征收的增值税转移至消费者身上，在价格中加上了这一税收；而 B 国征收的企业所得税由生产商所承担，那么，边境退税是合法的，也是公平的。但是，在现实世界里，A 国所征收的增值税没有全部转移至消费者身上，而是部分为制造商所吸收。那么征收增值税的 A 国实施边境退税，在竞争中无形地获得有利地位。另一方面，如果 B 国以征收企业所得税为主，它们的生产商将部分企业所得税转移至价格中，最终转移至消费者身上，生产厂商没有全部吸收这些直接税。那么，A 国出口商品在边境上退税，而 B 国的商品进入 A 国还要征收增值税，其结果 B 国的企业受到了不公正的待遇。有的经济学家强调，不管是以间接税为主还是以直接税为主的国家的税收，最终都会转移至消费者身上，只不过是采取的方式有所不同而已。如果情况真是如此，关贸总协定的规定就是不公正的。征收增值税的国家从这一规定中获得优惠，而那些不征收增值税的国家从这一规则中受到伤害。问题究竟谁对谁错，一直未取得一致的看法。

§3 反补贴

首先，各国在进行反补贴的过程中实行区别对待。

在“关税与贸易总协定”主持下举行的第 7 轮谈判，即东京回合，达成了《补贴和反补贴协议》。在《补贴和反补贴协议》，以及许多国家的法律中，对于生产性补贴和出口补贴是区别对待的。一般原则是，政府为了鼓励出口，对出口进行补贴，是非法的、被禁止的。然而，在出口补贴中，有两种情况可以作为例外处理：一是农产品出口补贴。如果政府对农产品的出口补贴，没有增加该国在世界农产品市场上的份额，这种出口补贴可以不受到惩罚；另一是发展中国家的出口补贴。《补贴和反补贴协议》中说明，发展中国家为了促进本国经济的发展，使用补贴是一种合法的手段。但是，这些国家的补贴不能对进口国的市场造成重大损害。在第 7 轮谈判中，发展中国家也同意逐步分阶段消除补贴。尽管有这些规定，但是在美国和一些发达国家的反补贴案件中，愈来愈多的涉及发展中国家。据统计，在美国的反补贴案件中，1970～1974 年期间，发展中国家只占全部案件的 18%，而在 1980～1988 年期间上升至 41%。

在“关税与贸易总协定”和《补贴和反补贴协议》的条款，以及许多国家的法律中，对于生产补贴都是含糊不清的。尽管如此，一般对生产性的补贴都比较宽容。然而，有的经济学家认为，很难将生产性的补贴和出口补贴完全区分开来。如果某一个国家对于生产进行补贴，使得该产品变得十分便宜，那么就有可能限制了外国商品的进口，增加了本国商品的出口。例如，80 年代初欧共体的一些国家对于本国生产的钢铁进行生产性补贴，从而增加了对美国钢铁的出口量。因此，要将两者完全区分开来是困难的。

如何征收反补贴税？“关税与贸易总协定”的第6条和第16条中作出了对于补贴和反补贴措施的规定。征收反补贴税的前提是，由于出口国的补贴，使得进口国国内同类产品受到重大的损害，或受到严重的威胁。但是，什么是重大损害、严重威胁？协议中都没有做出明确的说明。在东京回合谈判达成《补贴和反补贴协议》以前，一些国家没有出示本国产业受到出口补贴的损害，或者受到严重威胁的证明，也征收反补贴税。它们所需要的唯一证据就是补贴的存在，凭此就可以征收反补贴税。

第二，反补贴概况。

自1995年WTO成立至2010年6月30日，共有20个成员启动反补贴调查，案件一共250起。启动反补贴调查最多的是美国共104起，占总数的41.6%，第二位是欧盟共56起，占总数的22.4%。发达国家启动反补贴案件一共202起，占总数80.8%（见表6.3）。被进行反补贴调查的成员43个，发展中国家遭受反补贴调查的案件共同179起，占总数的71.6%，其中最多的是印度为48起，占总数的19.2%，其次是中国为40起，占总数的16.6%。（见表6.4）。发起反补贴最多的是发达国家，其中大部分是针对发展中国家的，而发展中国家针对发达国家发起的十分有限。然而，事实上给予补贴数量最多和金额最大的是发达国家，而遭受反补贴惩罚最多的是发展中国家，世界就是这样的不公平。

表6.3 从1995年至2010年6月30日启动反补贴调查的国家和地区

	1995	1996	1997	1998	1999	2000	2001	2002	2003	2004	2005	2006	2007	2008	2009	2010	总计
阿根廷	1	1	1														3
澳大利亚			1		1			1	3			1		2	1	1	11
巴西							1		1				1				3
加拿大	3				3	4	1		1	4	1	2	1	3	1		24
智利					4							1	1				6
中国															3		3
哥斯达黎加									1								1
埃及				4													4
欧盟		1	4	8	19		6	3	1		3	1		2	6	2	56
印度															1		1
以色列	2																2
日本										1							1
拉脱维亚									1								1
墨西哥			1						1								2

续表

	1995	1996	1997	1998	1999	2000	2001	2002	2003	2004	2005	2006	2007	2008	2009	2010	总计
新西兰	1	4	1														6
秘鲁			1			1		1					1		2		6
南非			1	1	2	6	1							2			13
土耳其														1			1
美国	3	1	6	12	11	7	18	4	5	3	2	3	7	6	14	2	104
委内瑞拉					1				1								2
总计	10	7	16	25	41	18	27	9	15	8	6	8	11	16	28	5	250

资料来源：http：//www. wto. org/english/tratop_e/scm_e/scm_e. htm。

表 6.4　从 1995 至 2010 年 6 月 30 日遭受反补贴调查的国家和地区

	1995	1996	1997	1998	1999	2000	2001	2002	2003	2004	2005	2006	2007	2008	2009	2010	总计
阿根廷						3	1					1	1	1			7
澳大利亚					1												1
奥地利								1									1
比利时				1													1
巴西			1	1	1	1	2					1					7
加拿大		1	1	1			2	2		1							8
智利			1		1		1										3
中国										3		2	8	11	13	3	40
哥伦比亚									1								1
捷克					1												1
丹麦				1													1
欧盟	3	1	1	1	1			1	2						1		11
马其顿					1												1
法国				2	2		2					1					7
德国			1				2										3
希腊			1						1								2
匈牙利							1										1
印度	1	3	6	5	7	8	2	8	1	1	1	1	2	1	1	48	
印尼				1	5	1	2				1	1			1		12
伊朗															1		1
以色列						1											1
意大利	3	2	1	3	1		1	1	1								13
韩国				5	4	1	1	2		1	1	1			1		17

续表

	1995	1996	1997	1998	1999	2000	2001	2002	2003	2004	2005	2006	2007	2008	2009	2010	总计
马来西亚					2						1			1	1		5
荷兰							1										1
挪威		1															1
巴基斯坦						1									1		2
秘鲁			1														1
菲律宾					1												1
波兰					1				1								2
沙特阿拉伯				1													1
新加坡					1												1
南非		2	1	1	1	1											6
西班牙			1	1					1								3
中国台湾			1		5					1							7
泰国	1	5			1					1	1				1		10
特立尼达			1				1										2
土耳其	1						1										2
阿联酋															1		1
英国							1										1
美国	1				1	1					1		1	2	4	1	12
委内瑞拉			1		1												2
越南															1		1
总计	10	7	16	25	41	18	27	9	15	8	6	8	11	16	28	5	250

资料来源：http：//www. wto. org/english/tratop_e/scm_e/scm_e. htm。

反补贴调查应诉以政府为主体，它所针对的是政府的出口补贴和生产补贴。但反补贴的相关规则只适用于市场经济国家，由于目前中国的“市场经济地位”没有得到欧美等国的承认，它们一直将中国视为“非市场经济国家”。在2003年以前，中国没有遭受过国外反补贴调查。然而，2004年，加拿大修改了国内相关贸易法规，允许“在特定条件下可视中国相关行业为市场经济行业”，对中国相关产业开展反补贴调查。2004年，加拿大对中国发起3起反补贴调查。第一起，2004年4月13日，应加拿大安大略省Fiesta烤肉架有限公司的申请，加拿大边境服务署对原产于中国的烤肉架进行反倾销和反补贴立案调查；第二起，2004年4月28日，应加拿大多伦多Leland Industries公司的申请，加拿大边境服务署决定对原产于中国和中国台湾的碳钢和不锈钢紧固件进行反补贴调查；第三起，2004年

10月4日，应加拿大魁北克省 Uniboard Surfaces 公司的申请，加拿大边境服务署对原产于澳大利亚、比利时、中国、法国、德国、卢森堡和波兰的复合地板进行反倾销调查，并对原产于中国的复合地板进行反补贴调查。

2004年11月19日，加拿大边境服务署决定，终止对原产于中国的烤肉架的反补贴调查，并最终确定，在反补贴调查问卷中所列举的8项政府补贴中，中国出口企业仅从中国政府的外商投资企业税收优惠政策方面获得了利益，经过计算，补贴率为1.4%，根据加拿大《特别进口措施法》的规定，此项补贴额可忽略不计。

2004年12月9日，加拿大边境服务署对原产于中国和中国台湾的碳钢和不锈钢紧固件做出反补贴终裁，认定涉案中国企业的平均补贴额为1.25元人民币/千克。2005年1月7日，加拿大国际贸易法庭做出损害终裁，裁决结果为：原产于中国的不锈钢螺钉的倾销数量及补贴数量可忽略不计，终止对该进口产品的反倾销和反补贴调查。

尽管加拿大发起的3起反补贴调查，没有给中国的企业造成重大的影响，但是，它却“开创”了极坏的先河，从此一个又一个针对中国的反补贴调查滚滚而来，并且在日益增多。

2008年6月美国商务部（DOC）做出裁决，对中国输美轮胎征收反倾销反补贴税，当年9月，河北兴茂轮胎和天津联合轮胎两家公司，随即将DOC告上美国国际贸易法院。美国国际贸易法院首次判决：同时征收反倾销和反补贴税，构成重复征税。而2010年4月DOC仍然维持“双反”裁决。2010年8月5日美国国际贸易法院重新裁决DOC应停止对两家企业征收反补贴税。

第三，征收反补贴税的结果。

征收反补贴税的结果是，出口国政府将一笔补贴资金白白地奉送给进口国政府。图6.3显示，假定韩国是照相机的出口国，美国是照相机的进口国，世界市场上X型号的照相机每一台100美元，韩国出口到美国市场上的出口量为30万台。韩国政府为了增加对美国的照相机的出口量，给每一台出口照相机补贴40美元。韩国将每一台出口照相机的价格下降至60美元，从而美国进口X型号照相机的需求量上升至80万台。美国政府进行反补贴，对于韩国出口的照相机征收100%的反补贴税，也就是补贴40美元，征收40美元的反补贴税，迫使该国将照相机的出口价格回升至每一台为100美元，其出口量又回到30万台。就在补贴和反补贴的过程中，韩国政府将1200万美元，即图形上面积为 a 的部分奉送给了美国政府（见图6.3）。

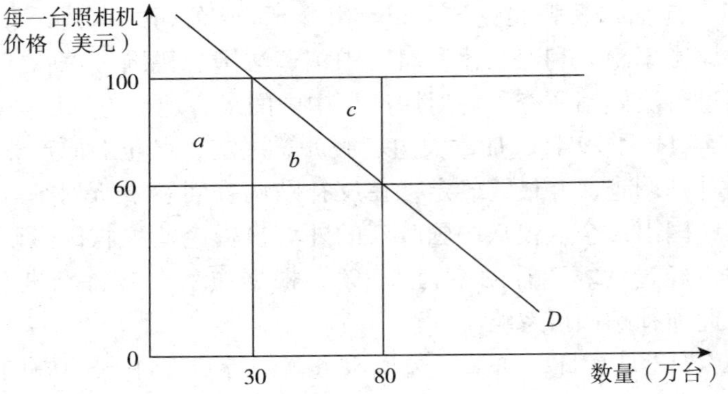

图 6.3

世界市场上 X 型号的照相机每一台为 100 美元，韩国出口到美国市场上 X 型号照相机为 30 万台。韩国政府为了扩大对美国的照相机的出口量，每出口一台照相机给予 40 美元的补贴，使得该国的照相机在美国市场上的价格降至 60 美元，美国的进口需求量上升至 80 万台。美国政府对韩国进行反补贴，征收 100% 的反补贴税，即每一台照相机征收 40 美元。征收反补贴税的结果迫使出口国的照相机每一台的价格又回升至 100 美元，进口国的进口需求量又回到 30 万台。就在补贴和反补贴的过程中，韩国政府将 1200 万美元白白地送给了美国政府。

§4 《补贴和反补贴措施协议》

在东京回合的谈判中，达成了《补贴和反补贴协议》。这一协议是对“关税与贸易总协定”第 6 条和第 16 条有关补贴和反补贴措施的具体说明。在“关税与贸易总协定”举行的第 8 轮谈判，即乌拉圭回合的谈判中，又对东京回合所达成的《补贴和反补贴协议》进行了修改，最后协议的名称是《补贴和反补贴措施协议》。该协议共分 11 个部分，32 个条款，另加 7 个附件，可以说是有关补贴和反补贴的一个极为详尽的规定和说明。其主要内容有以下几个方面。

其一，制定该协议的目的。确保缔约国不利用补贴损害其他缔约国的利益；同时，确保缔约国也不利用反补贴阻碍贸易的发展。

其二，补贴的定义。由政府或其他公共机构提供的财政资助；提供的收入支持或价格支持；给予的各种优惠。

其三，被禁止的补贴。即除农产品协议中已有规定的以外，以出口实绩为条件而提供的补贴；或是将“进口替代”作为条件而提供的补贴。实质上是以鼓励出口和限制进口为目的的补贴，称为被禁止的补贴。

其四，可起诉的补贴。即任何成员不能因实施补贴而对其他成员造成不利的影响，损害另一成员国的国内产业，或使其他成员国的利益受到损害。协议中对于可起诉的补贴具体的规定是，对于某种产品的价格补贴总额超过5%；对于某一产业的经营亏损实施弥补性的补贴；对某企业的经营亏损实施弥补补贴，不包括为长期发展和避免严重社会问题而向该企业提供的非同期性和重复性的一次性补贴；直接的债务免除等。

其五，反补贴措施。要求征收的任何反补贴税都须符合1994年关贸总协定第6条及本协议的规定。调查应通过由代表“国内产业”提供的一份书面请求而发起。所谓“国内产业”是指产出占该产业产出50%以上的生产者。调查当局只有在经过审查由“国内产业”提出的申请受到该产业在国内同行业支持的基础上，才能发起调查。当一项起诉，国内生产者的集体产出不足国内同类产出的25%时，就不能发起调查。除特殊情况外，调查应从发起之日的1年内结束，在任何情况下不得超过18个月。

其六，协议的第15条，给予损害以定义。即受补贴的进口量及其对国内市场上同类产品的价格产生影响，这些产品的进口对国内同类产品生产者所产生的影响。测量对国内产业的影响时，应考虑到对该产业一切有关指数的评估。如产出、销售量、市场份额、利润、生产能力、投资收益、设备利用率（实际的和潜在的）等的下降；又如，国内价格、资金流向、库存、就业、工资、产业成长、筹资或投资能力的（实际的和潜在的）不利影响，以及在农业方面是否增加了政府支持计划的负担。

第2节 倾销和反倾销

§1 倾销和反倾销概况

早在18世纪，英国大量的廉价商品曾冲击着一些后起国家的市场，大量的“洋货”，如洋布、洋火、洋铁、洋油等，将这些国家的手工业冲垮。19世纪末至20世纪初，加拿大的市场也曾充斥着大量的美国商品。美国一些企业降低价格，将加拿大企业驱逐出市场，然后提高价格，在加拿大实行垄断。1904年，加拿大制定了世界上第一个反倾销法，以法律对美国一些企业的掠夺行为进行反击。20世纪二三十年代是国际竞争的混乱时期，掠夺性的倾销行为也曾普遍存在。当然，对于一些厂商利用倾销，以低价把进口国生产厂商排挤出市场，随后提高销售价格，实行垄断获取垄断利润的做法，不只是经济学家，大多数老百姓都会同意对这种掠夺性的倾销进行严厉的惩罚。然而，第二次世界大战后，在现代国际贸易中，这种掠夺性的倾销行为变得愈来愈少，可以说是罕见的。

专栏6.3　美国反倾销法

1916年，美国制定了反倾销法。该法律给予倾销的定义是：以大大低于商品的实际价值或批发价格的价格在出口市场上销售商品；并有摧毁或者损害美国工业或者限制美国贸易的意图。损害美国工业的倾销行为触犯了刑法，因此应给予刑事处罚，或者给予3倍的损害赔偿金。1921年，美国对1916年反倾销法进行了修改。1921年美国反倾销法的性质发生了变化，已经不是针对那些掠夺行为，而是针对那些明显没有损害行为的外国企业。实际上，1921年美国反倾销法的目的是防止德国出口的扩大。在凡尔赛条约签订以后，德国需要进行战争赔偿，为了赔款需要扩大出口。美国为了防止德国大量的化学品进入美国，威胁美国的化工企业，制定了该法律。到1988年，美国所制定的《贸易和竞争综合法》，扩大了反倾销法的适用范围。其一，所谓第三国倾销。出口到美国市场上的外国制成品，如果其原料是第三国以倾销的形式出口到制成品的生产国，美国商务部有权要求生产国，对原料出口国进行反倾销制裁。如果生产国不进行反倾销制裁，美国反倾销机关可以根据美国的法律采取行动。其二，反迂回的规定。美国商务部有权对于一些与以前相比仅仅作了微小的变化的反倾销产品进行反倾销。对于什么是微小的改变，该法授予商务部有灵活的解释权。商务部还有权扩大反倾销到那些被调查的零部件或配件在第三国组装的产品。其三，租赁业的反倾销。20世纪80年代以来，电力、机器设备、机械工具、建筑设备的租赁交易有了较大的发展。在一些利益集团的院外活动下，1988年综合贸易法案将租赁业纳入反倾销的范围之内。

专栏6.4　1995至2010年3月全球反倾销的概况

据世贸组织统计，1995年至2010年3月，世贸组织成员启动反倾销调查总计为3752起，其中，美洲为1368起，亚洲为1364起，欧洲为476起，大洋洲为265起，非洲为212起。在美洲启动的反倾销调查案件中，美国是主要发起国，为442起，占美洲反倾销调查案件总数的32.3%。拉美为774起，占美洲反倾销调查总数的56.5%。其中，阿根廷是该地区的主要发起国，为277起，占美洲反倾销调查总数的20.2%。在亚洲启动的反倾销案件中，印度居首位，为613起，占亚洲地区反倾销调查总数的44.9%。全球启动反倾销调查最多的国家，排在第一位的是印度为613起，占总数的16.3%，排在第二位的是美国为442起，占总数的11.8%，第三位是欧盟为414起，占总数的11%（见表6.5）。近年来，除美国、欧盟为主要发起反倾销调查的成员外，印度、阿根廷、澳大利亚、南非、巴西等国也成为发起反倾销的主要国家。

表6.5　　启动反倾销调查最多的十个成员

	1995	1996	1997	1998	1999	2000	2001	2002	2003	2004	2005	2006	2007	2008	2009	2010	总计
印度	6	21	13	28	64	41	79	81	46	21	28	35	47	55	31	17	613
美国	14	22	15	36	47	47	77	35	37	26	12	8	28	16	20	2	442
欧盟	33	25	41	22	65	32	28	20	7	30	25	35	9	19	15	8	414
阿根廷	27	22	14	8	23	43	28	14	1	12	12	11	8	19	28	7	277
澳大利亚	5	17	44	13	24	15	23	16	8	9	7	10	2	6	9	4	212
南非	16	34	23	41	16	21	6	4	8	6	23	3	5	3	3	/	212
巴西	5	18	11	18	16	11	17	8	4	8	6	12	13	23	9	5	184
中国	/	/	/	3	2	11	14	30	22	27	24	10	4	14	17	4	182
加拿大	11	5	14	8	18	21	25	5	15	11	1	7	1	3	6	1	152

资料来源：http：//www. antidumpingpublishing. com/。

从1995年至2009年，全球每年启动反倾销案件的数量，最多的一年是2001年为371起，较少的年份是1995年和2007年，分别为157起和165起。其他大部分年份均为200多起（见表6.6），没有出现下降的趋势。

表6.6　　1995年至2010年3月全球反倾销案件的数量（件）

1995	1996	1997	1998	1999	2000	2001	2002	2003	2004	2005	2006	2007	2008	2009	2010	总计
157	226	246	266	358	298	371	315	234	220	202	203	165	213	209	69	3752

资料来源：http：//www. antidumpingpublishing. com/。

从1995年至2010年3月，遭受反倾销调查的案件共3752起，一共41个成员遭受反倾销调查。其中，亚洲为2247起，欧洲为873起，美洲为518起，非洲为80起，大洋洲为34起。遭受反倾销调查案件最多的是中国，排在第一位，共784起，占总数的20.9%，第二位是韩国为268起，占总数的7.1%，第三位是美国为210起，占总数的5.6%，（见表6.7）。

表6.7　　1995年至2010年3月遭受反倾销最多的十个成员

	1995	1996	1997	1998	1999	2000	2001	2002	2003	2004	2005	2006	2007	2008	2009	2010	总计
中国	20	43	33	28	42	44	55	51	53	49	56	72	62	76	77	23	784
韩国	14	11	15	27	35	23	23	23	17	24	12	11	13	9	7	4	268
美国	12	21	15	16	14	13	15	12	21	14	12	11	7	8	14	5	210
中国台湾	4	9	16	11	22	15	19	16	13	21	13	12	6	10	11	3	201
印尼	7	7	9	5	20	13	18	12	8	8	14	9	5	11	10	1	157
日本	5	6	14	14	22	12	14	13	16	9	7	11	4	3	5	2	157
泰国	8	9	5	2	19	12	16	12	7	9	13	8	9	13	8	4	154
印度	3	11	8	13	13	10	12	16	14	8	14	6	4	6	7	1	146
俄罗斯	2	7	7	13	18	12	9	20	2	8	4	5	6	2	4	/	119
巴西	8	10	5	6	13	9	13	4	3	10	4	7	2	3	11	2	110

资料来源：http：//www.antidumpingpublishing.com/。

近年来，我国出口产品频频受阻，许多国家对我国启动反倾销调查。拉美国家对华启动的反倾销调查案件呈上升的趋势。阿根廷、墨西哥、巴西是主要的发起者。它们发起的调查案件60%是针对中国产品。据统计，2009年至2010年，仅阿根廷、巴西、墨西哥3国对中国发起33项反倾销调查。其中阿根廷矛头一直对准中国，对华进行反倾销的频率之高也是罕见的，仅在2009年至2010年的2年里，对华发起21起反倾销调查。阿根廷对中国产品所征收的反倾销税之高，在世界范围内也是罕见的。除个别商品在100%之下，大部分均在100%至500%之间，个别商品甚至超过2000%，达到创世界纪录的水平。

20世纪八九十年代，从国外对中国反倾销诉讼的产品来看，既有猪鬃、油漆刷、蜡烛、薄荷等中国传统的出口产品，也有鞋类、毛巾、自行车以及一些化工产品。21世纪，国外对中国反倾销的商品有：汽车轮胎、球型轴承、铸铁管、石油管、无缝钢管、可锻铸铁管件、锰铁、钢链环、冷轧碳钢平板、摩托车和自行车的内外胎、碳酸钡、黄原酸盐、二氯苯氧酸盐、硼酸盐、一水肌酸、新鲜大蒜、香豆素、一次性充气打火机、电视机、木制家具、浓缩苹果汁等。这些产品大多数属于劳动密集型的，或是原料或半成品，都是中国的比较优势所在。这种反倾销事实上是抵消中国在这些产品上的成本优势。近几年来，中国的大蒜屡屡遭遇美国、加拿大、南非、巴西、墨西哥等国不合理的反倾销，被征收很高的反倾销税。1995年，美国对我国大蒜反倾销，但无人应诉，被征收376.67%的反倾销税。从此，中国的大蒜被挤出美国市场。1994年中国出口到美国市场的大蒜为6138吨，到1999年下降至115吨。7年来，中国27家公司聘请律师对美国商务部的不公正裁决提出申诉。2001年5月，正式向美国商务部提出复审的请求。2002年6月，美国商务部宣布复审的初步裁决，反倾销税税率被降至15.26%，2002年12月4日，美国商务部又公布终裁结果，反倾销税税率为0。上述情况说明，反倾销已经成为一些国家频繁采用的贸易保护主义的工具。面对日益频繁的反倾销，中国出口企业应该勇于抗争，还要善于抗争。

1980年，世界上只有8个国家制定了反倾销法，到1992年，制定了反倾销法的国家为53个。中国也于1995年制定了反倾销法，即《中华人民共和国反倾销和反补贴条例》。中国制定有关法律的目的是为了维护对外贸易秩序和公平竞争，保护国内相关产业。《中华人民共和国反倾销和反补贴条例》于1997年3月正式颁布，根据这一条例，于1997年12月对进口新闻纸发起首例反倾销调查。从1997年至2007年的十年中，我国共发起反倾销调查48起，最终采取反倾销措施的案件36起。

1986年墨西哥制定了《墨西哥对外贸易法》，这是墨西哥第一部有关反倾销的法律。1993年墨西哥又通过了新的对外贸易法。该法加强了政府对于“不公平贸易”的处理权限。墨西哥利用本国的反倾销法，滥用反倾销措施，频频对外国进口产品进行反倾销调查，征收不合理的反倾销税，中国出口产品深受其害。自1991年墨西哥首次对中国的陶瓷产品进行反倾销以来，中国产品频遭墨西哥的反倾销调查。1993年，墨西哥对中国出口的10大类4500种商品进行反倾销调查，最终对中国出口产品征收反倾销税，玩具为315%，服装为537%，鞋类为1105%。这样高的反倾销税，在世界上是罕见的，也是唯一的。然而，2000年和2002年，墨西哥对从美国进口的牛肉和大米相继进行反倾销，征收反倾销税后，美国向世界贸易组织提出申诉，对墨西哥反倾销法提出质疑。2005年11月29日，世界贸易组织裁定墨西哥反倾销立法为非法。根据世界贸易组织规则，成员国的一项法律被认定为违反世贸组织规则，必须终止利用该法，并且需要对该法律进行修改。

§2 倾销的定义

倾销有三个定义。第一个定义是价格的定义，是同一商品在不同的市场上以不同的价格销售，实行价格歧视。也就是说，在出口市场上的销售价格低于国内市场上的销售价格。当然，实行价格歧视是有条件的，两个市场是相互隔离的，否则购买者会在价格低的市场上，即海外市场上购买商品，再到价格高的市场上，即国内市场上销售商品。最终，两个市场上价格会持平。

第二个定义是成本的定义，即在出口市场上以低于成本的价格销售商品。在什么条件下使用成本的定义呢？一是某种商品在国内市场上的销售价格低于在出口国市场上的销售价。在这种情况下，一些国家想利用反倾销实行贸易保护主义，无法以价格定义进行起诉。二是有些商品在国内市场上销售量很少或者没有销售，只是在出口市场上销售。似乎在这两种情况下，都无法进行反倾销的起诉。因此，美国等一些国家提出了成本的定义。1974年美国《贸易法》规定，在没有国内价格可以作为比较的条件下，“公平”的国内价格依据成本的数据构成。如果出口者以低于商品的成本销售商品，也要对这种商品征收反倾销税。美国商务部反倾销规则规定成本的构成，即在被调查的商品出口之前的一段时期里，该商品或者类似的商品在生产中使用的原料成本、装配或者加工成本、销售费用和利润，销售费用不应少于本条款第3款（a）中规定的成本的10%，利润的数量不应少于成本的8%。此外，成本还包括被调查商品的运输费用和所有容器和包装及其他费用。

这种成本构成的不合理性在于，它将成本定得过高。首先，近几十年来美国的平均利润只有5%~6%，很难达到8%。1989年，美国15家最大的企业中的13家利润都没有达到8%。美国国内也没有法律规定企业的利润必须达到8%，一般的销售费用必须达到10%。这种过高的成本构成，使得进口商品的销售价格很容易低于其“成本”而遭受到反倾销。其次，在一些国家经济衰退时期，这种成本的定义在阻止进口方面起着重要作用。经济衰退期间，依据将亏损降低到最小化的原则，企业还必须维持生产，除非商品的价格降低到平均可变成本以下，企业没有理由停工。在这种情况下，出口企业的利润还必须达到8%，一般销售费用还必须维持在10%，这是不可能的。因此在这种时期，反倾销成为保护国内市场的有效手段。

第三，“非市场经济”倾销的价格定义和成本定义。美国和欧共体国家早期的贸易法中，没有明确什么是“非市场经济”（Non – Market Economy），或者称之为“国家控制经济”（State – Controlled Economy），也没有列出哪些国家是非市场经济的国家。然而，1988年美国的《综合贸易法》明确所谓“国家控制经济”的国家，是不按成本原则或不按市场价格体制经营的国家。这类国家商品的国内销售价格不反映商品的公平价值。欧共体也通过法律，将一些国家指定为“非市场经济”国家，中国也被列于其中。欧共体和美国认为，非市场经济国家的价格不合理，不能把出口国市场价格和进口国市场价格进行比较，因此，对于“非市场经济”国家的倾销需要予以特殊的定义。

所谓“非市场经济”国家倾销的价格定义，是选择一个第三国，即市场经济的国家的同类产品，在该市场上或者在其他国家市场上的销售价格作为公平价值。凡是“非市场经济”国家的出口商品低于公平价值，就为倾销。所谓“非市场经济”国家倾销的成本定义，是选择一个市场经济的国家作为替代国，并以替代国同类产品的成本作为标准成本。凡是在出口市场上的销售价格低于标准成本，就为倾销。在选择第三国或者替代国时，要考虑到其与非市场经济国家具有经济可比性。美国还规定，如找不到一个经济可比的市场经济国家，或无法得到或无法核实必要的资料，则以美国生产或销售价格或构成成本作为公平价值。

上述两种倾销的定义，都表现出美国和欧共体国家对于所谓“非市场经济”国家的反倾销，具有相当大程度的随意性和不确定性。以中国为例，首先，美国和欧共体都把中国经济列入“国家控制经济”或“非市场经济”。它们的反倾销机构在许多反倾销案例中认为，中国的产品价格是由政府规定的，与传统的市场经济的价值观念不同，因此中国产品的价格不反映公平价值。正因如此，中国的产品在美国和欧共体市场受到不公平的反倾销的诉讼。事实上，从1979年以来，中国进行着经济体制改革，改革的重要内容之一是价格体制改革。20多年来的经济体制改革使得中国的价格体制发生了根本性的变化，已经由计划定价转变为市场定价。中国许多在美国被指控为倾销的产品，如猪鬃、蜡烛、油漆刷等，大都是乡镇企业生产的，这些产品的价格是由企业以产品的成本作为基础，并考虑市场的供求关系所决定的。可见，美国和欧盟对我国的反倾销政策不能反映中国的现实，具有极大的不公平性。其次，在替代国的选择上，美国和欧共体国家具有相当大的随意性和不确定性。例如，欧共体对中国出口产品草酸、重烧镁、轻烧镁、自行车链等是以西班牙为替代国，氯化钡、氢氧化锂、高锰酸钾等产品的替代国是美国。美国对中国反倾销案件中所选择的替代国，如，钢铁丝钉的替代国是韩国，搪瓷炊具的替代国是日本、加拿大、瑞士、德国、荷兰和法国，蜡烛的替代国是马来西亚，猪鬃的替代国是斯里兰卡。在美国对中国的14起反倾销案件中，选择了8个替代国，欧共体对中国的16起反倾销案件中也选择了8个替代国。所选择的这些替代国，一是与中国的生产水平差别相当大，有的国家的成本大大地高于中国，仅仅劳动工资成本就是中国的几倍，具有明显的不可比性；二是这么多的替代国，可以任意选择，使得中国的出口企业在定价时无所适从。特别是欧共体和美国在选择哪一个国家作为替代国，直到案件开始审理前，中国的有关企业还一无所知。这样的反倾销不是贸易保护主义，又能做出其他什么解释呢？

专栏6.5　国外对中国反倾销案例

根据中国贸易救济信息网《2004年国外对华典型贸易救济案件回顾》一文（作者于洋）报道，2004年1月20日，美国商务部对原产于中国的冷冻和罐装暖水虾，进行反倾销立案调查。中国有57家企业应诉，美方对其中4家进行抽样调查。2004年7月6日，美国商务部对此案做出反倾销初裁，裁定除中国湛江国联水产开发有限公司外，涉案中国企业的倾销幅度为7.67%～112.81%。4家被美国商务部确定为强制应诉企业的税率为0.04%（微量）～98.34%；2004年11月30日，美国商务部对此案做出反倾销终裁：除湛江国联水产开发有限公司外，其他3家企业均以低于正常价值的价格在美国销售涉案产品，倾销幅度为27.9%～112.8%。

2004年5月21日，中国应诉企业提供的替代价格是来自印度海产品协会在调查期间发布的、按照不同地区带头虾的大小规格详细统计的价格数据。印度海产品协会是代表印度出口虾及加工企业的组织，在印度各主要产虾地都有分支机构，而且印度海产品协会公布的价格是美国反倾销调查期间的价格，反映了真实的虾的购买价格。然而，美国商务部采纳了申诉方的建议，使用印度一家虾产品加工企业——Apex食品有限公司2002年5月~2003年5月财务报表上的原料价格数据作为替代价格。此价格数据是该公司2002年度采购的全部水产原料，不分规格大小简单计算平均成本，这些原料中不仅包括20%以上加工过的去头虾，还包括了其他海产品（如龙虾）。显然，该价格不具最低限度的代表性。此外，这一案件调查期为2003年4~9月，而美国商务部选取的印度这家企业财务报表的价格是2002年4月~2003年3月，与调查时间段不符。也就是说，美国商务部所选择的替代价格不符合代表性和同期性的原则。这种不公平的替代价格为两家强制应诉企业人为制造了82.37%和84.93%的不合理、不合法的税率，结果还导致不公正的55.23%的平均加权税率和112.81%的非应诉企业惩罚性税率。本案涉案金额为5.87亿美元，是美国对中国农产品反倾销案中最不公正的个案。这一不公正性主要表现在美国选择的替代国价格上。

§3 倾销的类型

经济学家雅各布·维纳尔（Jocob Viner）将倾销分成三类：一是偶然性的倾销（Sporadic Dumping）；二是短期或者间歇性的倾销（Short - run or Intermittent Dumping），又称之为掠夺性倾销（Predatory Dumping）；三是长期或者连续性的倾销（Long - run or Continuous Dumping）。托马斯·A. 普格尔和彼得·H. 林德特将倾销分成四类：一是掠夺性倾销（Predatory Dumping）；二是周期性倾销（Cyclical Dumping）；三是季节性倾销（Seasonal Dumping）；四是持续性倾销（Persistent Dumping）。这两种分类基本上是相同的，一般将季节性倾销和周期性倾销纳入偶然性的倾销之内。根据维纳尔的划分将倾销分成以下三类。

第一种，是偶然性的倾销，即偶然的或是临时性的倾销，不是以夺取海外市场为目的。这种倾销是不规则地发生的，或是间隔地发生的。其原因在于，其一，由于临时性的存货过多，或是季节的原因，在应季商品畅销季即将结束之时，一些厂商出售过量的库存，在本国市场上保持价格不变，而在出口市场上降低价格销售。这种季节性的降价，或者降低价格出售过量的存货，在各国的国内市场上经常发生。例如，一些百货公司为了清除存货，进行清仓大甩卖，或是冬季即将结束，冬季服装降价销售。其二，是为了打开新产品的新的市场，新产品试销，实施亏本出售商品的战略。其三，在经济衰退时期，市场疲软，一些厂商以低于平均成本的价格在出口市场上销售商品。这一类倾销持续的时间不长，一般很少受到反倾销的指控。

第二种，是掠夺性的倾销，在维纳尔的划分中，称之为短期或者间歇性的倾销。这种形式的倾销，是在一定的时期里稳定、系统、间歇性地进行的。厂商根据一个既定的目标采取行动，它具有掠夺海外市场的意图。这种掠夺性的倾销类似于国内的价格战，也就是在市场上将商品的销售价格降低到边际成本以下，将竞争对手驱逐出市场，然后提高价格，获取垄断利润。掠夺性的倾销对进口国的产业具有极大的冲击和损害，应该加以严厉惩罚，征收高额的反倾销税。在历史上，这种类型的倾销确实出现过。然而，在当今的国际贸易中，掠夺性的倾销出现的可能是罕见的，除非一些大公司在技术上处于绝对的垄断地位。

首先，从理论上来分析。第二次世界大战以后，世界经济发展不平衡，使得一些发达国家的经济实力日趋均衡化，许多国家的大型跨国公司势均力敌，它们中的绝大多数实行跨行业的多种经营。此外，一些新兴工业化国家或地区的经济也在迅速发展，它们的一些大型跨国企业也有了相当大的国际竞争力。因此，在这样的条件下，一家企业在出口市场上即使能成功地利用降低价格将竞争对手驱逐出市场，建立起垄断地位，获取垄断利润，但是，一旦其提高价格，会有许多跨国企业作为新的竞争者，以高效率的大规模生产的产品进入市场，参与竞争。因此，这一家具有掠夺意图的厂商，必须在把老的竞争者赶出市场以后，在新的竞争者进入市场以前，提高价格，将降价销售的损失收回来，并且又能获取垄断利润。从理论上分析，这种情况很难出现。

其次，从实践上来看。这种掠夺性的倾销的可能性似乎很小。据反倾销专家N·戴维·帕尔米特尔的统计，从1980~1986年，澳大利亚、加拿大、欧共体和美国所发起的反倾销诉讼案件一共767起，其中没有一起是掠夺性的倾销。在1986年美国高级法院审理日本Matsushita Electric电气公司违反反托拉斯法的案件中，在法律上拒绝接受掠夺性价格这一概念。他们认为，当今国际竞争极为激烈，实施掠夺性的价格战略是极其不可能的。他们还指出，掠夺性的倾销是罕见的。在美国的法律中，如果私人起诉，指控掠夺性的行为，必须提供受到3倍损失的证明。但是，事实上没有人能够提供这种证据。

最后，从法律上来看。世界上大多数国家都制定了《反垄断法》，如果一家企业能在国际贸易中进行掠夺性的倾销，首先在国内应该是一家垄断性企业。这家企业在国内也就违反了《反垄断法》，会受到法律的制裁。

第三种，是持续性的倾销。在维纳尔的划分中，称之为长期的或连续性倾销，即在一个相当长的时期里，持久、连续地以低于国内市场上的价格在出口市场上销售商品。据国际经济学家托马斯·A. 普格尔和彼得·H. 林德特的分析，所谓持续性的倾销，是指拥有市场竞争力的公司在国内市场上比在国外市场上更具垄断实力，在国内和国外不同的市场之间实行价格歧视，以便增加总利润。在两个隔离的市场间，这样的公司可以在国内以较高的价格销售商品；而在国外市场上以较低的价格销售商品，以获得更大的总利润。这种做法的目的，不是将竞争者驱逐出市场，因此不是掠夺性的倾销。只要两个市场之间存在着差别，而又是隔离的，这种持续性的倾销可以维持很长的时期。

从以上三种类型的倾销看来，偶然的倾销没有掠夺海外市场的动机，不构成对其进行报复和惩罚。对于掠夺性的倾销，应该进行严厉地惩罚，进行反倾销。但是，在当今的国际贸易中，掠夺性倾销很难成立，它已经是一种罕见的现象。那么，剩下的问题就是如何对待持续性的倾销。主张自由贸易的国际经济学家们认为，只应该对于掠夺性的倾销，而不应该对持续性的倾销进行报复和惩罚。

§4 反倾销的实质

现在的主要问题，就是如何对待持续性的倾销，应不应该对这类倾销进行反倾销？如果对其进行反倾销，属于什么样的性质？一些国际经济学家认为，对于这类的倾销进行反倾销实质上是一种贸易保护主义的手段。托马斯·A. 普格尔和彼得·H. 林德特认为，反倾销政策初看起来很像是针对不公平出口的，但是，仔细地考察，其中还有其他内容，反倾销政策已成为许多国家对于国内与进口产品竞争的生产者的一种新贸易保护主义的途径。

其一，从逻辑上看，为什么在出口市场上，以高于国内价格销售商品是合法的，而以低于国内价格销售商品却是非法的呢？所谓倾销，是出口国的商品在出口市场上的销售价格低于国内市场上的销售价格，这是不合法的。然而，德国的奔驰汽车曾经在美国市场上以高于其国内价格的40%销售，这样的销售价格却被认为是合法的。那么，这就很难从逻辑上解释，为什么在出口市场以高于国内价格销售商品是合法的，而以低于国内市场上的价格销售商品是不合法的。

其二，如果一些出口国的厂商愿意年复一年地在出口市场上以较低的价格出售商品，对于进口国并不是一件坏事情。就中国对美国出口大蒜一例来看，中国的大蒜在国内的价格就比较低，在国际市场上比阿根廷、墨西哥、西班牙等国的大蒜成本低，更具有国际竞争力。中国的大蒜出口到美国，给美国的消费者带来利益，对美国的生产者没有损害，因为美国农产品的比较优势是小麦、玉米等大田作物。尽管如此，中国的大蒜却遭遇美国7年的反倾销。这种反倾销的结果，直接损害了中国数百万蒜农的生计，也损害了美国消费者的利益。这样的反倾销，从理论上来看，违背了李嘉图的比较优势学说。

其三，一些企业之所以能够实行价格歧视，是因为出口市场和国内市场这两个市场是分离的，两个市场上的需求曲线不同，这些企业在国内市场上所面对的是一条弹性较小的需求曲线。同时，还因为这些企业在国内市场上有一定的垄断权力。而在出口市场上，它们是国际竞争者，面对的是一条弹性较大的需求曲线。如果在两个市场上其生产成本相同，自然要在出口市场上以低于国内价格销售商品，这样可以使利润达到最大化。这种价格歧视受到伤害的不是进口国的消费者，而是出口国本国的消费者。作为进口国消费者从这些低价销售的商品中获得的利益，大大超过进口国与进口相竞争的生产者所受到的损失。图6.4（a）是出口商的国内市场，图6.4（b）是出口市场。由于国内市场上消费者的偏好和出口国市场上消费者的偏好不同，两个市场有着不同弹性的需求曲线，国内市场上需求弹性相对出口市场上的需求弹性要小一些。两个市场上的边际成本 MC 相同，然而边际收入 MR 不同，为了达到利润最大化，$MC = MR$，在国内市场上的销售量为20万台电视机，每一台的价格为300美元，而在出口市场上，其销售量为50万台电视机，每一台的价格为250美元。这种价格歧视比在两个市场上以同样的价格销售更加有利可图。

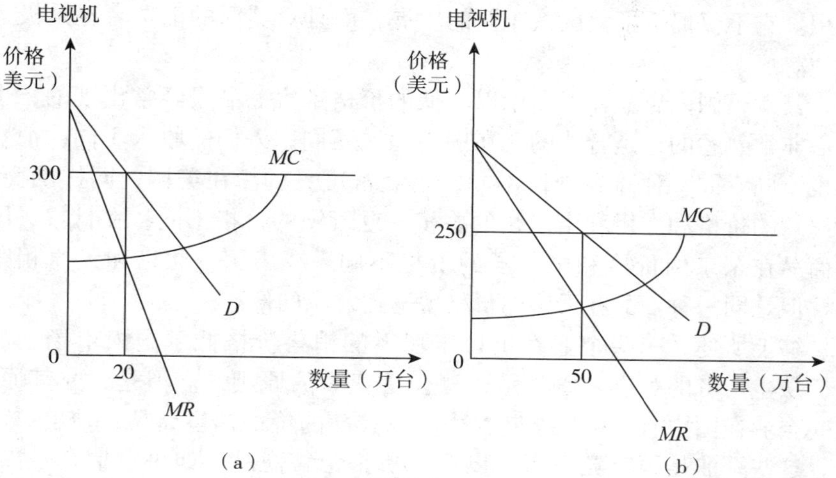

图 6.4

图 6.4（a）为出口国的国内市场；图 6.4（b）为出口市场。在两个分离的市场上，企业能够实行价格歧视，在出口国的国内市场上，国内的需求弹性较小，需求曲线比较陡，企业具有一定的垄断权力；而出口市场的需求弹性较大，需求曲线比较平坦，两个市场上的边际成本相同。为了达到利润的最大化，即 $MR = MC$，该厂商在国内的销售为 20 万台电视机，其销售价格每一台为 300 美元；而在出口市场上，其销售量为 50 万台电视机，每一台的销售价格为 250 美元。

其四，一些出口企业之所以能够在出口市场上长期、持续地以低于国内市场上的价格销售商品，甚至可以在出口市场上以成本价销售商品，是因为出口市场的扩大，能够扩大生产规模，降低成本，增加利润。从进口国来看，消费者从出口厂商的低价销售中获利，外国出口商从扩大生产规模中降低成本，与海外的消费者分享市场规模扩大所获得的利益。进口市场上的消费者所获得的利益，超过进口国同类商品生产者所受到的损失。在这种倾销的情况下，进口国获得的福利大于损失。

其五，一些企业在出口市场上以低于国内市场上的价格销售商品，有利于打破进口国已经形成的垄断，加强企业之间的竞争，使得价格持平。例如，长期以来美国的汽车业为通用、福特和克莱斯勒三家汽车公司所垄断，这种垄断不利于美国汽车业的发展。美国汽车不仅价格高，而且质量差，返修率比较高。20 世纪 70 年代末、80 年代初，日本的丰田、日产等汽车公司的汽车以较低的价格、较高的产品质量大量进入美国市场。1980 年，日本的汽车在美国市场上销售 199.2 万辆，这对于打破三大汽车公司长期的垄断、促进美国汽车业的竞争、提高产品质量和降低成本起了积极作用。它不仅促进了美国汽车业的发展，而且对美国的消费者也是极其有利的。

其六，国内企业在经营中以较低的价格销售商品是经常出现的，也是人们非常熟悉的，是合法的。在国内地区不同，人们的收入不同，消费需求也不同，同一种商品价格不同，是经常可见的。在美国，同样的商品，在纽约的价格和在伊利诺伊州的香槟—厄班纳的价格不同；在日本，同样的商品在东京的价格和山口县的价格不同。在中国，北京和天津相距不远，但是同一种商品在天津的价格普遍比北京的低。

综上所述，一些企业在出口市场上的销售价格低于国内市场上的价格，从生产者的观点来看，是违背公平竞争的原则的。但是，究其原因，这些企业在国内有一定的垄断权力，以较高的价格销售商品；在出口市场上，这些企业是国际竞争者，以竞争价格销售商品。如果事情真是如此，那么，进口国进行反倾销，其实质只能是保护本国没有竞争力的产业，或是保护本国垄断性的企业。从竞争的观点来看，无论是在国内市场还是在出口市场，竞争的一个重要方面是价格。竞争者都极力降低成本，从而使得价格达到较低的水平。正是这种竞争，推动企业不断地改进技术，改善管理，提高劳动生产率，降低成本；正是这种竞争，使得一些效率低、成本高的企业在竞争中受到挑战，或者奋起直追，或者被淘汰。这种价格竞争是推动企业发展的动力。外国企业只要不是进行掠夺性的倾销，以低价竞争，是符合市场经济的规律的。一些国家大肆进行反倾销，实质上是反对竞争，保护国内没有竞争力的企业。

§5 反倾销的结果

近些年来，反倾销法在一些国家的贸易保护中所起的作用日益重要，这些国家的政府愈来愈频繁地使用这一工具。一些国家的政府利用反倾销法，一方面对付外国的竞争者，另一方面对付外国政府，对它们施加强大的压力。对外国竞争者来说，即使是仅仅在暗示倾销的指控时，也会迫使其提高价格，从而减少出口数量。一旦征收反倾销税，基本上是平均关税的4倍，极大地增加了产品的销售成本。一般说来，在美国进行倾销调查的第一年，使该产品的进口量下降18%左右；3~4年以后，使该产品的进口量下降40%以上。例如，美国对中国大蒜的反倾销，在美国反倾销的5年里，中国大蒜的出口下降了60%以上。1983年，美国商务部下达对中国棉制毛巾征收反倾销税的命令。命令下达的前一年，即1982年，美国从中国进口的毛巾总金额为680万美元，而1988年下降到不到100万美元。1993年墨西哥对我国鞋类、玩具、服装征收高额的反倾销税，这些商品都退出了墨西哥市场。欧共体反倾销的案件，一旦裁决后，5年以后才考虑重审，这就使得一些出口商品全面退出欧盟市场。

一些国家往往利用反倾销手段迫使外国政府进行“自愿”出口限制谈判。例如，1987年美国对日本出口的半导体芯片提出倾销指控。美国政府宣布对日本半导体芯片征收120%的反倾销税，从而迫使日本政府进行“自愿”出口限制谈判，最后由日本政府宣布对美国半导体芯片“自愿”出口限制。

§6 1994年“关税与贸易总协定”第六条款

在关贸总协定的主持下，第7轮谈判，即东京回合，在1979年达成反倾销协议，其正式的名称为《关于实施关贸总协定第6条款的协定》。在关贸总协定的主持下，第8轮谈判，即乌拉圭回合，对于这一协议又进行了修改，达成1994年《关税与贸易总协定第6条款的协议》。该协议一共分三大部分18个条款，另加2个附件。该协议的主要内容有如下几方面。

第一部分第1条，总则，倾销的定义。如果一项产品从一国出口到另一国，该产品的出口价格在正常的贸易过程中低于出口国旨在用于本国消费的同类产品的可比价格，即以低于其正常价值进入另一国的商业，则该产品即被认为是倾销。在出口国国内市场正常贸易过程中，不存在该同类产品的销售时，或者由于该市场的特定情况，或者在出口国国内市场的销售量太少，该项销售不能用于适当的价格比较时，则倾销幅度应通过与向另一个合适的第三国出口的同类产品的可比价格进行比较而确定，或者与原产国的生产成本，加上合理数额的管理费、销售费，并加上利润，一般成本进行比较而确定。第3条，损害的确定。倾销的进口产品的数量和倾销的进口产品的结果对国内市场同类产品价格造成的影响，以及这些进口产品对国内该同类产品生产商造成的影响。审查倾销的进口产品对有关国内产业的冲击程度，应包括对有关产业状况的所有有关的经济因素和指数的评估，包括销售量实际或潜在的下降、利润、产量、市场份额、生产率、投资收益、生产设备的利用、影响国内价格的因素；倾销幅度大小，对现金流动、库存、就业、工资、增长率、筹措资金或者投资能力等方面实际或潜在的副作用。第9条，反倾销税的征收，在全部征收条件都已满足的情况下，是否要征收反倾销税，以及征收反倾销税的数额是否按倾销幅度的全部，或者小于倾销幅度，均由进口成员国当局决定。反倾销税的数额不得超过倾销幅度。

第二部分第16条，建立一个反倾销措施委员会，其成员由每一成员国代表组成。

第三部分第18条，在没有其他成员国的同意下，不能对有关本协议的各条款的规定提出保留。每一成员应采取一切必要的步骤，不论是一般的或者特殊性质的，不迟于建立WTO的协议对其生效之日，确保其法律、条例和行政性的程序与本协议条文的规定一致。

本章总结

人们一般认为，补贴和倾销是不公平贸易。然而，在现实世界里，补贴和反补贴、倾销和反倾销是一个非常复杂的问题，要根据具体情况具体分析。不能简单地认为补贴和倾销是不公平贸易，是错误的，而反补贴和反倾销就是正义的、正当的、正确的。事实上，目前许多国家一方面在大声疾呼自己遭遇到“不公平贸易”的损害，而另一方面，则利用反补贴和反倾销措施加强对进口产品实施贸易保护主义政策。

思考题

1. 什么是补贴，补贴有哪几种形式？
2. 什么是非市场经济国家的倾销定义，为什么说这一定义不合理？
3. 从什么意义上说，反倾销实质上是一种贸易保护主义手段？

第7章
贸易保护主义的政治和理论基础

本章概要

本章集中分析贸易保护主义的政治根源和理论根据。在学习国际贸易理论的过程中，我们可以领会到，所有的国际经济学家，都力图从静态和动态两个方面分析国际贸易能使贸易的双方获利。不仅如此，对外贸易还能促进各国经济的发展。与此同时，在学习国际贸易政策的过程中，也可以领会到，所有的国际经济学家都力图说明，实施贸易保护主义政策，不仅会带来净损失，对于经济的发展也常常会带来各种不利的影响。既然如此，为什么世界上绝大多数国家多多少少、程度不同地都在实施贸易保护主义政策？其政治根源在于对外贸易对国内不同的集团会产生不同的影响，有的集团在贸易中获利，有的集团在贸易中会受到损失。因此，在贸易中受到损失的集团必然会采取各种措施对政府施加压力，要求政府实施贸易保护主义政策。贸易保护主义政策也有其理论根据，贸易保护主义的理论很多，本章集中分析保护幼小工业理论和保护就业理论。

学习目标

1. 从近代世界经济发展史来看，为什么英国和美国在不同的历史时期采取不同的贸易政策？
2. 为什么一些利益集团会对政府的贸易政策施加压力。
3. 正确评价保护幼小工业理论。
4. 正确评价保护就业理论。

英国汽车工业保住一个就业大约要消费者每年支付19000 美元至48000 美元。在美国这类费用每年在40000 美元至108500 美元之间。

——世界银行报告

学生们在学习国际贸易理论和政策的过程中，常常会提出这样的问题：经济学家们已经从静态和动态不同的角度分析了国际贸易会给贸易双方带来福利，并能够促进经济的增长；然而，无论是采取关税或者非关税措施，实行贸易保护主义政策，都会给社会带来净损失，还不利于经济的发展。那么，世界上为什么会有这么多国家实行贸易保护主义政策呢？出现这类问题的原因在于，古典经济学家在分析贸易理论时，只是笼统地分析贸易获利，他们没有深入地分析贸易会对国内收入分配产生重大的影响。现实世界中，对外贸易在国内会使得一部分人受益，而另一部分人受到损害。同样，实行贸易保护主义政策，也会使一部分人从中获益，而另一部分人受到损害。可见，一个国家是选择自由贸易政策，还是选择贸易保护主义政策，即贸易政策的决定，常常是内部利益集团斗争的产物。某一个时期，某一利益集团在国内经济和政治上占优势地位，就可能采取有利于该集团的对外贸易政策。而另一个时期，另一个集团在政治上占上风，则会改变贸易政策，以适应该集团利益的需要。同时，一些国家当其在世界经济和贸易中取得绝对优势地位，为了国内在经济和政治上占统治地位的集团的利益，需要向海外扩张时，则会扛起自由贸易的大旗，要求其他国家为其工业产品开放市场。一旦这些国家的产品受到其他国家的挑战，经济相对衰落时，那么会立即毫不犹豫地实施贸易保护主义政策，建立起贸易壁垒。

第 1 节　贸易保护主义政策的政治和社会根源

§1　从历史的发展观察贸易政策的变迁

19 世纪初，尽管英国资产阶级的代表思想已经形成，主张放任自由，把自由竞争看成是自然法则，他们主张自由贸易，要求取消贸易保护性的政策，取消保护性的关税。然而，当时在经济上、政治上占统治地位的仍然是土地贵族和金融巨头。1815 年，英国国会为了保护土地贵族的利益，通过了“谷物法”。该法令规定，只要国内市场上的小麦价格每夸脱低于 80 先令，就禁止粮食进口。这项法令促使粮价高涨，工资上升，损害了工业资产阶级的利益。同时，欧洲其他国家为了实施贸易报复政策，限制英国工业产品的进口，以抵制谷物法，其结果使得英国对外贸易锐减。1815 年，英国的出口总值为 5100 万镑，1819 年下降至 3500 万镑。然而，到 19 世纪中叶，随着英国工业资产阶级的经济和政治实力的壮大，在国会中取得了统治地位，在 1846 年，废除了损害工业资产阶级利益的“谷物法”。在此期间，英国还取消了 605 种商品的进口关税，降低了 1035 种商品的进口关税。到 19 世纪 60 年代，英国开始实行自由贸易政策。这一时期，英国工业在世界工业生产中占垄断地位，在世界产量中所占比重，采煤量占 51.5%，生铁产量占 50%，棉花消费量占 49.2%。这些产品的产量几乎都占世界产量的一半左右。英国对外贸易在世界贸易总额中，几乎相当于法国、德国和美国的总和。然而，英国自由贸易政策的实施是短暂的。可以说从 1880 年开始，英国经济开始相对衰落。从 1870 年至 1913 年，美国和德国经济出现了跳跃式的发展。在这 43 年里，美国工业增长了 8.1 倍，德国工业增长了 4.6 倍，而英国仅增长了 1.3 倍。英国的工业产值在 19 世纪 80 年代被美国超过，在 20 世纪初又被德国超过。到 1913 年，英国的钢铁产量为 778 万吨，美国为 3130 万吨，德国为 1690 万吨。英国在国际贸易中的地位相对下降。1870 年，英国在国际贸易中所占比重为 25%，1913 年下降至 15%。在 19 世纪 90 年代，即使这一时期英国的出口额在世界出口总额中仍然占第一位，但是由于德国的产品大量进入，英国为了抵制和限制德国产品的进口，采取行政的贸易保护主义手段，要求所有进口产品都必须有标签标明出产地，标明是“德国制造”（Made in German），或者是“美国制造”（Made in USA）等。其目的：一是警告英国的公民，有大量的德国产品进入英国，要求英国公民购买国货；另一是增加出口国出口产品的成本和费用，降低德国产品在英国的竞争能力。这说明，由于英国在世界经济和贸易中地位的变化，英国的贸易政策已经开始从自由贸易政策转向贸易保护主义。

从美国贸易政策的发展史来看，在其取得独立以后，1791年，代表新兴资产阶级利益的第一任财政部长亚历山大·汉密尔顿（Alexander Hamilton），提出了保护幼小工业的政策。到1812年，美国的关税比原来的平均关税率上升了12.5%，增加了1倍。从此以后，美国的进口关税逐步上升。然而，美国南方奴隶庄园主需要出口大量的农业产品，进口大量的工业产品。而政府实施的高关税政策，损害了南方奴隶庄园主的利益，南方的庄园主极力反对贸易保护主义的关税壁垒。他们提出，如果不撤除贸易保护主义的壁垒，就要求退出联邦。这种强大的压力迫使联邦政府不得不降低关税。然而，南北战争以后，工业资产阶级取得胜利。为了维护工业资产阶级的利益，美国的关税一再提高，实施高关税的贸易保护主义政策。到1897年，美国的进口关税税率平均高达57%。到第一次世界大战前夕，美国的进口平均关税税率曾下降至29%，但是战争结束以后，为了保护战争中的新兴工业，即化学工业和制药业，自1921年起，美国又开始实施高关税政策。到20世纪20年代末30年代初，美国开始爆发经济危机，并波及其他国家。各国都期待着美国降低关税，减轻危机的影响。但是，美国众议院议员威尔士·郝莱（Willis C. Hawley）和参议院议员里德·斯摩特（Reed Smoot）提出提高关税的法案，该法案被称之为斯摩特—郝莱法案。这一法案涉及贸易的所有领域，共800多类商品。它们的平均进口关税税率被提高至59.1%。这是美国历史上最高的关税率，为1913年平均关税税率的1倍。1930年6月7日，胡佛总统签署了这一法案。这一法案的签署和实施，使其他国家的领导人感到极大的震惊和沮丧，立即有45个国家先后提高关税进行报复。该法案的实施导致美国对外贸易急剧下降。1929年，美国每个月的进口额平均为30亿美元，到1933年3月，下降至只有5亿美元。1929年至1932年，美国的农产品出口下降了66%，从而进一步降低了农产品价格，造成大量农场和农业银行的破产。美国臭名昭著的斯摩特—郝莱法案，实际上是企图以牺牲别国的利益来改善美国的经济，结果是导致国际贸易体系的崩溃，并加深和拖延了危机。1934年，美国总统富兰克林·罗斯福（Franklin Roosevelt）上台执政，实行新政，制定了“互惠贸易协定法”（Reciprocal Trade Agreement Act of 1934）。这一法案提出了多边主义和自由贸易。所谓“自由贸易”的目的在于扩大美国的出口，而不是进口。该法案明确地说明：其目的是用扩大美国产品的国外市场，克服工业萧条。它所强调的是互惠，也就是美国减让关税是有条件的，只有当贸易伙伴减让关税时，美国才相应地减税。第二次世界大战后，美国在世界经济和贸易中具有绝对优势地位，为了向外扩张，这一时期也扛起了自由贸易的大旗。但是，美国实施自由贸易政策也是短暂的、有条件的。20世纪60年代，美国的国际竞争力相对削弱，其对外贸易政策开始转向贸易保护主义。在美国的倡导下，签订了纺织品进口配额限制贸易的协定，以及对钢铁、汽车、摩托车、鞋类、彩色电视机、半导体等一系列产品的进口实施非关税壁垒。美国还利用其经济实力，对一些国家施加强大的压力，迫使这些国家实行“自愿”出口限制。1988年美国《综合贸易法》出炉，这一法案提出的不再是多边主义和自由贸易，而是双边贸易和“公平贸易”，强调利用贸易法的自我保护性。其大肆利用该法案中的“301”、“337”等条款进行所谓的“自我保护”，行贸易保护主义之实。近些年来，美国又大量动用反倾销、紧急保障措施等，实施贸易保护主义。美国贸易保护主义政策有着日益加强的趋势。

综上所述，自由贸易政策和贸易保护主义政策可以说是一枚硬币的正反两面，在某一个时期用硬币的正面，在另一个时期用硬币的反面，一切都取决于这些国家占统治地位的利益集团的需要。

§2 贸易政策对不同的生产要素产生不同的影响

贸易政策对不同的生产要素产生不同的影响。无论是自由贸易政策还是贸易保护主义政策，都是一部分人受益，一部分人受到损失。那些出口商品密集使用的生产要素的所有者，从自由贸易政策中获利；那些与进口竞争的商品密集使用的生产要素的所有者，从贸易保护主义政策中获利。例如，某国出口小麦，进口布。为了维护织布行业的利益和就业，该国实行贸易保护主义政策，对于进口布征收关税，从而使得小麦和布的相对价格发生变化。布的相对价格上升，小麦的相对价格下降。征收关税的结果：首先，两个产业的利润不同，纺织业的利润增加，小麦生产者的利润相对减少。于是，纺织业利润的增加会导致其生产的扩大、产量的增加，而小麦的生产相对减少。其次，征收关税会带来生产结构的变化，不只是资源从一个部门转移到另一个部门，而且两个部门的生产要素的比例、生产要素的边际生产率，乃至各部门内部收入的分配都会发生变化。

假定由于政府征收关税，资源从生产小麦的部门转移至生产布的部门，放弃一单位小麦的生产，能释放出 2 个劳动和 3 分土地；而生产一单位的布，需要 4 个单位的劳动和 1 分土地。假定放弃 1 公斤小麦的生产，可以多生产 0.5 米布，那么，多增加 1 米布的生产，就需要额外增加 2 个单位的劳动，而多供应 2 分土地。劳动和土地供求关系的变化，会导致劳动工资上升，土地的价格下降。相对价格的变化，会导致生产要素价格的更大变化，与价格上升更加密切相关的生产要素的收益，甚至比价格上升得更快；而与另一部门更加密切联系的要素的实际购买力将下降。某种要素愈是专业化，或者愈是集中用于出口部门的生产，那么就愈是能从自由贸易中获益。相反，某种生产愈是集中于与进口商品竞争的部门，愈是能从贸易保护主义措施中获益。在国际贸易的现实中，一国的出口产业在贸易中由于市场的扩大，从贸易中获利，它们支持政府实行自由贸易政策。然而，与进口竞争的产业在自由贸易中承受着国际竞争的压力，可能丢失市场份额，甚至停产倒闭，遭受损失，它们支持政府实行贸易保护主义政策。20 世纪 70 年代，美国一些行业，如钢铁、纺织、制鞋和家用电气行业，对国会施加压力，要求通过贸易保护主义法案；然而农场、飞机制造和电子集团的众议员进行院外活动，反对通过这类法案。他们担心这些法案将会引起外国对于美国的出口产品的贸易报复。许多年来，美国农业利益集团一直是自由贸易的支持者。然而，到了 20 世纪 80 年代，美国农产品出口下降，农场主也要求实施贸易保护主义政策。可见，贸易对于国内的收入分配有着重要的影响，利害关系决定着这些利益集团对待贸易政策的态度。

正是在贸易中会出现各种实际问题，涉及各个集团的切身利害关系，当贸易损害了某一集团的利益时，他们自然而然地会对政府施加压力，要求实施贸易保护政策，这就是贸易保护主义的政治基础。

§3　生产者集团和消费者集团对于政府制定政策产生着不同的影响

首先，贸易政策对于生产者和消费者集团产生着不同的影响。在进口贸易中，实施自由贸易政策，消除对于进口的限制，价格下降，消费需求量上升，消费者剩余增加，能给消费者带来福利。然而，自由贸易政策对于与进口产品竞争的生产者的影响是价格下降，生产供应量减少，生产者剩余减少，带来损失。

贸易政策对于生产者集团和消费者集团影响的程度不同。政府实施自由贸易政策，消除对于进口的限制，能够从海外进口大量物美价廉的商品，消费者从中获益。然而，消费者人数是如此众多，贸易中所获得的利益分散在每一个消费者身上则是微小的。政府实施自由贸易政策，消除对于进口的限制，对于与进口商品竞争的生产厂商却产生重大的影响，竞争压力加大，被迫降低价格，丢失部分市场份额，不得不削减产量，在与进口产品竞争中，甚至有破产、倒闭的危险。自由贸易政策对生产者的影响集中在少数厂商身上，使这些厂商的损失比较沉重。

第二，生产者集团和消费者集团一方面受到政府政策的影响，另一方面它们又会反过来影响政府的贸易政策。然而，这两大集团对于政府影响的动力不同。两大集团如果要对政府的政策施加影响，都会考虑在施加影响的过程中所支付的成本和所获得的利益，是成本大于利益还是利益大于成本，必然会进行比较。假定政府实施贸易保护主义政策，损害了消费者的利益，那么，消费者集团为了影响政府，就要迫使政府改变政策。为此他们必须支付一定的成本，作为进行院外活动的经费。假定政府对于制鞋业进行保护，对进口鞋每一双征收5美元的关税。消费者为了影响政府的政策，进行各种游说活动，其所付出的代价将会远远超过5美元。对于消费者来说，为了5美元的关税去影响政府的政策，是不值得的。然而，对于与进口竞争的制鞋厂商，影响政府的政策、游说政府实施贸易保护主义政策，其获利将远远大于所花费的成本。因为政府是实施自由贸易政策还是实施贸易保护主义政策，关系到制鞋厂商的投资、工人的就业、企业扩大还是收缩，甚至关系到企业的生死存亡。特别是在一些比较小的城镇，一个产业是这一城镇的经济中心，它的兴旺和衰落关系到本地区许许多多人的就业，关系到这一地区商店、银行和各种服务业的生存和发展。如果政府实施贸易保护主义政策，这一集团将会在政府的保护下避免外国竞争者的竞争压力，获得稳定的国内市场，获得更多的利润。那么，它们对于国会和政府游说施加影响，迫使政府实施贸易保护主义政策，其获利将大大超过成本。可见，生产者集团和消费者集团对于影响政府政策有着不同的动力。

第三，生产者集团和消费者集团之间的政治和经济实力相差也十分悬殊。在组织上和政治上，消费者人数众多，同时，贸易政策对于消费者的利害关系相对而言不很严重，因此，这一集团在组织上是松散的，比较涣散，很难将消费者集合起来，凝聚成一股有组织的政治力量。然而，与进口竞争的生产者集团不同，它们人数相对比较少，贸易政策关系到其兴衰和生死存亡，利害关系十分密切。它们相互之间有着共同的利害关系，因此，在组织上比较严密，能够凝聚成一股政治力量。在经济上，消费者集团的活动很难获得资金的支持。然而，生产者集团有着雄厚的资金来源，支撑着这一集团的活动，活动的效率也比较高。例如，从20世纪60年代开始，美国产品的国际竞争力开始下降，贸易收支状况不佳，与进口竞争的一些产业集团，如纺织、钢铁、电子和制鞋等产业，对国会施加巨大的压力，要求控制这些产品的进口。1968年，美国劳联—产联工会开始要求限制美国的进口贸易。美国国会立即做出反应，在肯尼迪总统时期，就颁布了包括1000多项商品的限制性货单。20世纪70年代，美国钢铁业通过国会迫使政府采取一个所谓“引发价格机制的措施”。这一措施对进口钢铁的价格规定一个限度，一旦外国钢铁的价格低于这一价格，就自动征收反倾销税，从而保护国内的钢铁产业免于受到外国比较便宜的钢铁进口的竞争。20世纪80年代，在美国汽车产业集团和汽车工人联合会的压力下，美国国会提出了针对日本汽车进口的“当地构件立法动议”。这一立法规定，在美国销售50万辆以上的汽车，其构件的90%必须来自美国和加拿大。这些实例说明政府政策是利益集团之间实力争斗的产物。

第2节　贸易保护主义的理论基础

§1　重商主义

在16世纪至17世纪，即资本主义原始积累时期，重商主义理论起着重要作用。它是这一特定历史时期的商业资本的意识形态。在国际贸易方面，重商主义的基本观点是：其一，金银是货币，货币就是财富，财富就是金银。其二，财富的直接源泉是流通领域。然而，国内的流通领域只能改变财富的分配，不能增加货币量。只有通过对外贸易，才能增加货币量，增加财富。晚期的重商主义主张通过调节对外贸易的商品运动，以达到积累货币增加财富的目的。其三，一国的出口大于进口，就会出现贸易顺差；一国的进口大于出口，就会出现贸易逆差。在对外贸易中，必须保持贸易顺差，即一国的出口总额应该大于进口总额，只有这样，才能保证更多的货币流入本国。这是增加财富的最可靠的途径。1664年，英国晚期重商主义的代表托马斯·曼（Thomas Mann）出版了《英国得自对外贸易的财富》一书。在书中他说：对外贸易是增加我们财富和现金的通常的手段。在对外贸易中，我们应该谨慎地遵循的原则是，我们每年卖给外国货物的总价值，必须大于我们所消费外国货物的总价值。其四，国家必须采取各种措施和手段限制进口，扩大出口。他们主张，“第一，对于本国消费的外国货物，如能由本国生产，不论从哪个国家进口都加以限制。第二，对于从与其贸易差额不利于本国的那些国家进口几乎所有的货物，都加以限制。”国家应该充分发挥进口关税的保护作用，并且号召认真节约，减少奢侈品的进口，尽量不要消费外国商品。他们还主张通过退还税款、给予奖金等手段以鼓励出口。总之，重商主义者第一次提出了“奖出限入”的贸易保护主义政策。亚当·斯密指出：重商主义者“已确立这样两个原则：财富由金银构成；没有金银矿产的国家，只有通过贸易差额，即出口价值超过进口价值，才能带来金银，所以政治经济学的重要目标必然成为，尽可能减少进口供国内消费的外国产品，尽可能增加国内产业产品的出口。所以，使国家致富的两大引擎就是限制进口和奖励出口。”① 恩格斯非常形象地描绘了重商主义的代表性思想，他说：在重商主义的影响下，各国就像守财奴一样，双手紧紧抱住自己心爱的钱袋，两眼打量着自己邻居们的钱箱。

上述重商主义观点的错误在于：其一，正如亚当·斯密所指出的，重商主义没有将财富（Wealth）和财宝（Treasure）区分开来。财富是指劳动所创造的一切物质财富；而财宝则是金、银、珠宝等，它们只是财富中的一部分。重商主义还将货币和商品割裂开来，认为只有货币是财富，而商品就不是财富。获得更多的货币就是财富的增加，而获得更多的商品则不是财富的增加。这就说明他们并不了解货币本身就是商品。货币是从商品中分离出来充当一般等价物的特殊商品。金、银本来就是一种商品，只不过是在一定的历史条件下，从商品中分离出来充当货币。可见，重商主义在一些基本概念上，即财富和财宝、商品和货币、货币和金银等方面存在着错误，对于这些概念的含义混淆不清。其二，重商主义者错误地将流通领域当成是财富产生的主要源泉。事实上，一般说来，在商品的交换中实行等价交换的原则，不可能增加财富。财富的主要源泉是生产领域，在生产中增加价值和创造财富。其三，重商主义认为，在对外贸易中，贸易

① 亚当·斯密：《国富论》，华夏出版社 2005 年版。

的一方的获利是以牺牲另一方的利益而实现的。因为在贸易中，一国在贸易中要保持顺差，另一国在贸易中必然出现逆差。具有贸易顺差的一方，可以获得另一方支付的金银，金银的流入使财富增加。而出现逆差的一方，必须以金银进行支付，从而减少财富。总之，重商主义者认为，财富是在对外贸易中增加或者减少的，因为在国际贸易中，只能是一方获利，而另一方受到损失。亚当·斯密指出，在贸易中，贸易的双方都能获利，利润的来源是，在贸易的条件下，双方实行专业化的分工，将本国的资源转移至本国具有绝对优势的部门，提高劳动生产率，从而增加了财富，贸易的双方在贸易中都能获利。同时，由于同一种商品两个国家的成本不同，无论是进口国还是出口国，国内价格和国际价格之间存在着差额，在贸易中都能获利。其四，亚当·斯密反对政府对对外贸易实行管制。他认为，政府对于对外贸易管制的结果，“是国家的劳动由较有利的用途转移到较不利的用途上。其年产品的交换价值，不但没有顺应立法者的意愿增加起来，而且一定会减少下去。”他还说：“管制的直接结果就是减少社会的收入。凡是减少社会收入的措施，一定不会增加社会资本；要是任由资本和劳动寻找自然的用途，社会的资本自会迅速地增加。”①

§2　保护幼小工业理论

保护幼小工业理论，首先是由美国第一任财政部长亚历山大·汉密尔顿提出的。美国在独立战争以后，政治上取得了独立，然而经济上仍然依赖于英国。英国大量廉价的工业品继续涌入美国，使得刚刚起步的美国工业遭受严重的挫折。1791年，在乔治·华盛顿（George Washington）总统时期，汉密尔顿提出了《制造业报告》（Report on Manufactures），阐述了保护美国幼小的制造业的必要性。他的主要观点：其一，一个国家没有制造业，在政治上和经济上不可能强大。其二，制造业的发展能够带动其他经济部门的发展，促进社会分工，增加就业，吸引外国移民的流入，并能保证美国农产品的国内市场。因此，制造业的发展能够带动整个国民经济的增长。其三，政府对于国内市场的保护，防止外国产品的竞争，在保护美国幼小工业的发展上极为重要。

保护幼小工业理论是由德国历史学派的创始人弗里德里希·李斯特（Friedrich List）所发展的。德国是一个后起的资本主义国家，19世纪上半

---

① 亚当·斯密：《国富论》，华夏出版社2005年版。

叶，德国的经济发展水平远远落后于英国和法国等先进国家。在其工业发展初期，为了避免英国和法国产品的竞争，需要实施贸易保护主义政策。1841 年，李斯特出版了《国家的政治经济制度》一书。他的主要观点：其一，各个国家发展的历史阶段不同，应该实施不同的贸易政策；同时，一个国家在经济发展的不同时期，也应该实施不同的贸易政策。李嘉图的比较优势学说，忽视了各个国家经济发展的不同历史发展阶段以及不同阶段的不同特点。他的比较优势学说和自由贸易政策只适用于当时的英国，而不适用于德国，它们不利于德国工业的发展。其二，当一个国家的工业在发展的初期，许多产业刚刚建立，非常幼小，必然会遇到成本较高的困难。如果在这样的条件下实施自由贸易政策，会受到发达国家已经发展壮大的工业的竞争，使得本国的幼小工业不能获得发展的机会。如果实施贸易保护，以避免国外产品的竞争，新建的工业在实践中，就会取得经验，不断改进，成本会逐步降低。其三，创造财富的能力比财富本身更为重要。发展一个国家的生产能力是长远的利益，而获得财富是眼前的利益。也可以这样来理解，对一个人来说，造血功能比输血更为重要。李斯特承认，阻止英国廉价产品的进口会使得国内工业品的价格提高，也不利于劳动生产率的提高。但是，从长远的观点来看，保护幼小工业的成长，使得将来长远的利益获得保证，必须牺牲眼前的利益。同时，一旦发生战争，本国工业具有独立的保障。

现代保护幼小工业理论，可以概括为以下三个方面：其一，幼小工业需要保护。当一个国家的工业制造业刚刚建立之时，资金缺乏，企业的规模较小，生产中缺乏经验，技术水平低，因此，生产的成本比较高，产品的价格昂贵，质量也比较差，不能和已经发展壮大的外国产品竞争。为了幼小工业的发展，政府需要保护国内市场，以避免外国产品的竞争。其二，幼小工业保护期间，消费者需要做出一定的牺牲。工业制造业刚刚建立的国家，生产水平比较低，生产可能性曲线的水平也就比较低，如果实行贸易保护主义政策，阻挡外国物美价廉的产品的进口，阻碍了对外贸易的发展，那么，国内的无差别曲线只能和本国较低的生产可能性曲线相切在一个比较低的水平上。这就要求本国的消费者做出一定的牺牲。其三，幼小工业成长壮大以后，使得世界各国都能从中获利。幼小工业经过一定时期的保护以后，逐渐成长，在实践中获得了必要的知识，积累了生产经验，提高了技术，增加了投资，扩大了生产规模，产品的成本也就会逐步下降，质量也会逐步提高，于是国内可以达到一个较高水平的生产可能性曲线。同时，国内的制造业产品具有国际竞争能力，政府改变贸易政策，积极发展对外贸易，又可以使得本国的无差别曲线和贸易曲线相切，达到一个更高的水平。这样不仅仅使得保护幼小工业的国家获利，也使得世界上的其他国家能够进口这个国家已经具有比较优势的物美价廉的产品，从中也可以获利。

保护幼小工业的条件。李斯特在分析保护幼小工业理论时，是有条件的。现代经济学家约翰·米尔（John Stuart Mill）和查尔斯·巴斯特波（Charles F Bastable）根据李斯特的思想，提出了保护幼小工业的三个条件。他们认为：第一，保护幼小工业的范围有限。一个国家不需要保护所有的产业，只有能够成长的幼小工业才需要保护。如果一个国家有的产业虽然幼小，但是没有面临其他国家同类产品竞争的压力和冲击，就不需要保护。有的产业在一定时期里，没有成长的条件，也不需要保护，因此需要选择那些应该并且值得保护的产业予以保护。第二，保护的时间有限。对幼小工业的保护不宜过长，30 年为最高期限。经过一段保护以后，可能出现两种情况：一种情况是某一产业经过一段保护以后，仍然无法独立发展，这就说明该产业的基础极为脆弱，或者其他条件不能配套，没有发展成长的条件。这一产业不再适于作为保护对象。另一种情况是某一产业受到保护以后，逐渐发展壮大，生产出的产品成本大大降低，能与国外同类产品竞争，应该适时地撤除保护。然而，被保护的产业往往不愿意政府撤除保护，在这种情况下继续保护，只能使得企业低效率地经营仍然可以获得可观的利润，从而不求上进，出现惰性。第三，幼小工业成长以后，应该补偿社会为保护其成长所付出的代价。一些产业在成长的过程中，社会为其支付了沉重的代价，支付了“抚育费”，一旦成长以后，应该提供价廉物美的产品回报社会。然而，往往一些产业在成长壮大以后，国内的消费者还继续为其支付较高的代价。只有当这些幼小工业成长以后，能对社会做出回报，这种保护才是成功的。

专栏7.1 对保护幼小工业理论的不同观点

保罗·克鲁格曼（Paul R. Krugman）在《国际经济学》一书中，提出了保护幼小工业理论的几点问题。第一，保护幼小工业理论常常使得一些国家，今天所保护的是将来才具有比较优势的产业。假定一个国家目前劳动丰富，劳动密集型产品是其比较优势，资本只是在积累的过程之中，只有当其资本积累到丰富的程度，这时该国的资本密集型产品才具有比较优势。这并不意味着这一个国家目前就需要发展资本密集型产业，必须对这类产业进行保护。例如，20世纪80年代，韩国开始出口汽车，这并不意味着在20世纪60年代，韩国就需要保护汽车制造业，当时它的资本和有技术的劳动力都很缺乏。第二，除非一个国家为了帮助某一产业提高竞争能力，否则保护制造业并不是什么好事。例如，印度和巴基斯坦对它们的制造业保护了几十年，直到近来制造业产品才开始出口。然而，它们所出口的都是一些轻工业产品，如纺织品，而不是它们重点保护的重工业产品。印度和巴基斯坦是一个很好的例子，它们所出口的是它们从来没有保护的产业，而长期保护的产业却没有出口。在这一例子中，幼小工业的保护似乎是成功的，但是它们付出了净的成本和昂贵的代价。第三，所谓“建立一个产业是昂贵的、需要花费时间的”，并不能成为政府干预的理由，除非国内市场失灵。在以下情况下，政府不需要进行保护，而应当做其所需要做的事情。其一，如果一个发展中国家没有一系列的金融体系（如有效率的股票市场和银行），那么需要一些传统的部门进行资本积累（如农业部门），用这些资金来投入新的部门（如制造业），于是新的产业的成长受到当前这一产业的企业不能获得利润的限制。最初较低的利润阻碍了人们对这一新的产业的投资，即便是从长远的观点来看，这一部门的投资的利润将来是很高的。在资本市场正常运转的条件下，政府不需要进行干预。企业家会意识到在企业建立的最初几年里，不可避免地出现亏损。但是，经过一定时期可以使得成本逐渐下降，达到国际竞争的水平，将来的利润会增加。这些企业可以通过出售股票或者从银行的贷款中得到资金的支持。因此，最好的办法是建立一个完善的资本市场，而不是政府的贸易保护政策。其二，当一个新的产业建立，一些最早进入该产业的企业会付出“初建”的成本代价。例如，需要对于地方的基础设施、开辟新的市场进行投资，而后继的企业可以在没有支出这一类成本的条件下享用现存的条件。如果最早进入新产业的企业所付出的代价得不到回报，那么，就没有企业愿意较早地进入一个新的产业。关于这一问题如何解决，最佳的选择是政府对于这些做出贡献的企业进行补贴。除克鲁格曼以外，还有许多经济学家持有这类观点。他们认为，促进幼小工业发展的最佳办法不是保护，而是发展和改善本国的金融市场，或是对这些产业进行补贴。

保护幼小工业理论，在一些国家的经济发展过程中起了积极的作用。例如，19世纪，在美国和德国工业发展的最初阶段，这一理论起了重要的作用。20世纪，保护幼小工业理论在日本和东亚一些国家和地区的经济发展中，同样起了积极的作用。当然，也有一些发展中国家，对本国的幼小工业保护了几十年，而这些国家的工业至今仍然没有成长壮大。保护幼小工业理论的主要问题，或者说是关键点，是贸易保护政策可以使得一些低效率、无效益的企业幸存下来。但是，它并不能保证这些企业会自然而然地成长壮大，变成高效率和有效益的企业。相反，政府的保护常常使得一些低效率和无效益的企业长期不求上进地活下来。因此，保护幼小工业并非灵丹妙药，并非保护就能保证企业自然而然地成长壮大。在保护期间，幼小企业能否成长壮大，还取决于其他许多因素，这并非保护所能解决。

§3　保护就业理论

20世纪70年代以来，一些发达国家的失业率居高不下，成为一个困扰社会的严重问题。因此，实行贸易保护主义政策以保护就业，这一思想不仅仅在工人和工会中，而且在一些经济学家和相当多的老百姓中也有着较大的影响，以致使得他们支持国会通过贸易保护主义法案，支持政府实行贸易保护主义政策。

保护就业理论的主要论点，概括起来有以下三个方面。

首先，在理论上，自由贸易理论存在着缺陷。李嘉图的自由贸易理论认为，在国际贸易中，可以发挥贸易双方的比较优势，将资源从本国效率相对比较低的部门转移到具有比较优势的部门，从而使得资源的配置更加合理并有效地使用。但是，问题是李嘉图并没有说明资源如何转移，也没有说明如何将所有的资源都顺利地转移到另一个部门，更没有说明资源如何都能转移至本国的比较优势部门。他只是假定所有的资源都能转移至本国的比较优势部门。然而，在现实世界里，资源在转移的过程中总会有一部分不再被使用，或者转移至效率较低的部门，其中有一部分劳动力在转移中有可能不会再被使用。其结果是对整个社会的经济将造成损失，有时这种损失是相当大的。一些经济学家把自由贸易理论的这一缺陷比喻为“阿基里斯的脚后踵”（希腊神话中，有一位神名叫阿基里斯。他出生后，母亲倒提着他在冥河水中浸过，因此，他长大以后，浑身刀枪不入，只有被他母亲当时捏住的脚后踵，没有被浸泡过，而这一部分成为他致命的弱点）。

第二，在实践上，发达国家工人的工资和发展中国家工人的工资水平相差悬殊。美国、日本和西欧国家工人的平均工资和发展中国家工人的平均工资相差较大，发达国家制造业工人平均工资是一些发展中国家制造业工人平均工资的8~10倍。1987年，制造业每一小时平均工资，墨西哥为1.57美元，巴西为1.49美元，韩国为1.79美元，台湾为2.19美元，斯里兰卡为29美分，而美国为14美元。因此，发达国家的劳动成本比发展中国家的劳动成本高得多，无法与发展中国家劳动密集型产品竞争。正是因为一些发展中国家利用廉价的劳动力，生产大量劳动密集型产品，在发达国家以较低的价格销售，使得进口国的生产者无法与之竞争。在发展中国家廉价产品的冲击下，发达国家与进口竞争的一些企业，只有两条出路：或者破产倒闭，或者将生产部门转移至海外，进行产业转移，搬迁至发展中国家，利用当地廉价的劳动力，然后将产品再转销至国内。无论哪一个结果，都会造成大量工人失业。据美国统计，20世纪80年代末，美国每进口100亿美元的产品，将会造成17.9万工人失业，而丢失工作的绝大部分是蓝领工人。尽管由于服务业的发展又创造了新的就业机会，但是服务行业所需要的大多数是专业人员，如管理人员、推销员、办事员等。这样不可避免地会造成结构性的失业。

第三，在道德上，发达国家进口一些欠发达国家“血汗工厂”生产的产品，是一种不道德的行为。1986年，美国密歇根大学教授约翰·卡尔伯特孙（John Culrertson）在《纽约时报》上发表三篇文章，文章的中心是外国低工资的产品是“血汗工厂”生产的产品，这些产品的进口危害着美国。外国的生产是低效率的，但是依赖着低工资的优势，进行着不公正的竞争，伤害着进口国的经济。他们所说的“血汗工厂”，是指发展中国家工厂的生产条件极为恶劣，生产的时间很长，工资极低。因此，发达国家进口这些“血汗工厂”生产的产品，就是对这种工厂的支持，是一种不道德的行为。

对于上述观点，许多经济学家，包括美国的经济学家在内提出了不同的看法。他们认为，为了保护就业实行贸易保护政策是不可取的。

首先，上述观点违背了要素比例学说。根据要素比例学说，各个国家的要素禀赋不同，有的国家劳动力比较丰裕，有的国家资本比较丰裕。正是要素禀赋不同，从而要素价格不同。劳动力丰裕的国家，劳动工资相对比较低；资本相对丰裕的国家，资本的价格相对比较便宜。正因为如此，同一产品的机会成本不同，存在着不同的比较优势。有的国家劳动力比较丰裕，出口劳动密集型产品；有的国家资本比较丰裕，出口资本密集型产品。在贸易中双方都能获利。正是因为工资上存在着差距，投入劳动要素比例较大的产品，是发展中国家的优势。如果发展中国家的工资和发达国家相同，在理论上就不存在要素比例学说；在实践上，也不会因要素比例不同而产生国际贸易。卡尔伯特孙教授在课堂上讲授国际贸易的基本理论时可能头头是道，但是一接触到美国的实际利益，这些基本原理可就忘记得干干净净了。

第二，发达国家使用关税或非关税壁垒，保护就业，其结果是成本高、效果差。通过贸易保护主义手段来保住就业，其费用的昂贵，达到令人吃惊的程度。从资本的利用来看，为了保护就业，发达国家的政府必然注入新的资本，维持效率低、成本高、没有国际竞争能力的工厂继续开工生产。而这些资本本来可以用于效率高、成本低的部门，而现在不得不用于维持这些效率低的产业的就业。从劳动力的利用来看，一些缺乏竞争力的产业的大部分工人，可以转移到其他部门就业，但是为了维持低效率产业生产的运转，这些工人还得继续在这些部门工作。此外，政府为了保护这些没有竞争能力产品的国内市场，征收进口关税，实施配额和其他措施阻碍进口，使得商品价格上涨，消费者付出沉重的代价。据世界银行统计，英国政府要保住汽车工业中一个工人的就业，消费者每一年要支付19000～48000美元。在美国，这类的费用每年在40000～108500美元之间。美国迫使其他国家钢铁“自愿”出口限制，保住钢铁业每一个就业机会，消费者一年所支付的费用为110000美元。美国政府向失业的钢铁工人每支付1美元，消费者就得损失35美元，整个美国经济损失25美元①。

专栏7.2 **美国产业保护的代价**

1980年，美国圣路易斯的华盛顿大学调查研究中心，以及后来华盛顿国际经济研究中心的加里·赫弗鲍尔（Gary Hufbauer）、丹恩·伯林尔（Diane Berliner）和金伯尔里·埃利奥特（Kimberly Elliott）等研究人员，对于美国保护某些产业就业的代价均发表了研究报告。报告中，公布了美国政府通过贸易保护政策保护就业所支付的成本和代价。

① 世界银行：1987年《世界发展报告》中文版，第151～153页。

华盛顿《国际经济研究中心》的报告中分析的10个部门，保护一个人的就业一年所付出的代价，最低的是胶鞋业为3万美元，最高的是化学制苯产业达到100万美元，其他的如碳钢业为75万美元，彩色电视机产业为42万美元，奶酪业为22万美元，石油业为16万美元，纺织服装业为4.2万美元，汽车业为10.5万美元，糖业为6万美元，非胶鞋业为5.5万美元。当这一组数字最初公布时，人们认为保护的代价不可能这么高，可能出现了印刷上的错误。然而，经过核实，事实就是如此，并非印刷的错误，见表7.1。

表7.1　美国保护就业的高昂成本

行　业	进口额（亿美元）	关税（%）	价格上升（%）	消费者支出增加（亿美元）	增加就业（人）	每一个就业成本（美元）
纺织业	165.0	30.0	24.0	270	640000	42000
碳钢	102.1	30.0	12.0	68	9000	750000
汽车	292.6	11.0	4.4	58	55000	105000
化学苯	27.0	15.0	4.5	27	300	1000000
彩电	15.4	15.0	6.0	4	1000	420000
胶鞋	3.3	42.0	21.0	2	7800	30000
非胶鞋	24.8	18.5	5.5	7	127000	55000
糖	12.6	30.0	30.0	9	15300	60000
奶酪	5.9	80.0	40.0	55	25000	220000
石油	78.6	96.0	96.0	69	43000	160000

资料来源：Wilson B. Brown & Jan S. Hogendorn：<International Economics>P. 216.

保护就业不仅成本高，而且效果差。据华盛顿国际经济研究中心的研究报告分析，美国保护的最重要的31个部门只有摩托车和渔业两个部门在保护中增加了就业，有两个部门的就业没有增加或减少，其余27个部门的就业减少。

根据上述资料可以看出，美国政府实施保护就业的政策，成本非同寻常，保护的效果普遍不佳。保护就业效果不佳的原因在于：从需求方面来看，无论实施关税或者实施非关税壁垒的保护措施，都会使得进口产品和国内同类产品的价格上涨，那么消费者会寻求其他替代品，减少了对该产品的消费需求，从而减少产量，减少就业机会；从供应方面来看，在美国，劳动工资相对比较昂贵，经营者从降低成本的角度考虑，在有条件时，必然会利用较便宜的生产要素替代比较昂贵的生产要素，寻求比较优势。在保护期间，企业一般能获得较高的利润，从而积累了一部分资金，有条件进行固定资本的更新，用新的机器设备来替代工人。贸易保护主义政策成为生产要素转换的催化剂。由于生产要素的替代，减少了工人的就业机会，见表7.2。

表7.2　每一年就业变动的百分比

年　代	产　业	就业增加的百分比（%）
1980～1984	纺织服装业	-1.6
1980～1984	碳钢	-10.4
1979～1984	汽车	-4.5
1976～1982	彩色电视机	-3.7
1978～1984	化学苯	-2.1
1975～1983	胶鞋	-4.5
1975～1982	非胶鞋	-1.5
1976～1983	糖	-2.7
1978～1983	奶酪	-0.6
1954～1975	石油	-2.7

资料来源：华盛顿国际经济研究中心：《对于困难产业的贸易政策》1986年版，第22～24页。

第三，在国际竞争中，为了取得价格竞争的优势，各厂商都会尽一切努力降低成本。然而，从理论上分析，首先，产品的成本构成不只是劳动成本，它还取决于资本、原材料，还有其他生产要素。尽管美国等发达国家的工资较高，但是其他生产要素可以抵消工资比较高的不利影响。例如，美国天然气的价格相对比较便宜，用天然气做原料的纺织品成本相对比较低。因此，美国的一些人造纤维产品的成本比较低，在国际市场上具有竞争能力。其次，就劳动成本来看，劳动成本不仅仅取决于劳动工资一种因素，它还取决于劳动生产率。一些发达国家的劳动工资比较高，会使得劳动成本比较高。但是，这种不利的影响，可以通过提高劳动生产率来抵消。即使是劳动密集型的产品，也能够通过提高劳动生产率来抵消高工资的影响。假定发达国家的制鞋业劳动工资比发展中国家同行业工人的工资高8倍，然而，发达国家使用有技术的工人和比较先进的机器设备，劳动生产率比发展中国家高9倍。那么，在制鞋方面，发达国家的劳动成本将会低于发展中国家。比较高的劳动生产率主要来自于先进的机器设备、具有高技术的专业工人、企业的科学管理水平等，发达国家在这些方面具有优势。例如，一般说来，纺织业是劳动密集型的产业。然而，欧共体一些国家对本国的纺织业进行技术改造，大大提高了劳动生产率，扩大了纺织品的出口。又如，20 世纪 70 年代以前，日本的国际竞争能力相当大的程度上依赖于其工人的工资比较低、工人的工作时间比较长等。然而，20 世纪七八十年代至 90 年代初，日本工人的工资增长快于其他发达国家。按照当年的汇率计算，1993 年平均每一小时实际工资收入，美国为 11. 74 美元，英国为 9. 28 美元，德国为 14. 41 美元，法国为 7. 69 美元，日本为 20. 44 美元①。尽管日本的劳动工资上升较快，但并没有影响其出口贸易的增长和发展。日本的出口额 1978 年为 975 亿美元，1988 年为 2649 亿美元，1993 年为 3609 亿美元。

第四，从人道主义观点来分析，发展中国家之所以称为发展中国家，发达国家之所以称为发达国家，就是因为这两类国家在经济上存在着相当大的差距。第二次世界大战后，发展中国家才从殖民统治下解放出来，经济落后，工业不发达，生产条件比较差，工资水平比较低，这些都是历史的原因形成的。以同一种生产条件作为标准，要求发展中国家达到发达国家的水平，这只能是"饱汉不知饿汉饥"。在发展中国家，如果市场运转正常，那么人们选择职业是根据他们愿意接受的工资和生产条件来进行的。在 19 世纪，美国的粮食和棉花等农产品大多数都是黑奴在非人的生存条件下生产出来的，而北方的慈善家们照样享受这些产品，并没有因为这些产品是在"血泪农庄"里生产出来的而绝食。事实上，如果发达国家用贸易壁垒的方法来阻挡发展中国家所谓"血汗工厂"生产的产品进口，那么，这些穷国的经济将会受到更大的影响，经济状况和生产条件会更差，会有更多的工人失业。保护就业"理论"貌似人道主义，其实质是以牺牲发展中国家人民的利益维护发达国家的利益，是最不道德的。

第五，发达国家为了保护本国的就业，采取关税或非关税的措施阻碍发展中国家劳动密集型产品的进口，最终损害的是本国资本和技术密集型产品的出口。一是，在第 4 章分析关税的动态影响时，已经说明在征收关税的情况下，人们都想将征收关税额外的损失转移出去，因此使得国内的工资和价格上升，必然增加出口产品的成本。然而，出口商则无法将这种额外的负担转移至出口市场。因为出口商必须按照世界市场上的价格销售商品，最终关税的负担只能由出口商来承担。二是，如果发展中国家的劳

① 资料来源：日本经济和社会研究所：1996 年《日本国际比较》，第 97 页。

动密集型产品的出口在国际市场上受到挫折，它们的部分或者大部分出口商品卖不出去，那么这些国家也就没有外汇收入。其结果不只是经济发展受到影响，不可能更多地吸收发达国家的资本密集和技术密集型的商品，同时也没有外汇购买这些商品。三是，国家之间都会使用贸易报复手段，既然发达国家阻碍发展中国家劳动密集型产品的进口，发展中国家也会采取种种措施阻挡发达国家的资本密集和技术密集型产品的进口。这也就是中国人所说的以其人之道，还治其人之身。据统计，美国增加100亿美元的出口，可以增加193000人的就业；而增加100亿美元的进口，造成179000人丢失工作。可见，增加出口带来的就业机会比增加进口丢失的要多。

第六，美国进口外国廉价劳动力的制成品，对于其劳动就业所产生的不良影响是有限的。1999年美国的劳动力为1.4亿左右，其中在农业、渔业和林业中就业的占2.6%，在矿业就业的为0.4%，在制造业就业的为15%，在建筑业就业的为6.7%，在公用事业就业的为11%，在商业就业的为20.7%，在运输业就业的为6.1%，在金融、保险和不动产业就业的为12%，在服务业就业的为35.4%。从美国的就业结构来看，除制造业以外，85%的就业人口不受进口产品的影响。美国制造业就业的人口在就业总人口中只占15%，而就这15%的就业人口来分析，其中相当大的部分是在资本密集和技术密集型的产业中就业，即出口产业部门就业。当然，不可否认，美国大量进口劳动密集型产品，对于其就业会产生一定的影响，但是，这种影响往往被其国会和传媒所夸大。

值得重视的是，保护就业理论也提出了一个值得思考的问题。也就是在现实的国际贸易中，为了发挥各国的比较优势，进行资源转移。在资源的转移过程中，确实会有一部分被闲置，在长时期里不再被使用，或者被使用在效率比较低的行业。在理论上，对于这一问题，古典和新古典经济学家都没有提出来，也就没有指明解决的办法。在现实世界中，不只是美国和其他一些发达国家已经遭遇到劳动就业问题，一些新兴工业化国家和地区随着产业结构的不断升级，劳动密集型产业向海外转移，进口大量的劳动密集型产品，已经或者将要有一部分产业工人失业，因而被迫寻找新的就业机会。这些失业的工人中，有一部分可能获得新的工作，也会有一部分陷入长期失业的困境。问题是存在的，我们和“保护就业理论”的不同，在于采取什么办法，如何解决就业问题。“保护就业理论”认为需要用贸易壁垒，阻碍发展中国家劳动密集型产品的进口，这种方法是不可取的。解决本国的就业问题，重要的办法是进行产业结构调整，积极发展服务业，大力发展再培训，使得一部分失业人员能顺利地再就业。

本章总结

世界各国在不断发展对外贸易的过程中，或多或少地对本国一些产业实施贸易保护主义政策。之所以如此，是因为在贸易中，不是所有的产业都获利，有的产业在贸易中会受到损害；也不是所有的集团都获利，有的利益集团在贸易中也会受到损失。如果这些利益集团在政治上占统治地位，它们会毫不犹豫地实施贸易保护主义政策。如果这些受到损害的利益集团在政治上不占统治地位，它们也会采取各种措施和手段，对政府的政策施加影响，或者施加压力。保护幼小工业理论，对一些国家工业的成长壮大，起了积极的指导作用。然而，并非对本国的幼小工业实施保护政策，幼小工业就能自然成长。以保护就业为理由，阻碍发展中国家劳动密集型产品出口，从理论上说，它违背了比较优势理论，从实践上来说，是不可取的。

思考题

1. 为什么有的国家保护幼小工业比较成功，促进了本国工业的成长壮大；而有的国家对本国幼小工业长期实施保护政策，但本国的工业始终未能发展起来？

2. 有的西方经济学家鼓吹进口发展中国家“血汗工厂”生产的产品是不道德的行为，从理论上分析，这种言论为什么是错误的？

3. 在国际贸易中，对一些国家的就业必然会产生影响，应该如何正确地解决就业问题？

国际贸易
【第3版】

第三篇 >>

国际贸易实务

第8章
国际贸易中的法律和惯例

本章概要

国际贸易中的法律和惯例共同构成了国际贸易的制度框架，决定着其运行规则，因此从事国际贸易不能不熟悉和运用相关法律和惯例。总体上看，国际贸易的规则由国际贸易公约、国际贸易惯例和各国国内法共同组成。本章系统介绍了全球法律体系的基本特征、国际贸易公约与国际贸易惯例、中国的外贸法律制度及其修订情况。

本章着重比较了不同国家的法律体系，以中国最大的出口市场美国为例，分析了国外贸易规范的特征，介绍了《联合国国际货物销售合同公约》、国际商会等贸易机构及其制定的重要国际贸易惯例，还介绍了《中国外贸法》等重要的法律法规，以及中国外贸法律体系的不断发展与完善。本章旨在帮助学生牢固树立规范意识和法制理念，在对外贸易的实践中能够更好地顺应国际贸易的制度特征，捍卫正当权益，避免不必要的争议。

学习目标

1. 掌握普通法（英美法）与大陆法的主要特征。
2. 了解中美经贸关系中的主要法律问题及美国的贸易法体系。
3. 明确重要概念：国际贸易公约、国际贸易惯例等。
4. 熟悉国际贸易中的重要公约、惯例及相关机构。
5. 理解中国外贸法律体系的不断完善及发展方向。

国际贸易中的法律问题涉及私法和公法两个层面：国际商业交易的法律和惯例是私法范畴，它规定了双方或多方当事人在商务关系中的权利与义务；而国际贸易法（international trade law）是公法实体，它用于规定国家在它们的贸易关系中对别国的责任。

——［美］*Richard Schaffer*

如果将国际贸易比作一个全球市场，那么其有效运作离不开合理的法律制度的支持。“西方经济学之父”亚当·斯密在1776年出版的代表作《国富论》中提出了自然市场秩序和“看不见的手”的理念，其中揭示的绝对优势理论为国际贸易奠定了基石；而另一方面，早在1759年，斯密出版了他的第一部科学巨著《道德情操论》。在斯密的思想中，任何市场都不是孤立存在的，只有与合理的社会秩序相配套，才可能形成完善的制度体系。在实践中，与现代市场经济的其他领域一样，国际贸易的发展历程伴随着相关法律制度的不断完善。因此，一位精明的贸易商必须通过了解和熟悉相关法律制度来准确而灵活地评估贸易环境，从而作出富有成效的商业决策。

第1节　全球市场的法律体系

自2001年底入世以来，中国已经发展成为世界贸易大国，中国经济日益融入经济全球化与区域经济合作化的洪流之中。中国的出口市场遍及全球，美洲的美国、加拿大、巴西、智利、委内瑞拉，欧洲的欧盟各国、俄罗斯、瑞士，大洋洲的澳大利亚、新西兰，亚洲的东盟各国、日本、韩国、都是我国重要的贸易伙伴。此外，中国与非洲国家之间的贸易往来也发展得十分迅速。

在贸易扩大的同时，中国面临的贸易摩擦和纠纷也在不断增长，当友好协商无法解决问题时，往往需要借助于法律的途径。交易双方可以协商约定处理争议所适用的准据法，可以选择买方或卖方所在国的法律，也可以选择双方同意的第三国的法律或有关的国际条约和公约。若双方未约定，则由受理争议的法院或仲裁机构依据与合同有最密切联系的国家的法律来处理。依据的法律不同，可能使纠纷解决的结果迥异，因为全球法律体系从形式到内容存在很大的分歧。

§1 国家法律体系比较

全球市场的法律体系可以划分为两大类：普通法（又称“英美法”）和大陆法。普通法国家包括美国、加拿大、英国、尼日利亚等，大陆法国家包括法国、德国、瑞士、日本、泰国等。由于历史原因，美国的路易斯安那州、加拿大的魁北克省以及非洲、亚洲和拉美的殖民地国家属于大陆法系。

普通法属于判例法，按照“先例约束力”原则，以前的判例对后来的审判产生影响。在普通法中，法官是中立的，负责处理律师们提出的各种要求。因此在普通法体系中，律师的雇佣对案件的结果起到很重要的作用。例如2002年5月中下旬，中国马鞍山钢铁公司、潍坊钢铁公司在美国的反倾销案中首次通过全部调查，并最终取得了零税率的结果，这与中方高薪聘请的美迈斯律师事务所的努力是分不开的。在美国对中国的浓缩苹果汁进行反倾销的诉讼当中，中方聘请了在美国有相当影响力的格伦菲尔德律师事务所，也取得了满意的结果，最后以中方的胜诉告终。普通法国家律师费的支付方式各异，例如美国普遍允许律师收取“风险代理费”（Contingency Fees），即律师可以获取的报酬取决于所代理案件获得法院判定的支付总额的一定百分比；而英国则规定败诉方付律师费。

大陆法的首要特点是强调成文法的作用，在结构上强调法律的系统化、归类化、法典化和逻辑性。在大陆法中，法官在很多时候代替了律师去决定需要什么证据，当然律师的作用仍然是不容忽视的。

近年来普通法与大陆法（民法）的观点、态度越来越趋向一致，大陆法接受了更为广泛的成文法制定原则，寻求更宽泛的解释；而普通法也在应用抽象规则对各种社会事务作出广泛的计划与安排。例如美国制定了一系列贸易领域的法规，它们大多数赋予总统谈判和达成国会执行贸易协议的权利。

§2　法律差异的原因及其对贸易的影响

按照法律的性质，广义的贸易法包括了公法（管理性）和私法（交易性）。从公法层面考察，不同国家的贸易法代表着各异的国家利益；国家利益的冲突则集中体现在对贸易法的质疑上。

专栏8.1　欧共体诉美国“301 条款”案例

按照美国贸易法中的“301 条款”，美国贸易代表、美国企业或其他任何利益相关的国内组织都可以援引该条款，或要求美国贸易代表引用“301 条款”的法律程序对外国政府提出申诉。该法给予美国执法部门宽泛的报复权力以便使利益相关的国内企业对外国政府的任何“不公正、不合理或歧视性的、给美国商业造成压力或限制”的活动提出申诉。

1998 年 11 月 25 日，欧共体向美国提出磋商要求，认为该条款违背了 WTO 的争端解决程序，因为根据 WTO 的规定，只有得到争端解决机构授权，才能实施贸易报复。“301 条款”要求在严格时间限制内作出单边裁定并实施制裁措施的规定违背了 WTO 义务。

WTO 专家组裁决，“301 条款”本身并不违背 WTO 的规则，但美国运用该条款时必须遵守实施乌拉圭回合协议的“行政措施陈述”，该陈述表明美国将按争端解决机制的有关规定执行，并特别指出了“301 条款”的裁定应基于争端解决机构的裁定。

该案例表明，WTO 的争端解决机构并非凌驾于各成员方之上的超国家机构，WTO 尊重各成员方独立的主权。另一方面，WTO 协议作为国际协议，在各成员方具有宪法性的地位，各成员方的国内法应作出相应的调整以符合其在 WTO 下的义务。

从私法层面考察，普通法与大陆法在形式上的区别主要体现为分别采用判例法与成文法，这种区别在很大程度上取决于思维习惯和办事风格的不同。英国人习惯于临时发挥，往往到了不得不作出决断时，才作出判决；而欧洲大陆则习惯于固定的思维方式，并用推理的方法付诸实践，喜欢制订计划，提前安排事情，按照起草的规则办事，并使规则系统化。

如果只是形式上的差异，那么对贸易行为不会发生实质性的影响，但各国法律在一些重要问题的规定方面也存在明显的分歧。例如在国际贸易交易洽商的过程中，函件的往来频繁，发出函件的一方是否应对其内容承担法律责任？以及是否可以修改或撤销已发出的函件？这些问题的具体规定在普通法和大陆法中都有重要的区别，相关问题在第 9 章还会进一步详细说明。再如，贸易中有时要使用商业广告，刊登广告的一方是否应当对广告内容承担法律责任？关于这一点，不同法律的规定也是有区别的。大陆法认为，商业广告不是针对一个或一个以上特定人发出的，所以是没有法律约束力的。但英美法院的一些判例认为，虽然商业广告原则上没有法律约束力，但如果其内容十分明确而肯定，一旦看到该广告的人作出了承诺行为，刊登广告的一方就须受其约束。在英国法院 1893 年审理的 Carlill v. Carbolic Smoke Ball Co. 案中，被告在广告中称，如有人按被告说明使用该公司生产的“香烟丸”，连用两星期后仍患有流感，被告将支付 100 英镑作为补偿，而且被告将 1000 英镑存入银行以表诚意。日后，当原告真的索要该补偿时，被告称这只是商业吹嘘（Pull），不是认真的意思表示。法院判决原告胜诉，因为被告在广告中使用了“已将 1000 英镑存入银行”的措辞，显示了被告的“诚意”（Sincerity），这是强有力的证据使被告受到该广告的约束。

法律差异的原因还有多方面：法律渊源、文化差异、宗教信仰、意识形态等。例如伊斯兰国家的法律在很大程度上受到其宗教信仰的影响，许多波斯湾国家采纳了新的商业法规以鼓励商业，但这些法规必须被解释得与伊斯兰教法沙里亚（Shari’a）和《古兰经》保持一致。不同国家的法律差异十分显著，熟悉一国的法律环境是与该国进行交易的重要环节。同时要注意，各国法律环境还在不断发生变化，例如中国 2001 年底加入世界贸易组织以后，根据在 WTO 中的基本权利和义务，对国内法律体系进行了全面的完善。

§3 美国贸易法

长期以来，美国一直是中国最大的出口市场。美国贸易法是公法实体，管理美国与其他国家的贸易关系，包括商品和劳务的进出口。贸易法通常被用于实施国会和总统制定的贸易政策。由于实行联邦制，美国实际上有两个层次的政府——州和联邦政府，联邦政府在相当大程度上管治着对外贸易，联邦规则优先于规定不同的州规则。影响贸易的联邦机构包括：商务部（DOC）对联邦政府内部所有部级机构的对外贸易拥有最广泛的权力，其中的国际贸易管理处负责反倾销诉讼的调查；财政部管理着美国的海关总署；贸易代表（USTR）作为内阁级的职位直接向总统负责，在贸易事宜方面是总统的首席顾问，代表美国开展贸易谈判；国际贸易委员会（ITC）是一个两党联立的机构，为国会和总统对有关国际经济与贸易方面的广泛事务作调查、准备报告，在反倾销诉讼中负责调查贸易实践；国际贸易法院（CIT）由9名法官组成，审理由美国的贸易或关税法引起的案子。

顺应经济状况的变化和贸易战略的调整，美国颁布了一系列重要的贸易法规：1930年《斯穆特—霍利法案》、1934年《互惠贸易协议法》、1962年《扩大贸易法》、1974年《贸易改革法》、1979年《贸易协议法》、1984年《贸易与关税法》、1988年《综合贸易与竞争力法》、1995年《乌拉圭回合协议法》等。每一项法案的背后都有深刻的经济和政策背景。例如1930年《斯穆特—霍利法案》是19世纪20年代末、30年代初世界经济大危机的产物，美国为了转嫁危机，将平均关税税率提高到59%；1988年《综合贸易与竞争力法》标志着随着国际地位的变化，美国的外贸政策从自由贸易转向“公平贸易”；而1995年《乌拉圭回合协议法》则是美国各界针对WTO多边贸易体制是否影响美国的“主权”展开大辩论之后的一种折衷处理。

在中美经贸关系中，相关的宏观性问题涉及美国贸易法中的最惠国待遇问题（“402条款”）、反倾销问题（反倾销法）、市场准入问题和知识产权问题（“301条款”和“337条款”）、市场扰乱问题（“406条款”）、免责条款（“201条款”）等。尤其是美国贸易法“301条款”，被称为架在世界贸易头上的一根“大棒”。“301条款”现在指《1988年综合贸易法案》第1301节至1310节的全部内容，它使用报复手段，以实现美国依贸易协定所享有的权利，打击外国所谓“不公平”的贸易做法。“301条款”可以分为三个部分：“一般301”、“特别301”、“超级301”。按照“一般301”的规定，如果美国贸易代表确信，外国的某项立法、政策或做法违反了贸易协定、与贸易协定不符或是不公正的，从而给美国商业造成了负担或限制，那么美国贸易代表就应该采取行动，以实现美国依贸易协定所享有的权利，或达到消除这一立法、政策或做法的目的。“特别 301” 主要针对知识产权问题，“超级 301” 主要针对贸易自由化问题。

美国的现代买卖法是《美国统一商法典》（Uniform Commercial Code，简称 UCC），目前被 50 个州采用（路易斯安那州部分采用），它覆盖从银行存款到保护性交易等商业法规的许多领域，其中的第二篇适用于货物交易。UCC 的很多规定被《联合国国际货物销售合同公约》（CISG）借鉴和引用。1986 年，CISG 获得参议院批准通过并在 1988 年 1 月 1 日成为美国的法律，UCC 则成为适用于纯粹的国内买卖的法律。

第 2 节　国际贸易公约和国际贸易惯例

在国际贸易中，由于各国国内法的规定差异很大，各国贸易利害关系不同，单靠国内法不能适应解决各国利害冲突和国际贸易争议的要求。国际日益紧密的经济依存关系要求各国之间就重要的法律问题达成协议，国际贸易公约和国际贸易惯例旨在消除国际贸易障碍和解决国际贸易争议。

§1　国际贸易公约

国际贸易公约主要指两个以上国家（地区）之间所缔结的关于国际贸易中当事人权利和义务的多边条约。它对缔约方有约束力，必须遵守。由于这些公约往往反映了商品经济的一般规律，通常被认为属于商业活动应予遵守的规范，因而往往也会得到非缔约方的遵守，尤其是那些参加国较多、历史较长久的公约。另外，由于一些重要的涉及商事的国际贸易公约具有私法特性，因而在某些情况下，其效力并非具有绝对强制执行力的，只有在当事人之间的法律行为中予以采用时，才适用于当事人之间的法律关系。例如《联合国国际货物销售合同公约》第 6 条规定，双方当事人可以减少该公约的任何规定或改变其效力。这也充分体现了在私法领域当事人“意思自治”的原则。

公法性的国际贸易公约旨在协调并统一各缔约方的一般贸易管理规章与活动，如《关税与贸易总协定》、《世界贸易组织协定》、《北美自由贸易协定》等。这些公约通常赋予某国际组织在国际贸易中特定的权力。私法性的国际贸易公约旨在统一各国有关立法，以利于国际贸易更快捷、高效地建立与实现，最典型的是调整国际货物买卖的《1980年联合国国际货物销售合同公约》。

此外，国际贸易中还涉及相关商事领域的国际条约，如调整国际海上货物运输的《海牙规则》、《海牙—维斯比规则》、《汉堡规则》；调整国际航空运输的《华沙公约》；调整国际铁路货物运输的《国际货约》、《国际货协》；调整国际多式联运的《联合国国际货物多式联运公约》；调整国际票据法律关系的《关于本票、汇票的日内瓦公约》、《关于支票的日内瓦公约》；关于国际仲裁的《承认及执行外国仲裁裁决公约》（又称《纽约公约》）；关于知识产权的《保护工业产权巴黎公约》、《商标注册马德里公约》、《伯尔尼公约》、《日内瓦公约》、《世界版权公约》等等。

在国际贸易公约的制定过程中，联合国及其附属机构起到了重要的作用，尤其是联合国国际贸易法委员会（UNCITRAL，简称“联合国贸法会”）的作用不容忽视。此外，国际私法海牙会议和国际私法统一协会（UNIDROIT）也致力于国际法的统一，是对联合国贸法会的重要补充。

联合国贸法会成立于1966年，其职能是：通过协调国际贸易领域中各组织的工作，促进国际贸易法律的逐步协调和统一；拟定新的国际条约草案，制定国际贸易方面统一的法律；确保在国际贸易领域中对国际公约有一致的解释和应用。自成立以来，该机构的业绩不凡，例如1978年签署的《联合国海上货物运输公约》提出了用于货物运输的国际海运提单，长期以来成为国际贸易交易的最重要单据之一（详见第11章）；1976年通过了仲裁规则，至今仍在广泛使用；《联合国国际货物销售合同公约》的制定和实施更是联合国贸法会的一项重要成就。

中国对外缔结或参加的有关国际货物贸易方面的国际公约颇多，对我国发展对外贸易影响最大的是WTO协定及其附件所包括的各种协议。此外，中国还参加了《1980年联合国国际货物销售合同公约》、《承认和执行外国仲裁裁决公约》等。

§2　《联合国国际货物销售合同公约》

《联合国国际货物销售合同公约》（United Nations Convention on Contracts for the International Sale of Goods，简称CISG、《买卖合同公约》或《公约》）是在联合国的领导下起草的，目的是统一各国的买卖法，明确买卖双方的权利和义务。1980年62个国家的代表参加了维也纳外交会议，会议经过认真讨论，联合国通过了《公约》。该公约于1988年1月1日开始在11个国家生效，这些国家包括莱索托、法国、叙利亚、埃及、匈牙利、阿根廷、南斯拉夫、赞比亚、中国、意大利和美国。此后，先后又有德国、俄罗斯等国加入。今天，该公约已经广泛适用于全球国际货物买卖，其成员遍布五大洲，占国际贸易总额的2/3。

《公约》的序言明确揭示了其基本原则：建立新的国际经济秩序、在平等互利基础上发展国际贸易和照顾不同的社会、经济和法律制度。这些基本原则是执行、解释和修订公约的依据，也是处理国际货物买卖关系和发展国际贸易关系的准绳。目前，除了一些特殊类型的买卖外，根据《公约》第1条第1款（a）项的规定，如果当事人的营业地处于不同的国家，而且这些国家都是《公约》的缔约国，则适用该公约。当买方或卖方的营业地超过一个国家，如跨国公司，则业务所在地被确认为与合同联系最密切以及履行合同的地点。该条款（b）项进一步规定扩大公约的适用范围，如果按照国际私法规则，导致适用某一缔约国的法律，则公约也适用于非缔约国的当事人之间所订立的货物买卖合同。中国在核准《公约》时，对（b）项作出了保留，我国只同意该公约的适用范围限于营业地分处于不同缔约国的当事人之间所订立的买卖合同。

在《公约》的适用中有几个值得注意的问题：第一，《公约》中确立买卖合同国际性的基本标准是当事人的营业地是否处于不同国家，而当事人的国籍、合同的民事或商事性质是不予考虑的。第二，《公约》只适用于一般的货物买卖，不适用于特殊买卖。这些特殊买卖包括供私人或家庭使用的货物买卖、拍卖；根据法律执行令状或其他令状从事的买卖；公债、股票、投资证券、流通票据或货币的买卖；船舶或飞机的买卖；电力的买卖等。此外，《公约》不适用于由一方提供大部分原材料，另一方的绝大部分义务在于提供劳力或其他服务的加工生产合同。这一规定事实上将货物贸易与服务贸易区分开来。第三，《公约》不涉及买卖合同的效力或惯例的效力，这些问题由各国司法和行政执法部门具体把握。第四，《公约》不涉及买卖合同对所售货物所有权可能产生的影响。第五，《公约》不涉及一旦货物对任何人造成人身伤亡，卖方所应承担的赔偿责任问题，即产品责任问题。第六，《公约》具有任意性，当事人可以排除或更改其规则，但必须是明示的。否则，当事人一经确定适用《公约》，就必须严格遵照执行。

《公约》是迄今为止关于国际货物买卖最重要的国际条约。中国研究、借鉴《公约》的规定，制定并颁布施行了《合同法》，大大充实了我国的合同制度，尤其是确立了要约与承诺的规则，填补了我国合同法律制度长期的历史空白。这些内容在第9章里将会作进一步的介绍。

§3　国际贸易惯例

国际贸易惯例（International Trade Usage）是国际贸易实践中逐渐自发形成的，某一地区、某一行业或某类贸易中经常遵守和普遍接受的任意性行为规范。惯例本身不是法律，也不具有法律效力，但通过各国的立法和国际立法可以赋予惯例以法律效力。根据《联合国国际货物销售合同公约》的规定，当事人在合同中没有排除适用的惯例，或当事人已经知道或理应知道的惯例，以及在国际贸易中被人们经常使用和反复遵守的惯例，即使当事人未明确同意采用，也可作为当事人默示同意惯例，因而惯例对双方当事人具有约束力。

国际贸易惯例具有五个基本特征：第一，国际贸易惯例是国际贸易实践中逐渐自发形成的惯常做法。它在形成过程中有自发性与渐进性的特征，其编撰也是商业团体自发进行，一般不受政府的控制与干预。第二，国际贸易惯例是得到经常遵守并由此产生了应当得到遵守的合法期望的惯常做法。"因惯成例"的临界点是使当事人（或广泛意义上的商人）心理上产生了自己应该"照办"的义务感，并产生了对方也应该"照办"的合理期待。第三，国际贸易惯例的内容具有明确性与商业性。第四，国际贸易惯例具有国际性与普遍性。它调整的对象应该是跨越国界的贸易关系，内容具有一定的国际统一性，即在国际上广为人知，并得到普遍接受。第五，国际贸易惯例是任意性的规范。一般来说只有当事人明示或默示同意采用时，它们才对其产生法律约束力；如果当事人明示或默示排除，则不能将贸易惯例的义务强加给当事人。

在当前国际贸易中，影响较大且适用范围广泛的国际贸易惯例主要在国际商会的主持下制定。国际商会（ICC）是一个世界性的组织，其成员来自商业社会的各个层面，是联合国的联盟和代理机构。ICC的根本宗旨就是协调、统一、规范国际商务惯例，为不同体制的国家提供联系纽带，作为不同经济利益体的会面场所。ICC致力于推动全球商业活动的发展，促成了《国际贸易术语解释通则》、《跟单信用证统一惯例》等重要国际惯例的出台和推广应用，设立了国际仲裁庭用以解决贸易纠纷。

第3节 中国的外贸法

自1979年对外开放以来，中国的对外贸易发生了巨大的变化。2001年底中国加入世界贸易组织，成为多边贸易体制中的成员，中国在全球贸易总量中的份额每年都在递增，已经是事实上的贸易大国。顺应中国对外贸易的发展需要，外贸法律体系在不断完善，体现了中国作为贸易大国的责任感。

§1 对外贸易法的特点及基本原则

中国《对外贸易法》于1994年5月12日由第八届全国人大常委会第七次会议通过，并于同日公布，自1994年7月1日正式实施。2004年7月第十届全国人大常委会第11次会议对该法进行了全面修订。

《对外贸易法》的突出特点是使中国外贸法律制度开始与国际贸易规则接轨，主要体现在以下方面：①借鉴了WTO贸易体制下货物贸易、服务贸易与技术贸易“三位一体”的新概念；②国家实行统一的对外贸易制度，坚持和鼓励市场经济的发展，坚持和鼓励贸易自由及贸易中的互利互惠；③根据WTO规则，实行贸易无歧视原则，进出口管理体制与国际通行做法大体一致；④在维护对外贸易秩序方面，采用国际通行的公平竞争原则，实施反倾销、反补贴和保障措施；⑤确立符合国际惯例的贸易促进措施；⑥根据WTO中有关发展中国家的例外条款，制定了相应的扶持外贸的特殊规定。

《对外贸易法》有五条基本原则：①国家实行统一的对外贸易制度的原则，包括对外贸易经营者的审批制度、货物与技术进出口制度、国际服务贸易制度、反倾销反补贴及保障措施制度、促进外贸发展的统一；②公平、自由的对外贸易秩序的原则，包括公平地授予对外贸易经营资格、营造公平良好的外贸秩序；③国家鼓励发展对外贸易的原则，要扩大进口先进技术、设备和必要的生产资料，提高出口创汇水平；④保障对外贸易经营者经营自主权的原则，外贸经营者可以依法取得外贸经营权，依法自主经营、自负盈亏；⑤平等互利、互惠对等原则，任何国家或地区对我国采取任何不平等的、歧视性的禁止或限制措施时，我国将坚定地依法作出相应的反应。

§2 对外贸易法的修订与外贸法律体系的完善

近年来，中国为履行入世承诺，已经对有关法律、行政法规和规章进行了修订和制定。到2005年底，中国修订和制定了1300个法律法规，建立了适应有中国特色社会主义市场经济发展要求、符合WTO规则的法律体系环境，为《对外贸易法》的修订和不断完善奠定了坚实的基础。

2004年对1994年《对外贸易法》的全面修订主要围绕三个方面进行：第一，修改原来外贸法与我国入世承诺和WTO规则不相符的内容；第二，规定了我国在WTO中享受权利的实施机制和程序；第三，根据外贸法实施10年来出现的新情况和促进对外贸易健康发展的要求进行了修改。修订后的《对外贸易法》共11章70条，分为总则、对外贸易经营者、货物进出口与技术进出口、国际服务贸易、与外贸有关的知识产权保护、对外贸易秩序、对外贸易调查、对外贸易救济、对外贸易促进、法律责任和附则。

对外贸易法修订的具体内容主要包括：①关于对外贸易经营者的规定，将对外贸易经营者的范围扩大到依法从事对外贸易经营的个人，取消了对货物和技术进出口经营权的审批制，只要求对外贸易经营者进行备案登记；②关于国营贸易与自动许可的规定，增加了国家可以对部分货物的进出口实行国营贸易管理的规定，增加了国家基于监测进出口情况的需要，对部分自由进出口的货物实行进出口自动许可管理的规定；③关于与贸易有关的知识产权的保护，增加了“与贸易有关的知识产权保护”一章；④关于对外贸易调查的规定，对国外贸易壁垒的调查制度作出了原则性的规定；⑤关于对外贸易救济的规定，国家根据对外贸易调查的结果，可以采取适当的对外贸易救济措施；⑥关于自由贸易区的规定，根据平等互利原则，促进和发展同其他国家和地区的贸易关系，缔结或参加区域经济贸易协定，参加区域经济组织；⑦关于对外贸易促进制度的完善，要求国家制定对外贸易发展战略，建立和完善对外贸易促进机制，如增加出口信用保险、建立外贸公共信息服务体系、鼓励拓展国外市场、充分发挥协会和商会的协调和自律作用、扶持和促进中小企业开展对外贸易等；⑧关于法律责任的进一步完善，保障执法的落实，通过刑事和行政处罚、从业禁止等多种手段加大对外贸易违法行为的处罚力度。

《对外贸易法》的全面修订，履行了我国的入世承诺，体现了中国作为贸易大国的责任感，为对外贸易持续、健康、协调发展提供了基本的法律依据，并且确定了我国对外贸易改革和发展所需要的基本法律框架。

§3　对外贸易秩序与对外贸易救济法

中国的《对外贸易法》为建立合理的对外贸易秩序奠定了法律基础。对外贸易秩序是对外贸易的各类主体依照对外贸易法律规范，在对外贸易活动中所形成的经营与管理秩序。对外贸易经营秩序是平等主体的对外贸易经营者依照外贸法在对外贸易活动中依法经营、公平竞争所形成的权利义务关系；对外贸易管理秩序是对外贸易主管部门与外贸经营者之间依照外贸法在对外贸易活动中形成的职责权限与权利义务关系。

适应规范对外贸易秩序，维护公平竞争，保护国家、企业经济利益与产业安全的需要，修订后的《对外贸易法》进一步完善了我国的对外贸易救济制度。按照其规定，其他国家或地区的产品以低于正常价值的倾销方式进入我国市场，对已建立的国内产业造成实质损害或产生实质损害威胁，或者对建立国内产业造成实质阻碍的，国家可以采取反倾销措施，消除或减轻这种损害、损害威胁或阻碍；进口产品直接或间接接受出口国家或地区给予的任何形式的专向性补贴，对已建立的国内产业造成实质性损害或产生实质损害威胁，或者对建立国内产业造成实质阻碍的，国家可以采取反补贴措施，消除或减轻这种损害、损害威胁或阻碍；因进口产品数量大量增加，对生产同类产品或直接与之竞争产品的国内产业造成严重损害或严重损害威胁，国家可以采取必要的保障措施，消除或减轻这种损害或损害威胁，并可以对该产业提供必要的支持。修订后的外贸法还规定，与我国缔结或共同参加经贸条约、协定的国家或地区，违反条约、协定的规定，使我国根据这个条约、协定享有的利益丧失或受损，或者阻碍条约、协定目标的实现，我国政府有权要求有关国家或地区政府采取适当的补救措施，并可以根据有关条约、协定中止或终止履行相关义务。

本章总结

本章系统介绍了国际贸易中的法律问题，包括国内法、国际贸易公约以及国际贸易惯例。本章涉及私法和公法两个不同层面，私法主要是有关国际商业交易的法律和惯例，它规定了双方或多方当事人在商务关系中的权利与义务，例如《联合国国际货物销售合同公约》以及国际商会制定的《跟单信用证统一惯例》等；而国际贸易法是公法实体，它用于规定国家在它们的贸易关系中对别国的责任，如中国《对外贸易法》。

通过本章的学习，希望读者对主要出口市场和外贸领域的法律环境有清晰的了解，并能深刻体会到中国外贸法律体系的不断完善和发展。

思考题

1. 普通法（英美法）与大陆法的主要特征是什么？
2. 举例说明美国贸易法的政策功能及其对中美贸易产生的影响。
3. 法律和惯例的主要区别和联系是什么？
4. 中国外贸法最新修订的主要方面是什么？

第9章 国际贸易买卖合同的成立

本章概要

买卖合同的成立，标志着双方权利义务的开始。本章旨在清晰地展示国际贸易买卖合同达成的基本程序和重要环节，介绍涉及的相关法律规则及实践要求。

本章系统介绍了国际货物买卖合同成立的形式要件、实质要件及基本程序。首先，合同的形式可以是多种多样的，但为了更好地保障合同的履行、避免无谓的争议，国际贸易买卖合同应当尽量采用书面形式。其次，合同的有效成立，需要具备要约（发盘）和承诺（接受）两个实质性的要件，还可能涉及要约邀请（询盘）和反要约（还盘）等环节，在交易洽商的过程中应当明确每一基本环节，把握相关的权利，履行基本义务。最后，在合同达成的整个过程中，应当以平等互利、利益共赢为准则，求同存异，使国际贸易能够持续健康地开展。

学习目标

1. 掌握合同成立的实质要件：要约（发盘）和承诺（接受）。
2. 明确合同形式的多样性及书面合同的重要意义。
3. 了解合同有效成立的相关要素。
4. 熟悉国际贸易买卖合同洽商的重要环节。
5. 思考合同洽商中原则性和灵活性的有机结合。

合同的重要性就在于它体现了交易双方达成的协议，从而保证了双方都要履行自己的义务。无论任何国家，几乎没有任何商人或贸易商愿意不签订合同就去做一笔有潜在风险的长期交易。

——［美］Richard Schaffer

合同与契约是经济学与法学互补融合的结合点，因此，科斯、哈特、斯蒂格利茨等著名学者联手致力于研究契约经济学。在国际贸易当中，合同关系同样是商业行为与法律规则密切联系的汇聚处，国际贸易的任何交易开始于合同的洽商与订立、完成于合同义务的履行或合同争议的解决。国际贸易的交易跨越国界，面临各种风险，履行也需要时间，买卖合同通常被看做是规范国际贸易的合法机制，起到约束双方履行义务的重要作用，在交易中显得非常重要。

第1节　国际贸易买卖合同的形式要件

合同形式，是合同双方当事人之间明确相互权利义务关系的方式，是双方当事人意思表示一致的外在表现。

§1　关于合同形式的一般规定

当前国际贸易买卖合同一般都是通过现代化的通讯方法达成，为了加速成交和简化订立合同的手续，许多国家对于国际贸易买卖合同一般不作形式上的要求，即使要求书面形式，也只是起证据的作用。

《联合国国际货物销售合同公约》（以下简称《公约》）规定可以采用任何形式来订立合同，在国际贸易中，订立合同的形式有三种：书面形式、口头形式、以行为表示。《公约》规定可以用证人或其他任何方法证明合同的存在，还包括证明合同的更改、终止，或其他条件的限制。同时，《公约》允许成员国在核准或加入时对有关合同形式的条款作出保留。

中国核准《公约》时对合同的形式提出了保留，按照当时《中华人民共和国涉外经济合同法》，合同必须以书面形式订立。1999 年 3 月 15 日第九届全国人大第二次会议通过并于同日公布了《中华人民共和国合同法》，对我国各种合同关系，包括涉外经济贸易合同关系，实行统一的法律调整。我国《合同法》对合同的形式采用了国际上的普遍做法，即以“不要式”为原则，除法律、行政法规规定和当事人约定采用书面形式的情况外，当事人订立合同可以采用书面形式、口头形式和其他形式。《涉外经济合同法》及其合同必须以书面形式订立的规定已经被废止。

§2 合同的书面形式

实践证明，涉外经贸合同是一种交易金额比较大、权利和义务比较复杂的合同。例如大宗货物买卖合同、成套设备生产线进口合同等，不仅标的金额大、权利义务复杂，而且履行期限长，涉及许多法律问题。因此，涉外经贸合同一般还是采用书面形式为好，以利于保证合同的履行，避免不必要的损失。书面形式合同，一旦发生争议，举证方便，处理有据。

根据国际贸易的一般习惯做法，交易双方通过口头或来往函电磋商达成协议后，多数情况下还签订一定格式的正式书面合同。例如，根据美国《统一商法典》（UCC）要求，超过 500 美元（包括 500 美元）的买卖合同必须用书面形式。签订书面合同具有三方面的重要意义：第一，作为合同成立的证据；第二，双方约定将一定格式的书面合同作为合同生效的条件；第三，作为合同履行的依据。

根据我国《合同法》，合同的书面形式包括合同书、信件和数据电文等。数据电文包括电报、电传、传真、电子数据交换（EDI）和电子邮件。在我国对外贸易实践中，书面合同的形式包括合同（Contract）、确认书（Confirmation）和协议书（Agreement）等，其中采用“合同”和“确认书”两种形式居多。合同又分为销售合同（Sales Contract）和购买合同（Purchase Contract），前者由卖方草拟提出，后者由买方草拟提出。确认书是简化的合同形式，分为售货确认书（Sales Confirmation）和购买确认书（Purchase Confirmation），前者由卖方出具，后者由买方出具。

§3 电子贸易的合同形式

当前国际贸易中越来越广泛采用建立在电子数据交换（Electronic Data Interchange，简称EDI）基础上的电子贸易（Electronic Commerce），以数据电文的方式来生成、储存或传递商业贸易信息。EDI是一种通过计算机在当事人之间传递标准化商业文件的电子手段，它在中国的《合同法》里已被确认为书面形式。

值得注意的是，EDI处理的是标准数据文件，这可能涉及类似格式合同的法律问题。格式合同是一方以预先拟定的合同条款（即一般契约条款）为基础而与相对人订立的合同。对于这些一般契约条款，相对人一般只能作整体性接受，而不得要求修改。格式合同的使用，可以提高交易效率，节省费用，而且有利于当事人合理规划生产和服务，促进订约的效率化及经营的合理化。但值得注意的是，提出格式合同的一方有可能利用其交易地位，使用内容不公平的一般契约条款，损害相对人的合法权益。因此，在交易时应特别谨慎，也需要进一步完善相关法律和技术手段，保障交易的公平进行。

另外，使用EDI如何完成合同的“签字”确立？“签字”问题归根结底是一种“认证”（Authentication）问题。各国的EDI专家和用户已经开始使用各种方法来完成“电子签字”，例如在传递电子信息时加上约定的口令（Password）、密码（Cryptograph）。这些电子口令或密码不仅也具有签字所要求的“独特性”，而且从某种意义上说，比传统的签字更具有认证的效力，因为口令或密码是双方事先约定的。中国的《合同法》废除了对数据电文形式成立的合同要求强制性签字的规定，只要承诺到达对方的通讯系统，合同即告成立。签字要求只适用于合同书形式的合同。

此外，对于采用包括EDI在内的数据电文形式订立合同的，当事人可以在合同成立前要求签订确认书，这种情况下，合同于签订确认书时生效。

第2节 国际贸易买卖合同的实质要件

合同的实质要件是合同有效成立的根本性条件，也是当事人双方权利义务的基本参照系，在任何的交易达成中都不可或缺。

§1 要约

要约（Offer）是内容确定并表明要约人愿受其约束的订立合同的建议。根据《公约》，要约的构成要件是：第一，是订立合同的建议；第二，内容足够明确；第三，表明要约人愿受其约束的意愿。按照《公约》及中国的《合同法》，要约还应当向特定人发出，一般的商业广告不是要约。

专栏9.1 **要约的构成要件**

根据《公约》，要约内容是否明确，取决于它是否写明货物、明示或暗示地规定数量、明示或暗示地规定货物的价格。

但在许多涉及金额巨大的国际合同中，只有当其他许多条款，如支付方式、交货时间、货物质量标准等达成一致，交易才能成立。在一个案例中，买卖双方正在洽谈一笔价值500万德国马克的10台工业编织机的买卖，购买者说“所有方面都一致了，我要拿走货物”。这个协议根据《公约》已足够明确，但还不算一个合同。双方在其他方面尚未达成一致，说明双方并未明确表示接受合同约束的意愿。

如果法庭能够裁定双方确有接受约束的意愿，法庭会根据以往交易的惯例和本行业或类似贸易中的惯例，并参考《公约》的适用条款来补充协议欠缺的条款。

（1）要约的生效

要约何时生效？按照普通法，实行“发信原则”（又称“投邮主义”），即要约发出后生效；大陆法、《公约》及中国《合同法》都采取了“到达原则”，即要约必须到达受要约人才生效，要约只要送达受要约人通常的地址、住所或者能够控制的地方即为到达。

使用数据电文发出的要约何时生效？数据电文发出就已经到达。中国

《合同法》第16条规定：采用数据电文形式订立合同，收件人指定特定系统接收的，以该数据电文进入该系统的时间为到达；未指定特定系统的，以该数据电文进入收件人的任何系统的首次时间为到达。值得注意的是，不是使用特定系统发送的传真、电传、电报，应当与信件同样看待。

要约在生效前是可以撤回的。实行“到达原则”时，撤回要约的通知应当在要约到达受要约人之前或者同时到达受要约人。

（2）要约的撤销

要约的撤销指要约生效之后、受要约人接受之前的这段时间里，欲使要约失去法律效力的意思表示。

按照普通法，要约是可以撤销的，例外情况是《美国统一商法典》规定：若要约是以有签名的书面形式写出，并保证在一定期限内有效（一般不超过三个月）的，不能撤销。按照大陆法，要约在受要约人的承诺送达所需的合理期限内不能撤销。中国《合同法》与《公约》在该问题上基本一致：要约可以撤销，但撤销通知应当在受要约人发出承诺通知之前到达受要约人；两种情况下要约不能撤销，一是要约人确定了承诺期限或以任何形式表示要约不可撤销，二是受要约人有理由认为要约不可撤销，并已经为履行合同做了准备工作。

§2　承诺

承诺（Acceptance）是受要约人按照要约要求的方式，对要约的内容表示接受的意思表示。根据《公约》，承诺的构成要件是：第一，必须由受要约人向要约人作出；第二，必须在要约的有效期内作出；第三，根据镜像原则（Mirror Image Rule），承诺的内容应当与要约的内容一致。

（1）承诺的生效

承诺生效的时间即合同成立的时间，故确定这一时间具有重要意义。普通法国家一般认为，承诺应当送达要约人，但对于通过邮局发送承诺，则采取“发信原则”（又称“投邮主义”），自发送之时生效。大陆法国家采取“到达原则”。《公约》及中国《合同法》都要求承诺到达要约人时生效。

使用数据电文的承诺何时生效？根据中国《合同法》，收件人指定特定系统接收的，以该数据电文进入该系统的时间为到达；未指定特定系统的，以该数据电文进入收件人的任何系统的首次时间为到达。

承诺在生效前是可以撤回的。实行“到达原则”时，撤回承诺的通知应当在承诺到达要约人之前或者同时到达要约人。

专栏9.2 **沉默是否构成接受**

在大多数国家里，受要约人的沉默并不能理解为对要约的承诺，因为受要约人一般不承担对要约必须进行答复的义务。但沉默或不行为与其他因素结合在一起，足以使对方确信无疑沉默或不行为是同意的一种表示，即构成承诺。

在一个案例中，A 公司持续五年定期从 B 公司大量购买苏打粉，并约定在合同生效后三个月内由 B 公司将货物运到 A 公司。刚开始时，B 公司逐一确认 A 公司发来的所有订单。但不久，B 公司就不再传送订单的确认书，而是直接发送货物。争议发生的这一次，A 公司发出了订单，而 B 公司突然没有任何反应，也不再运送货物。在这种情况下，A 公司可以起诉 B 公司违约，因为从先前的交易事实可以推定 B 公司对 A 公司订单有承诺。

（2）附条件的承诺

在很多情况下，受要约人发出的是附条件的承诺，根据对“镜像原则”的传统理解，似乎不能使合同成立。但为了适应现代商务活动的需要，一些附条件的承诺同样也是有效的。

《美国统一商法典》规定：在合理时间内寄送的承诺表示或确认书，只要确定并且及时，即使与原要约的条款有所不同或对其有所补充，仍具有承诺的效力，除非承诺中明确规定，以要约人同意这些不同或补充作为承诺生效的条件；这些补充内容构成合同的组成部分，有三种例外，一是要约明确要求承诺必须符合原要约条款，二是补充内容对合同作实质性修改，三是要约人在合理期限内通知受要约人拒绝该补充内容。

判断附条件的承诺是否有效的关键点是该附加内容是否构成对要约的实质性改变，如果构成实质性改变，则被认为添加了“根本性条款”（Material Term），这些条款往往导致对方处于意料之外的困境，除非对方同意，否则不能作为合同的组成部分。根据《公约》的规定，货物价格、付款、品质、数量、交货时间和地点、赔偿责任范围或解决争端的办法等都被视为“实质性”的内容，对其修改则构成“实质性”修改，这类附条件的承诺不是有效的承诺。其他“非实质性”修改的附条件的承诺仍然是有效的承诺。

§3 达成协议

合同的成立是指当事人双方就合同的条款取得合意，达成协议，其权利和义务关系已为双方所认可。因此，合同的成立取决于合同当事人的意思表示一致，要约和承诺是达成协议的两个不可缺少的环节。此外，一份有效的合同（Valid Contract）中还应包含一些其他必需要件：首先，合同必须经过双方充分的考虑，例如合同的交易条件是双方磋商的结果；其次，合同双方必须具有民事法律能力，例如双方当事人不是未成年人，有民事行为能力，没有处于毒品或酒精的麻醉之下；最后，合同不是为了违法的目的，所开展的活动不违法，不与公共政策相违背。如果一份合同不具备以上任何一个要件都属于无效合同（Void Contract），它不可能通过法院认可。

达成协议的时间，针对不同类型的合同法律作出了不同的规定。根据中国《合同法》的规定：①当事人采用书面形式订立合同的，自双方当事人签字或盖章时合同成立；②当事人采用信件、数据电文等形式订立合同的，可以在合同成立之前要求签订确认书，签订确认书时合同成立；③法律、行政法规或当事人约定采用书面形式订立合同，当事人未采用书面形式但一方已履行主要义务，对方接受的，该合同成立；④采用书面形式订立合同，在签字或盖章之前，当事人一方已经履行主要义务，对方接受的，该合同成立。

达成协议的地点，对于合同纠纷的诉讼管辖、诉讼或仲裁的法律适用等具有重要的意义。根据中国《合同法》：一般情形下，承诺生效的地点为合同成立的地点；采用数据电文订立合同的，收件人的主营业地为合同成立的地点；采用数据电文订立合同，没有主营业地的，其经常居住地为合同成立的地点；当事人另有约定的，按其约定；当事人采用合同书形式订立合同的，双方当事人签字或盖章的地点为合同成立的地点。

第3节 国际贸易买卖合同成立的基本程序

在国际贸易中，交易双方按照各自的经营计划和购销意图，在平等互利的基础上，通过彼此反复洽商，就各项交易条件达成共识后，一般而言，双方即可依法签订正式的书面合同。洽商交易可通过往来函电进行，也可以进行面谈。洽商过程可能出现四个环节：询盘、发盘、还盘和接受，其中发盘和接受是核心环节，询盘和还盘是非核心环节。

§1　核心环节：发盘与接受

核心环节是每笔交易的必经程序，是决定国际贸易买卖合同关系成立的实质性要件。

(1) 发盘

发盘（Offer）又称发价或报价，在法律上称为要约。根据《公约》的规定：向一个或一个以上特定人提出的订立合同的建议，如果十分确定并且表明发价人在得到接受时受其约束的意愿，即构成发价。发盘有卖方发盘和买方发盘之分，前者由卖方提出，后者由买方提出。买方发盘在习惯上又被称为递盘（Bid）。

根据《公约》，发盘至少应包括三方面的内容：货物的名称、数量或确定数量的方法、价格或确定价格的方法。在有些情况下，货物的数量和价格只能由当事人酌情处理或在交货时才能确定。例如在远期交货的情况下，为了避免承担价格波动的风险，可以采取较为灵活的作价方法，规定按交货时某个市场的价格水平来确定该货物的价格。

依照《公约》，发盘送达受盘人时生效。发盘生效前，可以修改或撤回。发盘生效之后，受盘人尚未表示接受之前，只要发盘人及时将撤销通知送达受盘人，一般可以撤销发盘。例外情况是：发盘规定了有效期，或以其他方式表明发盘不可撤销；受盘人有理由信赖该发盘不可撤销，并本着对该发盘的信赖采取了行动。

专栏9.3　发盘的撤销

[案情] 某年 10 月 18 日，马来西亚 A 商向上海 B 公司发盘出售一批木材，发盘中列明数量、价格等各项条件，但未规定有效期。B 于当天收到传真后，积极寻找国内用户，于 10 月 22 日上午 11 时向 A 发出表示接受的传真。在此期间，木材价格上涨，A 于 10 月 22 日下午 1 时向 B 发出传真：木材已售韩国公司，由于木材货源不足，我 10 月 18 日传真发盘撤销。B 回传真强调已与第三方签订合同，要求 A 履行合同。A 辩称，发盘已撤销，与 B 无合同关系。B 向中国某法院提起诉讼，要求 A 作出损害赔偿。

[裁决] 法院认为，该案例中10月18日发盘已到达对方生效，发盘人A应受其约束。发盘未规定有效期，B的接受应视为在合理期限内作出，合同于接受生效时成立。A的撤销通知在接受生效后才向对方发出，该撤销无效。A应承担违约责任，向B作出损害赔偿。

[评析] 该案例涉及国际货物买卖合同订立过程中发盘的生效、撤回、撤销及效力等问题。如果A公司在10月18日的传真中注明“以接受先到达者为准”，或“须以我公司最后确认为准”等字样，则是发虚盘或询盘，可以为自己保留确认的权利。本案中A发出的是实盘，所以要承担违约赔偿责任。

（2）接受

接受（Acceptance）是指受盘人在发盘规定的期限内，以声明或行为表示同意发盘提出的各项条件，在法律上称为承诺。根据《公约》，有效的接受应当具备四项条件：接受必须由受盘人作出；接受必须是同意发盘所提出的交易条件；接受必须在发盘规定的时限内作出；接受的传递方式应符合发盘的要求。

根据《公约》，接受通知送达发盘人时，接受生效。如果接受通知未在发盘规定的时间内送达发盘人；或发盘没有规定时限，接受通知在合理时间内未送达发盘人，则该项接受是逾期接受（Late Acceptance），是无效的。此外，如果发盘要求，或依照惯例，也可以凭受盘人的某种行为表示接受，无须发出接受通知。例如，发盘人在发盘中要求“立即装运”，受盘人可做出立即发运货物的行为对发盘表示同意，而且以行为表示的接受在装运货物时立即生效，合同即告成立。

专栏9.4 附条件的接受

[案情] 某年3月1日，中方A公司向美商B公司发出电传，发盘供应农产品1000吨，并注明“单层瓦楞纸箱装”。B立即复电表示“接受，装新瓦楞纸箱装”。A收到复电后立即备货，准备于约定的4月份装船。两周后，该产品国际价格猛跌。B于3月20日来电称：“由于你方对新瓦楞纸箱装未予确认，双方之间无合同。”A坚持合同已成立，双方发生争执。A方按发盘内容租船订舱、报验报关，欲以事实上履行合同向B施压。但B坚持认为合同未成立，使A处于不利地位。

［评析］中美双方都是《公约》的缔约国，未排除其管辖权，因此本案适用《公约》的规定。附条件的接受是否有效，取决于所附条件是否构成对要约内容的实质性修改。根据《公约》，有关货物价格、品质、数量、付款、交货时间和地点、赔偿责任或争端解决等方面的条件均被视为实质性变更发盘的条件。这些规定中未包括包装条款的更改，因此本案中附条件的接受仍然是有效的接受，合同关系成立。

A公司应在坚持合同成立的同时，争取主动，保持索赔权。而不应在双方未签订书面正式合同的情况下，不顾合同基础的不牢固，单方面履行合同，使自己处于不利地位。

§2　非核心环节：询盘与还盘

非核心环节不是每笔交易的必经程序，而是根据交易的需要而灵活使用。

询盘（Inquiry）是准备购买或出售商品的一方向潜在的供货人或买主探询该商品的成交条件或交易的可能性的业务行为，又称为询价、邀请发盘或“要约邀请”。询盘多数是询问价格，此外还可以涉及商品的品质、规格、数量、包装、装运等成交条件，或索取样品。如果询盘只是想探询价格，并希望对方开出估价单（Estimate），则对方根据询盘要求所开出的估价单只是价格的参考，不是正式报价，也不具备发盘的条件。根据《公约》的规定：商业广告通常被视为询盘（要约邀请）；除非其内容符合发盘条件，而且登广告人明确表示它是作为发盘提出来的，这时构成发盘。

还盘（Couter Offer）是指受盘人不同意或不完全同意发盘所提出的各项条件，并提出了实质性的修改意见，建议原发盘人考虑。还盘又称还价，在法律上称为反要约。根据《公约》的规定，对货物价格、付款、品质、数量、交货时间和地点、赔偿责任范围或解决争端的办法等方面的修改都被视为“实质性”的变更发盘条件。还盘的作用是使原发盘失效，原发盘人不再受其约束。还盘的内容若不具备发盘的条件，则被视为“邀请发盘”。若还盘具备发盘条件，则构成新的发盘，还盘人成为新发盘人；原发盘人成为新受盘人，他对新发盘有作出接受或再还盘的权利。

§3 洽商原则与合同订立

买卖双方洽商交易的基本原则是，在平等互利的基础上，力求实现双赢。为此，应当运用正确的洽谈方式，尽量采取实质利益洽谈的方式，避免采取立场争辩式的洽谈方式，任何一方在考虑自身利益的同时，也要设身处地考虑对方利益，达成符合双方利益的方案。另外，洽商交易过程中应以诚相待、互相沟通，任何一方既要设法摸清对方的实际需要，又要酌情声明自身利益所在，这有助于双方达成共识和取得一致。最后，应灵活运用商务洽谈的各种技巧，根据总的经营意图，结合矛盾的焦点，本着求同存异的精神，善于权衡利益的轻重缓急，善于妥协和处理利益交换，将原则性和灵活性结合起来，缓和矛盾、化解冲突、达成共识，以取得符合双赢原则的结果。

当买卖双方就交易条件经过磋商达成协议后，合同即告成立。根据《公约》，接受生效的时间就是合同成立的时间，双方的权利和义务根据合同关系即已确立，彼此受到合同的约束。在实际业务中，有时双方当事人在洽商中约定，合同成立的时间以订约时合同上所写明的日期为准，或以收到对方确认合同的日期为准，这两种情况下双方合同关系的成立以签订正式书面合同的时间为标志。此外，根据我国的法律和行政法规规定，应当由国家批准的合同，在获得批准时方成立。

本章总结

国际贸易买卖合同的成立，以要约（发盘）和承诺（接受）为实质要件，形式上有多样性，但应尽量采用书面形式。这些合同法则对于在买卖合同履行中涉及的其他重要环节也同样存在，例如运输合同、保险合同，以及与银行达成的支付协议等，其合同关系的有效成立，都必须具备实质要件（要约、承诺）、注意形式多样性及相关要求、完成基本程序。

通过本章的学习，希望读者牢固地树立契约意识，把握合同关系成立的要素及标志，明确交易中权利和义务的开始，从而可以更好地依法维护相关利益。

思考题

1. 掌握重要概念：要约（发盘）、承诺（接受）、合同的书面形式。

2. 明确要约（发盘）和承诺（接受）的生效、撤回、撤销等法律规则。

3. 了解不同法律对交易洽商过程中重要问题规定的区别。

4. 询盘和还盘在交易洽商过程中的作用是什么？

5. 如何从洽商程序中更好地实现平等互利、利益共赢？

第10章
国际贸易术语的特征和功能

本章概要

国际贸易术语是在长期的国际贸易实践中约定俗成的速记方式，用以表明货物风险的转移、价格的构成等重要问题，是决定国际贸易交易达成及合同履行的关键因素之一，具有重要的意义。本章介绍了关于贸易术语解释的主要国际惯例、常用贸易术语的特征及功能、贸易术语的合理选用。

常用国际贸易术语都具有象征性交货的特征，货物的风险以装运港船舷或承运人为界发生转移。其区别主要是不同术语适用的运输方式不同，所代表的商品价格构成不同。合理选用贸易术语，首先要明确各种贸易术语的本质特征及对买卖双方义务的规定，其次应考虑交易中的运输条件及运费情况，最后在洽商中应准确把握不同贸易术语的价格构成及相互转化，从而在交易过程中处于积极主动的地位。

学习目标

1. 了解关于贸易术语解释的主要国际惯例。
2. 熟练掌握六种常用贸易术语，比较其异同。
3. 思考贸易术语选用时的关键问题及技巧。
4. 明确交易价格洽商的重要因素及谈判策略。
5. 理解不同作价方法在国际贸易中的运用。

关于象征性交货的经典评述

Scrutton 法官：CIF 买卖的基本特点是买卖有关货物的单证，而非买卖货物，它不是货物已经抵达的合同，而是按照销售合同装运货物的合同。相关的问题通常并非“在递交单证时货物处于何种状态”，而是“在递交单证时，这些单证是否与销售合同相符?”

——［英］*David M. Sasson*

由于国际贸易跨越地理上的国界或地区边界，往往涉及远距离的运输，所以在买卖双方的合同权利义务中离不开一些重要的基本问题，例如货物的交接，风险、责任和费用的划分，货款的构成等。国际贸易买卖合同在价格条款中使用贸易术语来确定这些基本问题。

第 1 节 关于贸易术语的国际惯例

贸易术语（Trade Terms）是在国际贸易实践中产生的，用来表明商品的价格构成，说明货物在交接过程中有关风险、责任和费用划分问题的专门用语，又称价格条件、价格术语（Price Terms）。贸易术语自 19 世纪初在国际贸易中开始使用，在长期的国际贸易实践中，由于对其理解的不同而产生分歧和争议。为了解决这一问题，国际商会、国际法协会等国际组织，以及美国一些商业团体制定了解释贸易术语的规则，这些规则被广泛采用，形成了有关贸易术语的国际惯例。

§1 《2000年国际贸易术语解释通则》

目前在国际贸易中包含内容最丰富、使用最广泛、影响最大的解释贸易术语的国际惯例是国际商会的《国际贸易术语解释通则》（《Incoterms》）。自20世纪20年代以来，国际商会一直致力于对重要贸易术语做统一解释的研究，1936年、1953年、1967年、1976年、1980年、1990年、2000年、2010年根据国际贸易实际业务发展的需要，分别推出了不同版本的解释通则。它们成为被普遍承认和应用的国际惯例，为节省谈判时间、减少纠纷、促进国际贸易的发展起到了十分重要的作用。

《Incoterms 2000》是在广泛征求世界各国外贸从业人员和专家意见的基础上数易其稿而成，它包含四组共十三种贸易术语（详见表10.1），相对于《Incoterms 1990》而言，对每一种术语都进行了修订，使它们变得更为简洁明了。其中的实质性改变主要有两条：第一，在FAS和DEQ术语下，办理清关手续和缴纳关税的义务。FAS术语下出口清关手续原来由买方办理，《Incoterms 2000》规定由卖方办理；DEQ术语下进口清关手续原来由卖方办理，《Incoterms 2000》规定由买方办理。第二，FCA术语下装货和卸货的义务。原来运输方式不同交货的义务各异，《Incoterms 2000》作了简化。根据《Incoterms 2000》，若指定交货地点为卖方所在地，交货的完成即货物装上买方指定的承运人或代表买方的其他人提供的运输工具时；在其他情况下，交货的完成在卖方的运输工具上，无需卸货。

关于每一种术语，《Incoterms 2000》对买卖双方各列出了相互对应的10项义务：

A 卖方义务	B 买方义务
A1 提供符合合同的货物	B1 支付货款
A2 许可证、批准文件及海关手续	B2 许可证、批准文件及海关手续
A3 运输合同与保险合同	B3 运输合同与保险合同
A4 交货	B4 受领货物
A5 风险转移	B5 风险转移
A6 费用划分	B6 费用划分
A7 通知买方	B7 通知卖方
A8 交货凭证、运输单证或有同等效力的电子信息	B8 交货凭证、运输单证或有同等效力的电子信息

A9 查对、包装、标记　　　　　　B9 货物检验
A10 其他义务　　　　　　　　　B10 其他义务

表 10.1　　《Incoterms 2000》贸易术语分类表

分　组	标准代码	全　称	中文名称
E 组启运	EXW	Ex Works	工厂交货
F 组 主要运费未付	FCA	Free Carrier	货交承运人
	FAS	Free Alongside Ship	装运港船边交货
	FOB	Free On Board	装运港船上交货
C 组 主要运费已付	CFR	Cost and Freight	成本加运费
	CIF	Cost, Insurance and Freight	成本、保险费加运费
	CPT	Carriage Paid To	运费付至
	CIP	Carriage, Insurance Paid To	运费、保险费付至
D 组 到达	DAF	Delivered At Frontier	边境交货
	DES	Delivered Ex Ship	目的港船上交货
	DEQ	Delivered Ex Quay	目的港码头交货
	DDU	Delivered Duty Unpaid	未完税交货
	DDP	Delivered Duty Paid	完税后交货

2010 年 9 月 27 日，国际商会在巴黎召开国际贸易术语解释通则 2010（《Incoterms 2010》）全球发布会，正式推出《Incoterms 2010》，它于 2011 年 1 月 1 日正式生效。

《Incoterms 2010》按照运输方式的不同，将贸易术语分成两组，并主要对原来《Incoterms 2000》的 D 组术语进行了删改和增补，包括了两组共 11 种贸易术语。具体而言：第一组，适用于各种运输方式的术语包括 EXW、FCA、CPT、CIP、DAT、DAP 和 DDP；第二组，仅适用于水运的术语包括 FAS、FOB、CFR、CIF。相对于《Incoterms 2000》而言，新增项是 DAT（Delivered At Terminal）和 DAP（Delivered At Place），删除项为 DAF、DES、DEQ、DDU；原来的 E 组、F 组、C 组术语基本没有变化。

值得注意的是，作为国际贸易惯例，《Incoterms 2010》在适用的时间效力上并不存在"新法取代旧法"的问题，当事人在订立贸易合同时仍然

可以选择《Incoterms 2000》甚至《Incoterms 1990》；但是，外贸人员应该学习和掌握新的规则，才能更好地满足贸易实践的需要。

§2 《1932年华沙—牛津规则》

《1932年华沙—牛津规则》（Warsaw - Oxford Rules 1932）由国际法协会制定，专门针对CIF合同的性质、特点及买卖双方的权利和义务作出了具体规定和说明，成为国际贸易中颇有影响的惯例，在一定程度上反映了各国对CIF合同的一般解释。

《1932年华沙—牛津规则》对《国际贸易术语解释通则》（《Incoterms》）的重要补充，不仅在于它细化了CIF这种使用最频繁的贸易术语的解释，而且在于它明确了《Incoterms》未解释的一个重要问题——货物的所有权何时转移？由于各国法律对该问题的规定很难统一，《Incoterms》将之作为法律空白。在台湾地区高雄地方法院讨论的一起案例中，债务人甲欠债权人乙100万元，乙获悉甲有一批货物销往美国，该批货物以FOB成交，正在港口装船中，于是乙申请强制执行，查封这批货。当执行人员赶到码头时，货物已经装上了船。执行人员能否查封这批货？讨论意见有不得查封和可以查封两种：前者认为货物已交付，所有权已归美国的买主，非债务人乙所有，法院不得查封；后者认为买主只有取得银行转来的必需单据时，才能取得货物的所有权，在装运港只是货物的装船，单据并未交至买方，法院当然可以查封①。允许查封的观点居上风，而这种观点在很大程度上体现了《1932年华沙—牛津规则》对象征性交货所有权转移问题的规定：货物所有权的转移以卖方交单为标志。从这个案例中可以体会到国际贸易中所有权转移问题的重要性，以及《1932年华沙—牛津规则》对《Incoterms》的重要补充作用。

§3 《1941年美国对外贸易定义修订本》

《1941年美国对外贸易定义修订本》（Revised American Foreign Trade Definitions 1941）被美国商会、美国进口商协会、美国全国对外贸易协会所组成的联合会通过，由美国对外贸易协会予以公布，成为主要在美洲国家通用的对有关国际贸易术语进行解释的贸易惯例。

该修订本对Ex、FOB、FAS、C&F、CIF和Ex Dock等六种贸易术语作

---

① 参见郭瑜著：《提单法律制度研究》，北京大学出版社1997年版。

了解释，其中尤其详细的是对 FOB 的解释。该修订本将 FOB 分成了六种类型，只有第五类 FOB Vessel 所规定的是在指定的装运港船上交货，与《Incoterms》中的 FOB 相似，但还有一些差别。根据当前《Incoterms》的解释，卖方承担出口清关手续和费用；但在该修订本中，卖方只需在买方请求并由买方负担费用的情况下，协助买方取得货物出口或在目的地进口所需的各种证件。

虽然目前美洲国家也普遍接受了《Incoterms》，但在与美洲商人开展进出口贸易时，还是应当注意《1941 年美国对外贸易定义修订本》的影响，在买卖合同中作出明确具体的规定，避免出现争议和纠纷。

专栏10.1　　贸易惯例的适用

《1932 年华沙—牛津规则》总则：这一规则仅供交易双方自愿采用，凡明示采用本规则者，合同当事人的权利和义务均应援引本规则的规定办理。经双方当事人明示协议，可以对本规则的任何一条进行变更、修改或增添。如本规则与合同发生矛盾，应以合同为准。凡合同中没有规定的事项，应按本规则的规定办理。

《1941 年美国对外贸易定义修订本》：此修订本并无法律效力，除非有专门的立法规定或为法院判决所认可。因此，为使其对各有关当事人产生法律的约束力，建议买方与卖方接受此定义作为买卖合同的一个组成部分。

《Incoterms 2000》导言：希望适用《Incoterms 2000》的商人应明确注明他们的合同适用《Incoterms 2000》。

——摘自《国际贸易实务》，刘静华主编，对外经济贸易大学出版社 2005 年版。

第 2 节　六种常用贸易术语

当前国际商会《Incoterms》所解释的贸易术语中，FOB、CFR、CIF、FCA、CPT 和 CIP 是使用较多的六种，尤其是 FOB、CIF、FCA 三种术语。掌握常用贸易术语的含义、买卖双方的义务以及在使用中应注意的问题，对于交易的顺利达成和实现非常重要。

§1 仅适用于海运及内河运输的三种常用贸易术语

国际货物贸易中常用的传统三种贸易术语仅适用于海运及内河运输，分别为：

FOB（Free on Board，装运港船上交货）+装运港

CFR（Cost and Freight，成本加运费）+目的港

CIF（Cost，Insurance and Freight，成本、保险费加运费）+目的港

在三种术语的价格构成方面，FOB是成本价，CFR = FOB + 运费，CIF = CFR + 保险费。FOB由买方安排运输和投保；CFR由卖方安排运输、买方安排投保；CIF由卖方安排运输和投保。

这三种术语都是象征性交货的贸易术语，即卖方获得货款的前提条件是提交全套合格单据，而不是实际的将货物交给买方。当前《Incoterms》对这三种术语下风险转移的规定是：自货物在装运港越过船舷时起，买受人必须承担货物灭失或损坏的一切风险。

专栏10.2 **CIF的运费**

［案情］ 中方A与英方B签订“CIF利物浦”术语下的出口中国柑橘的合同。正常运输路径是通过苏伊士运河，但船行途中，适逢两伊战争爆发，该运河不能通航。船被迫绕道非洲的好望角。请问绕航的运费应该由哪一方承担？

［分析］ CIF术语虽然包括了运费，但只是正常运费。由于货物风险的转移界限为装运港船舷，所以运输风险由买方承担。本案中绕航的运费属于在运输中的战争风险导致的额外运费，所以应由买方B承担。

在实践中，通常将FOB称为“离岸价”，而将CIF称为“到岸价”。从专栏10.2的案例当中可知，将CIF称为“到岸价”是不科学的。CIF术语下风险在越过装运港船舷即发生转移，虽然包含运费和保险费，但只是正常运费和约定的保险费，如果双方没有约定保险险别和费用，卖方只有义务按最低险别投保。相比之下，《Incoterms 2000》中的DES（目的港船上交货）规定卖方负责将货物运到目的港为止，卖方承担运输风险和相关费用，因此DES称为“到岸价”更为合理。在专栏10.3的案例中，出于对CIF“到岸价”的误解，签订了添加条款的CIF合同，引起了争议和纠纷。

关于象征性交货问题值得注意的是，首先，货物的特定化是风险转移的

前提，特定化指卖方对买卖合同项下的货物包装加上标记，或获得的装运单据、向买方发出的通知、或以其他方式清楚地注明货物已划归合同项下。

其次，风险费用的划分原则仅意味着运输风险由买方承担，并不意味着卖方只要将货物送交越过装运港船舷，就无需承担任何责任。按照《公约》的规定，卖方有默示担保义务，包括两个方面：其一是品质担保，即适销性担保（卖方保证所售货物能满足生产、销售此货物的一般使用目的）和特定用途担保（卖方保证所售货物满足买方在购买货物时所表示的特定用途）；其二是权利担保，即卖方交付的必须是第三方不能提出任何权利或请求的货物，除非买方同意在受制于这种权利或请求的条件下收取货物。品质担保的排除有三种情形：其一，"依现状"、"含各种残损"等条款；其二，买方未尽合理检验的义务；其三，按照双方的交易习惯或行业惯例，卖方不承担品质担保的义务。

专栏10.3　添加条款的CIF合同的解释

［案例1］ 英方以CIF术语进口一批东非波罗麻。合同规定：若货物或任何部分货物由于船舶灭失或其他不可避免的原因而不能运抵目的地，本合同对任何该部分货物无效。后在海运中因火灾船货俱毁。买方在事故发生前已付款取得单据，根据保险单索赔金额高于已付货款。卖方是否有权要求得到超额的部分？

［案例2］ 1940年4月阿根廷公司A以CIF安特卫普销售500吨黑麦给比利时公司B，合同规定：A必须保证谷物的到达，运抵谷物的任何不足，少于提单数量者由卖方负责，单据寄交给卖方在安特卫普的代理人Van Bree先生。提货单、保险单寄交给了Van Bree，买方付款取得了提货单，一直在询问和等待货物的到达。1940年5月，当货物尚在海上时，德军占领了比利时，因此卖方指令船舶开往里斯本，货物在里斯本销售。买方是否能索要回已经支付的货款？

［分析］ 两个案例的特点是在选用CIF术语的同时添加了模棱两可的条款，对买卖双方权利义务的界定取决于如何解释该合同的性质。如果仍然看做CIF合同，则按照象征性交货的本质特点，风险越过装运港船舷发生转移，运输风险由买方承担；如果否定其CIF合同的性质，则作为实际交货的合同，运输风险由卖方承担。

合同的履行过程中体现的双方的合意是解释合同的重要参考。案例1买方已经付款取得单据，说明双方对合同的理解是象征性交货，付款针对单据而不是货物进行，因此仍然将合同解释为CIF合同，风险越过装运港船舷转移，因此卖方无权得到索赔的超额部分。

案例2买方付款只是取得了提货单，一直在等待货物，说明买方付款的实质是针对货物而不是针对单据，所以该合同实质上不是象征性交货的CIF合同，而是实际交货的合同，因此买方有权索要已支付的货款。

§2 适用于各种运输方式的三种常用贸易术语

随着运输技术的发展尤其是集装箱运输的日益广泛运用，由多种运输方式联合组成的国际多式联运逐渐成为国际货物运输的重要组成部分，而适用于各种运输方式的另外三种贸易术语的推广应用也提上了议程。这三种术语分别是：

FCA（Free Carrier，货交承运人）+指定地点

CPT（Carriage Paid To，运费付至）+指定地点

CIP（Carriage，Insurance Paid to，运费、保险费付至）+指定地点

这三种术语在价格构成上分别相当于FOB、CFR、CIF，FCA是成本价，CPT=FCA+运费，CIP=CPT+保险费。FCA由买方承担运输和投保；CPT由卖方承担运输、买方承担投保；CIP由卖方承担运输和投保。三种术语都是象征性交货的贸易术语，风险转移的界限都以承运人①为界，卖方货物的交付一般于货交契约承运人时完成，但若有后续承运人，货物交付则于货交第一承运人完成，而该第一承运人很可能是实际承运人。

值得注意的是，FCA是《Incoterms 2000》中作出了实质性调整的重要贸易术语。《Incoterms 1990》详细列举了铁路、公路、内河、海洋、航空、多式联运等各种运输方式下出卖人交货义务的完成，但没有明确规定装载和卸载货物的义务由哪一方来承担。《Incoterms 2000》一方面简化了规则，另一方面明确了装载和卸载义务的承担。按照《Incoterms 2000》的规定，

---

① 在《Incoterms 2000》的规定中，“承运人”实际上包含了两类，一类是契约承运人（Contracting Carrier），即与托运人订立运输合同，承担履行或办理履行铁路、公路、航空、海洋、内河运输或多式联运义务的人，或以自己的名义签发运输单据的人；另一类是实际承运人（Actual Carrier），即接受承运人委托，实际运送货物的人。

在使用 FCA 术语时，对交付地点的选择会影响到在该地装载和卸载货物的义务，如果交付是在出卖人的场所进行，出卖人应当负责装载货物；如果交付是在任何其他地方进行，则出卖人不负责卸载货物。具体而言，交付在下列情况下完成：如果指定地是出卖人的场所，则当货物已装上买受人指定的承运人或为其利益行事的人所提供的运输工具时；如果指定地是其他任何地方，则当货物装载于出卖人的运输工具但尚未卸载、且置于买受人指定的承运人或其他人支配下时。

§3 常用贸易术语的比较

六种常用的贸易术语都属于象征性交货，卖方交货义务的完成并不以货物实际运送到买方为限，而是在装运港越过船舷（FOB、CFR、CIF）或货交承运人时（FCA、CPT、CIP）完成。FCA、CPT、CIP（此三种术语简称“现代术语”）分别从 FOB、CFT、CIF（此三种术语简称“传统术语”）发展而来，这种发展带来的不同主要体现在四个方面。

第一，适用的运输方式不同，导致运输单据和投保险别不同。传统术语仅适用于海运及内河运输，其承运人一般是船公司；现代术语适用于包括多式联运的各种运输方式，其承运人可以是船公司、铁路部门、航空公司、多式联运的联合运输经营者。传统术语下卖方通常向买方提交已装船清洁提单；若使用现代术语，卖方提交的单据需视运输方式而定。传统术语下需要为货物投保海洋货物运输保险；现代术语下可根据运输方式不同投保相应的海运、陆运、空运、邮包等险别。

第二，交货地点和风险转移的界限不同。传统术语在装运港交货，风险转移的界限是装运港船舷；现代术语的交货地点可以灵活约定，风险转移的界限是货交承运人。

专栏10.4 比较 FOB 和 FCA

［案情］ 2000 年 2 月，北京的中方 A 向日方 B 出口 30 吨甘草，贸易术语为 FOB 新港。A 将货物运往其在天津的办事处准备订箱装船，货物存仓后第三天，仓库起火，货物全部烧毁。由于未发生风险越过装运港船舷的转移，A 只能自己承担损失。

［评析］ 如果贸易术语选用的是 FCA，A 可以将承运人接货的地点确定在北京，则风险的转移可以提前。

第三，装卸费用的承担不同。在程租船运输中，采用传统术语，如船方不愿承担装卸费，买卖双方需要通过贸易术语的变形对装卸费作出约定；同样情形下，若采用现代术语，装卸费理应由承运人承担，无需作额外约定。

第四，结汇时间不同。传统术语通常要等到货物装船后凭海运提单结汇；在现代术语下，出口方将货物交给承运人后，即可凭承运人签发的运输单据在当地交单结汇，这样缩短了结汇时间，有利于出口方的资金周转。

第3节　贸易术语的合理选用

在国际货物买卖中，贸易术语通常是进出口商品价格的组成部分。例如，某商品单价为 US $100 per metric ton CIF London（每吨100美元，CIF伦敦），这个典型的国际贸易买卖价格由四部分组成：计量单位、金额、计价货币、贸易术语。合理选用贸易术语，对促进成交、提高经济效益、顺利履行合同都具有重要意义。

§1　明确贸易术语的功能

贸易术语的主要功能是：作为一种速记方式，表达买卖双方各自应承担的货物风险和责任，说明了运输、保险等重要环节的责任问题，以简化交易手续、明确价格构成。

常用贸易术语都是象征性交货的贸易术语，这意味着：通常情况下，买方需要承担运输过程中的风险及相关费用。在传统的三种贸易术语中，CIF 和 CFR 都要求卖方提供适当谨慎安排运输和投保。卖方是实际交货人，自行安排租船定舱和投保，可以使船、货更好地衔接，但却可能导致卖方与承运人勾结损害买方的利益。例如实践中每年都出现的“鬼船”欺诈，即承运人装货开航后就失踪了，买方拿到运输单据却找不到对单据负责的人。这时如果卖方在选定承运人时无明显过失，要卖方承担货损责任就很难找到合适的理由。

鉴于此，有一种观点认为，应当由承担运输风险的买方来安排运输，这有利于谨慎地选择承运人，尽可能防范运输风险。曾有人提出全球贸易统一采用 FOB，其依据是：在传统术语中，只有 FOB 由买方安排运输，由承担运输风险的一方来安排运输，有助于谨慎地选择承运人；另外，全球贸易术语的统一，可以减少不同术语的转化问题。但选用 FOB 术语时，买方租船订舱，卖方交货，可能使船、货的衔接问题变得更为突出；还可能导致买方与承运人勾结起来实行欺诈或非法提货。

专栏10.5　FOB 下买方与承运人勾结损害卖方利益

［案例1］ 2000 年4 月5 日，上海 A 公司向香港 B 公司以 FOB 上海术语出口牛仔布。B 向 A 传真告之上海 C 公司联系方式，A 遂将出口货物明细表传真给 C。C 通知 A 将货物在规定期限内送到指定仓库。A 交货后，C 以 A 的名义办理了装箱、商检、报关等事宜，A 取得承运人 D 签发的运输单据。C、D 之间的往来传真显示，D 委托 C 作为货运代理人协助联络 A、安排运输和报关、完成货物从发货人到 D 的交接。C 向实际承运人 E 订舱。

货至香港，D 凭 E 的运输单据提货。此后，C 收到 D 通过银行转账支付的一程运费。A 向银行要求付款时，银行以“客检证会签”是伪造为由拒付。这时货物及承运人 D 均下落不明。经查，香港商业登记署没有 B、D 的登记资料。A 提起诉讼，要求 C 承担赔偿责任。

［裁定］ 法院认为：该案中卖方 A 与 C 之间不存在租船订舱的法律关系；C 作为货运代理，不承担交易的风险，只要它的代理行为无过错，就不应承担责任；从现有证据看，C 只是正常从事货运代理业务并收取相关费用。据此，法院对 A 的请求不予支持。

［案例2］ 2002 年 11 月 8 日，中方甲公司向韩国乙公司以 FOB 术语出口夹克衫。乙指定韩国丙公司为承运人。甲完成交货后，丙签发的提单以丁公司为通知人（在目的地负责货物与收货人之间的联络），收货人为根据某银行指示。乙一直没有付款赎单，运输单据仍由甲持有。经调查，货抵目的港后，丙已向丁无单放货。甲诉至中国海事法院，请求判令丙赔偿损失。

［裁定］ 法院认为：承运人丙仅凭提货人丁提供的银行保函，在无正本提单的情况下无单放货，违反了海上货物运输合同中承运人应凭正本提单交付货物的航运惯例。丙理应向原告甲承担相应的赔偿责任。

［评析］ 这两个案例选用的都是 FOB 术语，由买方承担安排运输和投保的责任。买方滥用租船定舱的权利，与承运人勾结损害卖方利益，给交易的完成带来了额外的风险和成本。

因此，在选用贸易术语时，应当明确重要责任的承担问题并保持充分的风险意识，做好必要的风险防范工作。在实际业务中，签订出口合同时，应尽量选用由卖方安排运输的 CFR、CIF、CPT、CIP 等术语，掌握运输的主动权；在签订进口合同时，应尽量选用 FOB、FCA 等由进口方安排运输的术语，以便于谨慎地选择承运人。即使采用了由对方安排运输的术语，也应尽量避免接受指定的境外货运代理人或无船承运人，可接受知名的船公司；如为不影响出口只能接受不利的运输条件，应进行严格的资信调查，并采取配套的信用保障措施。

另外，《Incoterms 2000》中还有另外七种术语，它们有时也被使用于国际贸易的交易当中，应当注意明确责任和义务，这些术语在使用时基本都是实际交货，买方的付款针对的是货物本身。2002 年 9 月，我国东北某外贸公司 A 按 DAF 满洲里向俄罗斯商人 B 出口一批矿产品，交货期限是当年 12 月底之前。B 在满洲里接受货物，经检验发现有短量现象，同时发现有一部分货物于次年 1 月份到达。于是 B 向 A 要求赔偿。A 以商检证和运输单据声称已按时足量交货，因此拒绝赔偿。但是 DAF 是实际交货的术语，卖方须负责将货物送到目的地，并承担运输途中的风险。因此该案中卖方拒赔是没有道理的。

§2 运输因素与贸易术语选用

在常用贸易术语中，FOB、CFR、CIF 三种传统术语仅适用于海运及内河运输，FCA、CPT、CIP 三种现代术语适用于各种运输方式。因此，在选用贸易术语时，应根据国际惯例，按成交商品拟采用的运输方式来确定。

在选用贸易术语时，应考虑自身运输条件、运输能力和安排运输有无实际困难。较长时期以来，中国一直是世界排名前列的航运大国，我国的进出口商有优越的自行安排运输的条件，能够充分保障按 FOB、FCA 等买方安排运输的术语进口，按 CFR、CIF、CPT、CIP 等卖方安排运输的术语出口。

同时应注意，运费是交易总额的构成因素，在选用贸易术语时，还应认真核算运输成本，并考虑货物经由路线的运费收取情况和运价走势。当运价上涨时，应选用由对方安排运输的贸易术语，以避免承担运价上涨的风险，同时注意敦促对方选择资信良好的承运人、采取相应的信用保障措施。如果在运价上涨时需要自行安排运输，应将运价上涨因素考虑到价格中，争取更好的价格条件。

国际贸易大多数都涉及海运，海运的方式有班轮运输和租船运输两种类型。班轮运输有固定的航期表、航线、停靠港口以及相对固定的运费率，船方负责货物的装卸，装卸费计入班轮运输费用；但租船运输中，船方不负责装卸费用的情况下，为了明确装卸费用由买卖双方谁来承担，可以选用贸易术语的变形。FOB、CFR、CIF 三种传统术语都分别有各类变形（详见表 10.2）。

表 10.2　　贸易术语的变形

术　语	约定事项	变　形	具体规定
FOB	装船及有关费用	Liner Terms（班轮条件）	按班轮做法，卖方不负责
		Under Tackle（吊钩下交货）	卖方承担费用将货物交到买方指定船只的吊钩所及之处
		Stowed（理舱费在内）	卖方负责将货物装入船舱并承担包括理舱费在内的装船费用
		Trimmed（平舱费在内）（缩写为 FOBT）	卖方负责将货物装入船舱并承担包括平舱费在内的装船费用
		Stowed and Trimmed（理舱、平舱费在内）（缩写为 FOBST）	卖方负责将货物装入船舱并承担包括理舱费、平舱费在内的装船费用
CFR、CIF	卸货及有关费用	Liner Terms（班轮条件）	按班轮做法，买方不负责
		Landed（卸至码头）	卖方承担卸货费，包括可能涉及的驳船费
		Ex Tackle（吊钩下交接）	卖方承担目的港船的吊钩所及为止的费用。船不能靠岸时，驳船费买方承担
		Ex Ship's Hold（舱底交接）	船到目的港后，买方自行启舱，并负担货物由舱底卸至码头的费用

§3　贸易术语的变更和商品的作价

在国际贸易中，交易双方都希望选用于己有利的贸易术语，在洽商过程中可能发生贸易术语的变更，需要明确贸易术语的价格构成，了解贸易术语的价格换算。

在常用贸易术语的变更和价格换算中，主要涉及运费和保险费是否包含在内。值得注意的是，按照国际通行做法，保险费应以CIF、CIP价格为基础计算。

$$\text{保险费（I）} = \text{CIF（CIP）} \times \text{保险加成} \times \text{保险费率}$$

$$\text{CIF} = \text{CFR} + \text{I} = \text{FOB} + \text{F（运费）} + \text{I}$$

$$\text{CIP} = \text{CPT} + \text{I} = \text{FCA} + \text{F} + \text{I}$$

$$\text{含佣价} = \frac{\text{净价}}{1 - \text{佣金率}}$$

国际贸易中商品的作价方法多种多样，通常使用的有固定价格、非固定价格、价格调整条款等。固定价格是指交易双方在协商一致的基础上，运用贸易术语，对合同价格予以明确、具体的规定，这是国际市场上较常见的做法。

为了减少价格变动的风险，促成交易和提高履约率，也可以采用变通的方式——非固定价格。非固定价格有三种具体做法：第一种，待定价格，明确约定定价时间与定价方法，或只约定作价时间；第二种，暂定价格，先约定一个初步价格，待双方确定最后价格后再进行清算；第三种，部分固定价格，部分非固定价格，或分批定价。

有些国际贸易合同除规定具体价格外，还制定各种不同的价格调整条款（Price Adjustment / Revision Clause），使价格变动的风险限制在一定范围，以提高客户经营的信心。这种方式普遍适用于加工周期较长的机器设备合同，其价格调整公式为：

$$P = P0\left(A + B\frac{M}{M0} + C\frac{W}{W0}\right)$$

其中，P是商品交货时的最后价格，$P0$是签订合同时约定的初步价格，$M/M0$分别是计算最后价格时/签订合同时引用的有关原料的平均价格或指数，$W/W0$分别是计算最后价格时/签订合同时引用的工资平均数或指数，A、B、C分别是经营管理费用和利润、原料、工资在价格中所占的比重。

本章总结

贸易术语是在国际贸易发展到一定阶段时根据实践需要而逐步产生的专门用语，它旨在简化贸易程序、明确风险转移界限和买卖双方责任。贸易术语的主要功能一是表明商品的价格构成，二是说明交货条件。

关于贸易术语的解释主要依据被普遍接受的国际惯例，目前尤其重要的是国际商会的《2000 年国际贸易术语解释通则》（《Incoterms 2000》），它包含了四组共十三种贸易术语，可以分为实际交货和象征性交货两大类。六种常用的贸易术语都是象征性交货的术语，运输风险由买方自行承担。不同贸易术语适用的运输方式不同，表明的商品价格构成不同，应当注意贸易术语之间的相互转化。

通过本章的学习，希望读者对国际贸易交易中商品的价格这一核心问题的特征有清晰的了解，从而更好地实施洽商策略，保证合同的正常履行。

思考题

1. 什么是贸易术语？其主要功能体现在哪些方面？

2. 六种常用贸易术语有何异同？

3. 什么是国际贸易中的“离岸价”和“到岸价”？为什么将 CIF 称为“到岸价”是不科学的？

4. 象征性交货与实际交货的主要区别是什么？

5. 国际贸易交易中商品的价格表示有何特征？

6. 如何合理选用贸易术语、优化商品作价？

第11章

国际货款的收付

本章概要

本章着重阐述了国际贸易货款收付的支付工具和支付方式，进一步揭示了国际贸易象征性交货的特征和相关的规则。

信用证是常用的国际货款的收付方式，它具有银行信用、独立文件和单据买卖的特征，也集中体现了“纸上贸易”付款赎单的特点。此外，在我国的对外贸易中，汇付和托收也使用得比较频繁，尤其在买方市场的情况下，它们对促进出口具有特殊重要的意义。

本章的另一个重要内容是介绍了国际货款收付的衍生领域——国际贸易中的资金融通方式及主要的信用保障机制。为了防范收款风险，应当灵活运用银行保函、备用信用证、国际保理、出口信用险等风险防范机制。

学习目标

1. 了解国际货款收付的基本方式和运作特征。
2. 着重掌握信用证业务的基本流程和特点。
3. 熟悉国际贸易中涉及的主要单据的性质和功能及相关制度。
4. 思考国际贸易中的融资方式。
5. 掌握国际贸易中的主要信用保障机制。

McCardie 法官：如果卖方根据适当的运输合同以适当的方法，将指定的货物装上船，而且如果他取得了提交给买方的相应单据，我看不出，在单据提交前，船或货的灭失对买卖双方的权利和义务有什么影响。对于卖方来说，他仍然可以有效地提交单据；对于买方来说，他可以获得单据并向责任方追索。

——［英］David M. Sasson

国际货款收付是国际贸易的重要环节，是合同的核心条款之一，涉及交易双方的权利和义务，直接影响到双方资金周转与资金融通以及各种收汇风险与费用的承担，因而关系到买卖双方的根本利害得失。在货款收付的洽商过程中，主要涉及支付工具、支付方式等问题，运用各种票据，通过汇付、托收、信用证等支付方式来完成。在国际货款收付过程中，还可以灵活采用各种不同类型的资金融通方式。

第 1 节　支付工具和主要单据

国际贸易的象征性交货特征意味着卖方获得货款并不以将货物实际运送到买方为限，而是准备好全套合格单据，买方付款赎单。在合同的履行过程中，物流和资金流是相分离的，交易流程中单据的处理是一项至关重要的工作，因此国际贸易被称为“纸上贸易”。

§1　支付工具：票据

国际贸易大多采用票据（Bills）作为支付工具，包括汇票、本票和支票。汇票（Bill of Exchange，简称 B/E，Draft 或 Bill）是一定金额的无条件的书面支付命令，由出票人向受票人签发，要求见票即付（即期汇票），或在将来某一固定或可确定时间（远期汇票）对受款人作出支付。本票（Promissory Note）是一定金额的无条件的书面支付承诺，由出票人向受票人签发，保证见票即付（即期本票），或在将来某一固定或可确定时间（远期本票）对受款人作出支付。支票（Cheque，Check）是以银行为付款人的即期汇票，即存款人签发给银行的无条件见票即付一定金额的委托或命令。国际贸易中，汇票的使用率最高。

使用票据作为支付工具时，一定要注意其四方面的重要特性：第一，要式性。票据的形式必须符合法律的规定①，必要记载项目必须齐全。第二，流通转让性。票据可以通过直接交付或背书②后交付完成转让，无需通知债务人。第三，无因性。只要支付了合理的对价，善意取得票据，正当持票人的权利就不受前手票据权利缺陷的影响。第四，可追索性。正当持票人如果遭到拒付，或远期票据遭到拒绝承兑③，有权通过法定程序向其前手进行追索、起诉，要求得到票据权利。在该持票人之前所有在票据上作过表示的人都成为被追索的债务人。

§2　主要单据：运输单据、发票、保险单据

在国际货物贸易的基本流程中，作为付款依据的是全套合格单据，其中主要有运输单据、商业发票和保险单。

（1）运输单据

传统的国际货物贸易绝大部分涉及海运，海运提单（Ocean Bill of Lading，简称 B/L）是海上货物运输的主要单据，是国际货款收付的主要单据之一。长期以来，提单作为一种物权凭证，提单的转让实现了货物的买卖

---

① 国际的票据法律制度严格而且不断完善，形成了三大法律体系（法国、德国、英国票据法体系）和三大国际公约（《海牙统一票据法》、《日内瓦统一票据法》、《国际汇票和本票公约》）。我国于 1995 年 5 月 10 日正式颁布了《中华人民共和国票据法》，在形式上采用汇票、本票、支票统一立法的方式。

② 背书（Endorsement/Indorsement）是持票人在票据背面签字，并交付给受让人的行为，其目的是转让票据及票据权利。

③ 承兑（Acceptance）指远期汇票的付款人在汇票上签名，同意按出票人指示到期付款。

和资金的加快周转，提高了交易的效率。但随着运输技术的发展，海运速度大大提高，其他运输方式及多式联运越来越多地被应用到国际贸易当中，运输单据的制度变革成为大势所趋。

①提单的性质和功能。提单是承运人收到货物后签发给托运人的证明文件，提单的性质和功能包括三个方面。

首先，提单是运输合同的证明。提单的正面记载了承运人和托运人以及货物的状况，背面规定了承运人和托运人的权利和义务，因此它证明了运输合同的存在。应该注意的是，提单是承运人或其代理人单方面签发的，对于承运人和托运人而言，它不是运输合同而只是运输合同的证明；而如果提单发生了转让，对于提单的受让人而言，提单本身就是运输合同。

专栏11.1 英“阿登纳斯”案

[案情] 在一笔FOB成交的交易中，托运人（进口方）A与承运人B口头约定船直接驶往利物浦，但B签发的提单上写明“船可以用任何方式，经由任何航线驶往目的港”。实际运行时该船先到达比利时的安特卫普，再到达利物浦。这时正好赶上英国提高进口柑橘的价格，而且由于大量柑橘已到货，市场价格大跌。A受到的损失是否可以向B索赔？

[分析] 本案的关键是判断运输合同及其规定的托运人与承运人之间的权利和义务。提单只是运输合同的证明，本案中运输合同是双方的口头约定，B的实际做法很显然违背了运输合同，所以A有权向B作相应的索赔。

其次，提单是承运人或其代理人收到货物的收据。一般而言，买方和银行愿意接受“已装船提单”（on Board B/L），即货物已装上船后承运人签发的提单。在集装箱运输中，装运的货损货差很小，故只证明收到货物但尚未装运的备运提单（Received For Shipment）也可接受。当接货的过程中在船长“目力所及”的范围内发现货物外表状况不良或存在缺陷，承运人应就此在提单上加注，签发不清洁提单（Unclean B/L）；否则签发没有此类加注的“清洁提单”（Clean B/L）。在正常情况下，提单的签发日期表示了收到货物或实际装运货物的时间。但在实践中，存在着为了人为地使装运日期符合买卖合同规定而采取倒签提单或预借提单的做法。倒签提单（Antedated B/L）是在实际装船日期已迟于买卖合同或信用证要求时，为了不妨碍索要货款，托运人要求承运人将提单签发日期伪造提前使之符合买卖合同或信用证要求的行为。预借提单（Advanced B/L）是在买卖合同或信用证要求的装船日已到，但托运人未能及时备货装船时，托运人要求承运人提前签发已装船提单，以顺利索款。倒签提单或预借提单都是违法的行为。

最后，提单是承运人凭以交付货物的具有物权特性的凭证。作为提货凭证的正本（Original）提单是带有承运人或其代理人签名盖章并注明签发日期的提单，一般签发一式两份或三份，凭其中任何一份提货后，其余的即作废。持有正本提单就像拥有货物一样，承运人必须对正本提单的持有人放货。因此，正本提单被比喻成合法主人手中一把用于开启自己存放货物仓库大门的钥匙。

物权特性是提单最重要的独特功能，它使得不记名提单和指示提单均可以代替货物进行转让。不记名提单（Bearer B/L）指提单的收货人栏内不写明具体收货人的名称，只写明“货交提单持有人”（to Bearer），或不填写任何内容的提单，它仅凭交付就可以转让。指示提单（Order B/L）指提单收货人栏内填写“凭指示”（to Order）或“凭某某人指示”（to Order of……），它可以凭背书进行转让。如果提单的收货人栏内填明特定收货人名称，则称为记名提单（Straight B. L），在家（地区）是不能转让的。

②提单制度面临的困境及其出路。由于国际货物贸易往往要经过长途运输，提单的转让可以代替货物的买卖，加速资金的周转。但随着运输技术的发展和运输速度的提高，提单的这一功能日益削弱，在近海运输中甚至频繁出现晚于货物到达目的港的过期提单（Stale B/L）现象，妨碍货物的周转。解决过期提单问题的方法主要有异地签单、电子提单及凭保函提货。异地签单是承运人委托更便利地区的代理人签发提单以加速其传递；电子提单是借助电脑技术，将货物的数据存在承运人的机器里，持有密码的一方掌握货物的控制权，以密码的更迭实现提单转让，最后的收货人凭密码提货；凭保函提货是由收货人或其他第三方出具保函给承运人，保证一旦出现其他正本提单持有人，由出具保函的一方承担错误交货而造成的损失。

另一方面，提单物权凭证的特性导致伪造提单和恶意欺诈的行为。针对这一问题，一种观点认为应该进一步完善提单制度；另一种观点认为应该废除提单的物权特性，海运单应运而生。海运单（Ocean Waybill, Sea Waybill）是运输合同的证明，是承运人收到货物的收据，但不是物权凭证，也不是承运人凭以交付货物的最主要依据，不可以转让。目前，欧洲、斯堪的那维亚半岛、北美和某些远东、中东地区的贸易越来越倾向于使用海运单，主要因为海运单能方便进口商及时提货，简化手续，节省费用，并在一定程度上减少欺诈现象。

③多式联运单据。多式联运（Multimodal Transport）是指多式联运经营人，按照多式联运合同，采用两种或两种以上不同的运输方式，负责将货物从接管地运至交付地的运输方式。国际贸易中的多式联运是在集装箱运输的基础上发展起来的一种现代化运输方式，将海、陆、空等不同运输方式联结成单一运程来安排，具有装卸效率高、车船周转快、经营成本低、货损货差少、货运手续简便等优点，对于保证国际贸易中货物运输畅通、提高工作效率意义重大。

多式联运经营人接管货物时，应签发多式联运单据。根据《联合国国际货物多式联运公约》，多式联运单据（Multimodal Transport Document，简称 MTD）是多式联运合同的证明，也是多式联运经营人收到货物的收据和凭以交付货物的凭证，同一多式联运单据须包括全程运输。

根据发货人的要求，多式联运单据可以做成可转让的，也可以做成不可转让的。可转让单据应注明按指示或向持票人交付，不可转让单据应注明记名的收货人。如签发一份以上的正本单据，应注明其份数，其中一份完成交货，其余各份正本即失效。副本单据没有法律效力。

专栏11.2 多式联运经营人应对全程运输负责

[案情] 2003 年 7 月 19 日，A、B 达成运输合同，B 将货物从 A 某基地仓库运往汉堡，包括陆运和海运。10 月 17 日，B 委托分公司 C 派汽车将货物从 A 的仓库运往装运港。途中因驾驶员违章，卡车坠入河中，货物全部报废。A 向 B 要求赔偿，但 B 辩称它并非实际承运人，只是货运代理，不应承担责任。A 遂诉至法院，要求赔偿货损。

[裁决] 法院认为该案是多式联运合同货物损害赔偿纠纷，B 是多式联运经营人，C 为 B 的代理，因此 B 应承担损害赔偿责任。

（2）商业发票

国际贸易中的发票一般指商业发票（Cimmercial Invoice），是出口方在发出货物时开立的凭以向进口方索取货款的价目清单。其主要作用是供进口方凭以收货记账、支付货款和作为报关纳税的依据。

商业发票必须全面、准确地反映交易的各项内容，一般包括首文、正文和结文。首文（Heading）部分主要写明基本情况，如发票名称和号码、合约或定单号码、发票制作日期和地点、船名、装货港、卸货港、收货人等。正文（Body）说明履约的情况，主要是通过对货物和货价的描述提供履约的证明，内容主要包括运输标志（Shipping Mark）、号码、商品名称、规格、货物数量、单价、金额等。结文（Complememtary Clause）包括出口商的签章、进出口许可证号码、出具汇票文句等内容。

另外，应对方的要求，在交易当中还可能涉及其他类型的发票：海关发票（Customs Invoice）是由出口方根据进口方海关规定填写的特定格式发票，领事发票（Consular Invoice）是由进口方驻出口方领事认证或出具的发票，形式发票（Proforma Invoice）是出口方在货物出运前向进口方开立的供其申请进口许可证和外汇的发票，厂商发票（Manufacturer's）是由出口货物的制造商出具的以本国货币计算价格，用来证明出口方国内市场的出厂价格的发票，证实发票（Certified Invioce）是根据信用证要求在发票上加注一个声明以证实该发票的真实性，样品发票（Sample Invoice）是出口方把样品寄给进口商时供进口商报关之用的清单，寄售发票（Consignment Invoice）是货物寄售①时卖方向买方开立的作为定价依据的发票。

（3）保险单据

保险单据（Insurance Policy）是保险人在收取保险费后，向被保险人签发的对其承保的书面证明，它具体规定了保险人与被保险人的权利与义务。保险单据的一般作用是作为保险合同及赔偿的证明，可以背书转让。在实践中，保险单据分为保险单、保险凭证、联合凭证和预约保单等不同类型。

保险单（Insurance Policy）俗称大保单，是使用最广的一种保险单据。保险单的正面一般载明：当事人名称和地址；保险标的的名称、数量或重量、运输标志；运输工具；保险险别；保险责任起讫时间和地点及保险期

---

① 寄售（Consignment）是寄售人（Consignor）先将准备销售的货物运往寄售地，委托当地代销商（Consignee）按照寄售协议规定的条件和办法代为销售的方式。

限；保险币值和金额；保险费；出单日期和地点；赔偿地点等内容。保险单的背面一般载明保险人与被保险人之间权利和义务等方面的重要内容。保险单可以转让，当发生保障范围内的事故时，保险单的持有人可以凭保险单向保险公司索赔。

保险凭证（Insurance Certificate）俗称小保单，是一种简化的保险单据。其正面内容基本与保险单相同，但背面不载明保险人与被保险人双方的权利和义务。为了实现单据的规范化，不少保险公司已废弃了此类保险凭证。

联合凭证（Combined Certificate）是一种将发票与保险单相结合的，比保险凭证更简化的保险单据。保险公司将承保的险别、保险金额以及保险编号加注在投保人的发票上，并加盖印戳，其他项目均以发票载明的为准。这种凭证仅在我国对某些特定地区的出口业务中使用，现已很少使用。

预约保单（Open Policy）又称预约保险合同（Open Cover），是被保险人（一般为进口方）与保险人之间订立的总合同。合同规定承保货物的范围、险别、费率、责任、赔款处理等条款，凡属合同约定的运输货物，在合同有效期内自动承保。在我国进口业务中，凡属预约保单规定范围内的进口货物，一经起运，我国保险公司即自动按预约保单所订立的条件承保。被保险人在获悉每批货物装运时，应及时将装运通知书（包括货物名称、数量、保险金额、船名或其他运输工具名称、航程起讫地点、开航或起运日期等）送交保险公司，并按约定办法缴纳保险费，即完成了投保手续。

批单（Endorsement）指保险单出立后，投保人如需补充或变更内容，可根据保险公司规定提出申请，经保险公司同意后即另出一种凭证，注明更改或补充的内容，这种凭证即为批单。批单原则上须粘贴在保险单上，并加盖骑缝章，作为保险单不可分割的一部分。

按照国际惯例，保险单的签发日期一般不得晚于提单。运输和投保的衔接是一个十分重要的问题。例如，在 CFR 和 CPT 术语下，运输由卖方承担，而保险由买方安排，卖方必须及时发出装运通知，以便于买方办理投保，否则由于卖方的装运通知延迟而使买方未能及时投保，由此造成损失卖方必须承担赔偿责任。

专栏11.3　装运和投保的衔接

[案情] 一战爆发前夕，一份以CIF合同销售麻布袋的合同规定：最迟装运期为8月底，战争险买方付费。卖方按照买卖合同提交了包括“捕获扣押不保”条款的劳氏格式保单。

7月20日，货物装上英国的温彻斯特号轮。8月6日，该船被德国巡洋舰捕获，随后沉没。8月8日买方收到装运通知。该批货物未投保战争险，损失应由哪一方承担？

[分析] 本案中买卖合同规定的“战争险买方付费”意味着卖方没有义务投保战争险，买方应该承担相关的费用。但买卖合同规定装船日是8月底之前，因此买方没有理由预知卖方一定会在7月底装货，这时卖方及时发出装运通知是买方及时办理投保的重要条件，装运通知以到达买方生效。本案装运通知在货物灭失后才到达买方，所以买方延迟投保造成的损失应该由卖方承担。

应该注意的是，该案使用的是英国劳氏保险条款，所以战争险可以单独投保。英国劳氏船货保险单（Ship and Goods，S. G.）200多年来一直运用于英国的海上保险，其中平安险、水渍险、一切险的险别名称和划分直接影响到中国人民保险公司的海运货物保险条款的制定。1982年，伦敦保险协会的货物保险条款虽然取消了平安险、水渍险、一切险的险别名称，代之以（A）、（B）、（C）条款来区分险别，但实质内容差别不大。

§3　付款赎单

由于常用贸易术语都具有象征性交货的特征，买方付款针对全套合格单据，而不是货物本身，因此国际货款的收付的突出特点是付款赎单。出口方在完成交付义务后，必须制单结汇，凭全套合格单据向付款方或其代理人索要货款。交易合同的履行过程中资金流与物流是相分离的。

理解付款赎单的特点，关键是要结合国际贸易的象征性交货特征，理清在履行进出口合同直到完成货款收付的过程中产生的一系列独立的合同关系。进出口双方在不同的合同关系中可能以不同的身份出现，享受相关的权利并承担相应的义务。为了更好地完成交易，必须清晰地区分不同合同关系；如果发生纠纷，应该合理地分清权利和责任。

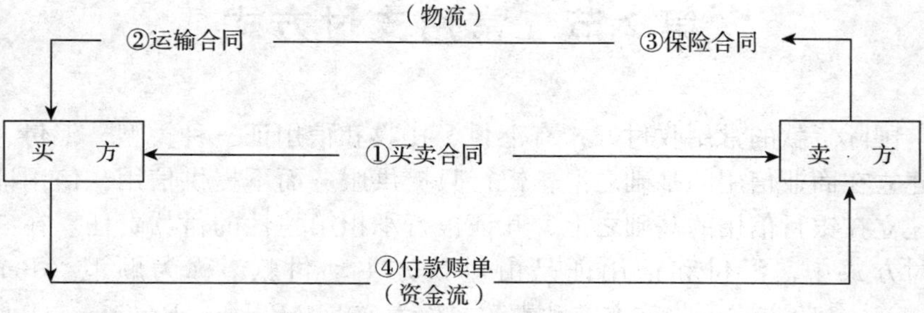

图 11.1 国际货物贸易中独立的合同关系

说明：①买卖双方之间首先有买卖合同关系的建立。
②③在物流配送的过程中，买方/卖方订立独立的运输合同和保险合同。
④在资金流的传送过程中，买方通过银行完成付款赎单。

专栏11.4 国际贸易中独立的合同关系
——晨光公司（A）与高通公司（B）纠纷案

[**案情**] A 向 B 出口服装的合同规定：最迟装船期为 1994 年 8 月 30 日。由于 B 未能按照约定及时、足量提供面料，A 赶不上最迟装船日期。这时 B 出具保函：保证买方收到单据及时付款。A 办理装运。但随即遇到的情况是：①单据在银行被拒付；②A 收到最终买主 C 的质量质疑和要求降价的传真 。A 应该如何应对?

[**分析**] 在货款收付过程中，银行作为完成付款赎单的中介，卖方必须向银行提交符合支付合同关系的全套合格单据，才能得到货款。此案中 B 向 A 出具的保函构成了对买卖合同的修改，但不影响支付合同关系，所以 A 的行为虽然符合修改后的买卖合同，但却违背了原订支付合同的要求，银行完全有理由拒付。

但问题在于，银行拒付后应妥善处理单据，而不能随意放单。本案最终买主 C 得到了货物，经调查，C 凭正本提单提取了货物，银行应承担不合理放单的责任。

第2节　常用支付方式

国际货款的常用收付方式有汇付、托收和信用证三种类型，汇付、托收建立在商业信用的基础之上，银行只提供服务而不提供信用；信用证则是建立在银行信用的基础之上，开证银行承担第一性的付款责任。在三种支付方式中，汇付和信用证是由付款方主动付款，称为顺汇（Remittance）；托收方式下收款方主动索款，称为逆汇（Reverse Remittance）。

§1　汇付和托收

汇付（Remittance）又称汇款，是进口方将货款交给当地银行，委托它通过在国外的联行或代理行向出口方付款（见图11.2）。

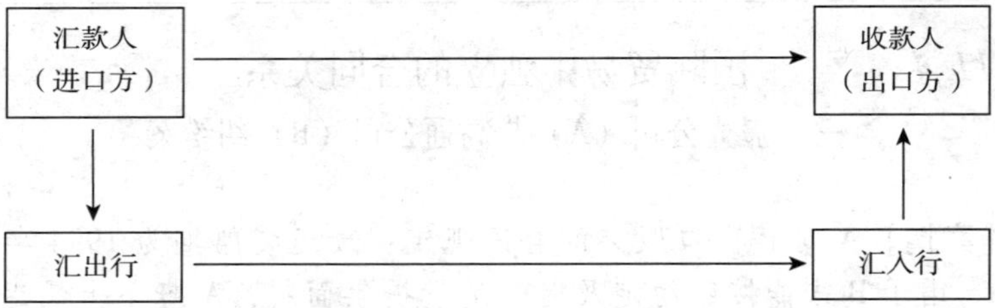

图11.2　汇付的基本流程

说明：图中的箭头代表了资金的流向。汇付的基本流程是进口方将款项委托汇出行通过汇入行交给出口方。根据汇出行向汇入行发出付款通知的方式不同，分为电汇、信汇、票汇等不同类型。电汇（Telegraphic Transfer，T/T）使用加押电报、电传或SWIFT①形式；信汇（Mail Transfer，M/T）使用邮寄的方式；票汇（Remittance by Banker's Demand Draft，D/D）使用银行汇票，由汇款人寄交收款人，汇入行凭此向收款人付款。

在我国的外贸实践中，汇付主要在下列情形下采用：一是用于定金、货款尾数，以及佣金、费用等的支付；二是大宗交易使用分期付款或延期付款办法时使用；三是与本企业的联号或分支机构和个别极可靠客户之间

① SWIFT是“全球银行金融电讯协会”（Society for Worldwide Interbank Financial Telecommunication）的简称，银行之间通过全球电讯网络系统实现资金在国际范围内的转移。该组织1973年成立，目前已有包括中国银行在内的1000多家成员银行。

的赊账交易（Open Account Trade，O/A）①。另外，在预付货款的交易中，为了减少进口方预付货款的风险，可使用有条件付款的凭单付汇（Remittance Against Documents）的做法：进口方通过当地银行（汇出行）将货款汇至出口地银行（汇入行），指示汇入行凭出口人提供的某些指定单据和装运凭证付款给出口方。对于出口方而言，在接到汇入行的汇款通知书后，应尽快准备好相关单据办理交单支款，因为按照银行的一般惯例，汇款人有权在收款人支款前随时通知银行将汇款退回。

托收（Collection）是出口方出具汇票并随附单据，委托银行向进口方收取货款。目前托收业务基本流程中银行与委托人之间的关系受到 1996 年 1 月 1 日正式实施的《托收统一规则》（国际商会第 522 号出版物）的约束。在托收方式下，由于货物已先期运出，一旦遭到拒付，会使出口方面临被动局面，因此出口方面临较大的风险。在国际贸易中采用托收方式结算货款，实质上是出口方利用对进口方的资金融通以促进成交、扩大出口、提高其出口产品在国际市场上的竞争力。但同时，出口方应注意尽可能采取措施防范收款风险（见图 11.3）。

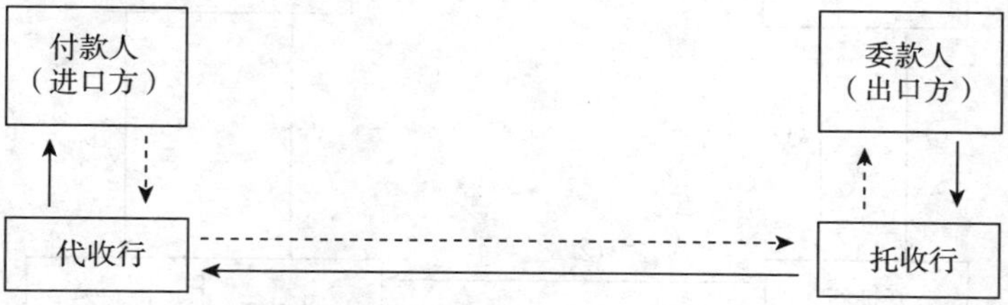

图 11.3 托收的基本流程

说明：图中——→箭头代表单据的流向，箭头--->代表资金的流向。国际贸易中常使用的托收方式有即期付款交单（Documents Against Payment at Sight，D/P at Sight）、远期付款交单（Documents Against Payment After Sight，D/P After Sight）、承兑交单（Documents Against Acceptance，D/A）等类型。在即期付款交单方式下，出口方装运货物准备好全套单据后委托托收行通过代收行交给进口方，进口方审核单据无误后将货款委托代收行通过托收行交给出口方。远期付款交单和承兑交单都使用远期汇票。在远期付款交单下，进口方等到远期汇票付款期之日向代收行付款赎单，在承兑交单的情况下，进口方凭对远期汇票的承兑即可拿到单据，到付款日再行付款。

① 赊账交易包括预付货款（Payment in Advance）、交货后付款（Cash on Delivery—C. O. D.）、随订单付现（Cash With Order—C. W. O.）等。

§2　信用证

信用证（Letter of Credit，简称 L/C）是银行承诺有条件付款的书面凭证，是传统国际贸易中被广泛使用的一种结算方式。当事人的权利义务关系目前依照《跟单信用证统一惯例》（Uniform Customs and Practice for Documentary Credits）2007 年修订本（国际商会第 600 号出版物，简称UCP600）的规定。国际商会 1933 年制定了《商业跟单信用证统一惯例》，此后经过 1951 年、1962 年、1974 年、1983 年、1993 年和 2007 年六次修订，最后两次分别是国际商会第 500 号出版物（《UCP 500》）和第 600 号出版物（《UCP 600》）。

（1）信用证业务的基本流程

当买卖合同约定以信用证作为支付方式后，进口方应根据合同的约定及时申请开证，出口方则应注意催证、审证、改证。以常用的即期跟单信用证为例（如图 11.4）。

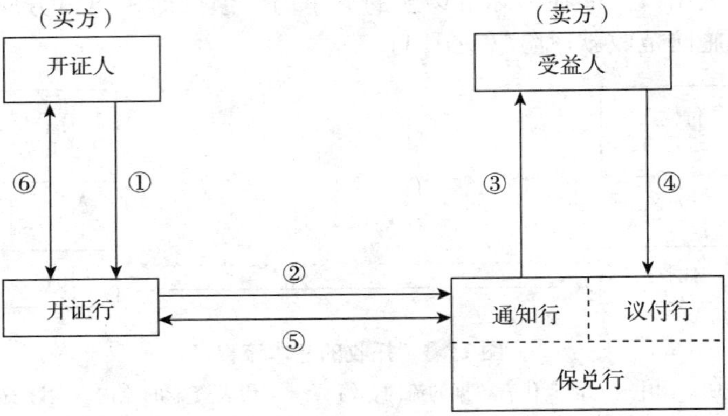

图 11.4　即期跟单信用证的业务流程

说明：①申请开证（凭开证申请、押金及手续费）。

②开证（可以采取电开证、信开证或简电开证等不同形式）。

③通知（通知行收到开证后核对印鉴密押无误后通知受益人）。受益人收到信用证后，如果要求修改，应告知开证人，通过开证行和同一家通知行将修改后信用证重新通知给受益人；受益人若对开证行的资信不放心，可以要求保兑，出现保兑行。

④议付（受益人提交单证，议付行审核无误后垫付货款）。实践当中银行之间往往要达成一致再付款。

⑤索偿与偿付（议付行向开证行提交单证，开证行审核无误后付款）。

⑥付款赎单（开证人审单无误后向开证行付款，开证行交单）。

信用证一般是不可转让的，除非明确注明“可转让”。可转让信用证（Transferable Credit）只能转让一次，即只能由第一受益人转让给第二受益人；但再转让给第一受益人，不属于禁止转让的范畴。在实际业务中，可转让信用证通常是在中间商的要求下开立。与可转让信用证功能相似的还有背对背信用证（Back to Back Credit），又称转开信用证，指受益人要求原证的通知行或其他银行以原证为基础，另开一张内容相似的新信用证；这时两张信用证都是不可转让的。

除了即期信用证（Sight Payment L/C）之外，还有远期信用证（Usance L/C），它包括了银行承兑的远期信用证（Banker's Acceptance L/C）、假远期信用证（Usance L/C Payable at Sight）和延期付款信用证（Defered Payment L/C）等不同的类型。银行承兑的远期信用证和假远期信用证都使用远期汇票，前者由开证行首先承兑，将单据留存，然后到期付款后再与开证人之间进行付款赎单，当然开证行也可以考虑凭开证人出具的信托收据提前将单据借给开证人，这被称为进口押汇；后者是在由进口方承担利息和相关费用的情况下，在受益人提交单据时由议付行垫付货款，因此受益人可以即期十足地获得货款，实质上是银行对进口方的融资行为。延期付款信用证不要求使用汇票，只在信用证上规定货物装船后若干天或开证行收单后若干天付款。

（2）信用证业务的特点

信用证是在商业信用出现危机的基础上产生的一种支付方式，目前在国际贸易中被普遍采用，成为一种主要的支付方式。了解国际货款的收付，应当明确信用证业务的主要特征。

首先，信用证业务是建立在银行信用的基础上。开证行是第一性的付款人，承担独立的付款责任。即使进口人在开证后失去偿付能力，只要出口方提交的单据符合信用证要求，开证行原则上必须付款。

其次，信用证是一种独立自主的文件。信用证的开立以买卖合同为依据，但信用证一经开出，就成为独立于买卖合同之外的一项契约关系。“UCP500”第 3 条明确规定，“信用证按其性质与凭以开立信用证的销售合同或其他合同，均属不同业务。即使信用证援引这些合同，银行也与之毫无关系并不受约束。”

另外，信用证业务是“单据买卖”，银行付款的前提条件是单据与信用证的表面严格相符，也就是常说的“单单一致”、“单证一致”。按照《跟单信用证统一惯例》（UCP500）第 15 条的规定，银行只负责保障单据与信用证的表面相符，而对单据的形式、完整性、准确性、真伪性或法律效力等等概不负责；银行对单据中有关的货物描述、数量、重量、品质、状况、包装、交货、价值或存在，对于货物的发货人、承运人、运输行、收货人或保险人或其他任何人的诚信、行为及/或疏忽、清偿能力、履约能力或资信也概不负责。

§3 国际贸易融资

国际贸易融资的广义范畴包括以进出口贸易或进出口商品的加工生产为基础而进行的资金融通，其授信者（资金提供者）既可以是进出口商，也可以是其所在地商业银行，其类型既有商业信用，也有银行信用。狭义的国际贸易融资也称为国际贸易信贷，仅指银行在为进出口商办理国际结算业务时，对其提供的短期资金融通或信用便利。

（1）押汇业务

出口押汇（Outward Bills）是指出口商将全套合格单据抵押给银行，并从银行得到扣除押汇利息及费用后的有追索权的垫款的方式；或者指银行有追索权地向出口商购买跟单汇票或全套合格单据的行为。这是即期付款交单和即期信用证方式下，出口商向银行融资的主要方式。

进口押汇（Inward Bills）即凭信托收据（Trust Receipt，T/R）借单提货，是远期付款交单和远期信用证方式下，进口商向银行融资的重要方式。信托收据是进口商或开证人为尽早提货，向代收行或开证行出具的书面凭证，在尚未付款时先将单据借出并提货。

（2）信用证贸易融资

开证授信额度是开证行对于在本行开户且资信良好的进口商在申请开证时提供的免收开证保证金或不要求其办理反担保或抵押的最高资金限额。

红条款信用证（Red Clause Credit）是指信用证中含有一个特别的条款，俗称红条款，它允许出口商在全部货运单据备齐之前预先从出口地银行预支部分货款。

打包放款（Packing Credit）是指出口银行以出口商提供的信用证正本作抵押向其发放贷款的融资行为。此外，抵押品还可能是出口成交合同和订单，或表明最终将开出信用证的证明等。

假远期信用证又称买方远期信用证（Buyer's Usance L/C），指信用证下的远期汇票付款时按即期付款办理，开证行凭信托收据向进口方放单，是出口方银行（议付行）通过开证行向开证人（进口商）提供的短期融资，进口方须承担从出口方银行支款日起到汇票到期日之间的利息及相关费用。

买方远期信用证是付款期限与贸易合同规定一致的远期信用证，其融资渠道主要通过远期汇票的承兑和贴现来完成。具体而言，当出口商发运货物后，可通过银行将全套合格单据交开证行，经该行承兑汇票并退还寄单行（通知行），寄单行可以贴现方式购买全套汇票并以此向出口商融资，出口商以贴现所得偿还原打包放款的融资款项。寄单行作为承兑汇票的正当持票人，即可以保存汇票，于到期日向开证行索偿，也可以将汇票转让，进行再贴现。

（3）出口信贷

出口信贷（Export Credit）是一种对外贸易的中长期信贷，是一国为支持和扩大本国大型设备等资本货物的出口，以对本国出口给予利息补贴并提供信贷担保的方法，鼓励本国银行对本国出口商或外国进口商（或其银行）提供利率较低的贷款。按照出口信贷授予的对象，分为卖方信贷（Supplier Credit）和买方信贷（Buyer Credit）。

混合信贷（Government Mixed Credit）是在出口国信贷机构发放卖方信贷或买方信贷的同时，出口国政府还一并发放政府贷款，政府贷款的利率比信贷机构的更低，贷款期限更长。法国是最早使用混合信贷的国家，也是使用最多的国家，意大利等国在这方面也比较积极，美国则很少使用。

福费廷（Forfeiting）是指在大型成套设备的国际贸易中，当出口商以赊销方式卖出商品后，将其预先选定的贴现行或大金融公司认可的担保行担保过的本票（或经过进口商承兑、担保行担保过的汇票）卖断给贴现行或大金融公司，以提前取得现款。福费廷一词来源于法语，含有放弃权利的意思。它又称为包买、买单信贷、丧失追索权的贴现。

信用安排限额是 20 世纪 60 年代后期开始推行的出口信贷形式，是出口商所在地银行为了扩大本国一般消费品或基础工程的出口，给予进口商所在地银行以中期融资的便利，并与该银行配合组织较小金额业务的成交。一般用途信用限额（General Purpose Lines of Credits）又称购物篮信用证（Shopping Basket Credits），主要用于消费品出口；项目信用限额（Project of Lines of Credits）主要用于基础设备或基础工程建设的资金需要。

（4）国际租赁

国际租赁（International Leasing）在绝大多数情况下是现代融资租赁由

国内向国外进一步发展的结果。融资租赁（Financial Leasing）是指出租人对承租人选定的租赁物件，先进行以为承租人融资为目的的购买，然后再以收取租金为条件，将该物件中长期地出租给该承租人使用。

广义的国际租赁不仅包括跨国租赁（Cross Border Lease），还包括离岸租赁（Off - Shore Lease）。跨国租赁又称跨境租赁，出租人和承租人分别处于不同国家或不同的法律体制之下。离岸租赁又称间接对外租赁（Indirect Lease），是指租赁公司的海外法人企业（合资或独资）在东道国（注册地）经营的租赁业务，承租人在绝大多数情况下来自东道国。离岸租赁是国际租赁市场增长最快的租赁方式。

中国对国际租赁的定义是，只有融资租赁交易中有一方当事人为我国的非居民，且交易用外币来计价的，才属于国际租赁。从我国20多年的融资实践看，国际租赁主要有两种类型：一种是我国的承租人与国外的出租人和国外供货商之间的交易；另一种是我国的出租人和承租人与国外供货商之间的交易。

第3节　收款风险及其防范机制

对于出口方而言，从某种意义上看，国际货款的收取事实上是风险管理的过程。如果没有风险意识，就不能通过事先计划和谨慎执行来合理保障收款。

§1　收款风险

由于国际贸易有“纸上贸易”的特征，买方的付款针对全套合格单据。在实践中，交易过程涉及纷繁复杂的单据，第一次提交的单据大部分都存在不同程度的瑕疵。如果认为这些瑕疵是非实质性不符，则不影响付款赎单；反之，如果这些瑕疵被认定为实质性不符，则可以拒绝付款赎单。因此收款风险贯穿于买卖合同履行的全过程，有的只涉及资金流，更多情况下可能是物流障碍对资金流的影响。这些风险通常根源于商业信用问题，因而被称为信用风险（Credit Risk）或支付风险（Payment Risk）。此外，还可能存在政治风险、市场风险、汇率风险等。

政治风险（Political Risk）是国家（地区）政治和经济的不稳定性及法律法规的变化导致不利的商业环境。例如美国一位进口商购买了一批

"野营帐篷"，这些产品作为"运动用品"可以享受较低的关税税率，但最后美国海关部门将之归类为"纺织产品"，进口商不得不缴纳更高的关税。再如，1956 年埃及同以色列爆发战争时，埃及关闭了苏伊士运河，货运航班被迫绕道非洲的好望角，航程陡增数千英里。

市场风险（Market Risk）是商品市场、汇率市场等各种市场行情变化带来的收款风险。国际贸易的交易完成需要经过一段时间，在此期间如果商品价格下降，买方就可能面临损失；反之，如果商品价格上升，卖方可能会遭受实际货款的损失。

汇率风险（Exchange Rate Risk）则是由于在国际金融市场上买卖相关货币时，它们相对价值发生波动而产生的风险，这种风险的影响在国际贸易的每一笔交易中都存在。假设美商 A 向法商 B 销售货物，合同要求装运后 60 天内以美元支付货款，那么进口方 B 就要承担期间的汇率风险。如果 B 没有美元收入来源，它就必须向法国银行购买美元。如果在交易期间欧元对美元贬值，B 就需要用更多的欧元购买作为货款支付的美元；反之，如果欧元对美元升值，B 会发现货物比预想的要"便宜"。无论汇率如何变化，出口方 A 则可以将汇率风险转移给 B。因为 A 在美国用美元消费和开支，它又可以靠向 B 的出口收回美元。当然，A 也丧失了如果用欧元定价，欧元升值时用收取的欧元兑换美元的意外收获。

§2 风险防范和信用保障机制

随着国际贸易的发展，在交易过程中如何更好地保障诚信和商誉成为越来越突出的问题，在国际贸易实践中也在不断探索和更新风险防范和信用保障机制。

（1）银行保函和备用信用证

银行保函（Banker's Letter of Guarantee，简称 L/G）又称为银行保证书，是银行向受益人开立的担保申请人正常履行合同义务的书面保证。它是银行有条件承担一定经济责任的契约文件。如果申请人未能履行所承诺的义务，担保银行承担保证书中所规定的付款责任。银行保函的内容、形式和条款随具体交易的不同而有所不同，有关当事人的权利和义务主要依据保证书的条款进行解释和处理。

备用信用证（Standby L/C）又称担保信用证（Guarantee L/C），是开证行向受益人开立的担保申请人正常履行合同义务的一种特殊形式的信用证。当开证申请人未能履行其应履行的义务时，受益人按备用信用证的规定，凭开证申请人未履行义务的声明或证明文件，即可取得开证行的偿付。备用信用证最早出现于美国和日本，因为两国的法律不允许银行出具保函，所以采用备用信用证的形式。

备用信用证运作的流程和相关各方的权利和义务都受到《跟单信用证统一惯例》（UCP 500）的统一约束。但是备用信用证与一般信用证有所不同，主要表现为：首先是适用的情况不同，一般信用证用于正常履行买卖合同过程中的货款收付，而备用信用证适用于当开证申请人未能履行其合同义务时由开证行向受益人付款、退款或赔款；其次，一般信用证主要用于国际货物买卖，而备用信用证可以用于所有国际经贸往来；最后，一般信用证须经进口方申请，开证行才能据以开立信用证，而备用信用证的开证行可以不经申请人的请求而按自身需要主动开证。

（2）国际保理

国际保理（International Factoring）是保理商（Factor）向出口商提供的包括对买方资信调查、坏账担保、应收账款管理、贸易融资等综合性金融服务。

将国际保理与托收方式结合起来的具体做法是：出口方在订立买卖合同前，必须先与出口地保理商联系，将准备达成的买卖合同的内容和进口方的有关情况告知保理商，得到其认可并签订保理协议后，方可在协议规定的限额内订立正式的买卖合同；当出口方准备好全套单据后，将单据和发票委托保理商办理收款业务；如进口方不能按时付款或拒付，保理商应负责追偿和索赔，并负责按保理协议约定的时间向出口方支付。

保理商通常是国际上一些资信良好、实力雄厚的跨国银行或其全资附属公司。中国的中国银行、交通银行等银行已具备较丰富的从事国际保理业务的经验，此外，中国信托银行、光大银行、招商银行等商业银行也涉足保理业务领域。中国银行于1992年在国内率先推出了国际保理业务，并于1993年加入了国际保理商联合会，已与几十个国家和地区的众多家保理公司签署了国际保理协议，与其开展广泛的合作，为客户提供全面的国际保理服务。

随着经济全球化程度的不断加深，世界市场的竞争也日趋激烈，有时为了更好地开拓市场，不得不向进口方提供更有利的支付结算条件。这时应尽可能采用国际保理等风险防范的配套机制，更好地解决出口商面临的资金占压和进口商的信用风险问题。但应注意，采用国际保理要具备一定条件：首先是对支付方式的要求，国际保理通常适用于买方市场下采用的承兑交单（D/A）、赊销（O/A），信用证、现金交易等收款风险不太大的支付方式，一般不适用国际保理；其次，对出口商的要求，出口商必须具有一定的资格、规模和经验，经营批发业务，其客户分布较为合理；最后是对贸易商品的要求，该商品应为消费品，资金回收期不太长，以适应保理业务一般只提供不超过 180 天的短期贸易融资的特点。

专栏11.5 国际保理提供的服务内容

①对进口商的资信调查和信用评估。保理商凭借高效率的调研部门和企业信息数据库，以及有经验的专业资信人才和信贷专家，可以对进口方的资信迅速作出权威、专业的评估。

②债款回收。保理商凭借训练有素的专业收账专家和法律顾问，以及完整有效的追债程序，可以更好地完成收债工作。

③管理进出口商交易记录。保理公司可以利用其完备的账户管理制度和先进的办公设备，通过电脑自动进行记账、催收、清算、计息收费、打印等工作，向出口商提供各种统计报表和往来账户对账单。

④信用风险担保。保理商对已核准的应收账款提供 100% 的坏账风险担保，这对于出口商而言是一项十分重要的功能。已核准的应收账款的依据是保理商的书面通知，在此之前，出口商在信用额度申请表上如实填写进口商概况、出口产品、预计出口总额、价格条件、付款条件等，请求为自己的客户核定一个信用销售额度。

⑤贸易融资担保。保理商应客户要求，可在信用额度内预付发票金额 70% ~80% 的货款作为丧失追索权的融资。

——参考《国际商报》2003 年 1 月 20 日，“国际保理：出口贸易发展新动力”。

（3）出口信用险

出口信用险（Export Credit Insurance）所承保的风险一般包括商业信用风险和政治风险两大类，前者也称为买方风险，指因买方不守商业信用而造成的出口方的损失；后者又称卖方损失，指非买卖双方所能控制的买方所在国或第三国的一些政治性、行政性原因引起的卖方损失。

出口信用险通常分为短期和中长期保险两种类型，前者的信用期限在 180 天以内，适用于持续性出口的消费性货物；后者的信用期限超过 180 天直至 2 年、5 年、8 年等，适用于资本性货物（如成套设备、船舶、飞机等）的出口以及工程承包、技术服务项目。

出口信用险的承保一般要满足一些基本要求。

①严格审核申请。出口信用承保前，出口方通常要提供真实反映其出口及收汇情况和投保要求的申请书，保险机构根据申请书，并结合通过调查掌握的出口企业的经营情况制定保险条款和费率。中长期保险则应对每一合同进行严格审查。

②短期信用险全部投保原则。出口方必须将所有以商业信用方式出口的交易进行投保，不允许只选择风险大的国家和进口方投保。

③短期信用险严格控制买方信用限额。出口方通常要事先向保险机构申请每一买方的信用限额，保险机构通过各种途径了解买方的资信情况，并用电脑储存和管理，据此决定授予的买方信用限额。

④严格的核定损失期限。在该期限内，保险机构可以调查损失情况，并采取必要的挽救措施。保险机构在规定的核定损失期限届满时方予赔付。

⑤出口方自行承担部分损失。保险机构一般只赔付90%的实际损失，出口方需承担10%，以促使出口方谨慎行事，并尽可能挽救损失。

1986年，中国人民保险公司在部分省市的分公司先后逐步试办短期出口信用险，1988年，中国人民保险公司为了支持机电产品和成套设备出口，成立了出口信用保险部，并以机电产品为重点，正式办理中长期出口信用险。目前，我国承保出口信用险的除中保财产保险公司外，还有中国进出口银行保险部。

§3 信用证欺诈及欺诈例外

信用证业务具有典型的单据买卖的特点，受益人只要提交全套合格单据，“单单一致”、“单证一致”、表面相符、严格相符，就能获得银行信用保证下的付款。在实际操作中，出现了利用信用证业务特点进行的欺诈问题，被称为信用证欺诈。

信用证欺诈有各种不同表现形式，例如伪造和变造信用证、伪造和变造单据、开立“软条款”信用证等。“软条款”是在信用证条款中加入一些不正当要求，这些“软条款”夹杂在其他正常条款中，容易被对方在审证时忽略，而在实际付款环节出现问题。例如一份信用证规定：受益人必须凭买方会签的商品检验证要求付款。当市场行情变得对买方不利时，买方拒绝签署商品检验证，卖方就无法拿到信用证下的货款。该案后来提交法院审理，法院裁决：买方必须签署商品检验证，否则由法院代签。

按照《美国统一商法典》，信用证欺诈有三种类型：第一种是伪造单据，即提交伪造或未经授权的单据；第二种是欺诈性单据，即单据表面看是正确而真实的，但进行了实质性欺诈，如对其中的内容作出虚假的实质性变更；第三种是交易欺诈，是在基础合同项下的一种实质性的欺诈，例如基础合同项下的单据已获得开证申请人的支付，受益人仍将该单据提交给开证行要求支付，或受益人与开证申请人以欺诈方式引诱开证行开立信用证。

专栏11.6　关于“信用证欺诈例外”的里程碑性案例

[案情] 1941 年，原告美国 A 方向被告印度 B 方购买一批鬃毛。A 申请银行 C 向 B 开出不可撤销的信用证，后 B 提交了全套表面相符的单据办理议付，但 A 声称 B 实际装运的是牛毛及其他不值钱的垃圾，并以 B 欺诈为由申请法院发布禁令禁止 C 付款。

[裁决] 法院支持了 A 的主张，该案确定了信用证欺诈例外的原则。Shientag 法官裁决的主要依据：

①首先肯定信用证独立原则；

②本案争议的特点为，被告不是违反品质担保，而是故意不装运买方所购之货；

③允许银行拒付无不利影响；

④买方证实存在有实质性破坏的欺诈。

“信用证欺诈例外”已被《美国统一商法典》采用，该法典规定，当信用证是带有欺骗性质的、伪造的，或者信用证开立所基于的交易存在欺诈行为时，信用证独立原则不再有效。1989 年中国的“信用证欺诈例外”原则规定：如有充分证据证明卖方在利用签订合同进行欺诈，且中国银行在合理时间内尚未对外付款、未对远期汇票进行承兑的，人民法院可行使“止付”权，即根据买方指示，冻结信用证项下的货款。

为了更好地完成国际货款的收付，当事人应充分考虑各种可能存在的收款风险，掌握必要的风险防范方法，灵活运用信用保障机制，更好地捍卫正当权益，推动国际贸易持续、稳定、健康地发展。

本章总结

国际货款收付是交易完成的关键性环节之一。本章系统介绍了国际货款收付的主要工具和基本流程，着重揭示了付款赎单的特征及其风险防范机制。本章的另一个重要视角是揭示国际货款收付的资金融通机制，阐明了贸易融资的功能和应用。

通过本章的学习，希望读者首先明确国际货款收付的特征和主要方式，熟练掌握信用证这种最常用的支付方式；其次应当根据市场特征灵活运用各种支付方式，并辅之以必要的风险防范机制；另外要树立贸易融资的理念，一方面可以促进交易的达成，另一方面可以进一步提高交易的效率；最后，也是格外重要的，应当具备风险意识和信用观念，使国际贸易持续健康地发展。

思考题

1. 国际贸易的支付工具有何特征？
2. 三种主要支付方式的基本流程是什么？
3. 信用证业务的基本特征是什么？
4. 请阐明提单的性质、功能、困境及其出路。
5. 国际贸易货款收付的融资方式有哪些？
6. 国际贸易中的风险防范及信用保障机制各有何特点？

第12章 现货贸易、期货贸易和期权交易

本章概要

本章主要介绍了常用的国际贸易方式——现货贸易和期货贸易的具体运作要点。现货贸易除了交易双方的直接贸易之外，还常常通过中介来完成。按照是否承担交易风险，国际贸易的中介分为买卖关系的中介和代理关系的中介，前者承担交易风险，后者则无需承担交易风险，只应尽到勤勉、谨慎的基本义务。

入世后的中国经济面临着全方位的开放，南北经济的不对称、国家综合国力的差异等因素可能导致中国经济生活的不确定性进一步上升，期货市场是将风险管理战略落到实处的有效手段和市场基础。本章介绍了期货市场的基本功能和基本运作原理，以及期权交易的功能和类型。

学习目标

1. 了解现货贸易的基本方式。
2. 理解现货贸易与期货贸易之间的关系。
3. 掌握期货贸易的基本原理。
4. 思考不同贸易方式中的效率体现。
5. 对比期货贸易与期权交易的区别和联系。

没有期货市场的经济体系称不上是市场经济。

——［美］米勒

随着国际贸易的日益发展，交易完成的渠道和平台也越来越丰富多彩，这反过来又进一步促进了国际贸易的繁荣。概括而言，这些贸易方式可以划分为现货贸易和期货贸易两大类。

第1节　现货贸易

现货贸易指买卖双方通过交易使商品发生实际转移的过程，商品的数量、质量、金额等都由买卖双方谈判确立。按照交易完成的制度安排，现货贸易可以分为一次性交易和长期合作两大类；按照交易完成的程序，现货贸易可以分为直接的双边关系以及通过中介完成的贸易两大类。

§1　一次性交易和长期合作

在经济学的博弈分析中，一次性博弈可能带来“囚徒困境”的无效率解，而重复博弈可以有效解决这一问题。长期合作博弈的效率在“法和经济学”中被以终结博弈的游戏规则加以阐释：假定每轮交易的总获利为1美元，交易双方可以通过谈判均分利益，到每轮结束前，交易双方各记下自己想要得到的钱。如果双方记下的金额之和小于等于 1 美元，则各自得到记下的金额；如果该和大于 1，则记下金额多的一方得到自己记下的金额，另一方只能得到 1 美元减去对方记下的金额（即剩余的部分）。在这样的游戏规则下，双方的最优选择是在每轮各记下 0.5 美元，使交易一直持续下去，这种长期合作使双方各自的收益及总收益最大。然而如果一方出现欺诈，则另一方会受到损失，游戏会终止。如果一方担心对方在最后一轮进行欺诈，则会将自己的欺诈提前到前一轮……如此类推，欺诈可能在第一轮就会发生。

为了双方交易效率的最大化，应该寻求维系长期合作关系的有效机制，一方面可以运用长期合同的正式机制，另一方面则是通过一些非正式的机制。例如日本的综合商社借助其优质服务和融资能力向有潜力的客户提供风险资金和经营资金，甚至提供长期贷款和投资，以此维持长期合作关系。

另外，值得注意的是，现货交易上长期合作的效率在期货交易中并非定律，例如菲利普兄弟公司（菲氏兄弟 Phibro）作为专门从事大规模套期业务的企业，其目标是达到交易利润的最大化而不是建立长期的客户关系。该公司以敢于冒险而著称，以高薪雇佣较少的业务员，其高级业务员的年薪达 150 万美元。

§2　直接的买卖关系

直接的双边关系指买卖双方直接交易达成的现货贸易，它主要包括逐笔售定、招标投标、加工贸易、对销贸易等方式。

(1) 逐笔售定

逐笔售定通常通过以下四个步骤来完成：

询盘（Inquiry）⟶发盘（Offer）⟶还盘（Counter - Offer）⟶接受（Acceptance）

发盘是一方向另一方提出的愿意按一定的条件同对方订立合同，并含有一旦发盘被对方接受时即对提出发盘的一方产生约束力的一种意思表示。发盘在合同法中又称要约，一项有效要约必须符合以下要求：首先是必须表明要约人愿意按照要约所提出的条件同对方订立合同的意旨；其次是内容必须明确、肯定；最后，要约必须传达到受要约人才能生效。接受指接到要约的一方按照要约所指定的方式，对要约的内容表示同意的一种意思表示。接受在合同法中又称承诺，要约一经承诺，合同关系即告成立。发盘（要约）和接受（承诺）是逐笔售定的合同关系成立必经的两个阶段。

询盘和还盘并非每笔交易的必经阶段。询盘是一种要约邀请，其目的虽然是为了订立合同，但它本身并不是一项要约，而只是邀请对方向自己发出要约，所以询盘的发出方并不受其约束。还盘是接到发盘（要约）的一方对发盘的内容提出了实质性修改。还盘使原来的要约失效，如果其内容满足要约的基本要求，则构成了一项新的要约。

（2）招标投标

招标投标（Invitation to Tender and Submission of Tender）主要通过以下四个步骤完成：

招标——→投标——→开标与评标——→签订协议

招标指不经过一般交易磋商程序，只由一方按照规定条件，征求应征人递盘竞争，最后由招标人选定交易对象订立合同的一种交易方式。投标是投标人应招标通知的邀请，根据招标人规定的要求和条件，在规定的期限和地点，以填投标单的形式，向招标人发盘，争取中标以达成交易。招标与投标是一种贸易方式的两个方面，投标是招标的后续行动。

开标（Opening of Tender）有公开开标和秘密开标之分。公开开标是按照招标人规定的时间地点，在投标人或其代理人出席的情况下，拆开密封的投标文件并当众宣读其内容。秘密开标指没有投标人参加，由招标人自行选定中标人。评标即评审标书，也就是招标人对投标书的贸易条件、技术条件和法律条件进行评审、比较，选出最佳投标人作为中标人的过程。

签订协议是一项招标投标活动的最后阶段，即招标人以书面通知中标人，在规定的时间到招标人所在地与其签订买卖协议或承包项目协议，并按规定缴纳履约保证金。

（3）加工贸易

加工贸易是我国入世后很有发展潜力的领域，据海关统计，2002 年我国加工贸易进出口总值为 3021.7 亿美元，占当年我国进出口总值的 48.8%，增长了 25.2%；其中出口 1799.4 亿美元，增长 22%，占当年我国出口总值的 55.3%；进口 1222.3 亿美元，增长 30.1%，占当年我国进口总值的 41.4%，比上年提高了 2.8 个百分点①。加工贸易包括进料加工

① 资料来源：《国际商报》第 4592 期，2003 年 1 月。

和对外加工装配（来料加工和来件装配的总成本）。

进料加工（Processing With Imported Materials）指进口原材料、元器件或零部件，自行设计加工装配成成品再出口销往国际市场。对外加工装配是一种委托加工的交易方式，由国外厂商提供原材料、零部件、元器件和技术，用我国国内劳动力和设备进行加工装配成成品出口，向国外厂商收取工缴费。

来料加工（Processing With Customer's Materials）由国外客户作为委托方提供原材料、辅料及/或包装物料，并提出品质、规格、款式等要求，委托国内生产者作为承接方，以自身具有的厂房设备和劳动力加工成成品后，运交委托方在国外销售使用，承接方收取约定的工缴费（加工费）。

来件装配（Assembling With Customer's Parts）由国外客户作为委托方提供原材料、辅料及/或包装物料，委托国内承接方按其工艺设计要求进行装配，成品交委托方处置，承接方按约定收取工缴费（装配费）。

（4）对销贸易

对销贸易（Couter Trade）是一揽子协议，任何进口到一个国家的产品或服务都与从这个国家出口的其他产品或服务挂钩，它包括易货贸易、互购、补偿贸易、冲销和转手贸易等不同方式。

易货贸易（Barter）以实物支付，常为单一合同下的一次性交易。它是一种古老而传统的贸易方式，然而在国际贸易中却可能发挥奇特的功能。例如被美国《时代》周刊誉为1992年中国经济界最具有轰动效应的商事的“南德集团飞机进口案”，借助的就是易货贸易的方式。1992年，南德集团以在中国滞销积压的消费品换取前苏联制造的4架“图－154”民用干线飞机。这笔交易最终通过北京易货贸易公司完成，总金额4.8亿人民币，历时5年半，南德集团组织了14个省市307家工厂、110多个品种、3000多种规格的产品货源，1000多节火车皮的专列持续发运了近4年，合同摞起来有1米多高，无一例纠纷，无一方不受益。

互购（Reciprocal Trade）常采用传统的支付方式，是两笔合同。例如1983年美国豪克斯德利公司购买价值2000万美元的印尼橡胶和水泥，向印尼出口价值相当的火车车厢。

补偿贸易（Compensation Trade）建立在信贷基础上，由一方提供机器设备或交钥匙工厂（Turn－key Plant），对方以该设备或工厂的产品或双方约定的其他产品作为偿付。例如美国莱威·斯特劳斯公司在匈牙利建立牛仔裤加工厂，而以匈牙利每年生产的50万条牛仔裤作为支付。

冲销（Offset）分为直接冲销和间接冲销，常用于航空工业。直接冲销是对外直接投资（FDI）加上补偿贸易，某公司购买当地产品，同时还要在客户所在国投资兴建与终极产品相关的工业。间接冲销也就是互购。

转手贸易建立在清算协议[1]的基础上，以折扣价格在一国购买不可兑换货币和结算权再转让给第三方。

§3 中介与国际贸易

由于国际贸易涉及跨越国界的交易方，在直接交易之外，还常常寻求通过中介来撮合或完成交易。充分发挥中介在国际贸易中的作用的典型例证之一是日本的综合商社。

专栏12.1 日本的综合商社

日本经济学家小岛清评价：综合商社是在一定的时间和场所起中介作用的类市场合作体系。综合商社的特点是对国内和国际商务的深入参与，它一方面大量参与国内产品和服务的经销，有庞大的国内经销网络；另一方面代理着日本企业的进出口业务。

综合商社最大的优势在于进出口业务，这种优势来源于三个方面：首先是对国内、国际市场不同区域的了解。综合商社始终采用最先进的通讯设备，并重视建立和改进各个业务联络处、顾客和附属机构之间的国际通讯网络，从而能够迅速、及时地处理国内外市场的区域性信息。其次是综合商社不断加强了静态和动态规模经济的发展。最后是综合商社拥有广阔的国内市场。

(1) 买卖关系的中介

作为买卖关系的中介必须承担交易的风险，运用买卖关系中介的典型是转口贸易和经销。转口贸易又称为间接贸易，即通过中间转口贸易商完成的交易。一笔转口贸易的完成往往涉及两份进出口合同关系，转口商作为一份合同的进口方，而作为另一份合同的出口方。

经销（Distributorship）是建立在经销协议基础上的长期合作关系，即出口商与国外经销商达成书面协议，主要规定经销商品的种类、经销期限

---

① 清算协议在欧洲国家和发展中国家之间最常被使用。

和地区范围，利用国外经销商就地推销商品。

经销有一般经销和独家经销之分。在一般经销方式下，经销商虽享有经销权，在购货上能得到一些优惠，但没有专营权，出口企业可以在同一地区指定几个经销商。独家经销（Exclusive Sales；Exclusive Distributorship）又称包销，指出口企业授予经销商在约定期限、约定地区对约定商品有独家专营权。

专栏12.2　德克罗·沃尔（A）诉马克丁有限公司（B）
——独家经销的权利义务关系

A将装饰用花砖在英国的独家销售权授予B，A、B经销协议规定：B每年必须向A购买8万英镑货物。合同没有订明期限有多长，只规定凭合理通知确定。

合同履行了15个月，由于主管机关停发进口许可证，B未能完成每年8万英镑的定额。但B将A产品在英国的销售点扩张到780个，广告费达3万英镑，额外雇佣了6名专门的推销员。后由于B付款稍迟，A拒绝接受B的新订单，并通知B取消其独家经销权。A随即将独家经销权交给另一家公司C，并到法院起诉B，要求B赔偿合同10年不能履行造成的损失。B进行反诉。

[分析] 本案中经销协议没有规定双方合作的期限，只规定了笼统的凭合理通知确定。按照相关的法律规定：这种合理通知的期限原则上应为12个月；包销合同的期限为15年，但任何一方可以在第10年结束前6个月通知对方终止合同。B的行为并未构成实质性违反经销协议，但A单方面撤销经销关系。所以B有权向A索赔为实施独家经销而付出的成本。

（2）代理关系的中介

代理关系的中介无需承担交易风险，但需尽到勤勉、谨慎的义务，主要运用在代理、拍卖、寄售等贸易方式中。

代理（Agency）的最简单而直接的方式是代理人（Agent）按照本人（Principal）的授权（Authorization），代表本人同第三人订立合同从事其他法律行为，由此产生的权利与义务直接对本人发生效力。独家代理（Exclusive Agency；Sole Agency）指在约定的期限和地区范围内给予代理人专营权；不授予专营权的代理是一般代理，也称佣金代理（Commission Agency）。

将代理制引入国际贸易可以追溯到几个世纪之前，在欧洲海上贸易发展之初，商人往往把货物委托给出海的商人代理经营。而现在，为了降低成本、提高效率、开拓市场，往往委托专业化的贸易实体代理经营。例如日本有7000多家代理机构，80%以上的进出口都是通过代理完成的。

拍卖（Auction）是由专营拍卖业务的拍卖行接受货主的委托，在一定的地点和时间，按照一定的章程和规则，以公开叫价竞购的方式，最后由拍卖行把货物卖给出价最高的买主的一种现货交易方式。增价拍卖也称“买主叫价拍卖”，由拍卖人宣告预定的最低价格，然后由买主竞相加价，直至出价最高时，由拍卖人接受并以击槌宣告达成交易。减价拍卖又称“卖方叫价拍卖”或“荷兰式拍卖”，由拍卖人先开出最高价格，然后由拍卖人逐渐减低叫价直到有人表示接受而达成交易。密封递价式拍卖也称“招标式拍卖”，由拍卖人事先公布每批商品的具体情况和拍卖条件，然后，竞买者在规定的时间内将密封标书递交拍卖人，由拍卖人选择条件最合适的表示接受而达成交易。

寄售（Consignment）是寄售人（Consignor）先将准备销售的货物运往寄售地，委托当地代销商（Consignee）按照寄售协议规定的条件和办法代为销售的方式。可见，寄售是先出运后出售商品的委托代售的贸易方式，是寄售人为开拓商品的销路，委托国外代销商、扩大出口的一种贸易方式。

第2节 期货贸易

入世后的中国经济面临着全方位的开放，南北经济的不对称、国家综合国力的差异等因素可能导致中国经济生活的不确定性进一步上升，风险管理无论对企业和金融机构，还是对政府和监管者都将上升到战略性的高度。期货市场是将风险管理战略落到实处的有效手段和市场基础。

§1　现货市场与期货市场

现货市场（Cash/Spot Physical Market）是某种商品发生实际转移的场所，买主和卖主在这里进行现场交易。由于现货交易不是标准化交易，每项销售协议中的商品质量、数量及交割条款不尽相同，由买卖双方协商而定。

期货市场（Futures Markets）是集中化、规范化的买卖期货合约的市场，期货合约是受法律约束的，在质量、数量、交割时间及每一具体商品的交割地点上标准化的协议，合约中唯一的变量是在交易所交易厅内体现出来的价格。期货价格是在某一具体地点和时间提交某一具体质量、数量的商品时的报价，交货地点根据期货合约条款而制定，交割时间是在交割月中某几个具体交易日。期货商品、期货合约、期货交易人员及期货交易所构成了期货交易的四大基本经济要素。

期货市场是经济发展到一定历史阶段的产物，是现货市场不断进行外延扩张和内涵深化的结果。在现货市场上依据现行价格信号引导进行市场调节，当存在价格调节滞后问题时，容易导致市场供求和价格的剧烈波动。现货市场内在的缺陷在期货市场特有的价格发现、回避风险、减缓价格波动的功能中可以得到弥补。期货市场对现货市场最直接的作用是所形成的超前价格可以使商品生产者和经营者作出更为科学的生产经营决策，减少盲目投资和生产。同时，通过期货市场的套期保值，将现货市场价格波动的风险进行分解和转移。

在经济学的基本分析中，市场的均衡是通过“试错法”达到的，价格是调节供给和需求的工具（如图 12.1）。

这种均衡的实现需要两个重要的前提，一是供求是连续的，二是供求数量可以控制。但当两个前提不能满足时，就可能发生价格和供给量的剧烈波动。例如农产品市场有其独特性：一方面，农产品的供给周期比较长，受自然气候条件的影响大，土地的边际产出递减，所以供给是非连续的，对市场反应滞后，供给量受前一期市场价格的影响；另一方面，农产品中很多是生活必需品，其需求弹性小。所以农产品市场往往呈现出发散型蛛网，市场在短缺与过剩之间震荡，在现货市场价格机制引导下可能离均衡点越来越远（如图 12.2）。

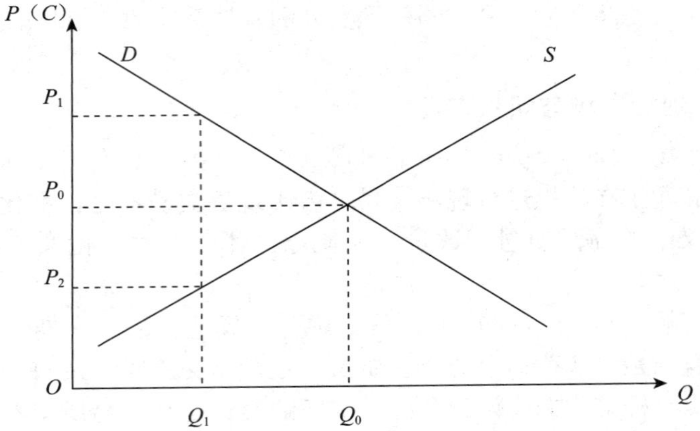

图 12.1　市场均衡的实现

当生产者提供 Q_1 数量的商品时，由于需求价格①高于供给成本②（$P_1 > P_2$），会有更多的生产者进入市场，使供给量从 Q_1 增加。直到供给量增加到 Q_0，需求价格等于产品的成本，市场达到了均衡。

期货贸易最早在这些交易风险较大、直接影响人们的基本经济生活的农产品等大宗初级产品中出现并不断成熟和发展，这些商品具有十分必要的保值和转移风险的意义，因此具备了成为期货商品的必要的上市条件。此外，期货商品还必须宜于贮藏和保存、具备明确的品质规格或等级划分，才能满足基本的上市条件。

按照美国商品期货交易委员会（CFTC）的划分标准，期货商品被分成了 10 大类，即谷物类、畜产品类、金属类、金融类、外汇类、粮食类、纤维类、石油制品类、林产品类和指数类，分别用 A ~ J 10 个英文字母表示。

由此可见，现货市场体现了现货交易的供求关系，期货市场体现了远期交易的供求关系，二者相互补充和促进。诺贝尔经济学奖得主、美国著名经济学家米勒教授指出：没有期货市场的经济体系称不上是市场经济。

---

① 需求价格在这里指产品对消费者的价值，它由该产品对消费者产生的边际收益决定。需求线上的每一点意味着在该点对应的消费单位给消费者带来的边际效用。由于边际效用递减，所以需求线的斜率为负。

② 供给线上的每一点意味着在该点对应的产量单位上生产者的边际成本。在完全竞争的市场上，边际成本递增，所以供给线的斜率为正。

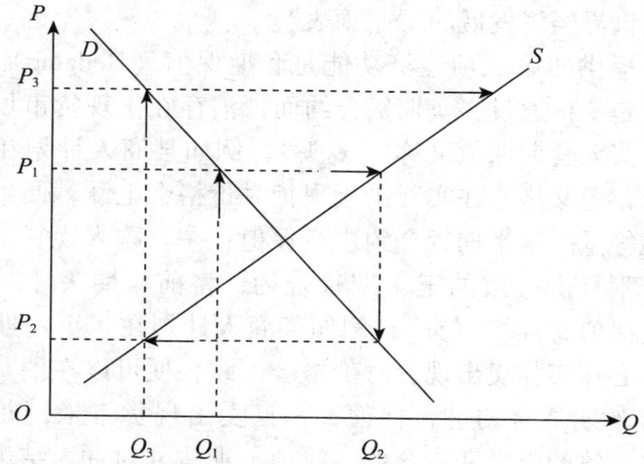

图 12.2　农产品市场发散型蛛网循环

图 12.2 以三期为例展示农产品市场在现货价格机制牵引下可能产生的离均衡价格越来越远的现象。第一期生产者提供了 Q_1 数量的产品，使市场的需求价格上升到 P_1；第二期生产者在预期 P_1 价格的基础上愿意提供 Q_2 数量的产品，而这一供给量却将市场需求价格压低到 P_2；第三期生产者基于 P_2 的价格预期，只愿意提供 Q_3 数量的产品，供给量的减少使市场需求价格上升到 P_3。由此运行，在现货市场价格的引导下，市场会出现离均衡点越来越远的发散型蛛网循环。

§2　期货市场的功能

期货市场的基本经济功能是价格形成和发现机制，其价格是前导价格指标。期货交易所通过公开拍卖形式，将各种影响价格的因素集中反映到可一起自由交易的场所，在每一个交易日都会有新的信息流入市场，并进而形成一个基准价格（Benchmark Price），这是由买方和卖方均认可的公平的市场价格。因此，期货市场的价格形成机制比较成熟和完善，它具有以下特点：首先是近乎完全竞争的期货市场输入了尽可能丰富的供给和需求信息，充分反映了各种影响供求的因素；其次，期货价格形成机制的反馈是连续不断的，通过在公开竞争的市场上进行的期货合约的买卖，新的商品供求信息及价格信息被随时导入，促使期货价格连续不断地进行调整；最后，成熟的期货价格形成机制是充分竞争的机制，交易的完成在公开、公正、公平竞争的原则下进行。价格发现功能是指期货市场公开竞价交易形成的比较准确地反映当前和未来的供求关系的价格，是指导现实生产和经营的公正、权威的价格。当今世界成熟的期货交易所的期货价格已成为国内市场乃至国际市场最为广泛的参考价格，著名期货交易所的交易活动成为本国乃至世界经济发展的“晴雨表”。

期货交易提供的第二项经济功能是套期保值（Hedging）的价格风险管理机制，这是一种通过买卖期货合约而抵消存在于现货市场头寸中价格风险的交易。买入套期保值又称“多头”，例如某商人计划在3个星期内购入一批玉米，但又担心在实际买入现货时价格会上涨，便可以在期货市场买入尽可能等量的玉米期货合约进行保值；一旦购入现货玉米，即可卖出等量的、交割月份一致的玉米期货合约，将前一期头寸对冲，结束保值。卖出套期保值又称“空头”，例如某商人计划在3个星期内卖出一批玉米，但又担心在实际卖出现货时价格会下跌，便可以在期货市场卖出尽可能等量的玉米期货合约进行保值；一旦卖出现货玉米，即可买入等量的、交割月份一致的玉米期货合约，将前一期头寸对冲，结束保值。由此可见，套期保值功能的实现分为两个步骤，取决于套期保值者在现货市场的头寸。第一步，保值者可以通过买进或卖出期货合约建立第一个期货市场头寸；第二步，在期货合约到期前的某一日，作一相反的交易而对冲。两手交易的商品、合约数量及交割月份必须完全一致。

凯恩斯和希克斯认为，套期保值是现货市场上的商品生产经营者回避价格风险的一种习惯行为。套期保值者利用期货市场保护其现货业务，以规避对其业务形成负面影响的不利价格波动，其本质在于控制成本和保护目标利润。因此企业进行套期保值的目的在于规避价格波动风险，锁定成本和盈利，使未来的不确定因素变成确定因素，以降低经营风险。一方面，当现货市场的效率和信用度不高的情况下，可以通过最终的实物交割来规避风险；更重要的是，在成熟的期货市场中，运用期货、现货两个市场同时进行反向操作的对冲行为规避因现货价格波动而产生的风险。当然，套期保值也可作为风险投资的一种手段。

多年来，一直困扰我国经济发展的一个关键问题是价格，应该充分认识到期货市场价格形成、发现和风险管理机制的重要意义，完善市场的价格体系，加强价格的职能和作用，以充分发挥价格应有的市场调节功能，从而使企业自主地根据市场安排其生产经营活动，提高其整体的市场抗风险能力。

专栏12.3 大豆与铜的期货市场功能

大连商品交易所的大豆期货品种交易额在2000年达到1万多亿人民币，成为亚洲第一、世界第二的大豆期货交易中心，成交量仅次于美国的CBOT（芝加哥期货交易所）。我国最大的粮食企业黑龙江农垦局充分利用期货价格很好地调整了种植结构。2000年春播期间，由于1999年玉米、小麦、水稻都赔钱，黑龙江农垦局系统有1000万亩土地无人承包。农垦局利用大连商品交易所和CBOT的远期大豆价格比较高的机遇，在期货市场大量进行保值，向农民以较高的价格进行收购，充分调动农民生产的积极性。农民不但承包了1000万亩面临搁荒危险的土地，还多种了约300万亩“黑地”，这1300万亩土地资源由闲置变为有效利用，为国家带来了巨额财富，同时也增加了农民的经济收入，为国家节约了进口大豆所需的外汇资金。

此外，上海期货交易所铜期货市场也取得了成功的经验，目前国内铜行业中一些大的生产、流通、消费企业几乎都参与了铜期货交易。生产企业通过期货市场进行保值确保了产品利润、货款的及时回收；流通企业通过期货市场提高了物资的流通速度，扩大了业务渠道；消费企业通过期货市场进行保值确保了原料来源和品质，锁定了原料成本。由于铜期货市场的存在，加快了整个铜行业的市场化进程，提高了铜企业的国际竞争力。

中国期货市场已有10余年的规范和整顿的历程，具备了坚实发展的基础。入世之后，随着我国外贸依存度逐渐上升，我国经济受到国际市场相关产品价格大幅度波动冲击的程度会提高，市场行为主体越来越强烈地需要利用期货市场这种价格发现与规避风险的市场机制使生产经营的无限风险有限化。

要形成我国较为完整的期货市场体系，大力发展商品期货是刻不容缓的基础工程。一方面，只有这样，我们才能通过国内相关期货交易市场的发展来影响国际价格、参与国际定价并掌握主动权；另一方面，只有在积极、合理地调整现有商品期货品种结构，大力发展现有商品期货的情况下，才会为进一步顺利推出金融期货创造良好的市场氛围和社会环境。

§3　期货贸易中的价格关系

期货贸易的重要功能和核心变量都与价格密切相关，所以对期货贸易内在规律的把握关键是理解其中的价格关系。

（1）现货价格与期货价格

商品的现货价格是商品的交易者在现货市场上达成的现在或将来某个

约定的时间所出售商品的价格，它反映的主要是商品目前的供求情况；期货价格是交易者在期货市场按公开、公平、公正的原则竞价成交的期货合约价格，是一个预期价格，反映交易者对某一特定商品未来供求关系的预测。由于形成的机制不同，二者有不同的特点：首先反映在期货市场上商品的价格弹性非常大，交易者对价格的变化十分敏感；其次，期货价格波动频繁，具有不确定性和风险性；另外，期货价格的直接决定因素是多、空力量的对比；最后，期货价格对社会政治经济形势的反应特别灵敏。

另一方面，期货价格与现货价格有着密切的联系，期货价格走势的最终决定因素是现货市场上的供求。虽然期货价格可能在短期内背离现货价格，但从总体看，二者具有走势趋同的一致性和聚合性①。

（2）基差

现货价格与期货价格间之差即基差（Basis），基差由运费、仓储费用（利息、保险费、装卸费和卖方利润）及影响供求关系的经济因素共同决定。根据现货与期货的价格关系，基差可能为正/高于（Over）、负/低于（Under）、相等（Even）。

当基差的正数扩大，或负数缩小时，被称为强势基差（Strengthening），如表12.1。反之，当基差的负数扩大，或正数缩小时，被称为弱势基差（Weekening），如表12.2。

表12.1　　强势基差示例

	现货（$）	期货（$）	基差（$）
6月1日	2.00	2.25	-0.25
6月15日	2.50	2.60	-0.1
7月1日	2.20	2.25	-0.05

表12.2　　弱势基差示例

	现货（$）	期货（$）	基差（$）
1月30日	6.60	6.60	0
2月15日	6.20	6.40	-0.20
3月1日	6.50	6.80	-0.30

① 聚合性指临近期货交割月时，现货价格与期货价格逐渐趋向一致，发生“聚合”，这是套期保值交易遵循的经济规律，也是套期保值理论的逻辑基础。

在农产品贸易领域，基差的变化有季节性，在收获季节，由于供应充裕，基差呈弱势；当谷物匮乏时，基差呈强势。交易者总是设法寻找机会，在当地基差为弱势时买进谷物，而在基差为强势时将谷物卖出。

期货交易者也可以买卖基差，当预计基差会呈现强势时，买入基差（买入现货，卖出期货）；当预计基差会呈现弱势时，卖出基差（卖出现货，买入期货）。例如某交易者一星期前按高于 3 月份期货价格 4 个基差点（+4）的水平卖出基差，并预期基差变弱；当基差果真变弱时，最高买入开价仅为高于 3 月份期货价格 1 个基差点（+1）；该交易者可以按 +2 以内的基差水平与其竞争对手竞购，仍能获得基差利润。再如，假定历史基差及预计的市场状况表明，在接货时，基差将会是低于 12 月份期货价 25 美分（-25），这时交易者可以按更低的基差向生产者开价，例如按低于 12 月期货价 28 美分（-28）的水平开价；该交易者卖出 12 月份同种商品期货，在期货合约到期前的某一天，通过买进 12 月期货将其先前的期货头寸对冲，从而获取基差利益。

（3）价差

价差（Spreads）指期货合约月份间的价格关系，它分为正向持仓市场和反向市场两种不同类型。正向持仓市场（Carry Charge Market）指在相关现货商品供应充裕、仓储能力很大的正常期货市场中，近期合约月份（离到期日最近的期货合约）价格会低于远期合约价格（如下所示）。

12 月	3 月	5 月	7 月	9 月	
2.50	2.55	2.595	2.64	2.67	($)

期货市场的持仓费用指两期货合约之间的价格差距，它反映出商品仓储费用成本（仓库设施使用成本、商品保险、投资资本的借贷利息），一般是全额持仓费用的 80% ~85%。

期货市场的全额持仓费用 =（优惠利率 × 现货价格）/12 +（仓储费用标准/月）×（储存月份）

反向市场（Inverted Market）指近期期货月份价格高于远期期货月份价格，库存商品持有者在远期交货时不得不按较低的价格报价（如下所示）。

12 月	3 月	5 月	7 月	9 月	
2.70	2.67	2.65	2.62	2.59	($)

发生反向市场的原因可能是即期现货需求异常迫切，或粮食储运商出

于自身考虑，以低于全额持仓费用率的价格囤积谷物。

专栏12.4　　捕获期货价差的机会

某交易商在11月中旬以低于12月期货两个基差点（-2）或2.48美元的价格购入现货玉米，如果他认为12 <3月期货价格的基差水平（12月与3月之间）更有吸引力，则可以按每蒲式耳2.48美元买入现货玉米，在期货市场卖出3月份玉米期货（而不是12月份期货），并预先锁定12 <3月期货价格的基差。

据中国期货业协会统计资料显示，2002年全国期货市场共成交期货合约13943.26万手，较上年同期增长15.75%，成交金额39490.16亿元，较上年同期增长31%。其中，上海期货交易所交易量为2434.62万手，交易额16401.41亿元，分别占全国市场的17.46%和41.53%，同比分别增长116.98%和91.96%；郑州商品交易所交易为1827.17万手，交易额2252.47亿元，分别占全国市场的13.10%和5.70%，同比分别增长24.81%和22.68%；大连商品交易所共成交合约9681.48万手，交易额20836.28亿元，分别占全国市场的69.43%和52.76%，同比分别增长2.34%和5.42%①。

第3节　期权交易

期权（Option）是买方在其所支付保证金的交易所里并在特定条件下买或卖某物的权利而非责任的一种具有法律约束力的合同。它赋予买方一种选择权，是否行使该权利由买者本人决定；唯有期权卖者有责任履行。

购买期权是将购买的权利转让给期权的买者或持有者。例如甲希望以1000美元/英亩的价格购买一块土地，但目前还不能或不愿购买。为了能在这个价格上稳定地买到这块土地，甲需要说服该土地的出售方乙将在此后的一段时期内（例如六个月）在甲选定的任何时候用该价格购买这块土地的期权销售给甲，甲向乙支付一笔保证金（例如10美元/英亩）。作为

① 资料来源：《金融时报》，2003年1月。

期权买方的甲并不承担责任，而接受了保证金的乙承担将土地卖给甲的责任。如果甲不想购买土地，则可以简单地终止期权，这时只损失了一笔保证金。甲也可以将期权的权利转让给别人。

销售期权是转让销售的权利。例如A购买了11月份的8美元/蒲式耳的大豆销售权利，假如届时大豆的期货市场价格仅为7美元/蒲式耳，则A可以按8美元/蒲式耳的价格来行使销售的权利，也可以将期权的权利转让给别人；假如届时大豆的期货交易价格是8.5美元/蒲式耳，A可以不行使8美元/蒲式耳的销售权利，可以终止期权或转让给别人。

由购买期权和销售期权的例证可见，期权交易有四个基本要件：买者（期权的持有者和所有者）、卖者（期权的同意人和签署人）、约定价格、截止日期和保证金。

§1 期货贸易与期权交易

期权交易是随着期货市场的发展而产生并发展起来的，它的基本含义是：买卖期货合约，并在合约到期时由合约的买方决定是否执行该合约。从形式上看，期权是一种交易双方签订的按敲定价格、在约定时间、买卖约定数量的特定商品或有价证券的期货合约。但期权与一般的商品期货贸易相比有一个本质的区别在于：购买并持有期权合约的一方在合约规定的交割时间有权选择是否执行该合约，而出售这种合约的一方则必须服从于买方的选择。正是这种选择权使期权合约成为一种特殊的期货合约。期权交易的实质是一种权利的买卖。

(1) 期权交易与期货贸易的区别

首先，交易的对象不同。期权交易以特定的权利为买卖对象，是期权的购买方向期权的出卖方支付了一定数额的保证金后获得的在规定的有效期内按事先约定的价格向期权的出售方买进或卖出一定数量某种商品期货合约的权利；而期货交易的对象是代表具体形态的商品、金融资产的标准化的期货合约。

其次，交易双方的权利和义务不同。期权的买方享有在有效期内买进或卖出一定数量某种商品期货合约的权利，但不承担买进或卖出的义务；而期货交易的双方都被赋予了同等的权利和义务，即在合约到期日之前实行对冲，或在合约到期日之后进行实物交割。

此外，交易中的风险程度不同。期权的买方可能遭受的最大风险是在购买期权时支付的期权权利金（保证金），这种风险是“有限”的、预知的、已支付的，无需再向交易所交纳履约保证金；期权的卖方面临的风险损失是“无限”的、难以准确预测，必须向交易所预先缴纳履约保证金以表明其财力。期货交易的双方承担的风险都是“无限”的，都要根据交易所的规定向交易所预先交纳一定数额的履约保证金。

最后，交易的获利机会不同。期权的买方具有行使买进或卖出期货合约的决定权，其获利是“无限”的；期权的卖方的获利是“有限”的，即买方支付的期权保证金。期货交易的套期保值者在抓住现货市场可能出现不利价格波动时在期货市场获利的机会的同时，也意味着放弃了当现货市场价格出现有利的变动时获利的机会；期货投机者的获利和损失都是不确定的。

（2）期权交易与期货贸易的联系

期权交易与期货交易之间存在着必然的联系：一方面，期权交易以期货交易、期货合约为基础，是期货交易的延伸、发展和高级表现形式；另一方面，两者都可以作为价格风险的管理机制，在市场价格出现不利于交易者的变动时提供最大限度的价格保护，并为某些交易者提供利用价格差的变动来获取风险收入的机会。

期权交易往往在期货交易所内进行，以买进或卖出某种商品期货合约的权利作为交易对象。全球最大的期权市场——芝加哥期权交易所（CBOE）是历史最悠久的芝加哥期货交易所（CBOT）于1973年创立并保持独立运作，目前两家正在紧锣密鼓地加紧谈判与合并。

§2　期权交易的分类

期权交易分为看涨期权、看跌期权和双向期权等不同类型。

看涨期权（Call Options）又称买权、买入选择权，是在期权到期日当天或到期之前，买方有权按敲定的价格（Strike Price）买进相关期货合约。这时期权的买方同时是期货合约的买方，因拥有买入选择权而居主导地位；期权的卖方同时又是期货合约的卖方，因负有卖出的义务而处于被动地位。看涨期权的买方因预测相关期货合约的价格会上升而买进看涨期权，其卖方则预测相关期货合约的价格不会上升或可能上涨而卖出看涨期权。

看跌期权（Put Options）又称卖权、卖出选择权，是在期权到期日当天或到期之前，买方有权按敲定的价格卖出相关期货合约。这时期权的买方是相关期货合约的卖方，因拥有卖出的权利而居于主动地位；期权的卖方是相关期货合约的买方，因承担买入的义务而处于被动地位。看跌期权的买方因预测相关期货合约的价格会下跌而买入看跌期权，其卖方则预测相关期货合约的价格不会下跌或可能上涨而卖出看跌期权。

双向期权又称双重期权，是在期权到期日当天或到期之前，买方有权按敲定的价格既买入某期货合约的看涨期权，又卖出该合约的看跌期权。也就是期权买方同时以等价购买同一期货合约的看涨和看跌期权。双向期权的买方预测相关期货合约的价格会大幅度波动，希望在价格大幅度上涨时行使看涨期权，在价格大幅度下跌时行使看跌期权，从而获利；其卖方则预测相关期货合约的价格不会发生大幅度波动，因而卖出双向期权以获得更多的权利金。

§3 期权交易的功能

从广义上看，期货交易包括了期权交易。期权交易如同期货交易一样，为生产者、加工者及流通领域的市场参与者提供了转嫁风险、进行保值的工具，也为投机者提供了谋取风险收益的机会；但期权交易在灵活度、杠杆作用、风险损失限定作用等方面都胜过了期货交易。因此，期权市场显示出既相同于，又胜过于期货交易的功能。

期权交易的第一项基本功能是保值功能，即通过买进看涨期权和看跌期权、卖出看涨期权和看跌期权，一方面达到商品或期货合约保值的目的，另一方面获得由于商品或期货合约价格升降而带来的盈利机会。期权的另一项功能是投机功能，可以通过买进看涨期权投机、买进看跌期权投机、买进双向期权投机，从事期权价差套利投机，投机者购买期权后再转卖出去，从中获取权利金差价，或通过履约等方式实现投机目的。

期权交易和期货贸易都具有保值和投机的功能，但二者存在明显差异。首先，就杠杆作用度而言，期权的作用度更高。购买期权合约的最高投资额限定在支付的权利金之内，而收益是无限的；而购买期货合约的投资额由合约的价值总额决定，要取得与期权交易相同的收益就要加倍进行投资。因此相对于期货贸易而言，期权交易的投资额小、收益大。

另外，期权交易和期货贸易的损失限定程度不同。如果对市场行情预测失误，期权购买者最大可能的损失额是期权权利金的支出；而期货交易者可能面临的损失一般远远超过期权权利金的数额。

从某种意义上，期权交易被看做期货贸易中的保险机制，其功能在于给商品市场提供了一种有价值的价格保险，从而增添了期货市场的活力，也为期货市场避险功能的实现增加了灵活性和多样性。

专栏12.5　期权交易与期货贸易的杠杆作用度比较

杠杆作用度指的是运用杠杆原理，如同在杠杆力臂一端加小力就能撬动较重物体一样，以相对有限的投资额获得倍增的投资收益。

例如某交易商有11万元投资于大豆期货交易，每张期货合约的价格为5000元，保证金为期货合约价值的10%，则可购买20张合约。如果该交易商以同样的资金投资于期权交易，购买该大豆期货合约的看涨期权，敲定价格为5000元，期权权利金为500元/张，则可以做220笔期权交易。

如果每张大豆期货合约的价格上涨到5400元，该交易商购买期货合约可以获利8000元，而同样的投资购买期权合约可以获利88000元。

可见，期权交易的杠杆作用度远远大于期货交易，使用时一定要慎重选择。

期货、期权交易市场竞争的公开性及地域无局限性使得市场参与者广泛，且不受国界限制，市场的国际化推动了经济的全球化；期货价格对于供求的调节和合理配置资源的范围也超越了国界，促进了经济的全球化。

从目前的发展趋势看，期货、期权交易呈现出交易平台的电子化及联网、合并的趋势。这种联盟与合并的根本意义一方面是简化交易手续、降低交易成本、互换交易品种、真正实现24小时不间断的交易、实时结算和资金划拨；另一方面是将贸易与金融的理念融合起来，作进一步的提升和运用。这体现了现代国际贸易发展的一个大方向。

本章总结

本章从现货和期货的不同角度介绍了国际贸易的基本方式，现货市场体现了现货交易的供求关系，期货市场体现了远期交易的供求关系，二者相互补充和促进。现货市场内在的缺陷在期货市场特有的价格发现、回避风险、减缓价格波动的功能中可以得到弥补。

本章阐释了期货市场的价格形成、发现机制和套期保值两种基本功能，并对期货市场的价格关系等基本原理进行了分析。在此基础上，本章进一步介绍了期权交易与期货贸易的区别和联系，以及期权交易的基本功能和类型。

通过本章的学习，希望读者对国际贸易有更全面深入的理解，对国际贸易中的价格形成机制有更成熟的思考，理清现货交易、期货交易和期权交易之间的关系。

思考题

1. 如何根据不同需要选择适当的贸易方式？
2. 联系中国的实际思考期货市场发展的重要意义。
3. 现货贸易与期货贸易如何更好地相互补充？
4. 期货贸易与期权交易有何区别与联系？

第四篇 >>

区域性的贸易组织和世界贸易组织

第13章 地区经济集团

本章概要

20 世纪 50 年代以来，地区经济集团化的发展趋势迅速，至今这种势头有增无减。特别是 21 世纪以来，区域经济一体化的浪潮席卷全球五大洲，几乎所有的国家和地区都参与了这一潮流。区域性的或双边的消除贸易障碍，实现自由贸易，是这一潮流的主要内容。2001 年，中国制定了“十五”计划纲要，明确提出：积极参与多边贸易体系和国际区域经济合作。近几年来，中国以积极主动的姿态推动区域性的和双边的自由贸易区谈判，促进区域性的和双边的经济合作。本章集中分析地区经济集团建立的理论基础，即地区经济集团的建立，对经济产生的静态影响和动态影响。贸易创造和贸易转移都是从静态的角度分析地区经济集团对于福利的影响，然而，更为重要的是，地区经济一体化所带来的动态的影响。经济一体化的静态影响不会使集团内成员国的生产可能性曲线发生变动。然而，地区经济一体化的动态影响，可以使得成员国的生产能力达到一个新的水平，生产可能性曲线可能扩展。此外，本章将分析当前地区经济集团的发展趋势，这种趋势：一是集团在增多；二是一些主要集团在扩大；三是一体化的程度在深化。值得注意的是，不是所有的地区经济集团都能巩固和发展。地区经济集团的巩固是有条件的。最后，从性质上来说，地区经济集团具有两重性，对内实行自由贸易；对外实行贸易保护主义。

学习目标

1. 从理论上弄清什么是贸易创造和贸易转移。

2. 区域性的经济集团的建立将产生什么样的动态影响？

3. 并非任何一个地区经济集团建立以后就能巩固和发展，事实上，发展中国家大部分地区经济集团不成功，其原因何在？

4. 深入了解《内地和香港建立更加紧密经贸关系安排》的内容、目的和意义。

5. 了解中国—东盟建立自由贸易区的重要意义。

人们的常识不一定都是正确的，经济一体化可能增加福利，也可能减少福利。

——雅各布·维纳尔

第二次世界大战以后，组建地区经济集团出现了两次高潮，第一次出现在20世纪50年代末至60年代中，从1958年西欧共同市场（West European Common Market）的建立开始，紧接着1960年成立了欧洲自由贸易区（European Free Trade Area）；同年还建立起中美洲共同市场（Central American Common Market）和拉丁美洲自由贸易联盟（Latin American Free Trade Association）。1961年成立了东非共同体（East African Community）。1965年，阿拉伯共同市场（Arab Common Market）成立。1968年，建立加勒比自由贸易联盟（Caribbean Free Trade Association）。第二次出现在20世纪末21世纪初，近10年来区域性的经济合作发展极其迅猛，截至2010年7月31日，在WTO登记的区域性的经济合作组织共474个，有效运作的有283个。

第1节　地区经济集团的理论基础

§1　地区经济集团的类型

所谓地区经济集团，一般来说，是在地理位置上相邻近的两个或两个以上国家，通过签订条约或达成协议，建立超国家的组织机构或者建立协商机构，采取相应的措施或实施共同的经济政策，消除内部的关税和非关税壁垒及其他各种障碍，实现贸易自由化和其他经济合作，促进地区经济发展，实现共同繁荣。地区内消除各种障碍，实现经济上的融合和合作，又称为地区经济一体化（Regional Economic Integration）。这里所说的在地理位置上相邻近的国家间组成集团，是区域性经济合作的主要形式。事实上，目前出现了大量的在地理位置上，相距甚远的国家之间组成自由贸易区。例如1985年，美国和遥远的以色列建立了第一个自由贸易区。近两年来，这一类在地理位置上不相邻的国家之间建立自由贸易区的数量急剧增加，这些都是派生形式。

地区经济集团的类型有以下四种。

其一，自由贸易区（Free Trade Area）：在自由贸易区内各成员国之间消除关税和非关税壁垒。但是，成员国仍然保持各自原来对外部的关税和非贸易壁垒。当自由贸易区建立以后，随之而来的问题是，世界上其他国家，即非成员国的商品，进入自由贸易区，为了避免被征收较高的关税，先进入低关税的国家，再进入自由贸易区内高关税的国家。为了解决这一问题，各自由贸易区，都实施原产地规则，即自由贸易区内保持各自的海关检查机构，对商品的原产地进行严格检查，只有本区内生产的产品才能自由流动。然而，问题还可能存在，例如，第三国可能在低关税的成员国内，仅仅设立“最后的装配工厂”，由国内出口各种零部件到这一国家。然后，在低关税的国家组装为成品，出口到其他高关税的成员国。为了对付这一现象，一些自由贸易协定还规定了产品构件的原产地的比例，即产品中一定百分比的构件，必须是在自由贸易区内生产的。

其二，关税同盟（Customs Union）：在关税同盟内各成员国之间取消关税和非关税壁垒，同时建立起统一的对外关税。由于成员国采取了统一的关税，也就解决了自由贸易区所存在的问题，如非成员国的商品从低关税的国家进入高关税的国家。因此，在关税同盟的内部撤除了成员国之间的海关检查机构。

其三，共同市场（Common Market）。在共同市场内除了关税同盟的内容以外，成员国之间还允许生产要素的自由流动，也就是在共同市场内实现商品、资本、劳务和人员的自由流动，即所谓实现四大自由。所建立起的共同市场，不仅仅是商品的共同市场，还是资本的、劳务的共同市场。

其四，经济同盟（Economic Union）。在经济同盟内，除共同市场的内容以外，成员国之间实施共同的货币政策、财政政策和社会经济政策，甚至统一货币。经济同盟可以称之为完全的经济一体化（Complete Economic Integration）的组织。

§2　贸易创造和贸易转移

在历史上曾经出现过各种形式的关税同盟或经济同盟，如 1775 年奥地利消除了内部的贸易壁垒，建立起经济同盟。1789 年以前，根据“联邦条款”，美国的 13 个州“保留各自的主权、自由和独立”，各州有自己的海关，纽约州对新泽西州的农产品征收进口税，并且使用其他措施阻挠进口；而新泽西州实施报复，对纽约州的商品也征收关税，直到 1789 年美国宪法的批准和实施，才建立起统一的国内市场。到 1790 年，法国国内才实现自由贸易。在此以前，法国国内有 4000 多个内部的关卡。1834 年，德国建立起著名的关税同盟（Zollverein），它为 1870 年德国在政治上的统一奠定了基础。国内贸易障碍的撤除或者关税同盟的建立，对于这些国家实现统一的市场，加速经济的发展乃至政治上的统一，都起了积极的促进作用。因此，一般人们认为，任何形式的经济一体化，都是朝着消除贸易壁垒和实现贸易自由化的方向发展的。从历史的常识来看，经济一体化必然增加福利。然而，直到 20 世纪上半期，经济学家们对于这一问题也没有从理论上进行论述。

1950 年，经济学家雅各布·维纳尔出版了《关税同盟问题》(The Customs Union Issue）一书。他认为，人们一般的常识性的观念不一定全是正确的，并非所有的关税同盟都增加福利，在一定的条件下，也会减少福利。他提出了贸易创造（Trade creation）和贸易转移（Trade diversion）的概念。贸易创造增加福利，而贸易转移则减少福利。

所谓贸易创造，即地区经济集团建立以后，从伙伴国进口劳动生产率高、成本低的产品，替代本国劳动生产率低、成本高的产品。这一部分效率低的部门的资源转移至本国其他具有比较优势的部门，使得资源能够得到合理的配置和更加有效的使用，从而增加了社会福利。例如，在小麦的生产上法国的劳动生产率高于德国，假定 1 公斤小麦的价格在法国为 1 美元，而在德国为 1.5 美元。也就是说，小麦生产在德国是低效率的。法国和德国在建立关税同盟以前，相互之间由于高关税的阻碍，两个国家都生产小麦并供给本国的消费者。然而，当法国和德国建立起关税同盟，两个国家之间取消各种贸易壁垒，没有关税的障碍，法国的小麦就会出口到德国，从而法德之间出现了小麦的贸易，法国的小麦供应德国的消费者。这就意味着，德国的小麦生产者会将资源转移至本国效率较高的土豆或其他产品的生产，而法国其他低效率部门的资源将转移至小麦的生产。于是，这样的关税同盟增加了贸易，并促使资源的配置更加合理和更加有效。维纳尔认为，这就是贸易创造（见表13.1和表13.2）。

表13.1 单位：美元

德国小麦市场	法　国	德　国
小麦的国内价格（1公斤）	1.0	1.5
征收关税100%	1.0	/
在德国市场上小麦的价格	2.0	1.5

假定，在法国和德国建立关税同盟以前，法国的小麦每公斤为1美元，德国的小麦为1.5美元。德国为了保护国内小麦的生产，对于进口小麦征收100%的高关税，法国的小麦到德国市场上的价格上升至2美元，从而无法进入德国市场，德国消费者只有消费本国高价的小麦。

表13.2 单位：美元

德国小麦市场	法　国	德　国
小麦的国内价格（1公斤）	1.0	1.5
消除关税	/	/
在德国市场上小麦价格	1.0	1.5

当法国和德国建立起关税同盟以后，双方相互取消关税壁垒，法国的小麦到德国市场上不征关税，其价格为1美元，从而自由地出口到德国，德国的消费者也能享受法国较为便宜的小麦。同时德国的小麦生产者，不得不将资源转移到本国生产效率较高的部门。

所谓贸易转移，指地区经济集团建立以后，原来从第三国进口劳动生产率高、成本低的产品，转移至从伙伴国进口劳动生产率相对比较低、成本高的产品，从而使得资源在国际上的配置不合理，不能有效地使用。这样的集团建立以后，不仅减少了关税同盟内的福利，而且减少了世界的福利。例如，德国、法国和美国三个国家，1公斤小麦的价格，在美国为0.4美元，在法国为1美元，而在德国为1.5美元。德国在与法国结成同盟以前，为了保护国内小麦的生产，对小麦进口征收200%的关税。即使在这样的条件下，由于美国小麦的劳动生产率比较高、成本低，进入德国市场后，其价格仍然比法国和德国的小麦价格都低。因此，德国从美国进口小麦最有利的，(见表 13.3 和表 13.4)。

表 13.3　　单位：美元

德国小麦市场	美　国	法　国	德　国
国内价格（1 公斤）	0.4	1.0	1.5
征收关税 200%	0.8	2.0	/
在德国市场上的价格	1.2	3.0	1.5

德国、法国和美国三个国家，1 公斤小麦的价格，在美国为 0.4 美元，在法国的价格为 1.0 美元，而在德国为 1.5 美元。德国为了保护国内小麦的生产，对小麦进口征收 200% 的关税。美国的小麦进入德国市场，被征收 0.8 美元的关税，在德国市场上的价格上升至 1.2 美元。法国的小麦出口到德国市场，被征收 2 美元的关税，在德国市场上的价格上升至 3 美元。其结果，即使德国征收 200% 的关税，美国小麦进入德国市场的价格仍然最低，其价格比法国和德国的便宜。因此，德国还是从美国进口小麦。

当法国和德国结成关税同盟以后，法国和德国之间消除关税。因此，德国对于法国的小麦进口不征收关税。然而，德国对美国进口小麦仍然征收 200% 的关税。于是，在德国小麦市场上，每 1 公斤小麦，美国的为 1.2 美元，法国的为 1.0 美元，法国的小麦价格低于美国。因此，德国的小麦进口贸易从美国转移至法国。其结果，德国消费者所消费的小麦原来在美国生产，现在转移到法国生产。每 1 公斤小麦，德国的消费者少支付了 0.2 美元，但是德国政府少征收了 0.8 美元的关税。可见，地区经济集团建立以后，德国减少了福利。从国际资源的配置来看，这种贸易的转移，使得小麦生产从效率高的美国转移至效率低的法国，国际资源的利用降低了效率，从而减少了世界的福利。

表 13.4　　单位：美元

德国小麦市场	美　国	法　国	德　国
国内价格（1 公斤）	0.4	1.0	1.5
征收关税 200%	0.8	/	/
在德国市场上的价格	1.2	1.0	1.5

德法建立关税同盟后，法国的小麦进入德国市场不征收关税，因此每 1 公斤的价格仍为 1.0 美元，比美国小麦便宜，德国原来从美国进口小麦转移至从法国进口小麦，这种贸易转移使得世界资源配置不合理，不能有效使用。

总之，区分一个关税同盟是贸易创造的关税同盟还是贸易转移的关税同盟，取决于该关税同盟在国际资源配置上起着什么样的作用。如果一个关税同盟的建立，使得资源的配置更加合理和更加有效，那么它就增加了福利，这就是一个贸易创造的关税同盟；如果一个关税同盟的建立，使得资源从高效率的国家或地区转向低效率的国家或地区，使得资源的配置不合理和降低了资源利用的效率，那么就减少了福利。这就是一个贸易转移的关税同盟。当然，有的关税同盟既具有贸易创造又具有贸易转移的特征。

从几何图形来分析，可以看出一个地区经济集团是贸易创造型的还是贸易转移型的。例如对美国的纺织品市场而言，美国是进口国，中国和墨西哥是出口国。假定同一种纺织面料1米的价格，中国为2美元，墨西哥为4美元，美国为6美元。在美国和墨西哥没有建立自由贸易区以前，美国对纺织面料进口关税征收150%的关税，每1米征收3美元。中国纺织品面料的出口价格每1米为2美元，进入美国市场征收3美元的关税，在美国市场上的价格上升至5美元。墨西哥纺织面料的出口价格为4美元，出口到美国征收6美元的关税，在美国市场上的价格上升至10美元。这时美国从中国进口纺织面料，价格为5美元，美国的需求量为90万米，国内生产量为50万米，需要进口40万米。当北美自由贸易区建立以后，美国和墨西哥建立联盟，逐步消除关税。墨西哥的纺织面料进入美国市场不征收关税，其在美国市场上的价格为4美元。美国进行贸易转移，从墨西哥进口纺织面料。美国市场上的需求量为100万米，国内生产供应量为40万米，需要进口60万米。其结果，消费者剩余增加了 $a+b+R+c$ 的面积，为95万美元。生产者剩余减少了 a 的面积，为45万美元。政府少征收关税 $R+R_1$ 的面积，为120万美元。生产者剩余减少 a 的面积和消费者剩余增加 a 的面积抵消了，政府关税收入损失 R 的面积和消费者剩余增加 R 的面积抵消了。消费者增加的剩余还有 $b+c$，为10万美元，政府关税损失还有 R_1 的部分，为80万美元。因此社会的净损失为 $R_1-(b+c)=70$ 万美元。可见，一个地区经济集团是贸易创造还是贸易转移的集团，取决于 R_1 是大于还是小于 $b+c$（见图13.1）。

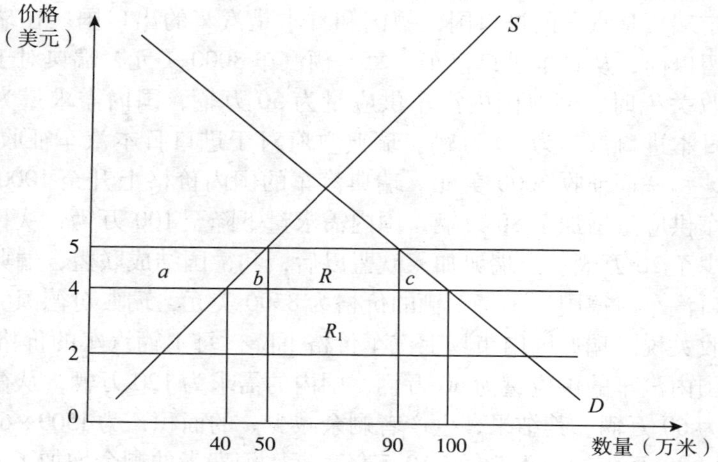

图 13.1

中国的纺织面料出口价格，每 1 米为 2 美元，美国为了保护本国的纺织业，对进口面料征收 150% 的关税，每 1 米征收 3 美元，在美国市场上，中国面料每 1 米的价格为 5 美元。美国的需求量为 90 万米，国内供应量为 50 万米，进口 40 万米，征收的关税为 $R+R_1$ 的部分，为 40 万 ×3 美元 = 120 万美元。当北美自由贸易区建立以后，美国和墨西哥建立联盟，关税逐步消除，墨西哥的纺织面料出口价格，每 1 米为 4 美元，美国不征收关税。美国的进口贸易转移，从墨西哥进口纺织面料。美国的需求为 100 万米，国内的生产供应量为 40 万米，进口 60 万米。其结果，生产者剩余减少 a 的面积，为 45 万美元，消费者剩余增加 $a+b+R+c$ 的面积，为 95 万美元，政府的关税损失为 $R+R_1$ 的面积，为 120 万美元，社会的净损失为 $R_1-(b+c)$ =80 万 - 10 万 = 70 万美元。

§3　贸易创造的条件

目前世界上一些地区经济集团是贸易创造型的集团，而另一些则是贸易转移型的集团，还有一些集团既具有贸易创造又具有贸易转移的特征，形成这些不同特征的原因是各个集团有着不同的条件。从几何图形来分析，形成一个贸易创造的集团有两个重要的条件。一是集团内的劳动生产率、生产效率、产品的成本，与世界上其他非成员国之间的劳动生产率、生产效率、产品的成本差距较小。地区经济集团建立以后，从第三国进口转移为从伙伴国进口，成本差距不是很大，关税的损失较小，即 R_1 的部分较小；二是集团内需求曲线和供应曲线的弹性较大，一旦集团建立以后，从伙伴国进口产品，需求弹性较大，消费者需求量增加较多，消费者剩余增加较多，获利较多，即 $b+c$ 的部分较大。

假定瑞典是汽车的进口国，德国和日本是汽车的出口国。在瑞典没有进入欧盟以前，从日本进口汽车，每一辆汽车8000美元，瑞典对于汽车进口不征收关税时，瑞典国内汽车供应量为50万辆，国内需求量为130万辆，从日本进口汽车为80万辆。瑞典政府对于进口日本汽车征收25%的从价税，每一辆征收2000美元。瑞典汽车的国内价格上升至10000美元。国内汽车供应量增加至80万辆，国内需求量下降至100万辆，从日本的进口量减少至20万辆。当瑞典加入欧盟以后，和德国结成联盟，瑞典转向从德国进口汽车。德国汽车每1辆的价格为8500美元，瑞典对德国的汽车进口不征收关税。瑞典国内市场上汽车价格下降，每1辆汽车的价格为8500美元，国内汽车的供应量为60万辆，国内的需求为120万辆，从德国进口的汽车为60万辆。其结果，生产者剩余减少 a 的面积，为 $1500 \times 60+$（$1/2 \times 1500 \times 20$ 万）$=9+1.5$ 亿 $=10.5$ 亿美元，消费者的剩余增加了 $a+b+R+c$ 的面积，为 10.5 亿 $+1.5$ 亿 $+3$ 亿 $+1.5$ 亿 $=16.5$ 亿美元。政府丢失的关税收入为 $R+R_1$ 的面积，为3亿+1亿=4亿。社会的净影响是 $R_1<$（$b+c$），为1亿<（1.5亿+1.5亿），1亿<3亿。地区集团建立以后，从伙伴国进口汽车，增加了福利，这是一个贸易创造的关税同盟（见图13.2）。

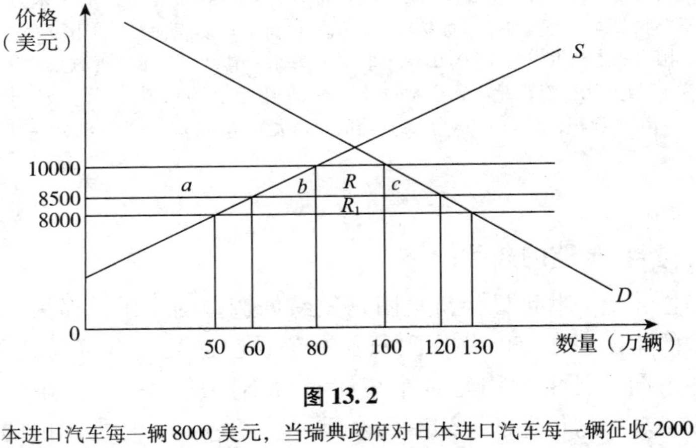

图13.2

日本进口汽车每一辆8000美元，当瑞典政府对日本进口汽车每一辆征收2000美元的关税时，国内汽车价格上升至10000美元，瑞典国内生产供应汽车量为80万辆，国内的消费需求为100万辆，从日本进口汽车20万辆。当瑞典和德国结成同盟以后，相互之间取消关税，德国汽车每一辆8500美元，瑞典国内生产供应量减少至60万辆，国内的需求量上升至120万辆，从德国进口的汽车为60万辆。其结果，生产者剩余减少 a 的面积为9亿美元，消费者剩余增加了 $a+b+R+c$ 的面积，为10.5亿+1.5亿+3亿+1.5亿=16.5亿美元，政府的关税损失为 $R+R_1$ 的面积，为3亿+1亿=4亿美元。社会的净影响是（$b+c$）$>R_1$，即（1.5亿+1.5亿）$>R_1$，社会福利增加了2亿美元。

图13.2中，其一，供应曲线和需求曲线都比较平坦，弹性比较大，价格稍稍有所变动，需求量变化就比较大。因此，当关税同盟建立后，汽车价格稍稍有所下降，瑞典对于汽车的需求量有比较大的增长，使得消费者剩余中的面积 $a+b+R+c$ 比较大。其二，关税同盟内的伙伴国，德国的汽车成本与关税同盟以外的世界上汽车生产效率较高的日本汽车的成本差距比较小，因此，R_1 的面积损失比较小。可见，贸易创造需要两个条件，即进口国的供应和需求弹性比较大；伙伴国的劳动生产率和产品的成本与世界上最高效率的国家的产品成本差距比较小。

专栏13.1 欧盟是贸易创造还是贸易转移的地区经济集团

欧洲共同体是贸易创造还是贸易转移的地区经济集团呢？经济学家普遍认为，欧洲共同体在工业制造业方面是贸易创造的同盟，而在农业上是贸易转移的同盟。经济学家巴拉萨认为，欧洲共同体在工业制成品的贸易上产生净的福利，虽然获利比较小，但产生了足够的贸易创造。然而，彼得·林德特认为，一些经济学家对于欧洲共同体所产生的福利的计算，全神贯注于制造业，普遍忽略了欧洲共同体的共同的农业政策带来的重大的社会损失。这一政策给予农业保护性的补贴是巨大的，造成了严重的损失。根据贸易创造的两个条件，欧洲共同体在制造业方面是贸易创造的经济同盟。首先，欧洲共同体的成员国在制造业方面，由于生产的技术水平比较高，社会基础设施比较完善，在制成品的供应上弹性比较大，在价格变动的条件下，可以迅速地增加产量。同时由于成员国的收入水平相对比较高，市场容量比较大，对于制成品的需求弹性也比较大，在价格变动的条件下，需求可以有比较大的增长。其次，欧洲共同体的成员国在制造业方面的劳动生产率和产品的成本，与世界上劳动生产率最高、成本最低的国家之间的差距比较小，贸易转移的损失较小。在工业制造业方面，欧洲共同体是一个贸易创造的同盟。经济学家莫德赛·克雷宁在《欧洲经济共同体对制成品出口的影响》一文中，对于欧共体在贸易创造和贸易转移方面的估计的结论是：1967年至1968年，制成品的贸易创造为39

亿美元，贸易转移为13亿美元；1969年至1970年分别为89亿美元和11亿美元。欧洲共同体在农业方面，首先，从供应和需求弹性来看，对于农产品的需求弹性比较小。根据恩格尔定律，随着经济的发展，在人们的收入中，用于食品方面的比重愈来愈少，对于农产品，如粮食、肉类等的需求量增长比较缓慢，因此，尽管价格有所变动，但是需求量的变动不会太大。供应方面，由于农业生产有季节性，植物和动物的生长和生命都有周期，因此在生产中很难随着价格的变动立即增加或者减少产量，因此农产品的供应弹性比较小。其次，欧洲共同体成员国在农业方面的劳动生产率和产品的成本，与世界上劳动生产率最高、成本最低的国家之间的差距比较大。因此，欧洲共同体对于农业生产和农产品的出口给予大量的补贴，在这方面的损失比较大。所以说在农业方面，欧洲共同体是一个贸易转移的同盟。

§4 地区经济一体化的动态影响

许多经济学家认为，贸易创造和贸易转移都是从静态的角度分析贸易集团对于福利的影响，常常忽视了经济一体化所带来的无法测量的动态的影响。经济一体化的动态的影响，是一些支持建立贸易集团的经济学家们的主要支撑点。他们认为，经济一体化的静态影响不会使集团内成员国的生产可能性曲线发生变动。然而，一体化的动态的影响，可以使得成员国的生产能力达到一个新的水平，生产可能性曲线可能扩展。动态的影响具体表现在以下几个方面。第一，产生竞争的效应（Competition effects）。由于集团内部撤除了各种障碍，同一产品在统一的市场上将公平地竞争。在集团建立以前，一些国家的重要产业往往由几家大的寡头企业所垄断，在贸易壁垒的保护下限制竞争，获取高额利润，产业发展缓慢。地区经济集团建立以后，撤除各种障碍，加强集团内的竞争，从而刺激新技术的利用和改进技术，改善经营管理，提高产品的质量，开发新的品种等，使得生产水平达到一个新的高度。第二，规模经济的效应（Scale effects）。集团内部撤除各种障碍，使得商品在伙伴国的市场上自由流动，组成了较大的统一的市场，从而克服了过去各个国家市场相对比较狭小，生产规模不经济的缺陷。在较大的市场的条件下，生产规模相应地扩大，从而产生规模经济的效益。经济学家尼古拉斯·欧文（Nicholas Owen）认为，欧洲共同体最初的6国在组成共同市场后所产生的规模经济效益，促进了GDP增长

3% ~6%。第三，地区经济集团建立以后，成员国之间有更多的机会实行国际专业化分工，实现专业化生产，能更好地发挥各国的比较优势和专业优势，提高劳动生产率，降低成本。第四，地区经济集团建立以后，由于市场的扩大，竞争的加剧，不仅能推动集团内的投资，而且能刺激集团外的国家进入集团内投资，抵消贸易障碍的影响。经济学家们认为，经济一体化所产生的动态的影响，促使经济和贸易的增长，远远超过贸易转移所带来的消极的影响。然而，也有一些经济学家对于上述观点提出了不同的意见。他们认为，上述观点没有从理论上说明这些动态的影响只能在组织经济集团的条件下才能达到，否则达不到这一结果。其一，竞争的效应不是非得组成经济集团才能获得。如果一个国家需要加强国际竞争，取得竞争的效应，单方面地降低关税和撤除其他非关税壁垒，就可以获得这一效应，并不需要组织或者参加一个经济集团。其二，规模的效应也不是非得组成经济集团才能获得。如果一个国家需要发挥规模经济的效应，通过双边和多边谈判，相互降低关税和消除非关税壁垒，就可以使得商品在更大的市场上销售，从而达到规模经济的效应。其三，他们还强调，有一些经济学家关于经济一体化所带来的经济效益的统计数字不可靠，把一些国家的经济的增长完全归功于经济一体化，是不科学的。例如，欧洲共同体 6 国在组成共同市场以前的 1956 年，经济增长速度就很快，特别是当时德国的增长速度极其迅猛。又如，当时没有参加欧洲共同体的一些西欧国家的经济增长速度也很快。因此，不能将 6 国的经济的增长都归功于经济一体化。也有的经济学家认为，不可否认，经济一体化会带来动态的积极的影响，但是也会带来动态的消极影响。首先，一般说来，经济集团对外设置了比较高的贸易壁垒，只有在贸易壁垒的保护下，成员国的生产厂商才能从集团外的第三国夺取市场，扩大生产规模，这些生产者没有贸易壁垒，就无法生存和发展。然而，贸易壁垒抑制了集团的对外贸易，抑制了市场的扩大，也就影响了规模经济的发挥；其二，经济集团的建立，增加了集团内部经济发展的不平衡。由于商品以及资本的自由流动，使得一些较强的成员国能吸引较多的资本流入，而一些穷国、经济发展较为缓慢的国家则吸引力较弱，从而加剧了经济发展的不平衡。虽然一些经济集团允许劳务和人员的自由流动，但这些要素的流动受到文化、语言等的障碍。因此，在集团内国家之间的失业率相差比较大，贫富之间的差距也在扩大。

综上所述，地区经济集团的建立对于集团内部成员国的经济有着积极的影响和作用，特别是动态的影响。欧洲共同体的创始人让·莫内曾经说："要使欧洲人在世界上重新获得他们的地位，建立一个大规模的内部市场是必不可少的条件。"哈尔斯坦也说："联合意味着更大的市场，更多的收入来源，资金的集中和合理的使用，更高的劳动生产率。"这是因为，市场的每一次扩张，都会促进生产过程的改进，一个国家生产供应比自己国内市场更大的市场，可以引起更大范围内的劳动分工，可以制造和使用更加先进的机器设备，可以进行更多的发明创造，改进生产过程。当然，地区经济集团也存在着一定的消极影响，特别是对集团外的非成员国具有排他性，产生了不可避免的不利的影响。

第2节　当前主要地区经济集团在扩大

纵观世界经济发展的历史，从未像今天这样，地区经济集团出现在欧洲、美洲、大洋洲、亚洲、非洲，遍及五大洲所有的地区，如此众多的国家加入到经济一体化的行列中来。目前，地区经济集团的发展趋势可以概括为三句话：一是，地区经济集团的数量日益增多；二是，一些主要集团的规模日益扩大，一些主要地区经济集团的规模在扩大，正朝着洲际化的方向发展；三是，地区经济集团一体化的程度日益加深。

§1　欧洲共同体

欧洲共同体（European Community，简称 EC），最早的名称是西欧共同市场，曾改名为欧洲经济共同体（EEC）。它是根据法国、联邦德国、意大利、荷兰、比利时和卢森堡6国外长在1957年签订的"罗马条约"，于1958年1月1日正式成立的。40年多来，欧洲经济共同体的规模在不断扩大，成员国在不断增多。1973年1月1日，英国、爱尔兰和丹麦正式加入共同体；1981年1月1日，希腊被正式接纳为共同体的第10个成员国；1986年1月1日，葡萄牙、西班牙成为共同体的第11和第12个成员国；1995年1月1日，奥地利、芬兰、瑞典三国正式加入共同体，共同体成员国扩大到15个国家。2004年5月1日，塞浦路斯、马耳他、波兰、匈牙利、捷克、斯洛伐克、爱沙尼亚、斯洛文尼亚、拉脱维亚、立陶宛等10个国家正式加入欧盟。2007年1月1日，罗马尼亚、保加利亚成为成员国，欧共体的成员国已经达到27个。后加入欧盟的12个国家经济发展水平相对比较低，它们加入欧盟以后，现有的成员国需要在财政上援助这些新成员。根据协议草案，在 2006 年，欧盟要把用于农业的预算提高到 453 亿欧元，比原有的预算提高了 53 亿欧元。2004 年加入的 10 个成员国，从 2004 年开始享受直接的农业补贴；到 2013 年享受与现有成员国同等的待遇。从积极的方面来看，12 个成员国中的大部分，经济正处在转型之中，加入欧盟将全面实施市场经济的法律和法规，有利于加快经济体制改革；有利于加强竞争，增强经济活力，更多地吸引外资；随着外资的进入，有利于吸收外国的先进技术和科学的管理经验；由于内部各种障碍的消除，市场规模的扩大，有利于成员国之间的国际专业化分工，扩大生产规模，提高效益和效率。从消极的方面来看，12 个新成员国在过渡时期里，必须加速经济政策、经济结构的调整，达到欧盟所规定的指标，如果调整不力，无法达到这些指标，那么在人员的自由流动方面、在农业的援助方面、在地区基金的配置方面都会存在潜在的风险。

§2 美加自由贸易区、北美自由贸易区和美洲自由贸易区

1987 年 10 月“美国—加拿大自由贸易协定”（The US—Canada Free Trade Agreement）达成协议，1989 年 1 月 2 日开始生效。这一协议的目的是，到 1999 年，在美国和加拿大共 1900 万平方公里的土地上、2.65 亿人口中，建立起一个广阔的开放的大市场。这一协定的主要内容包括以下 6 个方面：其一，关税。在 10 年里，分阶段逐步消除两国之间所有的关税，没有例外。在协定签订前，两国的关税率已经比较低，1985 年两国贸易中，美国的进口关税率平均为 3.3%，加拿大为 9.9%。然而，这时在美国和加拿大的贸易中，有 3/4 的商品已经免除关税。因此，平均关税率实际上是 0.9% 和 2.4%，所要消除的主要是在服装和木材方面比较高的关税。其二，政府采购。政府的采购在 25000 美元以上的（协议生效以前是 170000 美元），消除优先购买国货的法律规定，政府采购实行国民待遇原则。其三，能源。该协议禁止限制双边的能源贸易。在 1987 年，两国能源贸易额达 100 亿美元。其四，农产品贸易。美国和加拿大两者都是世界上最大的农产品出口国。然而，双边贸易总额中，农产品贸易仅仅占 4.5%，因为相互之间在农产品贸易中有许多配额和进口许可证的要求。该协定消除两国间农产品贸易中的关税、出口补贴和数量限制。其五，投资。协定规定两国改善投资环境，相互给予对方投资者国民待遇，消除对于建立新企业的限制。1986 年，美国在加拿大直接的投资为 500 亿美元，而加拿大在美国的投资仅仅为 180 亿美元。其六，贸易争端解决机制。协议决定建

立美国—加拿大委员会，指导协议的贯彻执行和贸易争端的解决。

经济学家们估计，从这一协议中，加拿大可能获得的利益有：其一，规模经济的效益。由于美国市场是加拿大的10倍，两国市场的开放有利于加拿大经济规模的扩大。1985年，美国的GDP为39980亿美元，加拿大为3460亿美元，美国的GDP是加拿大的11倍。同年，美国的人均国民收入为16709美元，加拿大为13639美元，美国比加拿大高出20%。其二，从竞争中获利。由于较小的市场规模和地区之间的隔离阻碍了加拿大加工产业效率的提高，加拿大的加工产业效率比较低。过去，两国之间众多的保护和限制使其产品难于进入美国市场。其三，加拿大将不会受到美国日益增长的贸易保护主义浪潮的冲击，加拿大可以“买到”进入美国市场的保险。加拿大政府意识到，美国贸易保护主义情绪日益高涨。从加拿大的观点来看，美国国会的保护主义积极性很高，总统也不是真正地倾向于自由贸易。两者都令加拿大人担心，最终会冲击加拿大经济。它的损害将是相当严重的。1973年，英国加入欧洲共同体时，将加拿大抛在一边，加拿大对此还记忆犹新，认为自己也应该寻找贸易伙伴。其四，加拿大政府预测，协议的生效将促进加拿大的实际GDP年增长率达到5%~10%。其他研究机构则不太乐观，他们认为，预计GDP的增长率为2.5%~3.5%。实际上，加拿大的GDP的年增长率，1990年为0.5%，1991年为1.7%，1992年为0.7%，1993年为2.2%，1994年为4.1%，1995年为2.2%，1996年为1.2%，1997年为4.2%，1998年为4.1%，1999年为5.5%，2000年为5.2%，2001年为1.8%，2002年为2.9%，2003年为1.9%，2004年为3.1% 2005年为3.0%，2006年为2.8%，2007年为2.2%，2008年为0.5%，2009年为-2.5%。从1990年至2009年的20年里，加拿大GDP年平均增长率只有2.3%。可见，后者的预计是比较正确的。其五，将促进两国产业内贸易的发展，加强同一产业内部的专业化分工。这种国际专业化分工对于劳动力转移的影响是有限的。

在对待建立自由贸易区的问题上，美国更加着眼于一些特殊的目的。由于加拿大政府对贸易和投资方面过多的干涉，使双方产生各种矛盾，问题主要集中在投资利润的汇出上，加拿大政府的控制限制了美国在加拿大的直接投资。在汽车和能源贸易、服务贸易，特别是金融市场的开放上，补贴和征收反补贴税上，两国的纠纷曾经不断出现，美国力图通过自由贸易协定，建立新的规则，消除这些方面的限制。更为重要的目的是，鼓励美国提高制造业的劳动生产率和效益，增强美国产品在世界市场上的竞争能力，支持美国努力去重新夺回失去的国内和国际市场。

许多经济学家曾经预测，该协议对于美国的影响将是有限的。彼得·林德特认为，美加自由贸易协议对于加拿大的影响将大于对美国的影响。表面上看，就对 GDP 和价格两方面的影响而言是正确的。因为加拿大国民经济不到美国国民经济的 1/10，美国自身的市场已经足够发挥规模经济的效益，开放贸易将使加拿大的价格变动大于美国价格的变动。但是 20 多年来的事实说明，美加自由贸易协议对于美国和加拿大的影响都比较大。首先，从出口贸易方面来看，美国对加拿大的出口在外国对加拿大的出口总额中所占比率上升得较快，相反，加拿大对美国的出口在外国对美国出口总额中所占比重上升的速度较慢。1985 年，美国对加拿大的出口，在外国对加拿大出口总额中占 71%，1995 年，所占比例上升至 80.4%，到 2003 年上升至 83.8%，2009 年为 51.2%。但是，加拿大对美国的出口在外国对美国的出口总额中所占比例要小得多，增长也比较缓慢。1985 年，加拿大对美国的出口在外国对美国出口总额中占 22%，1995 年为 21.6%，2000 年为 22.9%，2003 年为 23.4%，2009 年仅为 14.2%。其次，从 GDP 的增长速度方面来看，20 多年来，在 GDP 的增长速度上，美国也比加拿大快，1987 年美国的 GDP 为 44972 亿美元，加拿大为 4110 亿美元，美国的 GDP 是加拿大的 10.9 倍。然而，2009 年美国的 GDP 为 142587 亿美元，加拿大为 13395 亿美元，美国的 GDP 仍然是加拿大的 10.6 倍。1987 年人均 GDP 美国为 18570 美元，加拿大为 16020 美元，加拿大的人均 GDP 是美国的 86.2%。2009 年人均 GDP 美国为 37622 美元，加拿大为 27080 美元，加拿大的人均 GDP 是美国的 71.9%。美国的人均 GDP 比加拿大高出将近 30%。当然，应该看到，在 GDP 和人均 GDP 的增长速度上，还有其他因素的影响。

“北美自由贸易协议”（North American Free Trade Agreement）由美国、加拿大和墨西哥三国于 1992 年 8 月达成，1994 年 1 月正式生效。

签订北美自由贸易协议的原因。

墨西哥方面，其一，人们对于北美自由贸易协议的态度有一个惊人的变化。由于历史的原因，墨西哥曾长期拒绝与美国在经济上结盟。1986 年，墨西哥加入“关税与贸易总协定”，时，其总统马德艾德（DeLa Madrid）宣称，和美国建立自由贸易区是不可能的。但 20 世纪 80 年代中后期，其国内经济形势不断恶化，不得不进行经济改革。然而，经济改革要取得成功，必须促进经济发展。而经济的发展需要资金、技术，以及接受国外产业转移。在这种条件下，与美国合作成为其重要的选择。到1989年，墨西哥新总统萨林纳斯（Salinas）上台，强烈地支持签订北美自由贸易协议。其二，墨西哥是美国的第三大贸易伙伴国，仅仅排在加拿大和日本之后。1995年，美国出口总额中有7.8%进入墨西哥市场，进口总额中有8.1%来自墨西哥。而墨西哥出口总额中有83.6%进入美国市场，进口总额中的74.5%来自美国。自由贸易协议的签订，能保证墨西哥在美国的市场份额，不必担心美国贸易保护主义情绪的日益高涨而使得墨西哥的商品被关在美国大门的外边。其三，从自由贸易协议中墨西哥将会获得较大的利益，可以获得美国的投资和美国的产业转移。其四，墨西哥对美国出口的增长，以及接受美国的产业转移，将会增加就业机会，解决墨西哥的失业问题。

美国方面，其一，20世纪80年代至90年代，美国经济实力大大削弱，不再像以前那样在世界经济中占绝对优势，称霸于世界。美国必须创建区域经济集团，与其他经济集团和经济强国相抗衡。因此，美国对建立自由贸易区具有极大的热情。其二，尽管这一协议对于美国西南部的几个州的就业有相当大的影响，但是对于整个美国的影响是极为有限的，相对美国而言，墨西哥的经济较弱。其三，自由贸易区的建立，促进墨西哥经济的发展，将对美国的出口贸易产生乘数影响。据美国经济学家计算，墨西哥对美国商品的边际消费偏好为0.15，即墨西哥每增加1美元的收入，将会有15美分用于消费美国的产品。根据这种边际消费偏好的计算，随着墨西哥经济的增长，美国对墨西哥的贸易将会出现顺差，每年大约为70亿美元。其四，墨西哥经济的繁荣，将减少对于美国的移民，预计将会从20世纪90年代每年的100万减少至20万。其五，美国更加着眼于拉丁美洲的市场，在那里有着4.44亿的消费者，美国和墨西哥的贸易关系的发展，有利于拉美各国向美国开放市场。美国每年有700亿~800亿美元的商品出口到拉丁美洲，支撑着美国150万人的就业。如果美国和墨西哥的贸易关系出现问题，那么，将在拉美产生极大的副作用，拉丁美洲国家将会被迫寻找与欧洲和日本的贸易以及投资。如果出现这种情况，美国在拉美所占有的市场份额将会被竞争对手所吞食，美国在国际市场上竞争形势将会更为严峻。因此，与墨西哥建立自由贸易区，是美国在拉美的利益所在。因此，在美国政府的官员中，每50人就有41个人赞成北美自由贸易协议，他们的着眼点是整个拉丁美洲。

加拿大方面，从加拿大方面来看，加拿大经济一直严重依赖于美国。

加拿大必然会跟随美国而行动。加拿大和墨西哥的贸易很少，只有美国和墨西哥之间贸易的5%，即加拿大出口总额中的0.5%进入墨西哥。从建立北美自由贸易区中，加拿大的获利是微不足道的，因此加拿大对此并不十分热心。

北美自由贸易协议的主要内容：其一，在10年里分阶段基本上消除相互之间的关税，墨西哥有一小部分农产品的关税在以后的5年里全部消除，也就是说在15年里，即2008年全部消除关税①。其二，墨西哥对美国和加拿大传递服务业的限制逐步下降；其三，美国对于墨西哥的新鲜水果和蔬菜的进口关税削减25%～35%；其四，在汽车方面"国内构件的规定"，美国—加拿大自由贸易协议规定为50%，然而，北美自由贸易协议改为62.5%；其五，规定了争端的解决程序，特别是制定了倾销和补贴案件中专家小组的条款和争端的解决。

北美自由贸易区的成效。自1994年北美自由贸易协议生效以来，对于三国的贸易和经济的发展起了积极的作用。首先，促进了地区贸易的增长：1993年三国贸易总额为3060亿美元；2008年增加至9490亿美元，15年里增长了3倍。第二，促进了区域内直接投资的增长：1993年区内直接投资为1369亿美元；2008年增长至5527亿美元。15年里三国之间的直接投资增加了4倍。特别是墨西哥吸引了大量的外国尤其是美国的投资，年平均吸引外国直接投资120亿美元。第三，北美自由贸易区的建立，促进了墨西哥经济的发展。1993年，墨西哥的GDP为2595亿美元，2008年为10880亿美元，15年增长了4倍；人均GDP，1993为2998美元，2008年增加至10200美元，增长了3倍；出口额：1993年为518.85亿美元，2008年为2926.66亿美元，增长了5倍。然而，北美自由贸易区的发展，也存在着负面的影响，墨西哥对美国的依赖程度日益加深。对美国出口占墨出口总额的80%以上，美国资本占墨西哥吸收外资总额的65%以上。墨西哥主要经济部门（石油行业、制造业、出口加工业、纺织服装业等）均面向美国市场。此外，海外移民汇款（主要来自美国）已经成为墨西哥仅次于石油收入的第二大外汇来源。因此，美国经济的波动决定着墨西哥的经济发展。例如，自2001年3月至2003年第二季度，美国经济开始衰退，三年里经济增长率分别是：1.1%、1.8%和2.5%。而墨西哥经济随着美国经济衰退，而呈现出停滞状态。2001年至2003年，墨西哥的经济增长率

---

① All remaining duties and quantitative restrictions were eliminated, as scheduled, on January 1, 2008。

分别为-0.9%、0.1%和1.4%，年均增长率仅为0.2%。2009年美国经济增长率为-2.4%，而墨西哥为-6.5%。此外，从1994年至2004年，墨西哥从美国进口的农产品增长了726%，导致墨西哥国内的小农阶级几乎消失殆尽，损失工作机会多达130万。因此，北美自由贸易区的建立并未有效地化解墨西哥国内的就业问题。

美洲自由贸易协议，1994年12月9日~11日，美洲34个国家的领导人在美国的迈阿密举行第一次美洲首脑会议。会议决定在2005年完成建立“美洲自由贸易区”的谈判。2001年4月22日，美洲34个国家在阿根廷首都布宜诺斯艾利斯，就美洲自由贸易区协议草本进行谈判。协议草本涉及9个问题，即投资规则、农产品补贴、政府采购的非歧视性原则、贸易争端解决机制、关税和非关税壁垒消除时间表、保护知识产权、倾销和反倾销、开放服务贸易、正确处理自由贸易和竞争的关系等。2005年11月，美洲举行了第四次首脑会议，就美洲自由贸易协议进行谈判，委内瑞拉、巴西、乌拉圭、巴拉圭和阿根廷5国对协议提出了不同意见，从而未能达成协议。

§3 澳大利亚—新西兰自由贸易区

1983年，澳大利亚和新西兰签订了“澳大利亚—新西兰密切经济关系贸易协议”（Australia—New Zealand Closer Economic Relations Trade Agreement）。它是一个非常详尽的开放的协定。该协议规定，在1987年，两国间的关税全部消除，到1990年，取消所有的配额限制；在自由贸易区内全部消除出口补贴；统一技术、健康和安全标准；在政府的采购和工程合同招标中，相互给予国民待遇。这是一个非常罕见的贸易集团，在内部撤除各种关税和非关税壁垒，实行贸易自由化的同时，不对外加强保护。因此，该集团贸易转移的情况比较少。澳新自由贸易区建立以后，两国之间的贸易额有所增长，但是较为缓慢。1990年，澳大利亚对新西兰的出口额为25.66亿美元，在其出口总额404.17亿美元中占4.9%。2009年澳大利亚对新西兰的出口额为46.98亿美元，在其出口总额1543.34亿美元中所占比重仅为0.3%。新西兰对澳大利亚的出口额，1990年为33.88亿美元，在其出口总额中所占比重为19.7%，2009为57.34亿美元，所占比重为23.0%。两国之间的贸易额增长速度比较缓慢，原因在于两国的经济结构以及进出口产品的结构相似，2009年，在澳大利亚出口产品中，农产品和矿产品的出口额占其出口总额的72%，排前5位的是煤炭、非货币用黄金、铁矿石、原油、金属矿石。而进口产品中，制成品占其进口总额的72.2%，排前5位的是汽车、成品油、通信设备、自动化机器设备、医药品等。2009年，在新西兰的出口产品中，农产品和矿产品的出口额占其出口总额的70%，排前4位的是奶酪、肉类、木材、鱼类，进口产品中，制成品进口占其进口总额的74%，排前5位的是汽车、机器、电气设备、燃料、纺织品。可见，澳大利亚的出口产品的大多数不是新西兰所需要的，新西兰出口产品的大多数也不是澳大利亚所需要的；澳大利亚的主要进口产品不是新西兰所能供应的，新西兰主要的进口产品也不是澳大利亚所能供应的，两国间经济的互补性较差。

§4 非洲共同体

1991年6月，非洲32个国家的首脑在尼日利亚首都阿布贾签订了《非洲经济共同体条约》，1994年6月开始生效，该共同体决定在34年里分6个阶段建成全非共同体。第一个阶段为5年，巩固已有的地区经济集团，建立新的集团；第二个阶段为8年，协调各集团间的各种活动；第三阶段为10年，逐步消除32个国家间的关税和非关税壁垒；第四个阶段为2年，建成关税同盟；第五个阶段为4年，实施共同的经济、金融政策，实现人员的自由往来；第六个阶段为5年，统一货币，建立货币同盟。如果这一协议能按计划完成，那么，全非洲将建成为一个完全一体化的经济同盟。然而，近20年来，非洲共同体条约仅仅是一纸空文。

§5 东南亚联盟

早在1967年，东南亚5国，即马来西亚、新加坡、印度尼西亚、泰国和菲律宾，建立起东南亚国家联盟（Association of Southeast Asian Nation）。5国外长签署了《东南亚国家联盟宣言》（又称曼谷宣言）。宣言中提出：5国将在经济、社会、文化等方面加强合作。从性质上来看，当时它是一个政治联盟。1984年文莱正式加入该联盟，成为第6个成员国。1995年，该联盟接纳越南，越南成为第7个成员国。1997年，又接纳缅甸和老挝为新的成员国，成员国达到9个。1999年，接纳柬埔寨，一共有10个成员国。

1976年，东南亚联盟举行了第一次首脑会议，这次会议的重点在两个方面，其一，签署了《东南亚友好合作条约》。该条约的宗旨是："促进地区各国人民之间的永久和平、友好和合作"。1998年该条约经过修改，不是东南亚的国家也可以参加。中国、印度、日本、韩国、俄罗斯、新西兰先后加入该条约。2008 年 7 月 24 日，朝鲜也加入了该条约。其二，这次首脑会议特别强调加强东盟内的经济合作，但是，效果不十分理想。原 5 国中除新加坡以外的 4 国之间的贸易额，占 4 国对外贸易总额的比重，1980 年为 3.2%，1990 年为 4%，成效甚微。

1992 年，东盟 6 国签订《关于推动东南亚国家联盟经济合作框架协议》。该协议明确提出建立东南亚自由贸易区，1993 年 1 月 1 日正式生效。东南亚自由贸易区的主要内容：从 1993 年 1 月起，集团内部削减关税的 20%，经过 15 年，到 2008 年关税税率下降至 0～5%，基本建成自由贸易区。然而，东南亚联盟内部经济发展很不平衡，特别是在关税方面，新加坡的关税实际上是零，而印度尼西亚的关税很高，在消除关税上困难比较多。此外，自由贸易区内规定了非常严格的原产地规则，产品增加值的 50% 必须是在成员国中生产的。1997 年，东南亚金融危机爆发，东盟成员国受到严重的冲击，经过几年的调整，经济已经恢复并有所发展。东南亚自由贸易协议经过修订，其目标为，在 2010 年，最早参加的 6 国全部取消关税和非关税壁垒。到 2015 年，后加入的 4 国全部取消关税和非关税壁垒。也就是说，2015 年建成自由贸易区。

自 1993 年《关于推动东南亚国家联盟经济合作框架协议》生效以来，东盟内部贸易在对外贸易中所占比重有了大幅度上升，2009 年，内部出口额占出口总额的 24.6%，内部进口额占进口总额的 24.3%，当然，其原因一方面是内部消除贸易的障碍，促进了贸易的发展；另一方面是由于成员国的增多，增加了内部的贸易。值得重视的是，东盟内部存在着一些问题：一是，东盟成员国内部存在着的领土争端问题。二是，有的成员国内部政局不稳。有的国家内反政府武装及恐怖分子活动猖獗。政局的不稳定和恐怖分子活动猖獗直接影响到外来直接投资，阻碍经贸活动的正常进行，客观上对区域内经济的发展，以及对自由贸易区的整体发展产生了不利影响。三是，东盟有的国家产业结构单一化。区域内在经济结构和出口产品结构上相同，互补性较小。四是，东盟成员国中缺乏核心国家。核心国家的作用在于协调成员国之间的政策、稳定区域内部经济发展，是一种凝聚的力量。

§6 中国

积极参加区域性的经贸合作，是中国提高对外开放水平的重要途径，也是实现睦邻、安邻、富邻的方针，实现与其他国家共同发展方针的重要手段。亚当·斯密指出："邻国的富裕乃是本国可能获得财富的原因和机会。想靠国外贸易来致富的国家，在其邻国都是富裕勤勉的商业国时，是最有可能达到目的的"①。21世纪初，中国明确提出积极推动区域和双边经济合作。在区域和双边经济合作方面，中国的方针是：第一，以全面规划、积极行动、渐次推进、先易后难为基本方针。第二，尽早推动两岸四地形成FTA，迅速推动合作方式深化发展。第三，周边与非周边地区、发达和发展中经济体协同推进，相互支持。近年来，中国在自由贸易区的建立上，发展迅速，成效显著。其一，中国和东盟2002年11月4日签署《中国—东盟全面经济合作框架协议》。其二，中国和巴基斯坦2003年11月3日签署《中国—巴基斯坦优惠贸易安排》。其三，中国和智利2005年11月18日签署《中国—智利自由贸易协议》。其四，中国和新西兰2008年4月7日签署《中国—新西兰自由贸易协议》。其五，中国和新加坡2008年10月23日签署《中国—新加坡自由贸易协议》。其六，中国和秘鲁2009年4月28日签署《中国—秘鲁自由贸易协议》。其七，中国和哥斯达黎加2010年4月8日签署《中国—哥斯达黎加自由贸易协议》。其八，内地和香港2003年6月29日签署《内地和香港关于建立更紧密经济和贸易关系安排》。其九，内地和澳门2003年10月17日签署《内地和澳门关于建立更紧密经济和贸易关系安排》。其十，大陆和台湾2010年6月29日签署《海峡两岸经济合作框架协议》，《海峡两岸知识产权保护合作协议》。协议于2010年9月12日正式生效。我国正在谈判的自由贸易协议有：中国和澳大利亚、冰岛、挪威、瑞士、南部非洲、海湾合作委员会等。

（1）中国和东南亚联盟

2002年11月4日，中国和东盟签署了"中国—东盟合作框架协议"，总体确定了中国—东盟建立自由贸易区的基本框架。双方一致同意在10年内建成中国—东盟自由贸易区。协议的基本内容：一是，逐步实现货物贸易和服务贸易自由化；二是，创建透明、自由、公平和便利的投资机制；三是，实现全面经济合作的目标。

我国与东盟签署了"早期收获"方案，原则上自愿参加，互相开放，但不要求对等开放.2003年10月1日，中泰水果和蔬菜实行"零关税"；2004年6月1日，中国和新加坡水果和蔬菜实行"零关税"；2005年1月1日起，我国与马来西亚、菲律宾、印度尼西亚、文莱之间进出口水果和

① 亚当·斯密：《国富论》，华夏出版社2005年版。

蔬菜实施零关税；2006年起，600多种农产品实施零关税，2004年11月29日，双方签署了中国—东盟《货物贸易协议》和《争端解决机制协议》。这是中国对外签署的第一个自由贸易区货物贸易协议。从2005年7月20日，全面启动关税减让计划。双方对约7000个税目的产品实施降税。产品分为正常产品和敏感产品。正常产品分一轨产品和二轨产品，共同点在于关税都要降至零，区别在于实现的时间不同。所谓敏感产品是，各方需要进行保护的产品。敏感产品分一般敏感产品和高度敏感产品，共同点在于其最终税率不降至零；不同点是关税税率不同。我国提出的敏感产品主要包括大米、天然橡胶、棕榈油、部分化工品、数字电视、木材和纸制品等；东盟国家则提出了橡胶制品、塑料制品、陶瓷制品、部分纺织品和服装、钢材、部分家电、汽车、摩托车等敏感产品。减让关税的进程见表13.5。

表13.5　　中国—东盟《货物贸易协议》降低关税的规定

X=中国—东盟自由贸易区优惠关税	中国—东盟自由贸易区优惠关税率（不迟于每年1月1日）			
	2005年	2007年	2009年	2010年
X<20%	20%	12%	5%	0
15%<X>20%	15%	8%	5%	0
5%<X>10%	5%	5%	0	0
X<5%	不动	不动	0	0

例如，原来泰国对进口橙汁征收60%的关税，2005年7月，削减至20%，2007年削减至12%，2009年削减至5%，2010年削减至0。又如，印度尼西亚对进口汽车零件征收15%的关税，2007年削减至8%，2009年削减至5%，2010年为0关税。从2005年7月20日起，7455个税目的产品实施降税。柬埔寨、老挝、菲律宾和越南因尚未完成国内相关法律程序，所以还没有实施协定降税。

协议规定，在未来的5年内，即2010年，中国与东盟最早的6个成员国新加坡、泰国、马来西亚、印度尼西亚、菲律宾和文莱大部分关税降至零，建成自由贸易区。东盟4个新成员，即越南、老挝、缅甸和柬埔寨可享受5年的过渡期。至2015年，中国和东盟全面建成自由贸易区。

2010年1月1日起，中国对来自东盟10个国家进口的91.5%以上的产品实现零关税，对东盟的平均关税从9.8%降到0.1%。东盟前6个老成员国对来自中国进口的90%左右的产品实现了零关税，对中国的平均关税率由12.8%降至0.6%。其余4个新成员将在2015年实现这一目标。

柬埔寨、老挝和缅甸是东盟中最不发达的国家。自2004年1月1日起，中国对这3个国家部分出口到中国的产品，提供了第一批特惠关税待遇。从2006年1月1日开始，中国对柬埔寨的83项、老挝的91项、缅甸的87项对华出口产品单方面实行零关税。特惠关税待遇范围将会进一步扩大。

任何一个地区经济集团的建立，都会产生静态的和动态的经济影响，有积极的和消极的两方面，总的说来积极的影响是主导的方面。在中国与东盟谈判建立自由贸易区之初，东盟经济合作专家组的研究分析认为：中国—东盟自由贸易区建成以后，中国对东盟的出口将增加106亿美元，增幅为55.1%，东盟对中国的出口将增加130亿美元，增幅为48%。事实上近年来，中国和东盟贸易的发展，远远超过专家们的预测。2002年双方贸易总额为547.7亿美元，2010年增加至2927.7亿美元，8年增长5倍。

中国对东盟的出口，2002年为235.7亿美元，2010年为1382亿美元，增长了5.8倍。东盟对中国的出口，2002年为312.0亿美元，2010年为1545.7亿美元，增长了5倍（见表13.6）。

表13.6　2002至2010年中国与东盟贸易额　单位：亿美元

年　代	贸易总额	出口额	进口额	差　额
2002	547.7	235.7	312.0	-76.3
2003	782.5	309.3	431.3	-122.0
2004	1058.8	429.0	629.8	-200.8
2005	1303.7	553.7	750.0	-196.3
2006	1608.4	713.1	895.3	-182.2
2007	2025.4	941.8	1083.7	-141.9
2008	2311.1	1141.4	1169.7	-28.3
2009	2130.1	1062.9	1067.1	-4.2
2010	2927.7	1382.0	1545.7	-163.7

资料来源：商务部网、海关总署网。

应该说，上述数字只是静态的分析，如果考虑到动态的因素，双方将会获得更多的利益。双方贸易发展迅速的重要原因在于，在经济上的互补性比较强，经济上的互补性是区域经济实现产业调整的先决条件。比较优势的不同，决定了区域经济一体化的贸易创造效应。中国与东盟资源禀赋各具优势，产业结构各有特点，在资源、工业品、农产品、技术、旅游和工程承包等方面，互补性较强。从成本结构来看，在食品、农产品、矿产品、能源和电子产品等方面，东盟具有较大的比较优势，因而中国从东盟进口石油、天然气、棕榈油、天然橡胶、热带木材等资源性初级产品以及电子电器等机电产品的零部件及半成品日益增多。中国则在纺织品、服装、鞋、食品、谷物、建筑材料、机械设备等产品具有明显的比较优势，东盟从我国的进口中，这些产品的进口占21%。此外，我国的机械电子设备、精密仪器、钟表手表、车辆、金属产品和化工产品具有潜在优势，在东盟市场上这些产品的份额将会继续增加。但是，也应该看到，中国和东盟也存在着竞争的方面，东盟发达成员国在资本密集型制造业领域与中国竞争；而欠发达的成员国在劳动密集型制造业方面与中国竞争；一些中等发展水平的成员国无论是劳动密集型还是资本密集型制造业都与中国存在竞争关系。这种竞争集中体现在对国际出口市场的争夺上。在酝酿建立中国—东盟自由贸易区的初期，东盟国家的一些经济学家和政府官员心存疑虑。他们担心中国经济的发展壮大、日益崛起将对东盟正在成长的一些较弱的工业，如纺织、自行车、玩具等行业造成冲击，抢走它们的市场份额；中国在外国的直接投资方面构成与东盟国家的竞争等。在任何一个地区经济集团建立前，社会上的各个阶层都会存在各种不同的疑虑和担心，这是很自然的现象。确实，中国—东盟自由贸易区的建立，很可能产生贸易转移，也会加剧竞争。当然，伴随着双边贸易的增长，双方贸易结构也会进一步调整和优化，不少企业面临转变的阵痛，也可能导致一些产业被迫做出调整。尽管，可能出现这样或那样的问题，但是，双方将会加速经济的发展，提升经济抵御外部风险的能力，减轻对于发达国家市场的高度依赖，实现中国—东盟“双赢”，开创发展中国家建立地区经济集团成功的首例。

中国东盟建立自由贸易区具有重要意义：有利于双方贸易条件的改善，促进贸易的发展；有利于双方投资环境的优化，促进投资的增长，有利于双方经济的发展和繁荣；有利于双方友好合作关系的深入发展，维护东亚和亚太地区的和平和稳定；有利于双方在国际事务中发挥更大的作用；有利于双方在政治、军事、安全方面的相互信任，建立良好的周边关系。

（2）内地和香港、澳门建立更紧密经贸关系

2003年6月29日和10月17日，《内地与香港关于建立更紧密经贸关系安排》和《内地与澳门关于建立更紧密经贸关系安排》（简称CEPA）相继签订。

签署CEPA的历史背景。1997年香港回归，同年发生东南亚金融危机。香港经济在这次金融危机中，受到很大的冲击。与此同时，1998年8月28日，索罗斯对冲基金发起对香港经济的巨大冲击。一天里大量抛售股票，总成交额为230亿港元。索罗斯除了在资本市场出击外，同时出击香

港货币市场，大量抛售港币，用港币换美元，迫使港币汇率下降。索罗斯预计到港府为了保卫港元，必然提高利率，同行业隔夜拆借利息率曾经达到10.25%至11.75%。而利率的上升，股票价格下降。索罗斯利用资本和货币市场，双管齐下压股价下降，同时购买股指期货，企图大捞一把。港府为了保卫香港经济，动用300亿港元托市。结果，股票价格没降反升，恒生指数从6660.42点上升至7527.61点，对冲基金损失270亿港元。1998年香港GDP增长-5.5%。2003年，由于全球暴发非典，对于香港经济产生极大的影响，恒生指数由17000点下降至8000点，楼价下降62%，失业率达到8.5%，通货紧缩。面对香港经济诸多的问题，如何加速经济的复苏和发展，是香港和内地共同的使命。

签署CEPA的目的。顺应双方产业结构调整和升级的需要，促进稳定和可持续发展；实现互惠互利、优势互补、实现共同繁荣。

CEPA的内容。

其一，货物贸易。从2004年1月1日起，内地对原产于香港、澳门的进口产品273个税目实行零关税。2005年1月1日起，731个税目实行零关税。2006年1月1日起，全部税目实行零关税。

其二，服务贸易。从2004年1月1日起，开放管理咨询、会议展览、广告、会计、法律、医疗和牙医、物流、货代、仓储、分销、运输、建筑、视听、旅游、电信、银行、保险、证券等18个领域。2005年再开放8个领域。后8个领域是：专利代理、商标代理、机场服务、文化娱乐、信息技术、职业介绍、人才中介机构、专业资格考试。2006年6月26、27日签署CEPA补充协议三。从2007年1月1日起进一步采取15项具体开放措施。2007年6月29日，签署CEPA补充协议四。从2008年1月1日起实施，一是开放更多的领域，新增加了11个领域，一共开放的领域达38个；二是开放的程度更高，提出共192项开放措施；三是开放的模式更多。2008年7月29日签署CEPA补充协议五。在原有开放承诺基础上，进一步采取简化审批程序、放宽市场准入条件、取消股权限制、放宽经营范围和经营地域等措施。2009年5月9日签署CEPA补充协议六，进一步扩大服务贸易市场开放，其中市场开放措施共有29项，涵盖20个服务领域。2010年5月27日签署CEPA补充协议七。在14个领域，采取27项措施，对建筑、医疗、视听、分销、银行、证券、社会服务、旅游、文娱、航空运输、专业技术人员资格考试和个体工商户等12个领域在原有开放的基础上，进一步放宽市场准入条件，放宽经营范围和经营地域。截至目前，共开放44个服务贸易领域，开放措施277项。在贸易便利化方面增加教育、文化、环保、创新科技等领域合作，明确了合作机制和内容。

其三，贸易投资便利化。促进贸易、投资合作；通关便利化；检疫、检验、食品安全、质量标准等管理合作；发展电子商务；法律、法规透明化；加强中、小企业信息交流和合作；中医药产业合作。

CEPA签署的重要意义。有利于香港和澳门经济的繁荣；有利于内地与香港、澳门经济的融合；有利于中国的统一大业；有利于我国履行WTO的承诺，在2006年全面开放服务贸易。

专栏13.2 中国和智利自由贸易协定

2004年11月18日，中国和智利宣布启动建立自由贸易区谈判。此后，两国政府就市场准入、原产地规则、技术贸易壁垒、健康和植物卫生措施、贸易救济、争端解决机制、合作等问题进行了5轮磋商。2005年11月18日两国政府签署了《中华人民共和国政府和智利共和国政府自由贸易协定》。根据协定，两国从2006年7月1日起，全面启动货物贸易关税减让进程。在10年内分阶段，占两国税目总数的97%的关税将降至零。此外，两国还将在中小企业、文化、教育、科技、环保、劳动、社会保障、知识产权、投资、矿产、工业等领域进一步开展合作。《中智自贸协定》实施以来，中智双边贸易一路走高，经济合作持续深化，企业联系不断加强，人民生活日渐受益，政治关系日益密切，两国从真正意义上实现了互利共赢、共同发展。2007年，我国从智利进口额103亿美元，出口44亿美元，同比分别增长79%和42%。2007年两国贸易额达147亿美元，增长率从实施前的20%提高到了目前的65%，双方提前实现了贸易额突破“百亿”美元的目标。中智自贸区服务贸易谈判自2006年9月启动以来，历时1年半，经过6轮谈判，双方最终于2008年4月13日在海南三亚签署《中智自贸协定关于服务贸易的补充协定》（即中智自贸区服务贸易协定）。该协定共包括正文22项条款和两个附件：商务人员临时入境和双方具体承诺表。根据协定，我方的计算机、管理咨询、采矿、环境、体育、空运等23个部门和分部门，以及智利的法律、建筑设计、工程、计算机、研发、房地产、广告、管理咨询、采矿、制造业、租赁、分销、教育、环境、旅游、体育、空运等37个部门和分部门将在各自WTO承诺基础上向对方进一步开放。

专栏13.3 中国和巴基斯坦自由贸易协定

2005 年 12 月 9 日，中国和巴基斯坦签署《中国和巴基斯坦自由贸易协定早期收获协议》。根据协议，双方先期实施降税的产品合计 3000 多个税目，分为实施零关税产品和实施优惠关税两大类。两大类都于 2006 年 1 月 1 日起降税。根据协议，中方向原产于巴基斯坦的 769 个税目提供零关税待遇。主要涉及蔬菜、水果、石料、棉坯布和混纺布等。巴方向中方提供 486 个税目提供零关税。主要涉及蔬菜、水果、石料、纺织机械、有机化工产品。上述产品将在 2 年内分 3 次，在 2008 年降至零关税。此外，从 2006 年 1 月 1 日起，中方对于原产于巴基斯坦的 1671 个税目实施优惠关税，平均优惠幅度 27%；巴方对于原产于中国的 575 个税目的产品实施优惠关税，平均优惠幅度 22%。2006 年 11 月签署《中国—巴基斯坦自贸协定》，2007 年 7 月开始实施。2008 年 12 月双方签署了《中国—巴基斯坦自由贸易区服务贸易协定》，在各自对世贸组织承诺的基础上，在全部 12 个主要服务部门中，巴方将在 11 个主要服务部门的 102 个分部门对中国服务提供者进一步开放，包括建筑、电信、金融、分销、环境、医疗、旅游、运输、快递、研发、计算机教育、娱乐文化和体育等众多服务部门，其中分销、教育、环境、运输、娱乐文化和体育等 5 个主要服务部门在内的 56 个分部门为新开放部门。此外，巴方将根据具体情况，在外资股比方面给予中国服务提供者更加优惠的待遇，并在人员流动方面提供更加宽松和便利的条件。我国将在 6 个主要服务部门的 28 个分部门对巴基斯坦服务提供者进一步开放，具体包括采矿、研发、环保、医院、旅游、体育、交通、翻译、房地产、计算机、市场调研、管理咨询、印刷出版、建筑物清洁、人员提供和安排服务等。中巴两国不断推进自贸区建设，每一年都迈上一个新台阶：2003 年 11 月签署优惠贸易安排；2004 年 10 月启动自贸区联合研究；2005 年 4 月签署自由贸易协定早期收获协议；2006 年 11 月签署自贸协定，2007 年 7 月实施以来成效良好；2008 年 10 月签署自由贸易协定补充议定书，以促进投资合作；2008 年 12 月结束服务贸易协定谈判。《中巴自贸区服务贸易协定》的签署和实施，将为两国共同应对世界金融危机，提升服务业合作水平，促进经济共同发展，深化全天候、全方位友谊奠定更加坚实的基础。

专栏13.4　中国和新西兰自由贸易协定

2008年4月7日，签署《中华人民共和国政府与新西兰政府自由贸易协定》。这是中国与发达国家签署的第一个自由贸易协定，也是中国与其他国家签署的第一个涵盖货物贸易、服务贸易、投资等多个领域的自由贸易协定。目前，中新双方均已完成各自国内法律程序，《协定》已于2008年10月1日开始生效。《协定》共214条，分为18章，即：初始条款、总定义、货物贸易、原产地规则及操作程序、海关程序与合作、贸易救济、卫生与植物卫生措施、技术性贸易壁垒、服务贸易、自然人移动、投资、知识产权、透明度、合作、管理与机制条款、争端解决、例外、最后条款。《协定》的签署是中新两国关系发展历程上一座新的里程碑，为加强中新两国经贸合作搭建了新的平台，也为双方合作注入了新的活力，将进一步促进两国经贸合作在平等互利的基础上实现双赢，推动中新经贸关系迈入新的发展阶段。《协定》的实施，将有利于两国进一步发挥各自产业优势，深化产业分工，有助于双方全面推进农牧业、林业、家电、服装等货物贸易领域的合作，并促进教育、旅游、环境、咨询等服务贸易的发展。《协定》为双方经贸合作提供了制度性保障，营造了更加开放和稳定的商业运行环境。双方企业和产品可按照《协定》提供的优惠条件进入对方市场，有利于拓展合作空间，提高竞争力，实现互利共赢。同时，两国消费者也可以更低廉的价格享受到优质的产品和服务。2008年10月中新自由贸易协定实施以来，两国关税逐步降低，服务贸易市场扩大开放，投资环境更加规范透明，双边经贸环境得到极大改善。2009年全球进出口额大幅下滑23%，而中国和新西兰双边贸易额却在自由贸易协定支撑下同比增长3.6%。截至2009年底，新西兰对华投资超过9亿美元，中国在新投资达到8206万美元，增长势头强劲。双方还发挥各自在农牧业、林业、机电、服装等领域的产业优势，深化互利合作，并不断拓展在中医药、教育、环境等新领域的合作。

专栏13.5　中国和新加坡自由贸易协定

2008年10月23日，中国和新加坡签署了《中华人民共和国政府和新加坡共和国政府自由贸易协定》。同时，双方还签署了《中华人民共和国政府和新加坡共和国政府关于双边劳务合作的谅解备忘录》。《协定》涵盖了货物贸易、服务贸易、人员流动、海关程序等诸多领域，是一份内容全面的自由贸易协定。双方在中国—东盟自贸区的基础上，进一步加快了贸易自由化进程，拓展了双边自由贸易关系与经贸合作的深度与广度。根据《协定》，新方承诺将在2009年1月1日取消全部自中国进口产品关税；中方承诺将在2010年1月1日前对97.1%的来自新加坡进口产品实现零关税。双方还在医疗、教育、会计等服务贸易领域做出了高于WTO的承诺。《协定》的签署是中新双边关系发展历程中新的里程碑，将进一步全面推进中新双边经贸关系的发展，也将对东亚经济一体化进程产生积极影响。同时，在全球共同应对金融动荡的时刻，《协定》的签署有利于维护两国经济与贸易的稳定和增长，为维持世界经济稳定和促进贸易自由化做出积极贡献。

专栏13.6 中国和秘鲁自由贸易协定

2009年4月28日，中国和秘鲁签署了《中国和秘鲁自由贸易协定》。该协定于2010年3月1日顺利实施。中国—秘鲁自由贸易协定是我国与拉美国家签署的第一个一揽子自由贸易协定。中秘自贸协定覆盖领域广、开放水平高。在货物贸易方面，中秘两国的全部货物产品将分为五类实施关税减让。第一类产品在《协定》实施后当年实施零关税，分别约占中国、秘鲁税目总数的61.19%和62.71%。第二类产品在《协定》生效5年内逐步降为零，分别约占中国、秘鲁税目总数的11.70%和12.94%。第三类产品在《协定》生效10年内关税逐步降为零，分别约占中国、秘鲁税目总数的20.68%和14.35%。第四类产品为例外产品，不作关税减让，分别约占中国、秘鲁税目总数的5.44%和8.05%。第五类产品将分别通过8、12、15、16、17年关税逐步降为零，分别约占中国、秘鲁税目总数的0.99%和1.95%。《协定》生效后，中方的轻工、电子、家电、机械、汽车、化工、蔬菜、水果等产品，秘方的鱼粉、矿产品、水果、鱼类等产品将从中获益。在服务贸易方面，双方将在各自对世贸组织承诺的基础上，相互进一步开放服务部门。在投资方面，双方将相互给予对方投资者及其投资以准入后国民待遇、最惠国待遇和公平公正待遇，鼓励双边投资并为其提供便利等。与此同时，双方还在知识产权、贸易救济、原产地规则、海关程序、技术性贸易壁垒、卫生和植物卫生措施等众多领域达成广泛共识。中秘两国经济互补性强，近年来经贸关系发展迅速。目前，中国是秘鲁第二大贸易伙伴，秘鲁是中国在拉美第七大贸易伙伴。据我国海关统计，2008年，双边贸易额达75亿美元，比上年增长24%，其中我国出口28亿美元，进口47亿美元。

专栏13.7 中国和哥斯达黎加自由贸易协定

2010年4月8日，中国和哥斯达黎加签署《中国—哥斯达黎加自由贸易协定》。该协定涵盖领域广泛，开放水平高，是我国与中美洲国家签署的第一个涵盖货物贸易、服务贸易、知识产权、贸易救济等领域的一揽子自由贸易协定。该协定对两国贸易中超过90%的商品分阶段减免关税，包括咖啡、香蕉、花卉、牛肉等，但糖、大米等“两国认为相对敏感的商品”不在协定范围之内。中国是哥斯达黎加继美国后的第二大贸易伙伴，哥斯达黎加与中国的贸易额从2000年到2009年间增长了15倍。2009年两国贸易总额为15亿美元，占哥斯达黎加对外贸易的18.5%。随着协定的签署，中国在哥斯达黎加贸易中的份额将继续增加。自由贸易协定将在两方面促进中国在哥斯达黎加的投资：一是中国的传统优势领域，比如基础设施建设、交通、清洁能源、可再生能源等；二是哥斯达黎加将为中国提供高品质的劳动力，为中国公司来哥斯达黎加投资建厂创造条件。为两国经贸关系增添了实质内容，进一步提升了双边友好关系。

§7 跨洲经济合作组织

亚洲和太平洋经济合作组织（Asia Pacific Economic Community，简称APEC）于1989年建立。现有成员21个，即加拿大、美国、墨西哥、秘鲁、智利、澳大利亚、新西兰、巴布亚新几内亚、中国、日本、韩国、中国台湾、中国香港、泰国、马来西亚、新加坡、印度尼西亚、菲律宾、文莱、越南、俄罗斯。亚洲和太平洋经济合作组织每年举行一次部长级会议，实际上是双部长会议，即各成员的外交部长（中国香港和中国台湾除外）和经济部长（或外贸部长、商业部长）会议。在亚太经合组织领导人非正式会议举行前，为领导人会晤做准备。此外，亚太经合组织每年还举行一系列专业部长会议。从1993年开始，亚太经合组织每年举行一次非正式首脑会晤。

亚洲和太平洋经济合作组织的目的。通过贸易自由化和投资自由化，通过经济和技术合作，促进地区经济发展，实现共同繁荣。从严格的意义上说，亚太经合组织不是一个地区经济集团。在目的上，亚太经合组织和地区经济集团是一致的，都是通过消除内部各种障碍，实现贸易自由和投资自由，促进经济发展。然而，它们之间在实现目的的手段上是不同的。地区经济集团是通过签订条约，或是达成协议，在规定的时期里统一地实现目标。而亚洲和太平洋经济合作组织则是在自主、自愿的基础上，协商一致，采取灵活渐进的方式，集体制定目标，各成员国努力实现目标。这就是说，它是由各成员国自己制订计划实现目标。因此，亚太经合组织的性质，可以说是一个开放的、灵活的、讲求实效的经济合作论坛，是一个松散的协商机构。在大阪宣言中，提出在亚太地区实现贸易和投资自由化的目标，但是，在实现这一计划上，各国提出计划和协商，并不是依靠谈判提出明确的、具体的消除各种壁垒的统一的步骤，而是各国自己拟定计划实现目标。亚太经济合作组织每年召开一次首脑会议。首脑们相互交换政治观点，可见它并不是一个严格意义上的地区经济集团，而是一个经济论坛和政治论坛。2010横滨峰会发布领导人宣言："我们要求亚太经合组织采取具体措施，实现亚太自由贸易区。这是进一步推动亚太地区经济一体化进程的主要载体。"但有人称其是一个看不见路的目标。

第3节 欧洲共同体一体化的进程

§1 《罗马条约》

《罗马条约》于1957年签订，1958年1月1日正式生效。自1958年以来，欧洲共同体一体化的程度在不断深化。《罗马条约》的主要内容是：第一，建立工业品的关税同盟。从1958年1月1日起，经过12年的过渡，到1970年1月1日，取消成员国之间的关税和非关税壁垒，并且建立起统一的对外关税。这一计划提前至1968年7月1日实现。第二，实施共同的农业政策。这一政策的内容包括三点：其一，从1959年1月1日起，分阶段逐步消除内部关税和非关税壁垒，对外建立起“差价税”。其二，统一成员国农产品价格，实行内部农产品管理价格，即农产品的市场价格只能在“目标价格”和“干预价格”之间自由波动。所谓“目标价格”，是指农民所期望达到的最高价格，如果市场价格超过目标价格，就会损害消费者的利益，那么，欧盟就在市场上抛售农产品，降低农产品的价格，以保证消费者的利益。所谓“干预价格”是指农民所能接受的最低价格，如果市场价格低于干预价格，欧盟就在市场上收购农产品，促使价格上升，以保证农业生产者的利益。其三，建立“欧洲农业指导和保证基金”，该基金用于农产品出口补贴、维持和稳定农产品市场价格、促进农业现代化和农业结构改革。这一计划也提前在1969年1月实现。

§2 建立欧洲经济和货币同盟

1969年，西欧共同市场6国在海牙会议上提出，全面建立欧洲经济和货币同盟，计划在1980年建成。其主要内容是：其一，协调成员国的经济和货币政策，以保证实现商品、资本、劳务、人员的自由流动。其二，逐步缩小成员国货币汇率波动的幅度，建立联合浮动制，共同体内部货币波动的幅度上下限各为1.125%，总幅度为2.25%。各国货币对美元的汇率波动的总幅度为4.5%。人们把对美元汇率波动的总幅度4.5%比喻为“洞”，而把欧共体建立货币波动的总幅度2.25%比喻为“蛇”，这就是所谓的“蛇行于洞”。其三，建立欧洲货币储备金。然而，20世纪70年代，世界经济出现了石油危机、美元危机、经济停滞和通货膨胀，欧盟各国经济都陷入“滞胀”的困难之中。为了尽快地摆脱困境，各国都采取各种措施对付石油危机和美元危机，以及经济“滞胀”，致使经济和货币同盟计划停顿下来，未能实现。

§3 建立欧洲货币体系

1978年，欧盟又提出建立“欧洲货币体系”。欧盟之所以一再地要求协调相互之间的货币关系，首先一个重要的原因是，在实施共同的农业政策中，要求统一农产品的价格，这就涉及相互之间的货币汇率问题。例如，20世纪70年代，德国的马克升值，那么要保持相互间统一的农产品价格，德国农产品的价格就应该下降。然而，德国政府担心农产品价格的下降使农场主的收入减少，引起农场主的不满。与此同时，法国的法郎贬值，那么要保持相互间统一的农产品价格，法国农产品的价格就应该上升。然而，法国政府担心农产品价格的上升会加剧已经出现的通货膨胀。因此，要保持统一的农产品价格，必须协调相互之间的货币关系。其次，随着成员国之间关税和其他贸易障碍的取消，它们之间的贸易发展不平衡、国际收支的不平衡，以及经济发展的不平衡等都会出现。因此，共同体必须在经济和货币政策方面有更加密切的合作，建立一个相互联系的机制，以便帮助一些成员国解决国际收支中的困难。其三，20 世纪 70 年代，在美元危机的影响下，曾经导致西欧货币市场一片混乱，共同体内部的各种一体化的措施都难以实施。为了抵制美元汇率的波动所产生的不利影响，摆脱对美元的依赖，需要实施共同的货币政策，稳定欧洲货币市场。

欧洲货币体系的主要内容。其一，建立欧洲货币单位（ECU 中文称为“埃居”），作为中心汇率的计算标准、中央银行业务结算手段，以及成员国国际储备资产。欧洲货币单位称之为“一篮子”货币，根据成员国在相互贸易中的比重和国民生产总值的多少，规定每一个国家货币在欧洲货币单位“一篮子”中的份额。欧洲货币单位在最开始时的构成：西德马克为 33.0%、法国法郎为 19.8%、英国英镑为 13.3%、荷兰盾为 10.5%、意大利里拉为 9.5%、比利时法郎为 9.2%、卢森堡法郎为 0.4%、丹麦克朗为 3.1%、爱尔兰镑为 1.1%。各国货币所占份额每 5 年修订一次。如果在 5 年内，某种货币参与的份额所发生的变化超过 25%，就需要进行调整。其二，扩大货币联合浮动体系，稳定成员国货币汇率。对内实行可调整的固定汇率，波动的幅度上下不得超过 2.25%，意大利的里拉可以放宽为 6%。对外实行联合浮动，即实行共升共降的联合浮动。当成员国中一国的货币受到美元的冲击时，必然引起其他成员国汇率以及该货币与“一篮子”货币中心汇率的变化，这时需要成员国一致行动，干预外汇市场，以维持成员国货币之间的固定比率，在共同体范围内建立“货币稳定区。”其三，建立欧洲货币基金，加强共同干预货币金融市场的力量。欧洲货币体系建立以后，对于促进成员国货币间的汇率的相对稳定起了一定的积极作用。

§4　《单一欧洲文件》

20 世纪 80 年代中期以来，欧洲共同体一体化在不断深化。1985 年，欧洲共同体新的执委会提出了在 1992 年建成单一的内部市场的设想。1986 年共同体签订了《单一欧洲文件》，决定在 1992 年实现内部统一市场的目标。它以补充条文的方式并入到《罗马条约》中。该文件在1987年1月1日正式生效。《单一欧洲文件》的中心是，通过282项法律，消除内部的各种障碍，建立一个没有国界的区域，实现商品、资本、人员和劳务的自由流动。在共同体已经建立30年后，再一次提出实现共同市场的目标，会使得人们感到迷惑不解。这是因为20世纪70年代中期以来，由于欧洲共同体成员国经济不景气，共同市场内部矛盾纠纷此起彼伏，经济一体化不仅没有前进，反而有所倒退。各成员国为了保护本国市场设置了各种非关税壁垒，阻挡伙伴国的商品进口。为了鼓励本国商品出口，大搞非法补贴，相互控告对方破坏共同市场原则，各种诉讼案件成倍增加。共同体内部矛盾迭起，纷争不断。内讧必然造成内耗，内部市场的不统一，必然反过来阻碍经济的发展。在这一时期，欧洲国家在经济和技术上远远落在美国和日本的后边。80年代中期，《单一欧洲文件》出台，它的目的是推动欧洲经济和政治联合的继续发展，加强一体化的进程，重振欧洲经济。该文件的目标在1992年12月31日实现。

§5 《马斯特里赫特条约》

1992年12月，欧洲共同体12国的首脑在荷兰马斯特里赫特签订了《经济和货币联盟条约》，又称为《马斯特里赫特条约》。该条约在经济方面的主要内容：其一，实施共同的货币、财政和社会经济政策；其二，建立欧洲中央银行；其三，发行统一的货币。在政治方面，在原有欧洲协商和合作的基础上，向前推进一步，实施共同的外交和防备政策，为实现政治联盟开辟道路。《马斯特里赫特条约》的目标是将欧洲共同体以共同市场为中心的格局深入发展一步，推进到经济同盟的阶段，建成一个市场、发行一种货币、实现一个联盟，不仅是经济联盟，而且是一个政治联盟。

1998年5月，欧盟在比利时首都布鲁塞尔举行首脑会议。这次会议做出三项重要决定：其一，参加欧元区的首批国家需要具备三个条件：第一，要使得新的货币稳定，那么各成员国的财政赤字必须在国内生产总值（GDP）的3%以下；第二，各成员国政府的债务余额必须在国内生产总值（GDP）的60%以下；第三，近年来本国的货币汇率相对比较稳定。根据上述条件，首批参加欧元区的国家有11个，即法国、德国、意大利、比利时、卢森堡、荷兰、爱尔兰、西班牙、葡萄牙、芬兰、奥地利等。2000年，欧盟决定希腊于2001年1月1日加入欧元区。2007年1月1日，斯洛文尼亚加入欧元区。2008 年 1 月 1 日，塞浦路斯和马耳他加入了欧元区。2009 年 1 月 1 日斯洛伐克加入了欧元区。2010 年 6 月 17 日欧盟批准爱沙尼亚从 2011 年 1 月 1 日加入欧元区，从而使欧元区成员国从之前的 12 个增至 17 个。其二，1998 年 6 月 1 日，欧洲中央银行正式成立，行址设在德国的法兰克福。行长由前荷兰中央银行行长杜森伯格担任，任期 8 年。副行长 1 人，执行董事 4 人。其三，确定各国货币对欧元的汇率，该汇率为锁定汇率。1 欧元等于 1. 95583 马克、6. 55957 法郎、1936. 27 里拉、40. 3399 比利时和卢森堡法郎、2. 20371 荷兰盾、0. 787564（爱尔兰）镑、166. 386（西班牙）比塞塔、200. 482（葡萄牙）埃斯库多、13. 7603（奥地利）先令、5. 94573（芬兰）马克、340. 75（希腊）德拉克马。

1999 年 1 月 1 日，欧元正式发行。经过三年的过渡时期，到 2002 年 1 月 1 日，正式进入流通领域，替代首批参加欧元区成员国的货币。2002 年 3 月 1 日，上述 12 国的货币退出流通领域。在最初的几年里，欧元汇率呈现出下降的趋势。1999 年 1 月 4 日，欧元首次在法兰克福挂牌，1 欧元等于 1. 1675 美元。自此以后欧元汇率一路下滑，最低点曾经跌至 1 欧元为 0. 8276 美元。当时出现这一现象的主要原因是：其一，美国经济发展的势头比较强劲，而欧共体国家经济的发展相对比较缓慢，因此，外国投资主要流向美国，对美元的需求较大。其二，1999 年 4 月以前，欧盟的核心利率为 3%，美国的基准利率为 4. 75%，而后，欧盟的核心利率下降至 2. 5%，而美国的基准利率上升至 5%，两者的利差进一步扩大。一般说来，哪里利率高资金就往那里流动。可见，利差的扩大使得欧元的汇率下降。其三，当时欧洲人对于欧洲经济的发展缺乏信心，他们认为欧洲没有像美国那样抓住高新技术发展的机遇。然而，自 2001 年至 2004 年，欧元汇率一路上升，而美元汇率则一路下滑。欧元汇率曾经达到 1 欧元等于 1. 3180 美元。之所以出现这一形势，主要原因在于，其一，2001 年 3 月，美国经济衰退，必然引起资本流动的方向发生改变，从美国流到其他经济相对发展较快的地区。其二，由于经济衰退，美国的利息率连续 13 次下降，到 2003 年同行业拆借利率降至 1%，是 1958 年以来的最低点。而欧盟利率一直保持在 2%。其三，2001 年的“9 · 11”事件，美国四大公司财务丑闻，也必然引起资金的外流。2003 年 1 月 27 日，美国华尔街掀起了股票抛售高潮，道琼斯股票指数狂泻 141. 45 点。许多国家的中央银行和外汇市场都不看好美元。随着美国经济的复苏到增长，从 2004 年至 2006 年 3 月，欧元与美元汇率的比率，一般在 1 欧元等于 1. 16 ~ 1. 20 美元之间波动。然而，2006 至 2009 年，1 欧元曾经高达 1.5 美元。表 13.7 为 2000 年至 2009 年美元对欧元的年平均汇率。

表 13.7 美元对欧元汇率

年 份	2000	2001	2002	2003	2004	2005	2006	2007	2008	2009	2010
汇 率	1.084	1.118	1.060	0.885	0.806	0.805	0.797	0.730	0.681	0.718	0.750

应该看到，欧元的出现，对于欧盟经济的发展有着积极的作用，它表现在：其一，欧洲共同体货币的统一，有利于对内和对外贸易的发展。它消除了货币汇率波动的风险，节约了各国之间的换汇成本。就旅游而言，在 12 个国家货币统一以前，用 1000 美元在 12 个国家旅游，每到一个国家需要换汇，经过 12 次换汇，每一次需要扣除手续费，最终 1000 美元真正剩下的，很可能只有 500 美元。欧元的发行降低了贸易的成本。其二，有利于加强竞争，促进经济的发展。货币统一后，12 个国家的商品全部由欧元统一计价，加强了同一商品的竞争，增强了企业的活力。企业在竞争中要生存和发展，必须改进技术，改善管理，降低成本，提高产品质量，开发新品种。其三，货币的统一，形成了统一的货币和资本市场。股票统一以欧元计价交易，债券价格和评级趋于一致，促成欧元区一些国家的证券交易所合并，形成世界上最大的证券市场。其四，加强了欧洲货币在国际金融市场上的地位和作用。特别是 2003 年初，美元持续疲软，许多国家的中央银行将部分外汇储备由美元换成欧元，预计欧元在外汇储备、外汇交易和贸易结算中的作用将会日益加强。

然而，2009 年至 2010 年，欧元区国家出现主权债务危机，严重影响欧元的稳定。2010 年，财政赤字占 GDP 的比重，爱尔兰达 14.3%、希腊 13.6%，英国 11.5%、西班牙 11.2%、葡萄牙 9.4%。2010 年希腊政府债务余额占 GDP 的比重则高达 137%，2010 年 5 月 19 日有 85 亿欧元的债券到期。2010 年 5 月 2 日欧元区 16 国财长会议，为希腊启动一套总额为 1100 亿欧元的救助方案。其中成员国将出资 800 亿欧元，其余来自国际货币基金组织。这一套救助方案附加有严格的条件，也就是在未来 3 年内实施更加严格的财政紧缩政策，削减财政预算 300 亿欧元，以及进行结构性改革，并将改革置于共同监督之下。除希腊外，意大利政府债务余额占 GDP 的比重则高达 119%。2010 年 11 月，爱尔兰 10 年期国债利率为 8.929 达到创纪录的高点。欧洲债券市场承受巨大的压力。爱尔兰总理考恩曾一度坚称不需要外部援助，但迫于压力，向欧盟和国际货币基金组织

（IMF）求援。最终欧盟（EU）给予爱尔兰约 850 亿欧元的援助。此外，西班牙、葡萄牙的财政状况也都不容乐观。

第 4 节 地区经济集团发展的原因和巩固的条件

§1 地区经济集团蓬勃发展的原因

地区经济集团化迅速发展有其历史背景。世界经济的发展趋势，一方面，经济全球化、地区经济集团化、跨洲经济合作化有着加强发展的趋势；另一方面，仍然是以国家利益为中心的世界经济体系。因此，世界经济的特征是，国家之间既相互合作，又相互竞争；既相互依赖，又相互制约；既有矛盾、摩擦，又不断地相互协调。地区经济集团化是当前世界经济发展中的一个重要趋势。

20 世纪后半期开始，地区经济集团呈现出加强发展的趋势，其原因有以下几方面。

第一，经济全球化深入发展的结果。第二次世界大战以后，特别是 20 世纪 70 年代以来，制造业同一产业内部的分工有了巨大发展。同一产品的生产过程被分离开来，分布在不同的国家进行，然后统一组装和销售到世界各地。当今许多产品很难说是某一个国家的产品，实质上是一种国际性的产品。例如，波音飞机是美国的产品，但是有相当多的零部件是在其他国家生产的，其中有 15% 的零部件是在日本生产的。美国经济学家也提出，What is an American car？什么是美国的汽车？所谓美国汽车，只是挂上美国的品牌而已，实际上相当一部分的零部件是世界各国生产的。在生产国际化深入发展的同时，商品国际化和资本国际化的发展更加深入。在商品、资本和生产国际化日益深入发展的条件下，使得在各国的经济发展中，对外部资源、外部零部件、外部资金、外部市场，也就是对外部生产要素的依赖日益加深。这种经济全球化，特别是生产国际化的发展，客观上要求国家之间撤除各种障碍，使得生产要素在国家之间能够自由流动。然而，目前民族和国家的界线依然存在，各国为了维护本国和本民族的利益还设置了不少障碍。几千年来形成的国家的界线和国家之间的各种障碍要消除是不容易的，也是有条件的，几乎每一个微小障碍的消除，都要经过长期的讨价还价的谈判，或者经过各种利益的权衡才能达成撤除的协议。一些障碍的撤除往往要求对等。因此，在今天的条件下，这种障碍的全部撤除不可能在世界范围内实现，只能在少数国家之间进行。而地理位置上相邻近的国家，存在着经济合作的地缘优势。这种优势表现在：其一，由于这些国家相毗邻，资金、资源、商品、人员的流动非常方便，交往比较密切；其二，由于地理位置上相邻近，经济上的往来较为密切，相互依赖也较深；其三，在长期的交往中相互影响较大，文化传统，生活习惯相近。从而出现了在地理位置上相互邻近的、在经济上相互联系密切的、相互依赖较深的、文化传统相近的国家之间组成集团，内部逐步消除障碍，实现商品、资本、人员和劳务的自由流动。

第二，世界经济和政治发展不平衡的结果。从欧洲共同体的成立和发展进程，不难看出它是这种发展不平衡的产物。在历史上，欧洲几个大国一直不和，不是英国和法国进行战争，就是法国和德国进行大战，或者是德国和英国之间进行争斗。20 世纪的两次世界大战，都发源于欧洲。然而，战后西欧变成相对比较平静和稳定的地区。同时，欧洲共同体经济一体化的进程尽管有曲折，但是仍是一个比较巩固的集团。原因有许多，但是一个很重要的因素是世界经济和政治发展不平衡。第二次世界大战中，西欧各国受到严重的破坏，在经济上受到极大的削弱。1946 年，联邦德国的工业生产只相当于 1938 年德国工业生产的 22.9%，英国的工业生产相当于 1937 年的 95%，法国为 85%。在这种情况下，它们经济的恢复和发展需要美国的援助。与此同时，二战后形成了东西方对峙的局面，西欧国家和美国缔结了北大西洋公约，美国在西欧保留了 40 万军队。因此，西欧国家在军事上和政治上还需要求得美国的保护，而美国则乘机大肆向西欧进行渗透。面对与美国的关系，西欧国家是极为矛盾的：一方面，它们在经济上需要美元和美援，在军事上依靠美国的保护，只能是美国的“小伙伴”，还必须看美国的眼色行事；而另一方面，西欧几个大国曾经不可一世，在世界上称王称霸，是殖民大帝国。它们不会心甘情愿地接受美国的霸主地位，受美国的控制和支配。经济和政治发展不平衡是一般规律，从 1948 年至 1958 年，工业生产年均增长率，联邦德国为 14.4%，法国为 6.5%，意大利为 8.7%，而美国只有 3.1%。同一时期，在出口贸易方面，西欧 6 国几乎增加了两倍半，而美国只增加了 64.8%。资本主义国家之间的相互关系和地位，总是依据实力来确定的。50 年代后期，在西欧国家的经济实力增强的条件下，它们必然要求摆脱对于美国的依赖关系。然而，在美国与苏联对峙和争夺的夹缝中生存的西欧国家，既要遏制苏联的扩张，又要抵制美国的渗透和控制，还要在国际政治舞台上发挥举足轻重的作用，这些愿望单凭6国中的任何一个国家的力量是难以实现的。因此，西欧国家只有走联合的道路，才能形成与美国和苏联相抗衡的第三股力量；也只有联合形成统一的大市场，才能更快地促进经济的发展，重新获得它们在世界上的地位。正是这样的国际经济和政治形势，促进了欧盟的形成。

20世纪80年代后期，美国一反常态，积极组织地区经济集团，其中很重要的原因之一，也是世界经济和政治发展的不平衡。自20世纪70年代以来，美国产品在国际市场上的竞争能力明显下降，对外贸易逆差愈来愈大。到1971年，美国对外贸易出现了19世纪末以来的第一次逆差，而且从1976年开始一直到今天连年逆差。特别是在80年代，美国的对外贸易逆差以令人震惊的速度增加。1980年，美国的对外贸易赤字仅仅为255亿美元，而1984年增加至1125.1亿美元，1987年上升至1595.6亿美元。与此同时，美国从世界上最大的债权国变成了世界上最大的债务国。1982年，美国的净国际投资总金额为1367亿美元，而到1986年为-2678亿美元。对外贸易中的巨额赤字、金融领域中的外债，这些在美国的经济中挖了一个深深的窟窿。美国政府认为，要改变这种状况，需要美国的出口有显著的增加，并重新夺回丢失的国际和国内市场。因此，它一方面实施贸易保护主义的措施，加强对其他国家的贸易制裁；另一方面加强在美洲区域内的贸易和经济合作，积极组织地区经济集团，巩固和扩大其在美洲的市场，更加有效地抵制欧洲和日本的进入。

第三，争夺国际市场的产物。市场对于市场经济国家的经济发展至关重要，它是再生产和扩大再生产得以进行的必要条件，较大的市场意味着较大的生产规模、较高的生产能力和劳动生产率。然而，市场的占有份额取决于经济实力。20世纪70年代以来，国际市场中的竞争更加剧烈，贸易保护主义大肆泛滥。许多国家之所以寻求建立和参加地区经济集团，其一，使本国的产品有保证地进入伙伴国的市场；其二，可以加快区域内国际分工的深化，在更大的范围内进行产业结构的调整，发挥各国的比较优势，促进经济的增长，增强国际竞争能力；其三，可以加强集团在国际经济事务中的发言权，并且增加对外谈判的力量，增强在国际竞争中的地位。因此，建立区域性的经济合作组织，已经成为各国扩大对外经贸合作，促进经济发展的重要手段。

第四，地区经济集团相互影响的结果。由于地区经济集团具有排他性，对于非成员国会带来不利的影响和压力。集团愈大，对非成员国的不利影响愈大，因此，一些集团在扩大的过程中，愈来愈多的国家要求参加。有的国家也积极组织新的集团，以联合抵制不利的影响。例如，澳大利亚—新西兰贸易协定的出现，部分原因在于担心欧洲共同体的扩大和一体化的深化、美国和加拿大自由贸易区的建立以及东亚自由贸易区的出现，会使自己在贸易上受到更多的歧视和排斥，带来更大的不利影响。

§2 地区经济集团巩固和发展的条件

在战后的50多年里，出现了不少发展中国家建立的地区经济集团，但是，巩固和有效发展的为数不多。下面分析几个发展中国家的地区经济集团瓦解的实例。其一，1960年成立的中美洲共同市场，于1961年5月建立起中美洲经济一体化银行，推动经济联合。在建立后的10年里，该集团在消除贸易壁垒方面取得了一些进展，促进了集团内贸易的发展。到1969年，区域内的贸易占全部对外贸易的29%。然而，就在1969年，萨尔瓦多和洪都拉斯发生足球战。1970年，洪都拉斯停止和萨尔瓦多的贸易，并退出共同市场，重新建立起对于集团内其他国家的关税和非关税壁垒。萨尔瓦多也于1970年开始对其他成员国的贸易实行管制。20世纪70年代该集团崩溃。其二，1980年，全非洲制定了格拉斯哥行动计划，计划十分宏伟，要建立全非洲的共同市场。但是计划只是计划，一纸空文，没有任何行动。其三，1966年成立的中非关税和经济同盟，成员国有喀麦隆、中非共和国、乍得、刚果、赤道几内亚和加蓬。该组织建立以后，几乎也没有什么行动。其四，1960年2月18日，拉丁美洲自由贸易协议由阿根廷、巴西、智利、巴拉圭、乌拉圭、秘鲁和墨西哥7国签署，1961年7月1日正式生效。该协议计划在12年里，逐步取消所有关税和非关税限制，实现区域内的自由贸易，并且希望建立包括拉丁美洲20个国家的共同市场。成员国曾经一致同意对几千种商品实行减税，但是进程很慢，也很少落实在重要的商品上。该集团成立20年后也瓦解了。总之，相当一批发展中国家的地区经济集团往往是在轰轰烈烈中诞生，却在无声无息中消失。这就说明，地区经济集团不是宣布建立就万事大吉了，重要的是它所制定的经济一体化计划需要实现和深化，以促进集团不断地发展、巩固和壮大。然而，集团的巩固和壮大是有条件的。

地区经济集团的巩固和发展的条件主要在以下三个方面。

第一，成员国之间制造业内部的水平分工有了相当程度的发展，这是集团得以巩固和发展壮大的基础。制造业同一产业的国际分工，不仅能发挥各国的专业化优势，而且能发挥规模经济的效益，极大地提高劳动生产率，增加社会福利。这种水平分工的发展，必然会促进产业内贸易的巨大发展。同一产业内的国际分工和产业内贸易的发展，客观上要求撤除国家之间的界线和各种障碍。这是建立地区经济集团的基础，也是地区经济集团内部凝聚力的源泉。在这样的基础上建立的集团不易破裂，一旦破裂将给成员国的经济带来巨大的影响和损失。然而，大多数发展中国家工业化水平比较低，特别是制造业处在初级发展阶段，有许多国家还没有本国的制造业，这些国家大多出口初级产品。例如，2003 年尼日利亚石油的出口在其出口总额中占 90.0%，委内瑞拉石油出口在其出口总额中占 80.9%。因此，一些发展中国家产业内贸易指数很低，1985 年斯里兰卡仅为 0.04%，菲律宾和尼日利亚仅仅为 0.02%。例如，中美洲地区近 80% 的出口是咖啡和香蕉，区域内工业很少，仅有的工业规模也很小。在经济上 5 个中美洲国家之间的内在联系很少，因此，一场足球冲突可以将建立 10 年的经济一体化组织冲垮。可见，一些发展中国家之间在生产上的内在联系十分薄弱，导致集团内部的内聚力很弱。

第二，集团内部成员国的劳动生产率比较高，产品的生产成本比较低，与世界最低生产成本的差距较小，这是集团巩固和发展的又一个重要条件。地区经济集团建立以后，将有相当一部分贸易从集团外转移到集团内部。如果集团内部成员国的劳动生产率离世界最高水平相差很远，那么，组成集团后，贸易转移将带来相当大的损失，集团内部贸易的发展受到相当大的制约。如果商品贸易的发展空间有限，其他经济合作和经济一体化的发展更加无从谈起。一般说来，发展中国家的劳动生产率较低，产品的生产成本较高，与世界上最低成本相距甚远，这些国家的对外贸易相当大的比例是与发达国家进行的。例如，拉丁美洲以下几个国家的第一大贸易伙伴国都是美国，而与美国的贸易占其进出口贸易的比重都相当大。2003 年，哥伦比亚对美国的出口额占其出口总额的 44.0%，在进口总额中从美国的进口占 29.4%；委内瑞拉分别为 52.9% 和 28.8%；秘鲁为 29.2% 和 18.5%；巴西为 22.8% 和 19.8%；危地马拉为 56.7% 和 34.1%；洪都拉斯为 65.5% 和 53.1%；萨尔瓦多为 67.8% 和 50.0%。除了美国以外，它们和日本的贸易额所占比重也比较大，而它们之间的贸易所占比例较小，只占其贸易总额的 10% 左右。可以想象，拉丁美洲国家之间建立经济集团，如果要将同美国和日本的贸易转移到集团内部，那么这种贸易转移将会带来巨大的损失，既然集团内贸易的发展受到相当大的制约，那么集团的经济一体化也就缺乏巩固的基础。

第三，集团内部的供应和需求弹性要求比较高。一旦地区经济集团建立以后，撤除内部的各种障碍，关税和非关税壁垒的降低和消失，将大大降低商品的价格。如果成员国的需求弹性比较大，那么需求会大幅度地上升，从而出现贸易创造，增加社会福利。同时，如果成员国的供应弹性较大，内部取消各种障碍以后，生产可以迅速增加，替代从非成员国的进口，促进生产较快地发展，也能极大地增加福利。这些都是集团内凝聚力的重要基础。总的说来，发展中国家的供应和需求弹性相对比较小。2009年，非洲一些国家的人均国内生产总值，坦桑尼亚为551美元，乌干达474美元，埃塞俄比亚为390美元，尼日尔为371美元，利比尼亚239美元，刚果为172美元。在这种低收入水平的条件下，需求弹性非常小，成立集团以后，贸易壁垒的撤除也不会出现大幅度的贸易创造。从供应弹性来看，大多数发展中国家交通运输、通讯等社会基础设施条件都比较差，能源和一些重要的机器设备的供应不足，劳动力的素质比较低，缺乏资金，因此，供应弹性也不高，一旦内部撤除障碍，生产不可能迅速增加。

综上所述，不难看出为什么发展中国家建立的地区经济集团较多，但是成活率不高。其根本原因在于它们组织地区经济集团的条件不很成熟，集团的内聚力很弱，十分容易破裂。

§3　对地区经济集团的评价

对于地区经济集团、地区经济一体化的发展，人们提出了两种不同的看法。一种观点认为，地区经济一体化是朝着贸易自由化的方向发展。在集团内部成员国之间消除关税和非关税壁垒，意味着贸易壁垒的降低，促进贸易的发展。他们认为，世界性的自由贸易不可能一步实现，只能逐步实现。首先通过地区性的自由贸易，然后才能实现世界性的自由贸易。因此，地区经济集团的建立是向世界性的自由贸易跨出了一大步。然而，另一种观点认为，地区经济集团具有明显的歧视性、排他性，将世界上生产成本低的商品排斥在集团之外，鼓励集团内部高成本的生产。因此，它对外设置较高的贸易壁垒，从而引起更多的贸易矛盾和摩擦。

应该看到，地区经济集团本身就具有两重性，对内实行自由贸易，对外实行贸易保护主义，内外有别，如果没有这种区别就不成为集团了。因此，对其有两种看法也是很自然的。客观地分析，这种地区经济集团的出现是历史发展的必然。18世纪末到19世纪中，一些发达国家内部才消除各种障碍，形成国内的统一市场。20 世纪中到 21 世纪，在一部分国家之间消除贸易和其他生产要素流动的障碍，这是经济发展的客观要求，是历史的进步。当然，被排斥在贸易集团以外的国家会受伤害和影响，不可否认对这些国家乃至世界经济的发展有一定的消极的影响。

本章总结

目前，地区经济集团遍布世界五大洲，世界上绝大部分国家加入了这一个或那一个集团，或正在筹建新的集团。地区经济集团的迅速发展不是偶然的，是世界经济发展的必然产物。应该看到，地区经济集团的建立相对比较容易，但是巩固确实比较难，是需要条件的。地区经济集团对成员国经济的影响，具有积极和消极的两个方面，其中，积极的方面占主导地位。然而，地区经济集团具有排他性，对非成员国将产生不利的影响。

思考题

1. 地区经济集团有哪几种形式？这几种不同的形式相互的关系是什么？
2. 什么是贸易创造和贸易转移？
3. 当前地区经济集团正朝着什么方向发展？
4. 中国—东盟自由贸易区建立以后，如何实现中国—东盟“双赢”，开创发展中国家建立地区经济集团成功的首例？
5. 如何正确评价地区经济一体化？

第14章

从关税与贸易总协定到世界贸易组织

本章概要

从关税与贸易总协定产生的历史背景，说明无阻碍的贸易带来和平，高关税的贸易壁垒和不公平的竞争则带来战争。历史的经验和教训说明，以邻为壑的经济政策和措施，损人不利己，既给别的国家，也会给自己带来经济和政治的损失。贸易保护主义的政策不只是加重经济性的灾难，也会导致世界性大战的爆发。关税与贸易总协定和世界贸易组织，在加强国际贸易的协调发展方面起着重要的作用。中国加入世界贸易组织，既享受权利，也承担着义务。

学习目标

1. 掌握关税与贸易总协定和世界贸易组织的法律、法规等基本原则，掌握非歧视性待遇、最惠国待遇、国民待遇、透明度原则、对发展中国家单方面优惠原则和灵活适用原则。

2. 了解乌拉圭回合谈判达成的几个重要协议，如“农产品协议”、“纺织品和服装协议”、“服务贸易协议”、“与贸易有关的知识产权协议”、“与贸易有关的投资协议”等。

3. 中国加入世界贸易组织的原因，“入世”后的成效，以及当前存在的问题。

历史的经验和教训说明，以邻为壑的经济政策和措施，损人不利己，既给别的国家，也会给自己的国家带来经济和政治损失。

——科得尔·赫尔

第 1 节　关税与贸易总协定产生的历史背景

§1　关贸总协定产生的历史背景

1929 年，美国爆发大危机，波及世界各国。然而，就在这一严峻时期，美国国会通过“斯摩特—郝莱关税法案”（The Smoot - Hawley Tariff Act）。这一法案将美国的平均关税税率提高至 59%。美国进口关税大幅度提高，引起世界各国的震惊和愤怒，先后有 45 个国家提高关税对美国进行报复。西班牙立即提高关税阻止美国汽车的进口；瑞士民众自发地抵制美国商品；意大利宣布只购买与美国购买它们的同样数量的商品；加拿大对于美国 125 种出口商品提高关税进行回击；英国通过并实施“非常进口法”、“紧急关税法”。1932 年英国召开帝国会议，会议期间缔结了“帝国特惠协定”。该协定规定英国从其自治领地和殖民地输入的商品给予免税或者减税的优惠；而英国输往自治领地和殖民地的商品给予减税优惠；同时，提高帝国以外的国家进口商品的关税税率，防止其他国家的商品向帝国市场渗透。这种世界性的“关税战”，不仅使得美国的对外贸易，而且使得世界贸易急剧下降。1932年，世界贸易总额下降到只有1929年的1/3的水平。在进行“关税战”的同时，资本主义国家之间还进行着“货币战”。自1931年起，主要资本主义国家组织起排他性的、相互对立的货币集团，如英镑集团、美元集团、黄金集团、法郎区等。集团内以某一大国的货币为中心，以这种货币进行结算，在集团内部资本的流动不受限制，而对外流动需要主要国家外汇管理机构的批准，资金的流动受到严格的管制。30年代的“关税战”、“贸易战”和“货币战”加深和拖延了危机，到1933年，各国才陆续走出危机，但又进入长期的特种萧条，大部分国家还没有恢复到危机前的生产水平，到1937年又爆发新的危机。在严重的经济危机的冲击下，各国的劳动人民困苦不堪。工人和农民的反抗斗争迅速发展，在汹涌的革命浪潮空前高涨的形势下，资本主义国家的政局动荡，政府更迭频繁。例如，危机期间法国更换了14届内阁、德国更换了4届政府，一届比一届更加反动，越来越残酷地镇压革命运动。日本统治阶级内部暗杀事件一再发生，军事政变接二连三。最终德国和日本两个国家都导致法西斯上台，大力加紧对外侵略，发动了第二次世界大战。

总之，资本主义国家间的“关税战”和“货币战”，是资本主义国家各种矛盾尖锐化的表现和结果。它们又反过来加剧资本主义国家内部和国家之间的矛盾和冲突，成为世界大战的催化剂。西方一些政治家和学者都认识到：美国和欧洲一些国家不合理的货币政策是危机的导火线，而30年代的“关税战”加深了危机和萧条，拖延了经济复苏，导致法西斯上台，从而引发了第二次世界大战。布雷顿森林体系的主要设计者哈里·怀特认为，没有主要国家之间高度的经济协作，会不可避免地导致经济战争，而经济战争则是更大规模的军事战争的序幕和导火线。战争期间美国国务卿科戴尔·赫尔（Cordell Hull）也认为，无阻碍的贸易带来和平，高关税的贸易壁垒和不公平的竞争则带来战争。历史的经验和教训说明，以邻为壑的经济政策和措施，损人不利己，既给别的国家，也会给自己带来经济和政治的损失。贸易保护主义的政策不只是加重经济性的灾难，也会导致世界性大战的爆发。

从1941年到1942年，英美两国政府的官员和经济学家之间开始就战后世界经济的重建交换意见。第二次世界大战结束后，国际经济关系中面临着需要解决的三大问题：一是国际货币问题，如何促进国际货币合作，稳定各国货币之间的汇率；二是投资问题，如何促进国际资金的合作，解决经济恢复和发展中的资金来源；三是如何减少和消除贸易中的障碍，恢复贸易秩序，促进国际贸易的扩大。1944 年，在美国的新罕布什尔州召开的布雷顿森林会议上，英国方面的代表是著名的经济学家约翰·梅纳德·凯恩斯（John Maynard Keynes），他提出了“国际清算同盟计划”。美国方面的代表是经济学家哈里·怀特（Halley White），他提出了“国际稳定基金计划”。他们提出了不同的方案，最终以美国的方案为基础，通过了“国际货币基金组织协定”和“国际复兴开发银行协定”。根据这两个协定设立了“国际货币基金组织”（International Monetary Fund 简称 IMF）和“国际复兴开发银行”（International Bank for Reconstruction and Development，简称 IBRD），该银行后改名为“世界银行”。它们主要解决国际货币和投资问题。关于重建国际贸易秩序问题，在 1946 年和 1947 年，联合国经济和社会理事会先后召开了两次“贸易和就业会议”，决定成立“国际贸易组织”（International Trade Organization 简称 ITO），1947 年在哈瓦那召开的第二次“贸易和就业”会议上，通过了“国际贸易组织协议”，又称为“哈瓦那宪章”。然而，该宪章没有得到美国国会的通过，“国际贸易组织”最终夭折了。最初是由美国倡议成立“国际贸易组织”的，而又正是美国国会没有通过这一组织的宪章，使得该组织流产，这不免使人们感到疑惑不解。据美国经济学家分析，其原因在于两个方面：一是这一协议包含了每一个国家的意愿和要求，但又无法使每一个国家满意。例如，英国要求保留帝国特惠制条款；其他欧洲国家要求坚持国际收支平衡保证条款；一些发展中国家要求保障经济发展条款，结果形成了一个冗长、庞杂的妥协性的协议。美国国会担心参与的国家将不会遵守这样一个错综复杂的宪章。二是这一协议受到美国国会来自两个方面的反对。共和党一向主张高关税保护，认为该宪章走得太远；然而主张自由放任者认为该宪章在自由贸易方面还做得不够。因此，在美国国会形成了来自左的和右的两个方面、对美国自己提出的协议的强大的反对力量。尽管拖延了三年，杜鲁门政府还是决定不将“哈瓦那宪章”提交国会讨论，因为在国会里不可避免地会遭到失败。

在 1947 年，联合国召开第二次“贸易和就业”会议期间，美国、英国等 23 个国家在举行双边关税减让谈判的基础上，签订了 100 多项双边关税减让协议。签字国把这些协议和“哈瓦那宪章”中有关贸易的条款加以合并，形成了“关税与贸易总协定”。当时签字国把它作为一个过渡性的、临时性的协议，等待一旦“哈瓦那宪章”被通过，将其纳入“国际贸易组织协议”之中。然而，这一协定从 1948 年 1 月 1 日正式生效以后，在 47

年里发挥着作用，持续到1995年终结。可见，“关税与贸易总协定”不是一个正式的国际经济组织，它只是一个过渡性的、临时性的多边国际贸易协定。

“关税与贸易总协定”的目的和宗旨是：通过缔约国互惠互利的安排，组织多边贸易谈判，取消国际贸易中歧视性的待遇，大幅度地降低关税和消除非关税壁垒，促进国际贸易的发展，保证充分就业、增加收入、扩大有效需求，提高生活水平。

§2 基本原则

“关税与贸易总协定”是一个多边贸易协定，它是由许多条款所组成的。最初它分成三大部分，共有35个条款。在1964年增加了3个条款，即第36、第37和第38条款，共为四大部分。除此之外，还有若干附件和临时适用议定书。将“关税与贸易总协定”的条款概括起来，有以下几方面的内容和原则。

第一，非歧视性原则（The Principle of Nondiscrimination）。它的目的在于消除歧视性的政府干预，使得各国可以按照自己的比较优势进行分工，资源能够有效地利用，增加社会福利。同时，歧视性的待遇会煽动起贸易报复，加剧贸易中的摩擦和矛盾，机会不平等的歧视性待遇是国际冲突的主要根源。非歧视性原则由两部分内容组成：一是最惠国待遇原则（Most－Favored－Nation Principle），它作为总协定的第一条。最惠国待遇的内容是，一个缔约国在进出口商品有关关税、征收关税的方法、费用以及商品的输出和输入的规章和手续方面给予另一个缔约国的优惠、特权或者豁免，应当无条件地给予所有的缔约国。二是国民待遇原则（National Treatment Principle），它作为总协定的第三条。国民待遇原则的内容是，一个缔约国的产品输入到另一个缔约国的领土时，在国内税收、销售、运输、分配或使用的所有法令、条例和规定方面所享受的权利不低于该国国内产品所享受的待遇。

第二，透明度原则（The Principle of Transparency）。这一原则散见在许多条款之中。它也是由两部分的内容组成：一是缔约国可以保护本国的某些产业，但是保护的手段必须是透明的，只能用关税，而不能用非关税的手段来保护国内的产业。例如，第11条规定：“数量限制的一般取消”。它要求缔约国除征收关税或其他费用以外，不得设置配额、进出口许可证，或其他非关税措施以限制或禁止其他缔约国的产品的输入。因为关税的保护是明朗的，保护的程度也是一目了然的。二是要求各缔约国的法律和法规是透明的，缔约国必须统一本国的贸易法律和法规，并向秘书处提交国内法律、法规和其他各种规定的副本。

第三，互惠原则（The principle of reciprocity）。这一原则来自于1934年美国互惠贸易协定法（Reciprocal Trade Agreement Act of 1934）。该法案强调美国的关税减让只是给予那些同样进行关税减让的贸易伙伴。它认为，相互让步可以得到双倍的收获，美国对对方减让，使得进口增长，增加了消费者的福利；而对方对于美国的让步使得出口增长，增加了生产者的利益。这一原则一直是美国进行贸易谈判的中心。在“关税与贸易总协定”中，引进了这一原则。在总协定的第2条和第28条中，规定在互惠互利的基础上进行关税减让谈判，以大幅度地降低关税和进出口的其他费用，特别是降低那些使少量进口受到阻碍的高关税。总协定将在平等互惠基础上，将减让的关税集中列入“总减让表”中。在一般的情况下，不得修改或撤销。

第四，对发展中国家实行单方面优惠原则。在1964年总协定增加第36、第37和第38三个条款以前，虽然对于发展中国家提出了特别优惠，但是被许多条件所限制，发展中国家很难获得这些特殊的优惠。1964年所增加的三个条款的中心内容：第36条指出，缔约各国注意到发展中国家和其他国家之间的生活水平有一个很大的差距，认为单独和联合行动对于促进发展中的各缔约国的经济发展，并使得这些国家的生活水平得到迅速提高是必要的。在关税的减让方面，给予发展中国家优惠，不要求和发达国家对等减让；发展中国家享受普遍优惠制，即发展中国家的制成品输入发达国家时，发达国家可给予更低的关税或免税，这种优惠可以不给予其他缔约国；发展中国家可以保护幼小工业，但是保护的范围和时间有限，一般保护5~8年；在“关税与贸易总协定”和以后的协议中，都给予发展中国家一个过渡时期，即发展中国家在开放市场和实施市场准入方面，可以有一个过渡时期，过渡时期也是在5~8年，最不发达国家11年。在上述四个方面给予发展中国家单方面的优惠，不要求互惠。

第五，灵活适用原则，又称之为例外条款和免责条款（Escape Clause and Peril Point Provisions），也就是在一般情况下总协定的条款适用于各缔约国，然而在特殊的情况下制定了一些例外条款特殊对待。其一，最惠国待遇例外。在以下两种情况下，可以作为例外处理：一是自由贸易区、关税同盟等地区经济集团内部所取消的关税和降低的关税，只适用于集团内部，而不以同等的待遇对待所有的缔约国；二是发达国家对于发展中国家所实施的“普遍优惠制”例外，即发达国家对于发展中国家制成品的输入所给予的免税和减税，不以同等的待遇对待所有的缔约国。其二，紧急保障例外（Safe Guard Provisions）。总协定的第19条规定：“如因不能预见的情况，或某一缔约方因承担本协定义务（包括关税减让在内）而产生的影响，使某一产品输入到这一缔约方领土的数量大为增加，对这一领土内相同产品或与其他直接竞争产品的国内生产者造成重大损害或产生重大威胁时，这一缔约方在防止和纠正这种损害所必需的程度和时间内，可以对上述产品全部或部分地暂停实施其所承担的义务，或者撤销或修改减让。”也就是说，当一个缔约国由于承担总协定的义务，使某种进口产品大量增加，从而严重损害或威胁着国内同类产品的生产时，该缔约国可以全部或者部分地暂时中止履行其所承担的总协定的义务，撤回或者修改所作的让步。然而，进口国采取保障措施之前，应同有关缔约国磋商，如果磋商不能取得一致意见，在缔约国全体不表示异议的前提下，允许进口国单方面采取保障措施，也允许供应国采取报复措施，中止履行对等的关税减让或其他义务。其三，数量限制例外。总协定的第11条规定，禁止实行数量限制。然而，第12条则是数量限制的例外，即任何缔约国为了保障其对外金融地位和国际收支，可以限制商品的进口数量或价值。其四，免责条款。总协定的第21条，称为“安全例外”。该条款允许缔约国为了国家的安全而采取特别措施。例如，为了维护公共道德所必需的措施；为了人类、动物和植物的生命和健康所必需的措施；为了保护本国具有历史、考古或艺术价值的文物所采取的措施等。总之，一旦发现危害到任何一个国家的利益时允许撤回让步。其五，解除义务的例外。总协定的第25条款规定，缔约国可以做出免除义务的声明，缔约国全体可以解除该缔约国对于本协定所承担的某项义务，但是这项决定必须在部长大会上由2/3的多数通过。1954年美国要求其农产品解除所承担的义务，1955年由缔约国全体通过解除义务。自此以后，农产品的贸易脱离关税与贸易总协定所规定的各项原则。

专栏14.1 **关税与贸易总协定组织的8轮多边贸易谈判**

第一轮多边贸易谈判：1947年4月至10月，在瑞士日内瓦举行。

参加谈判的国家包括中国在内，一共 23 个。根据互惠互利原则，产品对产品对等关税减让，达成 123 项双边关税减让协议。这些协议通过最惠国待遇原则，自动地适用于全体缔约国。达成的关税减让协议涉及 45000 种商品，使占进口值 54% 的应税商品平均税率下降 35%。

第二轮多边贸易谈判：1949 年 4 月至 10 月，在法国安纳西举行，参加谈判的国家共 33 个。从这一轮谈判到第五轮谈判，一般称之为“补偿性”谈判以及新加入国家的“入门费”谈判。所谓“补偿性”谈判，即缔约国对于原来提供的关税减让，要求变更、要求撤销、要求将其他项目的减让作为更换等的谈判。所谓“入门费”的谈判，即与新缔约国的谈判，讨论它们加入的权利和义务，以及它们以关税减让或者以其他方式作为加入关贸总协定的条件等问题。

第三轮多边贸易谈判：1950 年 10 月至 1951 年 4 月，在英国托奎举行，参加谈判的国家共 39 个，本次谈判共达成关税减让的协议 150 项，涉及的减税项目 8700 个，使占进口值 11.7% 的应税商品平均降低关税 26%。

第四轮多边贸易谈判：1956 年 1 月至 5 月，在瑞士日内瓦举行，参加谈判的国家仅 28 个。本次谈判达成的双边关税减让协议涉及商品项目 3000 个，占进口值 16% 的应税商品平均降低关税 15%，影响贸易额仅为 25 亿美元。

第五轮多边贸易谈判：1960 年 9 月至 1962 年 3 月，在瑞士日内瓦举行，参加谈判的国家共 45 个。这一轮谈判由美国副国务卿狄龙建议召开，因此又称之为“狄龙回合”。这一次谈判关税减让项目为 4400 个，使应税进口值 20% 的商品平均关税率下降 20%。

第六轮多边贸易谈判：1964 年 5 月至 1967 年 6 月，在瑞士日内瓦举行，参加国为 54 个。这次谈判由美国总统肯尼迪发起，因此又称为“肯尼迪回合”。在这次谈判中，美国提出相互削减关税 50% 的方案。最后达成协议，减税的商品项目达 60000 种，平均减税 35%。

第七轮多边贸易谈判：1973 年 9 月至 1979 年 4 月，在瑞士日内瓦进行，参加谈判的国家共 99 个（其中有 29 个是非缔约国）。这次谈判的第一次部长大会是在日本东京召开的，因此，这次谈判又称之为“东京回合”。这一次谈判是在“美元危机”、“石油危机”、世界经济“滞胀”和贸易保护主义大肆抬头的条件下进行的。谈判十分艰难，曾几度中断，历时五年半，最终达成协议。这一次谈判的主要内容是：关税减让、农产品贸易、消除非关税壁垒、发展中国家待遇等问题。在关税减让方面，发达国家除新西兰、加拿大、澳大利亚等农产品输出国以外，其他18个国家按照“瑞士公式”全面减税。其中美国平均关税下降31%，欧洲共同体平均下降29%，日本平均下降49%。“东京回合”多边谈判较为显著的成果是，达成了9个消除非关税壁垒的单项协议。这些协议是：“海关估价协议”、“补贴和反补贴协议”、“反倾销协议”、“技术贸易壁垒协议”、“政府采购协议”、“进口许可证程序协议”、“牛肉协议”、“奶制品协议”、“民用航空器贸易协议”。在发展中国家的待遇上，发展中国家所关心的是如何将1968年联合国召开的第二届“贸易和发展大会”上所获得的“普遍优惠制”在关税与贸易总协定中合法化。在谈判中，发展中国家获得了非互惠的差别待遇，即更加优惠的待遇。通过“授权条款”，把发展中国家特别待遇和差别待遇写进了关税与贸易总协定的条款之中。

第八轮多边贸易谈判：1986年9月15日至1993年12月15日，在瑞士日内瓦举行，参加国达到120多个。由于第一次部长大会在乌拉圭的埃斯特角城举行，因此，这一次谈判又称之为“乌拉圭回合”。乌拉圭回合谈判可以说是自关贸总协定举行多边贸易谈判以来规模最大、议题最多、时间最长、争吵最为激烈的一次。这一次谈判的内容超出了以往谈判的传统范围。在货物谈判中，涉及过去非常棘手的农产品和纺织品贸易问题。除货物贸易问题以外，还增加了新的领域，即服务贸易、知识产权、与贸易有关的投资问题。就以下问题达成协议：第一，达成“保障措施协议”。首先，实施保障措施的条件；其次，确定了严重损害和严重损害的威胁的含义；再次，明确了保障措施实施的期限，一项保障措施的全部适用期限最长不得超过8年；最后，对于发展中国家的特殊规定，来自发展中成员国家的进口产品，如果不超过市场份额的3%，不得实施保障条款，发展中成员国的该产品的进口，加起来不超过9%，不得实施保障条款。第二，达成了“纺织品和服装协议”，明确过渡期为10年。在这10年里，分4个阶段，直到2005年1月1日全部消除配额。第三，达成“农产品协议”。首先，给予“总量支持单位”、“预算支出”、“出口补贴”、“市场准入”等以定义；其次，各成员国对于国内支持做出减让的承诺，均列入减让表中，同时，成员国都不得提供出口补贴；再次，对于发展中国家的规定，发展中国家农业的投资补贴和农业投入的补贴免除减让的承诺。第四，达成“服务贸易总协定”。其一，每一个成员国都应在承诺表中列明具体的承诺；其二，确定服务贸易的义务和纪律，最惠国待遇原则，各成员国应立即无条件地给予任何其他成员国的服务以不低于其他国家相同的服务的待遇；其三，各成员国应立即或至少每年一次向服务贸易理事会通报其服务贸易的新的法律、法规、规章或行政指示，或任何修改；其四，给予个别发展中成员国适当的灵活性，开放较少的部门，根据它们的发展状况，逐步扩大市场准入。第五，达成“与贸易有关的知识产权协定”。其一，把商业秘密在内的所有知识产权都纳入保护范围之内，包括版权、商标、地理标记、工业设计、专利、产品外观设计、未公开的信息等；其二，规定了详细的知识产权法律实施程序，提供公平和公正的程序；其三，争端方面实施交叉报复，成为迫使缔约国遵守协议的有力手段；其四，在执行协议上，发展中国家可以享受一定的宽限期，一般国家在 WTO 生效后 1 年实施这一协定，发展中国家有权将实施的日期再推迟 4 年。任何其他正处于中央计划经济向市场经济转变的成员国，实施日期也可以推迟 4 年。对最不发达成员国，10 年内不应要求适用该协定的规定。第六，达成“与贸易有关的投资协议”。其一，签订协议的目的是期望促进世界贸易的扩大和逐步自由化，并便利国际投资，以在确保自由竞争的同时，提高所有伙伴尤其是发展中成员国的经济增长水平；其二，实施国民待遇原则；其三，实施透明度原则，各成员国应向秘书处通报其与贸易有关的投资方面的各种法律和法规；其四，各发达成员国应在 WTO 生效后 2 年内取消与本协议不相符的与贸易有关的投资的措施，发展中成员国的期限为 5 年，最不发达国家为 7 年；最后，成立“与贸易有关的投资措施委员会”。

§3　对关税与贸易总协定的评价

关税与贸易总协定从 1948 年正式生效，到 1995 年最后终结，共存在 47 年。在这 40 多年里，总协定的缔约国不断扩大，由最初的 23 个发展到遍布于世界各大洲的 100 多个国家。缔约国的贸易额占世界贸易总额的 90% 以上。它的活动范围也在不断扩大，谈判的内容也愈来愈广泛和深入，所涉及的问题从商品贸易到服务贸易到技术贸易，从商品流通到资本的流动等。尽管关税与贸易总协定存在着不少缺陷和不完善的方面，但是它对世界贸易和经济的发展，甚至对于世界的稳定与和平都起了重要的作用。关税与贸易总协定成立的重要意义，具体表现在以下几个方面。

第一，为国际贸易制定了一系列基本原则和法规，为稳定国际贸易秩序起了重要的作用。总协定的基本原则包括最惠国待遇原则和国民待遇原则，明确了国家不分大小、强弱、不同经济体制，无差别地对待和平等竞争。透明度原则要求缔约国只能用关税作为唯一的保护手段，禁止使用非关税壁垒阻碍贸易的发展等。这些原则为国际贸易提供共同遵守的准则，在消除贸易障碍、促进贸易自由化方面起了一定的作用。此外，在历次的多边贸易谈判中，达成了一系列的协议，形成了许多补充的规章和措施，对于缔约国在实施贸易保护主义措施方面有一定的约束力。关税与贸易总协定的基本原则已成为国际贸易的规范，也是缔约国之间解决贸易摩擦的依据，它对于40多年来国际贸易秩序的稳定起了重要的作用。

第二，促进了世界贸易和经济的发展。在关贸总协定的主持下，进行了8轮多边贸易谈判，达成了一系列关税减让和消除非关税壁垒的协议，取得了明显的成果。首先，使得成员国的关税大幅度下降，到1995年，发达工业国家的平均关税税率已经从1947年的40%下降至3.5%，发展中国家的平均关税税率也下降至11%。其次，在东京回合和乌拉圭回合签订了减少和消除非关税壁垒的措施，在消除非关税壁垒方面也起了一定的作用。第二次世界大战以后，世界贸易无论是在发展规模还是发展速度上，都远远超过历史上的任何时期。从1900年至1950年，世界出口总额从115亿美元增加至579.2亿美元，50年里增长了4倍多。然而，从1950年至2000年，世界出口总额从579.2亿美元增加到63680亿美元，50年里增长了100多倍。当然，应该注意到，20世纪的前50年，世界贸易之所以发展得如此缓慢，是由于两次世界大战和一次特大的经济危机的影响。20世纪的后50年，没有世界性的大战和世界性的特大危机。同时，20世纪70年代出现世界性的通货膨胀，因此，在后者的数字中应该扣除通货膨胀的因素。扣除各种因素以后，20世纪后50年世界贸易净增长了17倍。这在世界经济发展史中也是罕见的。国际贸易的发展和世界市场的扩大，反过来又加速了世界经济的发展，可以说，关税与贸易总协定在促进世界贸易和世界经济的发展中，起了不可低估的积极作用。

第三，为缔约国提供了解决贸易矛盾、摩擦和冲突的场所，为稳定国际局势起了一定的作用。经济发展不平衡是普遍的规律，第二次世界大战以后，有些国家的经济出现了跳跃式发展，有些国家的经济增长相对比较缓慢，导致国家之间的经济实力发生了明显变化，实力的变化必然引起世界市场甚至于国内市场占有份额相当大的变化。例如，自 20 世纪 60 年代以来，美国的一些主要产品不仅仅丢失大量的国际市场，而且丢失相当份额的国内市场，这必然影响国内产业的发展和就业以及国际收支的平衡等。经济和贸易发展的不平衡不可避免地引起各国之间的矛盾和摩擦。然而，在关税与贸易总协定的框架内，缔约国之间的贸易冲突，往往经过长期艰苦的谈判、磋商和调解，最终相互让步，达成某些暂时的妥协性协议，解决争端。战后，一些国家之间的贸易矛盾和摩擦，始终没有发展到不可收拾的地步。当然，战后世界形势相对比较稳定，长期和平环境的形成，是诸多因素作用的结果，但是，贸易和经济形势的相对比较稳定，对于政治形势的稳定起着重要的作用。

第四，关税与贸易总协定在一定程度上维护了发展中国家的利益。在关贸总协定签订之时，有相当一些发展中国家处于只能维持较低生活水平的不发达状况，它们根本无力和强大的发达国家“平等竞争”。在关贸总协定的第 18 条中规定，发展中缔约国为了建立特定工业，以提高人民生活水平，可以进行必要的关税保护。它们在国际收支困难时，允许临时采取数量限制和暂时背离总协定的规定。然而，对于这些特别规定，总协定又提出了许多限制条件。到了 20 世纪 60 年代，发展中缔约国日益增多，它们要求经济不发达国家的利益在总协定中受到应有的重视。它们提出，在贸易中，将经济发展水平不相同的国家置于同一标准之下是不公平的，可以说是在“表面的平等下，掩盖着事实上的不平等”。在发展中国家的共同努力下，1964 年总协定增加了第四部分，共三个条款。其中心内容是：“发达的缔约各国在贸易谈判中，对发展中缔约各国的贸易所承诺的关税下降、撤除或降低其他壁垒的义务，不能希望得到互惠”。在东京回合和乌拉圭回合的谈判以及所签订的各种协议中，都确定了给予发展中国家不同待遇的原则，以上规定对于保护发展中国家在国际贸易中的利益起了一定的积极作用。

然而，关税与贸易总协定本身不完善，存在着局限性。它所取得的成就和它所要实现的宗旨，即消除贸易中的障碍、实现自由贸易有相当大的距离。同时，由于关贸总协定本身是一种临时性的、过渡性的多边贸易协定，不是一个正式的世界经济组织，它常常受到多方面的挑战，陷入“危机”。关税与贸易总协定的局限性表现在以下几个方面。

第一，关税与贸易总协定不是一个正式的国际经济组织，本身没有法律效力。它本身不具备直接的强制手段，因此不能要求各缔约国的法律符合总协定的基本原则和法规。总协定的贯彻执行，在很大程度上依赖于各缔约国的自觉性和相互制约的经济实力。

第二，在关税与贸易总协定中保留了不少例外条款，而且某些条款是含糊不清的，常常成为被贸易保护主义利用的漏洞。例如，总协定中关于临时性的暂停履行义务的条款包括：第4条、第6条，关于倾销和补贴；第12条，关于国际收支不平衡；第18条，货币储备严重下降，达到一个很低的货币储备水平；第19条，一种产品的大量进口，产生严重威胁损害，可以暂时停止履行义务等。在这些条款中，“损害”的提法都是不同的。第6条是“重大损害”(Material Injury)，第19条是“严重损害”（Serious Injury)。在实践中，前者似乎轻微一些，后者似乎强烈一些。然而，什么是“重大损害”、什么是“严重损害”，都没有做出说明。正因为如此，在贸易中产生一些“灰色区域”，所谓“灰色区域”是指一些缔约国在总协定条款和规定的边缘，采取歧视性的贸易保护政策和措施。这些措施不是合法的，但也很难说它是非法的，换言之，既不白、也不黑，而是灰色的。例如，总协定第11条规定，“数量限制的一般取消”禁止使用配额。然而，一些国家采取施加压力的手段，迫使对方“自愿出口限制”。这种“自愿”出口限制，既难说是合法的，也很难说是非法的。目前灰色区域的保护措施实施范围较广，它阻碍着国际贸易的正常发展，危害较大。

第三，关贸总协定在解决贸易争端上不力。总协定解决争端的程序是：首先，要求争端的各方协商解决，如果协商解决不了，那么组织专家小组。专家小组由第三国的三人组成。专家小组进行调查并做出裁决，然后向理事会报告。理事会通过专家小组的报告以后，败诉方必须执行裁决。如果败诉方拒绝执行决定，理事会只有授权胜诉方进行报复。但是报复是要有实力的，如果没有经济实力，只有不了了之。

正是因为关税与贸易总协定不是一个正式的国际经济组织，存在着局限性和不完善的方面，在1995年完成其历史使命，最终退出历史舞台。

第 2 节　世界贸易组织

§1　世界贸易组织产生的历史背景和原因

在 1986 年 9 月 15 日乌拉圭回合谈判开始时，提出了 15 项讨论的议题，没有提出成立世界贸易组织的问题。1990 年初，在乌拉圭回合谈判的过程中，意大利建议成立“多边贸易组织”（Multilateral Trade Organization，简称 MTO）。同年 7 月，欧洲共同体 12 国正式提出提案，建议成立“多边贸易组织”。乌拉圭回合谈判委员会采纳了这一建议，在 1991 年起草了“多边贸易组织协议”草案，并成立筹备委员会。在 1994 年，摩洛哥的马拉喀什部长会议上 104 个成员正式通过“多边贸易组织协议”。在美国的建议下，组织的名称改为“世界贸易组织”（World Trade Organization，简称 WTO）。1995 年 1 月 1 日，“世界贸易组织协议”正式生效，“世界贸易组织”正式成立。

意大利的建议得到普遍的赞同，极为顺利地成立了世界贸易组织，其原因在于以下三个方面。其一，关税与贸易总协定的法律基础比较薄弱。关贸总协定的主要问题在于它没有法律效力，同时因为总协定是一个临时性的、过渡性的协定，它不是一个世界性的经济组织，组织机构不健全，此外协议条款中的漏洞也比较多。随着世界贸易的发展，贸易在国际经济关系中愈来愈重要，总协定的缔约国愈来愈多，客观上需要有一个正式的、有法律效力的国际贸易组织来协调世界贸易发展中的各种问题。可以说关税与贸易总协定已经是“超期服役”了 40 多年，该到结束它的临时作用的时候了。其二，由于国际贸易的发展，贸易的范围迅速扩大，近 30 年来服务贸易发展极其迅速，在服务贸易领域中的问题也愈来愈多。除服务贸易外，知识产权、与贸易有关的投资问题，都已经提到了谈判的议事日程。因此，乌拉圭回合谈判的内容远远超出了过去传统的货物贸易的范围。关贸总协定管理的范围太狭窄了，已经不适应新的发展的需要。其三，战后，在一个相当长的时期里，国际贸易主要是货物贸易，因此在贸易中的问题是如何降低关税和消除非关税壁垒，促进国际贸易的发展。在关贸总协定组织的前 7 轮谈判中，内容比较单一和集中，所达成的协议也都是与削减关税和消除非关税壁垒有关。但是，第 8 轮多边贸易谈判的内容大大超出了前 7 轮谈判的范围。最终达成了 15 项协议，远远超出货物贸易的内容。然而，关税与贸易总协定只有管理货物贸易的组织机构，而乌拉圭回合谈判达成的协定由谁来贯彻执行？可见，关贸总协定已经不适应新形势发展的需要，世界贸易组织则应运而生，是国际贸易发展的客观需要。

§2 世界贸易组织的宗旨、职能和机构

世界贸易组织的宗旨是：保证充分就业，大幅度地提高实际收入，扩大有效需求，努力提高生活水平；积极促进货物贸易和服务贸易的发展，扩大生产；为了世界经济的持续发展、为了更加有效地利用世界资源，各成员国需要保护环境，各国可以根据本国的条件，寻求与本国经济发展水平相适应的、保护环境的手段和措施。

世界贸易组织的职能是：制定国际贸易的法律、法规，强化法律、法规的执行；组织多边贸易谈判，达成互惠互利的协议，开放市场，实施市场准入的原则；解决贸易矛盾、摩擦和争端。

世界贸易组织的具体任务是：首先，促进建立世界贸易组织的“马拉喀什协议”和“多边贸易协议”的执行、管理和操作，以实现协议的目标，同时，应该为其他贸易协议的执行、管理和操作提供框架；其二，为成员国处理在多边贸易关系中与上述协议以及与上述协议相关的各种附件中的问题的谈判提供场所；为涉及成员国的多边贸易关系和为贯彻执行谈判的结果提出框架和手段的谈判提供场所；其三，负责管理和执行附件2，即“争端解决的规则和程序的谅解”（Understanding on Rules and Procedures Governing the Settlement of Disputes，简称DSU）；其四，负责管理和执行附件3，即“贸易政策审议机制”（Trade Policy Review Mechanism，简称TPRM）；其五，世界贸易组织应该和国际货币基金组织、世界银行以及它们的附属机构进行合作，以便在世界经济政策制定中更好地取得一致。

组织机构：第一，部长大会（Ministerial Conference）是最高权力机构。它由所有成员国的代表组成，至少每两年召开一次。部长大会贯彻执行世界贸易组织的职能并采取必要的行动。部长大会有权对与贯彻执行多边贸易协议有关的所有事务做出决定。如果是某个成员国的要求，应按照建立世界贸易组织的协议以及相关的多边贸易协议的具体要求做出决定。

第二，总理事会（General Council）由所有成员国的代表组成。其职责是：其一，在部长大会休会期间，执行部长大会的职能，同时还应贯彻执行“世界贸易组织协议”所指定的各项职能。总理事会应建立程序和规

则，并审批“世界贸易组织协议”中第 4 条第 7 款中的各种委员会的程序和规则。其二，总理事会在适当的时机召开会议，履行“争端解决谅解协议”中所规定的争端解决机构的职责。争端解决机构有自己的主席，并建立为履行其职责所必需的程序和规则。其三，总理事会在适当的时机召开会议，履行“政府贸易政策审议协议”中规定的政策审议机构的职责。政策审议机构应有自己的主席，建立为履行其职责所必需的程序和规则。

第三，总理事会下设一个货物贸易理事会（a Council for Trade in Goods）、一个服务贸易理事会（a Council for Trade in Services）和一个与贸易有关的知识产权理事会（a Council for Trade - aspects of Intellectual Property Right）。它们在总理事会的指导下进行工作。货物贸易理事会应当负责附件 1 中的多边贸易协议的运作；服务贸易理事会应当负责服务贸易协议的运作；知识产权理事会应负责与贸易有关的知识产权协议的运作。各理事会的成员应从所有成员国的代表中产生。各理事会都应行使各自有关的协议和总理事会所赋予的职责，它们还应制定各自相应的程序和规则。货物贸易理事会、服务贸易理事会和知识产权理事会可以根据需要建立各自的下属机构，这些机构应制定各自的程序，并由各自的理事会批准。

第四，部长大会建立了一个贸易和发展委员会（a Committee on Trade and Development）、一个收支平衡限制委员会（a Committee on Balance - of - Payments Restrictions）和一个预算、财政和行政管理委员会（a Committee on Budget, Finance and Administration）。它们行使“建立世界贸易组织协议”和“多边贸易协议”所赋予的各种职责，以及总理事会所赋予的其他职责。贸易发展委员会的职责的一部分，应当定期审议多边贸易协议中有关最不发达成员国的特别规定，向总理事会报告，以采取行动。各委员会的成员应当向所有成员国的代表开放。

§3 世界贸易组织的特征

首先，世界贸易组织是一个有法律效力的、正式的世界性的经济组织。建立世界贸易组织的“马拉喀什协议”中的第 8 条，确定了该组织的地位。该条款规定，世界贸易组织具有法人资格，各成员国赋予世界贸易组织享有执行其职责所需要的法律资格。各成员国还赋予它为履行其职责所需要的特权和豁免。“多边贸易协定”作为世界贸易法，成员国必须按照各国宪法所规定的立法程序，对其在整体上加以批准。它以国际法的形式出现，该协定生效以后，各成员国对世界贸易组织承担着严格的法律义务。如果成员国的国内法与世界贸易法相冲突，那么一律应当做出符合世界贸易法的修改。

第二，世界贸易组织在组织机构上比较健全。它建立起政府政策审议机构，对于各成员国的贸易政策，在一定时期内进行审议。凡是不符合世界贸易组织基本原则的政策，也必须做出必要的修改。乌拉圭回合达成《关于争端解决规则与程序的谅解》，该附件对于争端的解决程序和每一步骤的具体时间，都做出了明确的限制，在解决争端的机构上、机制上都比较健全。该文件指出，迅速有效地解决成员国之间的贸易争端，对于 WTO 的运作至关重要。乌拉圭回合产生的争端解决机制，是保护和加强多边贸易体系稳定性、可预见性的核心因素。成立争端解决机构 DSB 的目的，是保证争端得到积极的解决。磋商是解决争端的首要阶段。任何成员应在 10 天内对磋商的要求做出响应，在 30 天内进行磋商。如果有关成员在 10 天内对磋商要求置之不理，或在 60 天后磋商未能达成协议，起诉方可以要求 DSB 成立专家组审理此案。专家组根据有关协议审理案件，提出调查结果，帮助 DSB 做出建议可以进行裁决。专案组审案时间不应超过 6 个月，紧急情况下审案时间应缩短 3 个月，但无论如何审案时间不得超过 9 个月。任何一方都有上诉权，但上诉须限制在专家组报告所涉及的法律问题和专家组做出的解释范围内。所有的上诉均由 DSB 建立的常设上诉机构受理，该机构由 7 人组成，他们可以维持、修改或推翻专家组的法律裁决和结论。上述程序不应超过 60 天，最长不得超过 90 天。在专家组报告或上诉报告通过 30 天内举行的 DSB 会议上，有关方必须表明其执行裁决的意向。如果立即执行做不到，它可以在 DSB 规定的“一段合理时间”内做到。它必须与起诉方进行谈判，以确定相互可以接受的补偿。如果 20 天后，谈判仍未达成满意的补偿，起诉方可以要求 DSB 授权其对另一方中止减让的义务。DSB 负责监督所通过的建议或裁决的实施直至解决为止。

在总理事会下设立了 3 个理事会，分别贯彻执行货物贸易、服务贸易和知识产权方面的协议，管理有关方面的事务。

第三，世界贸易组织具有统一性。在世界贸易组织成立前后，有关国际贸易的各个方面的协议相对比较完善，使得世界贸易组织具有统一性。1994 年关税与贸易总协定对于 1947 年的总协定中的 6 个条款进行了修改，做出了较为明确的说明和谅解的规定。例如，该协议对于 1947 年总协定中的第 6 条比较含糊的方面做出了比较明确的说明，对于什么是倾销和补贴、什么是损害、什么是国内产业等给予了明确的定性。明确要求用书面提出全部证据，而这一证据应迅速地提供给其他有利害关系的当事人等。几十年来，长期游离在关贸总协定的基本原则之外的农产品贸易和纺织品贸易，也都达成协议，通过一定的过渡时期，逐步将这方面的贸易纳入世界贸易组织的基本原则之内。

第四，世界贸易组织管理的范围扩大了。除了在货物贸易以外，在服务贸易、知识产权和与贸易有关的投资等方面，也都达成了协议。总之，世界贸易组织将成员国在国际贸易中的方方面面的权利和义务，用各种多边贸易协议和各种附件的形式做出比较明确的规定，使得有关贸易各方面的问题的处理都比较规范。

第五，世界贸易组织注意到发展中国家的利益，尤其是注意到最不发达国家的特殊情况。在建立世界贸易组织的“马拉喀什协议”中明确提出，各成员国进一步承认有必要做出努力，以确保发展中国家，尤其是最不发达国家，在国际贸易增长中获得与其经济发展相应的份额。通过定期审议来确保加速执行所有关于最不发达国家的特殊和差别措施，应考虑进一步改进对最不发达国家有特定出口利益的产品的普遍优惠制方案。在各种具体的多边贸易协议中，也都注意了贯彻对发展中国家的优惠待遇原则。例如，在“保障措施协议”中明确规定，某一发展中国家的产品在该进口国进口总量中所占份额不超过 3%，所有的发展中国家该产品的进口额不超过 9%，进口国对于发展中国家的产品不得采用紧急保障措施。又如，在知识产权方面，考虑到发展中国家执行协议需要有一定时间的准备，因此协议规定了一个比较长的过渡期。

§4　多哈回合谈判

2001 年 11 月，在卡塔尔的多哈，世界贸易组织召开第四次部长大会，通过《部长宣言》，决定从 2002 年起到 2005 年底，举行世界贸易组织第一轮谈判，即多哈回合多边贸易谈判。这次谈判的议题涉及的方面极为广泛。《部长宣言》列出的谈判议题有 19 个，如农产品、服务、非农产品市场准入、知识产权、贸易与投资的关系、贸易与竞争政策的相互作用、政府采购政策的透明度、贸易便利化、WTO 规则、争端解决谅解、贸易与环境、电子商务、贸易和技术转让、技术合作和能力建设、最不发达国家问题、贸易、债务和财政等等。事实上，谈判确定在 12 个问题上，即农产品、非农产品、服务贸易、贸易规则、争端解决机制、知识产权、贸易与投资的关系、贸易与环保的关系、贸易与竞争的关系、贸易便利化、政府采购政策透明化、对发展中国家特别是对最不发达国家的优惠待遇等问题。

在启动多哈回合谈判时，发展中成员和最不发达成员的贸易利益受到关注。在《部长宣言》前言中，声明“大多数 WTO 的成员属于发展中国家。我们寻求将它们的利益和需要放在本宣言所通过的工作计划的中心位置”。“我们致力于处理最不发达国家在国际贸易中被边缘化的问题，提高它们在多边贸易体制中的有效参与。”在拟定的 19 个议题中有 6 个议题专门讨论发展中和最不发达成员问题。因此，当时人们又将这一次谈判称之为“发展回合”。

但是，事实上在多哈回合10年的谈判中，农产品问题是核心，几个最发达的国家互不相让，纠缠不清，使谈判陷入僵局。据 OECD 测算，美国每 100 美元的农业产值中，有 20～30 美元是政府补贴，欧盟为 40～50 美元，日本达到 50～60 美元，瑞士和挪威高达 80～90 美元。发达国家每年的农业补贴为 3500 亿美元。欧盟总财政支出中农业补贴占 40%～42%，法国是欧盟农业政策的最大受益者，每年得到农业补贴占欧盟农业补贴的 22.1%。仅就 2003 年欧盟的农业补贴来看，法国农业所获得的补贴是英国、意大利或德国所获得的农业补贴的两倍以上。因为欧盟的补贴向农业大户严重倾斜。2003 年，欧盟最富裕的 1.6% 的农业大户获得 27% 的补贴。而最穷的 54% 的农民获得 4% 的补贴。2003 年，在坎昆会议上，一些国家对欧盟和美国在农业问题上的态度不满而离开谈判桌，导致坎昆谈判的破裂。一些专家认为，多哈回合谈判的中心问题是削减农业补贴。而谈判的难点是因为欧盟在削减农业补贴问题上寸步不让。欧盟不让步是法国不让步。法国不让步是因为它受制于本国的农场主。在 2005 年香港会议开始谈判前，法国就提出在农业问题谈判中要坚持“三不”，即不做任何减让；不做任何改变；不增加任何出价。

农业补贴的另一问题是，美国对本国的棉农实行高额补贴。美国每年给 2.5 万户棉农大约 30 亿美元的直接补贴和价格支持，平均每户得到 1.2 万美元的补贴。这相当于中国棉农 7～10 年的产值。美国的补贴严重地损害了非洲和其他发展中国家棉农的利益。虽然西非国家生产的棉花在世界上具有竞争力，但他们既不能把棉花卖到美国，也无法与美国的出口棉花竞争。对于像贝宁这样棉花出口占其出口总额 75% 的穷国，是严重的打击。2001～2004 年，中国进口的美国棉花增加 21 倍。受此影响，新疆的棉农 2004 年较 2003 年的收入减少 54%。2005 年，我国棉花种植面积比

2004 年减少 1058 万亩，农村失去 72 万个就业机会。

一波三折之后，2005 年 12 月 18 日，世界贸易组织第六次部长大会通过《香港部长宣言》。根据《香港宣言》：其一，2013 年为取消农业出口补贴的最后期限；其二，2006 年发达国家取消棉花出口补贴，发达国家对发展中国家棉花出口提供“双免”待遇（免关税、免配额）；其三，在 2008 年前，发达国家对于来自最不发达国家 97% 的税目实行“双免”；其四，对于非农产品减税采用瑞士公式。

发展中国家认为：在出口竞争问题上，强调取消所有形式、所有产品的出口补贴，平行削减其他出口补贴措施；在市场准入问题，高关税国家应做出实质性的大幅度降税，改善市场准入；在国内支持问题上，发达成员应大幅度削减国内支持，削减扭曲贸易的所有要素。

自 2008 年 7 月 21 日开始的一周，30 多个成员的部长在日内瓦围绕多哈谈判农业和非农的核心问题进行了密集谈判。拉米透露，成员国在 20 个议题中的 18 个议题上达成了共识，但在农产品问题上陷入僵局。在 7 月 29 日召开的 G7（美国、欧盟、日本、澳大利亚、中国、印度、巴西）会议上，各国在如何启动 SSM（特殊保障措施）上僵持不下。美国认为应设定一个较高的“触发点”，只有当某种农产品进口突然增至 40% 的情况下，“受害国”才可启动特殊保障措施，提高关税。而印度则坚持较低的“触发点”，当某种农产品进口突然增至 15% 的情况下，“受害国”就可以启动 SSM，提高关税。由于双方在“触发点”上存在着分歧导致谈判的破裂。

专栏 14.2 瑞士公式

在“关税与贸易总协定”举行的 8 轮谈判中，核心问题是降低关税，然而，缔约国的关税水平千差万别，采取什么方式降税？在前五轮谈判中，所采取的方式称之为“关税减让的传统方式”，即“产品对产品”的方式。谈判的对象根据“主要供应者”确定。主要供应者是指某种产品的最大出口国。“主要供应者”有权向该产品的进口国提出关税减让的要求，双方进行互惠互利、讨价还价的双边谈判，达成双边关税减让的协议。然后，经过一定的程序将其列入关税减让的总表之中，通过最惠国待遇，使得所有缔约国分享双边谈判的成果。这一谈判方式存在着局限性，谈判的范围有限，降税的幅度较小。

从第 6 轮“肯尼迪回合”开始，提出采用公式减税。欧盟提出“协调式”；美国提出“线性式”；瑞士提出“瑞士公式”，它将协调公式和线性公式结合起来。

瑞士公式：

$$Z=\frac{Ax}{A+x}$$

其中 A 为参数，由缔约国讨论确定，x 为原关税，Z 为削减后的新税率。按这一公式计算，假定，原税率为 30%，A 为 14。

$$Z=\frac{14\times 30}{14+30}=9.55\%$$

降税幅度为 68%。如果原税率为 6%，A 为 14，则削减后的关税税率为 4.2%。

这样使高关税的国家减税比例较高，低关税的国家减税比例较低，有助于缩小各成员国之间税率的差距。

第 3 节　中国与世界贸易组织

早在 1946 年和 1947 年，当时的中国政府不仅派代表参加了联合国召开的“贸易和就业”会议，并且参加了会议期间的关税减让的谈判活动，成为关税与贸易总协定最初的 23 个缔约国之一。1950 年，台湾当局以“中华民国”的名义照会联合国秘书长，决定退出关贸总协定。联合国秘书长致函总协定执行秘书长，决定国民党政府退出总协定，于 1950 年 5 月 5 日正式生效。1949 年，新中国诞生以后所面临的国际经济、政治和军事环境，根本没有条件参加总协定和其他国际经济组织的活动。直到 1980 年，中国政府才开始与关税与贸易总协定直接接触。1981 年，中国派代表列席了总协定纺织品委员会主持召开的第 3 个“多种纤维协议”的谈判。同年 5 月，获得了纺织委员会观察员的资格。1984 年 1 月，中国政府签署了第 3 个“多种纤维协议”，成为关贸总协定纺织委员会的正式成员。1986 年 7 月，中国政府正式照会关税与贸易总协定，提出恢复缔约国地位的申请。1995 年，世界贸易组织成立以后，中国又提出加入世界贸易组织的申请。直到 2001 年 12 月 11 日，中国正式成为世界贸易组织中的一员。

§1　中国加入世界贸易组织的原因

①参加国际贸易法律、法规的制定，维护发展中国家和中国的利益。

世界贸易组织的一个重要职能是制定国际贸易的法律、法规，而成员国在制定贸易法律、法规的谈判中，都会考虑本国的利益，希望制定的法律、法规能维护本国的利益。

专栏 14.3　制定法律、法规各国有各自的主张

1999 年 11 月，WTO 在美国西雅图召开第三次部长大会。这次会议以失败而告终，当时几万人包围会场，使得会议不能按时举行，推迟了 5 个多小时才开会，而会场内也争吵得不欢而散。在这次会议上，美国提出要将“劳工标准”问题作为新一轮谈判的内容。也就是说，美国要求在“劳工标准”问题上制定法律、法规。美国提出的所谓“劳工标准”问题，也就是发展中国家的劳动条件、劳动工资、劳动时间应该达到一定的标准。如果不能达到一定的标准，所生产的商品不能出口，美国可以不进口这些国家的产品。制定这一类的法律、法规，只能是成为发展中国家贸易发展的障碍。又如，在这一次多哈回合的农产品贸易谈判中，各国都有各自的考虑、各自的主张。美国是农产品出口大国，它主张以固定期限内渐进的方式，大幅度增加关税配额进口数量；制定改善关税配额管理的规范；设计一项纠正配额使用量偏低的机制；取消配额内关税；关税配额量增加 20%。美国还提出，取消直接出口补贴和农产品出口补贴（期限为 5 年），以渐进的方式将出口补贴的预算支出和补贴出口数量降为零。而欧盟是农产品出口补贴大户，当然不同意完全终止或一次性大幅度削减出口补贴。古巴等 11 个发展中国家提出，发达国家应大幅度降低现行关税峰，减小关税升级；禁止发达国家使用特殊保障条款，应立即取消发达国家所采取的出口补贴。再如，在如何启动 SSM（特殊保障措施）上，美国认为应设定一个较高的“触发点”，只有当某种农产品进口突然增至 40% 的情况下，“受害国”才可启动特殊保障措施，提高关税。而印度则坚持较低的“触发点”，当某种农产品进口突然增至 15% 的情况下，“受害国”就可以启动 SSM，提高关税。可见，在制定法律、法规上，各国都在考虑维护本国的利益，如果不是成员国，只有遵守别国制定法律、法规的义务，没有参与制定法律、法规的权利。

②有利于促进中国对外贸易的发展。

首先，对外贸易在经济发展中有着重要的作用。这种作用表现在：其一，出口贸易是经济增长的三个拉力之一。经济增长率对中国有着特殊的重要意义。中国经济增长必须达到一定的速度，这是因为中国的就业压力特别沉重。从农村转移出来的劳动力将近1.5亿，要安排这么多人的就业，没有一定的经济增长速度是不可能实现的。拉动经济增长的三个拉力是：内需（消费）、外需（出口）、投资。出口的增长拉动经济，是因为出口的扩大推动出口产业发展。出口产业的发展必然带动相关产业的发展，进而带动供电、供气、供水等公用事业的发展，并带动基础设施、交通运输和通信以及银行、保险等金融行业的发展。这些行业的发展必然增加就业、增加收入。而收入的增长，一方面可以扩大内需；另一方面增加资金的积累，增加投资。可见，出口贸易的增长，又增强内需和投资对经济的推动力。有的经济学家认为，出口贸易是经济增长的引擎，对经济的增长起倍增作用。其二，进口贸易促进新的生产能力的形成和发展。进口贸易带来新的产品，新产品的进入起着国际示范作用，消费者的偏好向这些新产品转移，市场上必然出现对这些新产品的需求，从而推动本国的生产者生产这些新产品。与此同时，进口新技术和新的机器设备本身就是进口新的生产能力，能促进经济发展到一个新的水平。其三，进、出口贸易加强国际竞争，推动企业在竞争中学习，不断改进技术，完善企业管理，降低成本，提高产品质量，开发新产品。

其次，加入世界贸易组织有利于中国对外贸易的发展。其一，加入世界贸易组织有利于我国以不低于其他成员国的平等机会进入国际市场，可以享受140多个成员国或地区的最惠国待遇，有利于我国出口贸易的发展。其二，有利于我国实施“请进来”和“走出去”相结合的开放战略。在30年的开放实践中，我国已经摸索了一套“请进来”的经验，目前需要在“走出去”方面取得进展。“走出去”是实现我国国民经济可持续发展的需要。我国是发展中大国，但是石油、天然气、森林资源、渔业资源以及许多重要的矿产资源储藏量不足。即使国内拥有一定的资源，人均占有量也比较低，因此，必须加强境外资源开发合作与综合利用。“走出去”是促进我国经济结构调整的需要；“走出去”是扩大出口、开拓国际市场的需要等。加入世界贸易组织，给我国实施“走出去”战略提供了较好的条件和基础。其三，加入世界贸易组织，为我国解决出口市场过于集中、实施“多元化”出口方针提供条件。其四，加入世界贸易组织，为我国解决和其他国家贸易矛盾和摩擦提供重要的场所。加入世界贸易组织以前，我国商品在国际市场上遭受到歧视性待遇，在关税和非关税方面都遇到比较大的障碍，有的国家对于中国商品的进入实施歧视性的配额限制。我国出口商品屡次遭受反倾销的制裁。在加入世界贸易组织以前，发生这一类的矛盾和摩擦，一切都依据起诉国的法律进行调查和裁决，常常遭受不公正制裁；加入世界贸易组织后，可以依据有关协议得到比较公正的解决。

③有利于中国经济走向国际化、融入全球化。

自 1979 年以来，中国执行着对外开放的方针。对外开放是中国经济发展的重要战略方针。可以说，这一方针是变落后为先进的强国之路。正如邓小平同志所指出："中国长期处于停滞和落后状态的一个重要因素是闭关自守"，"正是这种闭关锁国，把中国搞得贫穷落后，愚昧无知"。新中国建立以后，在各个方面取得了巨大的成就，但是应该看到，经过几十年的建设，离世界先进水平的距离不是近了，而是拉大了。这里一个重要的教训是，"关起门来搞建设是不行的，是发展不起来的"。在世界近现代史中，落后国家赶上并超过先进国家并非不可能。事实上，处于领先地位的国家在不断更替。任何一个国家不可能永远处于世界领先地位，落后国家也不是注定永远落后，都可以转化。问题是一个落后国家转变为先进国家是有条件的，不是在闭关锁国中取得的，而是在对外开放、积极发展对外经济和贸易关系中实现的。这是因为落后国家经济发展中的困难是资金、技术、人才和现代化的企业管理经验等的不足。积极发展对外经济和贸易关系，就可以利用外国资金，弥补国内资金的不足；可以学习和引进世界上最先进的科学和技术，吸收全人类的科技成果；在加强国际交流中，培养人才，学习先进的企业管理经验，提高企业管理的水平。只有在这样的条件下，才能谈得上赶超世界先进水平。也就是说，只有认识到落后，才能去改变落后；只有学习先进，才有可能超过先进。

中国加入世界贸易组织的实质是进一步对外开放，有利于我国在充分利用国内资源、市场、资金、科技、人才和经验的同时，充分利用国外的资源、市场、资金、科技、人才和经验，加速我国经济的发展。此外，中国经济深深卷入国际贸易、国际投资、国际生产分工和国际技术合作之中，我国经济和世界经济融合的程度在不断深化。在世界经济国际化深入发展，国家之间相互依赖、相互影响加强的条件下，需要加强世界性的宏观调控，但是在目前的条件下，这种世界性的宏观调控是不可能实现的。因此，客观上需要加强国家之间的经济协调。国际经济协调的形式很多，有双边的，有多边的；有地区性的，也有世界性的。世界贸易组织则是世界性的多边贸易组织，其成员国有140多个，在国际贸易的协调中起着任何其他组织无法替代的作用。中国加入世界贸易组织，加强了我国与世界上其他国家的贸易协调，也是中国经济国际化日益深入发展的需要。

④有利于我国经济结构战略性调整。

在我国经济发展中，必须进行战略性调整。不仅仅是工业内部、农业内部、服务业内部需要进行结构性调整，而且三大产业之间也需要进行结构性调整。这种经济结构调整如果仅仅在国内进行，空间相对比较小。加入世界贸易组织有利于我国充分利用国际的空间，利用国际市场、国际资源、国际资金，发挥我国的比较优势，使得我国资源的配置更趋合理和有效地使用。促进我国有条件的地区、有条件的产业、有条件的企业，以成熟的技术和设备开展对外投资和合作，促进产业升级，有利于我国集中力量发展高新技术产业。这样有利于我国在更大的空间进行经济结构的调整。

⑤有利于加速我国经济体制改革。

我国需要加速经济体制改革，其原因在于：其一，世界贸易组织是建立在市场经济基础上的，它的贸易法律、法规和运行机制都是市场经济的，因此，它要求其成员国的经济必须是市场经济。在我国加入世界贸易组织的谈判过程中，我国的贸易体制和贸易政策，经过其他成员国，关于是否符合世界贸易组织的基本原则的长期审查后，我国经济被认定为“转型经济”，即由计划经济转向市场经济。这就要求我国加速经济体制改革。其二，经济全球化，也要求我国加速经济体制改革。所谓经济全球化，简单地说就是资金、资源在全球自由流动。那么资金又如何流动呢？资金流动的目的是为了获取利润，它必然从贫穷落后的地区流向经济发达、繁荣的地区。经济全球化的结果会导致穷国更加贫穷，富国愈来愈富，穷国和富国的差距扩大。尽管人们反对经济全球化的结果，但是经济全球化是经济发展的趋势。欲使资金、资源在我国集聚，为我国经济的加速发展提供有利的条件，就要求我国加速经济体制的改革，营造一个规范化的市场体系和良好的市场环境，吸引更多的外资进入。

我国经济体制改革的内容。其一，建立公平竞争的市场体系。要建立这样一个市场体系，不仅需要加速立法，更为重要的是强化法律的执行。我国存在的最大问题是有法不依，执法不严。如何充分利用法律的武器，保证一个公平竞争的市场体系的建立极为重要。此外，需要加强诚信商业道德的建设，特别是需要建立起商业信用的管理机制，建立起对三角债、呆账和赖账等现象的有效管理。其二，加速政企分离。我国政府体制是在 20 世纪 50 年代形成的，几十年来存在的一个问题，是条条还是块块专政，长期争论不休，从而形成机构重叠，职权交叉，管理层次过多，政出多门，冗员过多。政府对企业，除工商、税务以外，甚至卫生、计划生育等部门进行多头管理。经过几次政府机构改革，情况有所改变，但还没有从根本上解决问题。另一个问题是，长期以来政府直接管理企业，企业的各级领导由政府任命，企业的经营由政府的计划管理。经过 30 年的改革，政府和企业的关系有所改变。但是，政府和企业的关系还没有从根本上理顺。这里一个重要的问题是政府的定位。政府如何通过立法、执法保证企业正常经营；如何加强政府的监督职能，监督市场的秩序，建立比较完善的监督运行机制；加强社会公共事务的管理，建立比较完善的社会保障体系，为社会的稳定和经济的发展提供安全保障。其三，加速我国经济管理体制的改革。我国企业的管理体制中，一些人为的条条框框常常成为企业发展的障碍。我国加入世界贸易组织后，企业更多地参与国际竞争，如何提高国际竞争力，其中一个重要的方面是加强企业的科学管理，改革束缚企业发展的管理体制。

§2　中国所承担的义务

当然，世上没有免费的午餐，我国加入世界贸易组织需要缴纳“入门费”，承担一定的义务。

第一，关税减让。在加入世界贸易组织的过程中，中国做出了降低关税的承诺，进一步削减关税。这一承诺包括两个因素，一是关税的绝对水平，例如降到 5% 或是 10%；另一个是时间，在哪一年达到什么样的关税水平。我国的关税减让承诺，到 2006 年关税总水平达到 9.9%（见表 14.1）。

表 14.1　　**中国承诺关税减让表**

年　份	关税总水平	工业品关税	农产品关税
2000	15.6	14.7	21.3
2002	12.7	11.7	18.5
2005	10.1	9.3	15.5
2006	9.9	9.0	15.2

资料来源：《国际商报》2005 年 12 月 15 日。

第二，消除非关税措施。《中华人民共和国加入议定书》第一部分第7条，非关税措施，“中国应执行附件3包含的非关税措施取消时间表。在附件3中所列期限内，对该附件中所列措施所提供的保护在规模、范围或期限方面不得增加或扩大，且不得实施任何新的措施，除非符合《WTO协定》的规定”。附件3[①]是非关税措施取消时间表，其中，表一为进口许可证、进口配额和进口招标产品，一共列举了377项，其中245项在2002年取消，其他的分别在2003年、2004年和2005年取消；表二为产品配额（初始配额量/额及年增加率），一共列举了15项，配额的年均增长率都为15%；表三为单一许可证产品，一共列举了47项，均在加入WTO时起取消。

第三，贯彻执行透明度原则。《中华人民共和国加入议定书》第一部分第2条（C）透明度：

①中国承诺只执行已公布的，且其他WTO成员、个人和企业可容易获得的有关或影响货物贸易、服务贸易、TRIPS或外汇管制的法律、法规及其他措施。

②中国应设立或指定一官方刊物，用于公布所有有关或影响货物贸易、服务贸易、TRIPS或外汇管制的法律、法规及其他措施，并且在其法律、法规或其他措施在该刊物上公布之后，应在此类措施实施之前提供一段可向有关主管机关提出意见的合理时间，但涉及国家安全的法律、法规及其他措施，确定外汇汇率或货币政策的特定措施以及一旦公布则会妨碍法律实施的其他措施除外。中国应定期出版该刊物，并使企业和个人可容易获得该刊物各期。

③中国应设立或指定一咨询点，任何个人、企业或WTO成员的请求，在咨询点可获得根据本议定书第2条（C）节第1款要求加以公布的措施的有关所有信息[②]。

为了贯彻执行透明度原则，我国采取了十分积极有效的措施。首先，我国积极向WTO及其成员公布并通报我国相关法律、法规和具体措施。其次，我国已将《国际商报》作为指定刊物，用于公布所有有关或影响货物贸易、服务贸易、TRIPS或外汇管制的法律、法规及其他措施。再次，2002年1月，我国已经成立WTO通报咨询局，对任何个人、企业或WTO成员请求咨询，一般在收到请求后的30天内做出答复，个别例外不超过45天。

---

① 《中国加入世界贸易组织法律文件》，法律出版社2002年版，第52页。

② 《中国加入世界贸易组织法律文件》，法律出版社2002年版。

第四，贯彻执行非歧视性原则（国民待遇原则）。《中国加入工作组报告书》第二部分经济政策中的第 15 条，“中国应该承诺在生产货物所需投入物、货物和服务的采购方面及生产的货物据以在国内市场和供出口市场的生产、营销或销售条件方面，对所有外国个人、企业和外商投资企业给予非歧视待遇。此外，中国还应承诺在国家和地方各级主管机关以及公有或国有企业在包括运输、能源、基础电信、生产的其他设施和要素等领域所供应的货物和服务的价格和可获性方面，保证非歧视待遇”。第 18 条，“中国将对包括外商投资企业在内的中国企业、在中国的外国企业和个人给予相同的待遇。中国将取消双重定价做法，并取消对于生产供应在中国销售的货物和生产供出口的货物之间的差别待遇”①。第 19 条，“中国将对所有 WTO 成员给予非歧视待遇，包括属单独关税区的 WTO 成员”。第 22 条，“中国将保证所有法律、法规和行政要求自中国加入之日起，全面遵守和执行在国产品和进口产品之间的非歧视原则”②。

第五，开放农产品贸易。在加入世界贸易组织的过程中，就农产品贸易问题，中国始终强调“中国是一个农业大国，同时也是一个人口大国，农业安全，特别是粮食安全是一个极为重要的问题。中国将其政策基于国内农产品供应，特别是基于粮食供需平衡。同时中国积极寻求国际资源作为必要的补充”（《中国加入工作组报告书》第四部分 D 第 9 条）。在农产品贸易方面，中国承诺，首先是降低农产品的进口关税，《第 152 号减让表—中华人民共和国》详细地列出关税减让率和时间（《中国加入世界贸易组织法律文件》第 127 ~ 182 页）；其次，消除非关税措施，中国承诺“不迟于加入之日，中国将不在国家或地方各级维持、采用或重新采用管理进口产品数量、质量或待遇、或者形成进口替代做法或其他非关税措施的指导计划或行政指导”；再次，中国控制农产品进口的唯一手段是实施关税配额。《农产品进口关税配额管理暂行办法》规定，配额内的农产品进口，适用于配额内的税率；配额之外的农产品进口适用于配额外的税率。《第 152 号减让表—中华人民共和国》第一部分第 1—B 节关税配额详细地列出关税配税率和实施日期③。

我国的农业是弱质产业，在加入 WTO 前曾引起全社会的普遍关心和担忧。尽管加入 WTO 几年来，我国农产品进、出口总的形势比较平稳，然而，对此我们不能盲目乐观。摆在我国面前的重要问题是，如何利用

---

①②③ 《中国加入世界贸易组织法律文件》，法律出版社 2002 年版。

WTO 规则，促进农产品贸易的发展。在农业贸易发展的方面：首先，调整农产品结构，优化资源的配置。我国在农产品的生产上，有着自己的比较优势，例如肉类、蔬菜、水产品、水果、花卉等。我国已成为世界肉类生产大国，肉类产量占世界总产量的 1/4；我国水果产量占世界总产量的 15%。上述产品在价格上一般低于国际价格，有的低 50% 以上，具有比较优势，但是这些产品的出口额十分有限。面对国际市场要进行农产品结构调整，同时，积极制定农产品标准，加速农产品质量和安全的认证管理体系的建设。农产品认证不仅要遵循我国的标准、程序进行规范化，而且还要掌握其他国家和国际农产品法规、标准和认证程序。此外，建立农产品出口的预警机制。这种机制帮助农业企业和农民尽快熟悉国际和国内市场的变化，帮助农民及时地调整种植结构，调整农产品的标准。第二，积极促进农产品深加工的发展，增加农产品的科技含量，增加农产品附加值。第三，加强技术改造。例如，我国水果产量很高，但一些水果品质退化，不仅很难出口，而且在国内市场也难以销售，造成极大的浪费。因此，我国水果生产应当由数量型向质量和效益型转变，改进技术，改进品种，同时促进保鲜和加工技术的提高。

第六，服务业的开放。我国服务业的开放是有步骤的，这种步骤表现在下述几个方面。

其一，服务业领域的开放是逐步的。1992 年我国已开放了十个领域，有银行、保险、商业、外贸、投资、法律和会计事务所、工程、航运、电信和旅游等。加入世界贸易组织，中国承诺开放的专业服务：法律服务、会计、审计和簿记服务、税收服务、建筑设计服务、医疗和牙医服务；部门或分部门：计算机及相关服务部门、房地产服务、其他商业服务、陆上石油服务、摄影服务、包装服务、会议服务、笔译和口译服务、维修服务、通信服务、基础电信服务、视听服务、建筑及相关工程服务、批发服务、零售服务、特许经营、教育服务、环境服务、金融服务、旅游与旅行相关服务、运输服务等。

其二，服务业地区的开放也是逐步的。例如，法律服务开放的城市：外国律师事务所只能在北京、上海、广州、深圳、海口、大连、青岛、宁波、烟台、天津、苏州、厦门、珠海、杭州、福州、武汉、成都、沈阳和昆明以代表处提供法律服务。上述地域限制将在中国加入 WTO 后 1 年内取消。又如保险业，自加入时起，将允许外国寿险和非寿险公司及保险经纪公司在上海、广州、大连、深圳和佛山提供服务。中国加入后 2 年内，将允许外国寿险和非寿险公司及保险经纪公司在下列城市提供服务：北京、成都、重庆、福州、武汉、苏州、厦门、宁波、天津、沈阳。中国加入后 3 年内，将取消地域限制①。

其三，服务业业务领域逐步开放。银行业的业务开放，允许外国金融机构自加入时起在中国提供服务，无客户限制。对于本币业务，加入后 2 年内，允许外国金融机构向中国企业提供服务。加入 5 年内允许外国金融机构向所有中国客户提供服务。

其四，服务业的开放，一般先设合资企业。外资企业进入服务业，一般先与中国开办合资企业，然后再开办独资企业。例如，对于大型商业险经纪、再保险经纪、国际海运、空运和运输保险和再保险经纪：自加入时起，将允许设立外资股比不超过 50% 的合资企业；中国加入后 3 年内，外资股比应增至 51%，中国加入后 5 年内，将允许设立外资独资子公司。

其五，数量限制。例如，零售业，外国服务提供者在北京、上海允许的合资零售企业的总数各不超过 4 家。在其他每一个城市，将允许的合资零售企业各不超过 2 家，将在北京设立的 4 家合资零售企业中的 2 家可在同一城市设立其分支机构。

服务业的对外开放，给我国服务业的发展提供了机遇：其一，有利于我国服务业的发展，提高服务业的整体水平。其二，有利于加速与国际接轨，外资服务公司的进入可以起到国际示范作用，带来新技术、新产品、管理经验以及各种新的服务形式，同时有利于我国的服务业走出去和世界的服务业接轨，起到整合作用。其三，有利于我国服务企业在竞争中学习，提高营销技术和管理水平。其四，有利于打破我国某些服务行业的垄断，将寡头竞争转变为多元化竞争，促进企业发展。同时，服务业的开放也对我国服务业提出了严峻的挑战。外资服务业的进入，必然加剧市场、利润、资金、客户和人才的争夺。在服务业加速开放的条件下，我国服务业必须加速体制改革；完善法律法规；提高监管水平；完善经营机制。此外，还应加强竞争的观点，提高效率和效益；提高服务质量，创建品牌，做到市场细分，根据不同子市场的需求，提供不同的产品；加强发展的观点，提高创新意识；加强风险意识，提高监管水平。

① 《中国加入世界贸易组织法律文件》，法律出版社 2002 年版，第 730 页。

本章总结

从关税与贸易总协定到世界贸易组织，缔约国和成员国在不断扩大，由最初的23个发展到遍布于世界五大洲的150多个国家和地区。缔约国的贸易额占世界贸易总额的90%以上。它们的活动范围也在不断扩大，谈判的内容也愈来愈广泛和深入，所涉及的问题从商品贸易到服务贸易到技术贸易，从商品流通到资本的流动等。尽管关税与贸易总协定和世界贸易组织存在着不完善的方面，但是它们在世界贸易和经济的发展中起了重要的作用。中国加入世界贸易组织，享受着权利的同时承担着义务，对中国经济的发展有利也有弊。然而，一个国家经济的发展，外部条件固然重要，但是最重要的还是内因。

思考题

1. 关税与贸易总协定在国际贸易发展中的作用及其局限性何在？
2. 为什么在20世纪90年代需要成立世界贸易组织？
3. 中国加入世界贸易组织后，如何充分享受权利，恪守承诺？

参考文献

英文部分

[1] Wilson B. Brown & Jan S. Hogendorn. International Economics. Addison – Wesley Publishing Company.

[2] Dominick Salvatore. International Economics. Prentice Hall International，Inc.

[3] Paul R. Krugman & M aurice Obstfield. International Economics. Addison – Wesley Publishing Company.

[4] Peter B. Kenen. The International Economics. Cambridge University Press.

[5] Steven Husted&Michael Melvin. International Economics. Addison – Wesley Publishing Company.

[6] Miltiades Chacholiades. International Economics. McGRAW – HILL Publishing Company.

[7] Robert M. Dunn，Jr. &John H. Mutti. International Economics. Routledge Taylor&Francis Group.

[8] Thomas A. Pugel&Peter H. Lindert. International Economics. Irwin McGRAW – HILL.

[9] Keizai Koho Center（Japan Institute for Soiial and Economic Affairs）. Japan 1996 An International Comparison. Takeo Kurita.

中文部分

[1] 中国加入世界贸易组织法律文件．北京：法律出版社，2002

[2] 乌拉圭回合多边贸易谈判结果最后文件．北京：法律出版社，2000

[3] 吴百福．进出口贸易实务教程（修订本）．上海：上海人民出版社，1999

[4] 萧琛．全球网络经济．北京：华夏出版社，1998

[5] 李权．国际贸易实务．北京：北京大学出版社，2000

[6] 保罗·克鲁格曼，茅瑞斯·奥伯斯菲尔德著，海闻等译．国际经济学（第五版）．北京：中国人民大学出版社，2002

[7] 伯纳德·霍克曼，迈克尔·考斯泰基著，刘平等译．世界贸易体制的政治经济学．北京：法律出版社，1999

[8] WTO 秘书处编著，经贸部 WTO 译．电子商务与 WTO 的作用．北京：法律出版社，2002

[9] 课题组．WTO 与中国期货市场．北京：中国财政经济出版社，2002

[10] 郭鸿．期货市场运作与投资．北京：中国物价出版社，2002

[11] 杨玉川等．现代期货期权创新与风险管理．北京：经济管理出版社，2002

[12] 理查德·谢弗，贝弗利·厄尔，菲利伯多·阿格斯蒂著，邹建华主译．国际商法．北京：人民邮电出版社，2003

[13] 托马斯·A. 普格尔，彼得·H. 林德特．国际经济学(第 11 版)．北京：经济科学出版社，2000

[14] 黎孝先主编．国际贸易实务．北京：中国人民大学出版社，2004

[15] 国际商会中国国家委员会．2000 年国际贸易术语解释通则，2004

[16] 沈四宝，王军，焦津洪编著．国际商法．北京：对外经济贸易大学出版社，2004
[17] 刘静华主编．国际货物贸易实务．北京：对外经济贸易大学出版社，2005
[18] 罗亮主编．进出口贸易操作实务．北京：中国商务出版社，2004
[19] 高洁，史燕平编著．国际结算．北京：中国人民大学出版社，2005
[20] 张东祥主编．国际结算（第三版）．武汉：武汉大学出版社，2005
[21] 刘德标，罗凤翔主编．国际贸易实务案例分析．北京：中国商务出版社，2005
[22] 杨国华编译，中美经贸关系中的法律问题及美国贸易法．北京：经济科学出版社，1998
[23] 黎学玲．中国涉外经贸法．北京：人民法院出版社，2004
[24] 陈安总主编．单文华主编．国际贸易法学．北京：北京大学出版社，2000
[25] 沈四宝主编．国际商法论丛（第1卷）．北京：法律出版社，1999